Apresentação

Quando recebi o convite do meu amigo Maurício Sita, presidente da Editora Ser Mais, para auxiliá-lo na coordenação editorial deste livro, fiquei honrado e logo percebi que teria pela frente um desafio a ser superado, pois estudar e falar sobre a vida é algo que sempre me fascinou e por mais que eu a estude, mais insignificante me sinto diante dela.

Quando nos deparamos com a pergunta "Qual é o sentido da vida?", tomamos a consciência exata do nosso tamanho diante dessa amplitude vasta que a reflexão propõe, além das infinitas possibilidades - tanto de respostas quanto de vivências - que a vida possa vir a nos oferecer. O fato é que são as escolhas que nos definem, portanto, a maneira como vivemos também é definida pelas escolhas que fazemos, como por exemplo, escolher ler este livro.

E como viver a vida na sua plenitude? Como vencer as barreiras da mesmice, da hipocrisia e da acomodação? Como ser um herói obstinado ao invés de um viajante perdido pelos caminhos da vida?

Ninguém chega a lugar algum sem um mapa e o autoconhecimento, com toda certeza, sempre foi e sempre será o melhor mapa que você poderá ter em suas mãos para chegar onde quiser. Somente quando você se reconhece em suas virtudes e limites, toma a consciência das escolhas que faz e assume responsabilidade por elas. O resultado? Nem sempre dependerá apenas de você e essa é a beleza da vida: não estamos sozinhos neste mundo e nossas escolhas impactam, direta ou indiretamente, a vida de outros seres humanos, incluindo os resultados que colhemos.

O que dizer então sobre o "Mapa da Vida"? Eu quero dizer a você, leitor, que acaba de receber um presente da vida. Isso mesmo, um presente!

Neste livro estão organizados textos que foram elaborados com muita dedicação por grandes "especialistas da vida" que aceitaram o convite para contribuir com seus estudos, técnicas, dicas valiosas e reflexões que conduzirão você a criar o seu próprio mapa de mundo. Eles não pouparam suas energias nos artigos até que consolidassem conteúdos indispensáveis que possibilitassem a você, leitor, uma visão do que há de mais importante a ser dito sobre os caminhos que levam o ser humano à busca incessante para obter uma vida repleta de felicidade e sucesso. Esse mapa da vida possibilitará uma visão mais ampla sobre o ato de viver, você entenderá quais são as dificuldades que encontrará nessa jornada e aprenderá como superá-las com muita consciência e responsabilidade.

Eu, sinceramente, espero que aprecie a leitura e inicie, a partir dela, o traçado do seu próprio mapa, seguindo sempre em frente em busca das oportunidades que a vida possa lhe oferecer. Mas, antes de iniciar a leitura deste livro eu quero lhe fazer um convite.

Como palestrante e *master coach*, costumo sempre iniciar meu discurso com uma reflexão ao público: "Todos os dias, a vida lhe faz um convite. Ela diz: Venha! Como é que você tem respondido à Vida?".

Então, qual é a sua resposta para este convite?

Edson De Paula
Coordenador editorial

Copyright© 2015 by Editora Ser Mais Ltda.
Todos os direitos desta edição são reservados à Editora Ser Mais Ltda.

Presidente:
Mauricio Sita

Capa
Desenho editorial

Diagramação
Candido Ferreira Jr.

Revisão:
Vanessa Rodrigues

Gerente de Projeto:
Gleide Santos

Diretora de Operações:
Alessandra Ksenhuck

Diretora Executiva:
Julyana Rosa

Relacionamento com o cliente:
Claudia Pires

Impressão:
Gráfica Pallotti

```
Dados Internacionais de Catalogação na Publicação (CIP)
        (Câmara Brasileira do Livro, SP, Brasil)

    Mapa da vida : você na rota do sucesso pessoal e
    profissional com ferramentas de coaching e
    mentoring / Mauricio Sita, Edson de Paula,
    coordenação editorial. -- São Paulo : Editora
    Ser Mais, 2015.

    Vários autores.
    ISBN 978-85-63178-83-1

    1. Autoconhecimento 2. Carreira profissional -
    Administração 3. Coaching 4. Conduta de vida
    5. Desenvolvimento pessoal 6. Sucesso I. Sita,
    Mauricio. II. Paula, Edson de.

15-09501                              CDD-158.1

        Índices para catálogo sistemático:

    1. Coaching : Conduta de vida : Psicologia
       aplicada   158.1
```

Editora Ser Mais Ltda
rua Antônio Augusto Covello, 472 – Vila Mariana – São Paulo, SP – CEP 01550-060
Fone/fax: (0**11) 2659-0968
Site: www.editorasermais.com.br e-mail: contato@revistasermais.com.br

Sumário

1 Sem medo de ser feliz
Ana Paula de Castro Costa — p. 7

2 Para qual direção os seus pensamentos estão apontando?
Anderson Cruz — p. 15

3 Como engajar pessoas? Dez lições fundamentais
André Tomé — p. 23

4 Despertando para a melhoria contínua
Andréa Rangel Lima — p. 31

5 Coaching para melhor aprender e ensinar
Annie Bittencourt de Moura — p. 39

6 Encontrando seu caminho entre a maternidade e carreira
Aruana Mendes Medeiros — p. 47

7 Mudança - Você no controle da vida
Aternízio Oliveira — p. 55

8 Autocoaching: colocando você na rota do sucesso
Beatriz Cara Nóbrega — p. 63

9 Você na rota do sucesso pessoal e profissional com ferramentas do coaching e mentoring
Bruna Bragagnolo — p. 71

10 Mobilizando as médias lideranças e a base das empresas com auxílio do coaching
Carlos Eduardo Passini — p. 79

11 O coaching para alcançar objetivos começando pelo autoconhecimento
Carlos Sampaio — p. 87

12 Como criar uma versão melhor de você?
Christian Bezerra — p. 95

13 Coaching e inteligência espiritual
Cidinho Marques — p. 103

14 O grande encontro
Daniela Ferrari Silva — p. 111

15 O despertar da sensação de viver e não apenas sobreviver
Deyse Botega & Priscila Franchi — p. 119

16
Como se manter focado utilizando ferramentas do coaching
Diego Tessari
p. 127

17
Sonhos: o desabrochar de uma vida
Dr. Rafael Kudo
p. 135

18
Mapa da Vida: Caminhos para o sucesso. Escolha o seu!
Edna Rosa
p. 143

19
Sonhos & escolhas
Emanoel Lourenço
p. 151

20
Ser resiliente é ser feliz!
Érika Stancolovich
p. 159

21
As cinco etapas para o equilíbrio, sucesso pessoal e profissional
Fabiana Reis
p. 167

22
Coaching - Uma ferramenta poderosa para uma vida com mais satisfação
Fan Li Li
p. 175

23
A vida é o caminho - 13 passos para a realização plena
Iolanda Cabral
p. 183

24
Coachees são heróis - uma proposta da psicologia Junguiana
Juliana Santos
p. 191

25
Desenvolvimento comportamental e pessoal
Leonice Tenório
p. 199

26
É prá lá que eu vou!!!
Luciane Denardi
p. 207

27
"A beleza do aprendizado é que ninguém pode roubá-lo de você." B. B. King
Luis Carlos Rodrigues Serra
p. 215

28
Crenças comportamentais, você pode desafiá-las
Luiz Vicente
p. 223

29
A condução de conversas produtivas entre o líder e sua equipe
Ma. Magda de Paula, PCC
p. 231

30
Vista a sua essência!
Mara Débora
p. 239

31 Integrando corpo, alma e espírito
Mara Emerick — p. 247

32 Uma abordagem concreta e moderna sobre competitividade, produtividade e planejamento estratégico
Mara Pinheiro — p. 255

33 Avaliação de comportamentos e atitudes - O segredo do sucesso
Marcela Silva — p. 263

34 Sua carreira define seus sonhos e sua vida
Miriam Gold — p. 271

35 A vida é o caminho - 8 Passos para a realização plena
Mônica Petrocelli — p. 279

36 O ambiente muda com o homem e por meio dele
Neila Cristina Franco — p. 287

37 Aplicações de fotografias em coaching e mentoring
Niro Nash — p. 295

38 O modelo é uma trilha e não um trilho
Osíris Lins Caldas Neto — p. 303

39 Trabalho e felicidade. É possível?
Patrícia Almeida — p. 309

40 Autoliderança e a busca de significado no trabalho
Paulo Arakawa — p. 317

41 A fantástica energia do universo a favor de suas metas
Ramaiane Micaele — p. 325

42 A arte da superação é um exercício de pensar e sentir e sempre viver!
Raquel Kussama — p. 333

43 A busca constante pelo sucesso profissional
Raylane Nunes — p. 341

44 Coaching no fazer pedagógico
Regina Coeli Rodrigues — p. 349

45 Uma vida em camadas
Reinaldo Paiva — p. 357

46 "Conhece-te a ti mesmo"... dizem os sábios
Renata Frank
p. 365

47 A curva do sucesso: Prazer x realidade num universo em cinco versões
Roberta Galvani de Carvalho
p. 373

48 A espiritualidade no mapa da vida
Rodrigo Rodrigues Del Papa
p. 381

49 Entre em ação e transforme a sua vida!
Rosana Falbo
p. 389

50 Escolha profissional - Coaching na construção de seu futuro
Silmar Strübbe
p. 397

51 Seja você corajosamente
Silvanira Ferreira de Sylos
p. 403

52 Qual o segredo para se alcançar sucesso na vida pessoal e profissional?
Simone Serra
p. 411

53 Desperte para sua melhor versão
Tânia Regina Muller Valiati
p. 419

54 Atenção concentrada: importância e treino para a real produtividade
Tatiana Berta Otero
p. 427

55 O equilíbrio entre as competências técnicas e competências gerais: premissa para o sucesso profissional
Valtair J. Rocha
p. 435

56 Viver a vida que você quer ou a que deveria viver?
Valter Assis
p. 443

57 Os quatro temperos da vida
Vânia Portela
p. 451

58 Com o Coaching Cristão®, você terá a chancela de Jesus Cristo como seu coach pessoal
Wagner Dias
p. 459

59 O poder da escolha
Wellington Fernandes
p. 467

60 Exercite seu QS e conecte-se com o sentido e a realização em sua vida
Yonnara Nascimento
p. 475

61 Jornada di maestria
Zilma Saibro Silva
p. 483

1

Sem medo
de ser feliz

A vida é tomada de obstáculos que, sem medo, com sabedoria e vontade de crescer é possível ultrapassá-los. Precisamos olhar para o ontem e ver que valeram a pena todos os nossos esforços, nossas lutas. Precisamos ver que valeu a pena cada lágrima derramada. Pois cada dia é um ponto de partida para uma nova vitória. Não importa o que se perdeu ontem, o importante é o que podemos conquistar hoje

Ana Paula de Castro Costa

Ana Paula de Castro Costa

Empresária. Proprietária da E+2 Eventos, companhia que proporciona soluções em infraestrutura para feiras e eventos do projeto à execução. Conta com equipe gabaritada do mercado promocional e investe em práticas sustentáveis para desenvolvimento de projetos. Com grande experiência em mais de 12 anos de atuação, possui em seu portifólio clientes como: Fundação Getulio Vargas, Editora Pensamento, Oceaneering, Saudali, CRAC, entre outros nomes de peso do mercado. Ganhadora do prêmio *Top of Business 2015*, que homenageia empresas capazes de contribuir para o desenvolvimento nacional.

Contatos
http://www.emais2eventos.com.br/
anapccosta.77@gmail.com
(21) 3372-2750 / 7836-0748

Aos 19 anos de idade resolvi me casar, o rapaz era o meu 1º namorado. Fui morar em um local chamado Itaipuaçu, onde, na época, não havia asfalto, telefone público, hospital, etc.

Ônibus direto para o Rio de Janeiro somente pela manhã. Para Niterói, a cada três horas.

No ano em que me casei, 1996, trabalhava no Centro do Rio de Janeiro.

Pegava o único ônibus para o Rio de Janeiro, que passava na esquina da rua em que morava em torno das 5h45min e que muitas das vezes, devido a fortes chuvas e a falta do asfalto, pois as ruas eram de barro, o transporte atolava no meio de todo aquele lamaçal.

Quando isso acontecia, eu e todos os demais passageiros tínhamos que descer do ônibus e andar até a estrada para pegar o transporte que vinha da cidade de Maricá, local mais desenvolvido.

Muitas das vezes, chegava no trabalho após as 9h15min e, devido a ter ultrapassado os 15 minutos de tolerância permitido pela empresa, o meu chefe mandava eu voltar para casa.

Algumas das vezes o meu atraso não era devido às chuvas e sim a um grande engarrafamento na Alameda São Boa Ventura, uma das vias de acesso ao Rio de Janeiro.

Das vezes que era segunda ou sexta-feira, além de ser descontado o dia de trabalho, também era descontado o final de semana, o chamado repouso remunerado.

Cansada de tudo isso, resolvi procurar em emprego em um local mais próximo de onde morava, onde ao menos não enfrentaria grande engarrafamento.

Em um domingo, vi um anúncio no jornal de uma fábrica, em São Gonçalo, que estava selecionando pessoas para atuarem como auxiliar de serviços contábeis. Fui até lá, fiz a entrevista e logo comecei a trabalhar.

A experiência era de três meses e o candidato só seria efetivado se colocasse toda a escrituração contábil em dia.

Não cheguei sequer um dia atrasada. E para colocar todo o serviço em dia, antes de acabar o prazo de experiência, saía todos os dias em torno das 20h30min.

Coloquei todo o serviço em dia, o prazo da experiência se passou e eu fui efetivada na empresa, mas o que me foi prometido em termos de salário ao eu ser efetivada, nunca foi cumprido. Mesmo assim, permaneci trabalhando.

Um dia o qual era feriado somente na cidade em que trabalhava, fui à Niterói para resolver algumas coisas.

Logo que cheguei, recebi uma mensagem pelo meu Teletrim, aparelho móvel de comunicação que eu tinha na época, pois aparelho de celular era luxo.

Mensagem enviada pela prima do meu esposo comunicando que o mesmo havia sofrido um acidente de moto (ferramenta de seu trabalho, pois era *motoboy*) e que ele tinha sido levado de ambulância para o Hospital Souza Aguiar, no Rio de Janeiro.

Na época não sabia nem onde ficava esse Hospital.

Entrei em um táxi e, desesperada e chorando muito, solicitei que o taxista me deixasse na porta do Hospital.

Não tinha me dado conta que não tinha dinheiro para pagar a corrida e, quando cheguei na porta do Hospital e o taxista me informou o valor da corrida, disse "não tenho dinheiro para pagar".

O taxista vendo todo o meu desespero disse "filha, não tem problema. Vá com Deus". Ao chegar no hospital, vi o meu esposo entrando pela porta da emergência e seguir direto para a sala de cirurgia, muito machucado.

Logo me solicitaram que eu fosse para casa, pois devido a fraturas sofridas, a cirurgia iria demorar e eu só poderia vê-lo no dia seguinte.

Fui para casa comunicar o ocorrido à mãe e à irmã dele, que, ao saber, entraram em desespero.

No dia seguinte fomos ao hospital para visitá-lo e, após a visita, ao procurar um médico, ficamos sabendo que, devido a fraturas nos dois braços e na face, ele não tinha previsão de alta. Fomos para casa muito tristes, arrasadas.

No dia seguinte, ele fugiu do hospital, chegou até um telefone público e ligou para a gerente da empresa em que ele trabalhava. Ela logo entrou em contato com um amigo dele. Ambos perceberam que ele havia fugido do hospital.

Perguntaram onde ele estava. Ele respondeu que estava na porta do hospital. Pediram que ali ficasse e em seguida foram ao seu encontro. Levaram-no para o interior do hospital e, devido ao ocorrido, pediram para falar com a assistente social.

Nesse mesmo dia, à noite, numa tentativa de suicídio, quis se jogar da janela do sexto andar, onde funcionava a enfermaria em que estava internado. Foi impedido por uma enfermeira que estava chegando ao local.

Devido a todos esses acontecimentos, a assistente social permitiu que ele tivesse um acompanhante 24 horas por dia.

Ele teve uma estadia no hospital de 17 dias, dos quais sua mãe só conseguiu ficar em três, pois não suportou mais.

Para que ele não ficasse sozinho, meu pai ficava um dia e minha mãe outro, na parte do dia.

Eu saía do trabalho e ia direto para o hospital para ficar durante toda a noite. Ao amanhecer, seguia direto para o trabalho.

Com 14 dias de estadia, meus pais também não conseguiram mais ir e eu tive que ficar dia e noite no hospital. Assim fiquei três dias consecutivos sem trabalhar.

No 17º dia ele teve alta e, no dia seguinte, voltei a trabalhar.

Já havia comunicado a gravidade do problema para a empresa em que trabalhava. Levei receitas médicas e cartão com a marcação das consultas para revisões, tendo em vista que ele colocou ferro nos dois braços e havia operado o maxilar. Mesmo assim fui dispensada.

Logo, com o meu esposo acidentado e sem condições de trabalhar, eu, desempregada, entrei em desespero, pois não tinha dinheiro para comprar remédios, alimentação (estava de dieta devido à cirurgia no maxilar) e táxi para levá-lo e buscá-lo do hospital, tendo em vista as operações sofridas.

Mas tive a ajuda do meu pai, que acabou arcando com praticamente todas as despesas.

Com o passar do tempo, as coisas foram voltando ao normal e eu consegui um emprego em uma locadora no mesmo bairro onde eu morava.

Esta locadora se situava em uma via principal onde funcionava o comércio do bairro e eu, como não tinha passagem, andava 31 quadras pela manhã para chegar ao trabalho e o mesmo percurso à noite para voltar para casa. Depois de algum tempo, a locadora fechou e novamente fiquei desempregada.

Após alguns meses, fui trabalhar em Niterói em um escritório, mas logo ele também fechou e mais uma vez fiquei desempregada.

Por meio de um colega que trabalhava na indústria da qual fui dispensada, consegui um emprego em uma empresa de eventos no bairro de São Cristóvão, onde fui contratada para ser recepcionista.

Logo depois descobri que o meu esposo tinha uma amante e nos separamos. Sem querer voltar para a casa dos meus pais, aluguei uma modesta casa no bairro de São Gonçalo e fui morar sozinha.

Como o meu salário de recepcionista não dava para arcar com as despesas da casa e alimentação, arrumei faxinas e passava roupas, aos sábados, para terceiros.

Alguns meses depois, surgiu uma vaga de vendedora na empresa e eu fui chamada pela diretora e pela a gerente do departamento para assumir essa vaga.

Com muito gosto, agarrei a oportunidade com unhas e dentes.

Em pouco tempo, consegui abandonar as faxinas e aluguei um apartamento perto da casa dos meus pais, no bairro de Irajá, onde tinha melhor acesso ao meu trabalho. Vivia melhor.

Como vendedora, pude aprender o essencial para vender *stands* para eventos. Nessa profissão conheci o meu atual esposo. Na época ele colocava tapetes nos *stands*, os quais eram locados pela empresa em que eu trabalhava.

Vendo toda a minha responsabilidade e dedicação, fui convidada por ele para abrir uma empresa para vender e montar stands.

No ano de 2003, saí da empresa em que atuava como vendedora e fui abrir a minha própria empresa com o meu esposo.

Eu tinha um pequeno capital que pude guardar proveniente da venda e locação de *stand* que eu vendia na empresa que havia trabalhado. Ele também tinha um pequeno capital referente ao serviço de forração.

Nossas economias eram insuficientes para comprar material para fazer a montagem dos stands vendidos.

Logo, alugamos uma modesta casa, ao lado do galpão que também tínhamos alugado.

Todo o dinheiro que tínhamos serviu para ajeitar um galpão velho, no bairro da Posse em Nova Iguaçu, e comprar mesas, cadeiras, aparelho de fax, telefone e um computador para que pudéssemos começar o nosso negócio.

No dia 04/01/2004 nossa empresa E+2 Eventos Ltda. começou a funcionar. Foi uma dura batalha, pois precisávamos ser reconhecidos no mercado para que fosse possível ganhar clientes e, assim, darmos continuidade ao nosso trabalho e, o mais importante, ter o nosso bom trabalho divulgado.

Os primeiros anos foram muito duros. Quando fechávamos eventos, precisávamos alugar material de uma outra empresa e o valor que cobrávamos praticamente só dava para pagar o material locado. Assim, muitas das vezes não havia lucro.

Nossa empresa, a cada trabalho que fazíamos, crescia um pouco. Nossos clientes sempre ficavam muito satisfeitos com os serviços prestados e logo, mesmo que involuntariamente, faziam a divulgação do nosso nome. Nossa empresa foi criando um nome do mercado.

Quando tudo parecia se encaminhar, tivemos que mudar de galpão, pois o proprietário solicitou a desocupação para fazer uso próprio.

Conseguimos alugar um galpão maior, porém muito danificado.

O pouco do dinheiro que tínhamos, o qual era o lucro dos poucos trabalhos que havíamos realizado, serviu para fazer a reforma para que pudéssemos dar início às nossas atividades.

Voltamos à estaca zero, sem dinheiro e, ainda, sem material para trabalhar. Mas seguimos em frente e muitas das vezes trabalhávamos dia e noite.

Aos poucos e com muita luta, fizemos a nossa primeira compra de material e fomos galgando um futuro promissor.

Em 2002 tirei a carteira de motorista e comprei o meu primeiro carro.

Sempre com muita responsabilidade e vontade, fomos conquistando mais clientes a cada dia que se passava.

Aos poucos, o telefone, que praticamente não tocava, passou a tocar a cada minuto.

Mais adiante compramos uma casinha em uma vila, financiada pela Caixa Econômica Federal, próxima ao nosso galpão.

No ano de 2005 engravidei. E mesmo com o crescer da minha barriga, devido à idade gestacional, não parei de trabalhar. Em 2006 nasceu minha filha, hoje com nove anos. Nasceu de parto cesariana e, com apenas 17 dias de resguardo, tive que retornar ao trabalho.

Como só podia contar com os meus pais para tomar conta dela, precisava que minha filha ficasse em Irajá, junto a eles.

Trabalhávamos muito e diversas vezes tinha a necessidade de viajar. Minha filha ficava quase todo o tempo com os meus pais e com isso não pude vê-la engatinhar, andar, falar, etc.

Cansada de chorar todos os dias por sentir falta da minha filha, vendemos nossa casa. Foi necessário colocar parte do dinheiro na nossa empresa, que na época estava precisando, e alugamos um apartamento no Bairro de Irajá, tudo para ficarmos próximos da nossa filha.

Depois de algum tempo, no ano de 2009, compramos um pequeno apartamento, também financiado pela Caixa Econômica Federal.

As coisas começavam a melhorar, nossa empresa, a cada dia que passava, crescia. Eu respondia mais de 150 e-mails por dia.

Antes ocupando apenas uma sala do galpão, agora ocupávamos quatro.

No ano de 2011, compramos o nosso primeiro caminhão, conseguimos investir na empresa e compramos um apartamento maior para morar.

Troquei de carro e a empresa não parava de crescer. Nessa época já tínhamos mais de vinte funcionários.

No ano de 2013 conseguimos comprar nosso sonho de consumo, uma casa com piscina, banheira de hidromassagem e tudo mais.

Em 2014 compramos mais um caminhão, uma máquina de impressão e as coisas a cada dia que se passa ficam melhores.

E para comprovar todo esse sucesso, nesse ano (2015), a empresa E+2 Eventos foi uma das empresas vencedoras do Prêmio *Top Of Business Nacional*, tal prêmio é dedicado às empresas brasileiras que contribuem para o desenvolvimento do País.

E é assim que, sigo sempre na luta, sem medo de ser feliz!

Nunca me esquivei diante das dificuldades da vida, sempre tive a certeza que com muito trabalho todas seriam vencidas.

O medo não nos deixa ver a possibilidade de alcançarmos o sucesso, não nos deixa ver que temos chances de ser alguém.

Sem nunca esquecer de agradecer a DEUS todos os nossos dias de nossa vida!

2

Para qual direção os seus pensamentos estão apontando?

Somos seres pensantes na construção de nossas vidas com escolhas que nos trazem consequências, muitas vezes, mal planejadas. Criamos desejos em nossa mente, mas quando partimos para realizá-los, os transformamos em devaneio. Embora aparente, os obstáculos não são o maior problema. O fantasma mora em nós. Qual destino nós estamos construindo?

Anderson Cruz

Anderson Cruz

Coach – Life Coaching and Executive Coaching, formado pela Sociedade Latino Americana de Coaching (SLAC) e reconhecido pela International Association of Coaching Institutes (ICI); Tecnólogo e Consultor em Gestão de RH; Especialista em Desenvolvimento Humano. Também é escritor com publicação de um livro de Psicologia, com o título "A Tríade de Cristo". Atende diversas empresas e instituições do Brasil como *Coach* Executivo, Orientador Profissional em Processos de Mudança, Analista Transacional e Palestrante. Desenvolveu diversos estudos que são aplicados em seus treinamentos, utilizando conceitos de *Coaching* e Programação Neurolinguística (PNL). O seu mais recente estudo foi sobre desenvolvimento humano, chamado *Personal Evolution*, o qual se encorpou como treinamento de grande sucesso no segmento corporativo.

Contatos
andersoncruzcoach.com
andersoncoaching.blogspot.com.br
contato@andersoncruzcoach.com
Facebook.com/andersoncruz29
(91) 98032-9304
(91) 98186-1135

Da imaginação para a ação: o ponto crítico

A pesar das crenças que temos serem influenciadas diretamente pelas informações que recebemos do mundo, as certezas que formamos dentro de nós determinam (no fim das contas) o que seremos, faremos e teremos. Haja vista que agimos sempre sobre o que acreditamos e não obrigatoriamente pela realidade em si. Por isso, nossos conceitos formados têm muito mais a ver com as lições absorvidas que com os acontecimentos em torno nós. Em alguns casos, o que cremos sobre nós mesmos está distante do que realmente somos. Podemos ser capazes e acreditar que somos incapazes. Assim como também podemos ser fortes acreditando mais nas nossas fraquezas. Mesmo sendo corajosos, aceitamos o medo dominando nossos impulsos emotivos e, assim sendo, acomodamos nossa mente em constantes desastres pessoais.

Essa forma de pensar – na contra mão do sucesso – nos distancia da concretização dos maiores sonhos. Desejamos intensamente realizar algo, mas costumamos a tão pouco transpirar para detalharmos os prováveis percalços que tendem a nos tirar da rota do sucesso. Temos interesse em conquistar algo, mas muitas vezes o desejo permanece apenas no campo subjetivo, onde os obstáculos são fáceis de serem superados. Estacionar nos fatos imaginários apenas nos fará ter sensações positivas, porém, superficiais demais para sobreviverem às adversidades que surgem ao tentarmos transportar a teoria para a prática.

Conseguir agir em função do que almejamos não é o maior problema e sim, como construímos o plano de ação. Analisar o que temos como também o que estamos fazendo e aonde chegamos, é o ponto de partida para sabermos o caminho a ser trilhado. A partir de então, decidimos fazer algo em favor do objetivo. Porém, como decidir não significa agir – pois a decisão ainda faz parte da teoria – permanecemos parados no meio conflitante da mente, possuindo como opções os pensamentos que influenciam a maneira como vamos agir.

Somos assaltados, constantemente, por pensamentos autoderrotistas que têm como meta estagnar o nosso progresso. Trabalham para que tenhamos uma visão diminuída sobre a nossa própria imagem e quando prevalecem, contribuem para que o desejo seja ofuscado pelas conclusões decepcionantes dentro de nós. Com isso, nos cabem algumas perguntas:

O que estamos pensando sobre nós mesmos? Qual imagem nos representa quando paramos diante um desafio? Somos capazes? Quais questionamentos surgem quando aceitamos que somos conquistadores?

As respostas para as perguntas acima mostram o ponto crítico da situação. A necessidade de mudanças é muitas vezes sabotada por crenças isoladas e sem contexto com o que realmente importa para um objetivo. Tais crenças, se estabelecidas, nos fazem ser muito menos eficazes do que podemos realmente ser. Com isso, o padrão em nossas mentes é deturpado, contribuindo para um fim que nos faz ter sensações de que tudo não passou de uma ilusão. Nesse estágio, qualquer pessoa tende a acreditar na mediocridade que poderá levar a sua vida, não lembrando mais dos momentos singulares de euforia que teve quando imaginou a conquista em suas mãos. No início, tudo era possível... No entanto, o caso evoluiu a um quadro de total desprezo para com os pensamentos e sentimentos de conquista.

Podemos ver um exemplo real sobre esse fato. Desejamos obter a casa dos nossos sonhos, criando imagens ricas em detalhes de tamanho, espaço, cores, etc. Na construção imaginária dos fatos, tudo nos é permitido e mais cômodo, todavia, passamos aceitar sem resistências a impossibilidade da realização do que foi formado no campo das ideias. Pensamentos destrutivos aparecem e se fortalecem, mostrando um dos caminhos a ser escolhido, mas que, notoriamente, não oferece as melhores recompensas.

O surgimento dos tais pensamentos é inevitável, mesmo não sendo os mais desejados. Contudo, quando passam de simples suposições para realidade em nosso mundo subjetivo, estabelecemos uma regra perigosa: *É proibido acreditar no sucesso.*

Com regras que limitam o avanço dos sonhos mais desejáveis, a felicidade – tantas vezes buscada – se torna em uma utopia. Frustrações e decepções surgem como proposta de estagnação ou até mesmo regressão, tornando metas e objetivos aparentemente inalcançáveis.

A verdade é que o ponto crítico está na criação das regras que predominam na mente daquele que se torna refém delas. Vemos pessoas conquistadoras sendo identificadas como "pessoas raras". São chamadas assim pelo fato da sociedade – como um todo – interpretar a desistência de um sonho como um ato normal.

18 | Mapa da Vida

Interpretações errôneas sobre o nosso próprio eu

Estamos, em todos os momentos, interpretando as situações e os nossos filtros mentais discernem o que é aceitável e o que é rejeitável. As reações defensivas estão relacionadas com o que não concordamos ser o ideal, permitindo margens para recebermos opiniões desagradáveis e de difícil aceitação. Quem nos analisa (e todas as pessoas que convivem conosco constrói um rótulo para nós, mesmo que inconsciente), conclui nosso modo de ser pelo que apresentamos e não pelo que pertencemos dentro de nós.

Imagine que Gilberto está em uma situação onde foi interpretado como uma pessoa desacreditada e sem estrutura psicológica. Tudo porque ele esteve há dois anos em uma negociação com uma empresa de grande porte. Prestes a concluir o fechamento, houve um retrocesso e um empecilho impediu a conquista desse importante cliente. Daí, Gilberto expressou sua frustração com palavras e comportamentos característicos de uma pessoa com baixa autoestima. Esteve determinado com a certeza do negócio fechado, mas não foi o que aconteceu. A conclusão dessa história transformou certeza em dúvida... Não sobre a verdade da situação, mas sobre si mesmo.

Sabemos que pensamentos geram sentimentos que, por sua vez, geram os comportamentos. Ou seja, se você pensar em um fato decepcionante, sentirá tristeza e dará sinais de tristeza através dos comportamentos. Por outro lado, quando acontece algo bom, você sente alegria e seus comportamentos mudam, expressando as mais fortes emoções.

No caso de Gilberto, a dúvida sobre si mesmo gerou comportamentos de fragilidade e insegurança. Absorveu o rótulo de incapaz, afundando na ladeira da desvalorização.

Perceba que Gilberto gastou energia para se convencer da capacidade de realizar algo fascinante. O rótulo foi ancorado, passando a ser predominante em momentos de desafio. No entanto, o ponto crítico surgiu quando a dúvida prevaleceu, fazendo a certeza sair de cena para que sua vida se tornasse uma referência a não ser seguida.

Pergunta para o momento: O que fazer para neutralizar os efeitos do ponto crítico?

Vejamos, a seguir, as atitudes necessárias para que os fatos correspondam ao plano.

A técnica "RAPA"

Como você se sente quando algo não sai como o esperado? Esperançoso ou incapaz em seus pensamentos autoderrotistas? Diante de um desafio, como o enfrenta? Age com a sensação de que é capaz ou com a de que está perdido?

Nossas tendências nos levam, muitas vezes, a acreditar na calamidade dos fatos, mesmo quando não é a mais provável para acontecer. Contemplamos com muita eficiência as possibilidades de um fracasso, contribuindo para que pensamentos de desistência do objetivo sejam os comandantes da situação. No entanto, com muito pouco esforço, agimos para encontrar os pensamentos opostos, isto é, produtivos para uma vida com perspectivas de crescimento diário. Com isso, aprendemos que a decepção tem muito mais a ver com o que pensamos de nós mesmos que com as propostas vindas do lado sombrio da circunstância.

Para toda situação existem dois lados. Ambos querem prevalecer como em uma guerra interna e o que mais obtiver atenção, conduzirá os comportamentos e – por conseguinte – os resultados que temos.

Existem alguns passos para que você avalie, com precisão, tudo o que acontece fora e dentro de si. Tais contribuem ao equilíbrio necessário que precisa ter para agir em busca das soluções. A seguir, a técnica RAPA:

Consiste em quatro etapas que são primordiais para quem deseja sair do ponto da inércia para alcançar resultados diferentes em sua vida. Para tanto, é preciso disciplina, determinação e coragem para aplicar a técnica. As etapas são: Relaxamento, Análise, Pensamentos opostos e Atitude.

1ª Etapa: Relaxamento

Muito comum é estarmos alterados quando somos desafiados. A ansiedade surge para nos levar a precipitações em nossas decisões, nos fazendo sofrer antecipadamente com os bombardeios mentais. Em meio a esse desequilíbrio, ficamos vulneráveis ao caos que tende se formar com um objetivo principal: A decadência da confiança em nós mesmos.

Possuímos – o que costumo chamar – duas plataformas em nossa mente, as quais são emoção e razão. A variação entre elas provoca uma perigosa instabilidade que embaça a nossa visão, impedindo que enxerguemos o fato em seus dois lados. Podemos citar o exemplo que é comum à boa parte da sociedade: A dificuldade para falar em público. No momento desse problema, a plataforma da emoção se eleva enquanto que a da razão permanece no mesmo lugar. Isto é, o abalo emocional está alto e o senso crítico baixo demais. A partir dessa observação, podemos afirmar que essa pessoa não está com condições de raciocinar as informações que recebe do conflito, pois sua mente obedece aos comandos precipitados provenientes do sentimento de ansiedade.

No entanto, para haver equilíbrio interno, é preciso praticar o relaxamento. Respirar fundo e se concentrar são as melhores ações para relaxar e ao chegar nesse estado, a pessoa percebe que o temporal pode estar passando.

O relaxamento ajuda em qualquer situação, principalmente, quando se está alterado emocionalmente como em um conflito, uma indecisão, insegurança e desconfiança.

2ª Etapa: Análise

Você pode fazer uma análise a qualquer modo, porém, quando está relaxado, ela se torna mais fidedigna. Essa etapa o leva a enxergar os percalços que antes não estavam aparentes. Quando você almeja conquistar algo de grande valor, por exemplo, surgem ideias que contém os maiores desastres pessoais. Esses tipos de pensamentos manipulam o seu consciente a acreditar que não será possível e, como as cenas são uma realidade relativa, acabam transformando-as em fatos concretos. Ou seja, os pensamentos manipulam o timão da mente.

Com isso, a análise se dá por perguntas que questionam os pensamentos derrotistas. Contudo, ainda no exemplo acima, eu pergunto:

A conquista de algo valioso está tão longe assim ou você que está construindo barreiras para ficar no terreno da impossibilidade? Será que os pensamentos do gênero destrutivo são os que deve obedecer? Existem pensamentos que possam apoiá-lo para criar cenas com sentimentos agradáveis? Se você aceitar o fato de que não conseguirá, como se sentirá? Se o rejeitar, o que lhe acontecerá de bom?

Após responder tais perguntas, cabe esta conclusão:

Ao analisar o fato e tudo que o acompanha, pode conseguir ou não. Dependerá do que você acreditar.

3ª Etapa: Pensamentos Opostos

Quando percebemos que estamos indo a um lugar desagradável, tendemos a nos angustiar. As aflições incomodam e nos dão um parecer de que o nosso esforço será em vão. Entretanto, para qualquer situação existem dois lados.

Após o relaxamento e a análise, é preciso buscar os pensamentos opostos para não ficarmos estáticos. Quando tudo parece dar errado, o que podemos pensar ao invés disso? No que está exatamente no lado oposto. No momento em que tudo parece estar conspirando contra nós, precisamos encontrar os pensamentos que nos provam que ao fazermos a nossa parte, obteremos resultados surpreendentes. Tais pensamentos mostrarão o que devemos fazer para mudarmos o quadro da situação.

Diante da intenção de desfazer a inversão dos valores, podemos determinar que o mesmo esforço que temos para considerar os desastres em nossa mente é o mesmo para acreditar no sucesso.

4ª Etapa: Atitude

Como todo planejamento de sucesso – a técnica RAPA não poderia deixar de ser diferente – é necessário agir para a teoria mostrar o valor que possui.

Após analisar os pensamentos opostos e o que deve fazer, chega o seu momento da "mão na massa". No entanto, sempre que se propuser levar um plano da teoria para a prática você encontrará obstáculos. Tudo porque o ser humano tem dificuldade para lidar com disciplina, determinação e coragem.

Para fazermos o que foi traçado, é preciso que o nosso consciente saiba que faremos algo que não estamos habituados. Essa conscientização faz parte da eficácia e a disciplina contribui para que nós mantenhamos tudo nos trilhos.

Quando nos abstemos da ação, a realização torna-se uma ilusão e nada acontece. Mas, a atitude nos faz caminhar em busca do objetivo.

Destaque

Para o sucesso ser real você deve estar na direção de sua vida. São inevitáveis os pensamentos pessimistas, porém, totalmente possível a escolha dos que ampliarão a sua visão.

Que os seus pensamentos otimistas sejam superiores, promovendo um plano de ação coerente e que, ao fim, você desfrute das maiores realizações!

3

Como engajar pessoas? Dez lições fundamentais

Essa talvez seja a pergunta mais repetida do século. Os líderes, de uma forma geral, encontram-se desesperançosos por não obterem o total apoio das pessoas que estão à sua volta. A seguir, dez boas ideias sobre esse processo, que, apesar de parecer simples e trivial, consiste na tarefa mais complexa e importante para a formação de uma equipe de alta performance

André Tomé

André Tomé

Graduado em Psicologia, com qualificação em Recursos Humanos e Motivação nas Empresas pela Fundação Getulio Vargas. *Coach* Profissional. *Practitioner* em Programação Neurolinguística. Professor convidado da Universidade José do Rosário Velano (UNIFENAS). Instrutor do Serviço Nacional de Aprendizagem Comercial (SENAC) e da Associação Mineira de Supermercados (AMIS). Atua como palestrante e conferencista abordando os temas Liderança, Comunicação e Competências comportamentais para o sucesso. Sócio-diretor da Evarejo Treinamento e Desenvolvimento.

Contatos
www.andretome.com.br
andretome@evarejo.com
(35) 9701-4471

Antes mesmo de iniciarmos nossas reflexões no campo das relações humanas, precisamos modificar algumas crenças que normalmente direcionam nossas ações. Parto de um pressuposto muito simples, liderar é relacionar-se com pessoas. Não importa o quão burocrática seja a tarefa de sua equipe. Neste caso, pouco importa qual o resultado esperado da sua equipe, antes de falar sobre esses resultados precisamos nos ater aos processos de gestão de pessoas, mais especificamente sobre a arte de se relacionar e persuadir com eficiência através dos valores humanos.

Chamamos de valores o conjunto de características de uma determinada pessoa, que determina a forma como ela se comporta e interage com outros indivíduos e com o meio ambiente. A palavra valor pode significar talento, reputação, coragem, ou seja, virtudes morais que o ser humano possui. Faremos a seguir um breve estudo sobre o impacto de nossas crenças na criação e manutenção de nossos valores.

Seus valores têm origem em suas crenças

Você já parou para refletir que o conjunto de crenças que você carrega consigo mesmo determina os resultados em sua vida, aproximando-lhe tanto do sucesso pessoal e profissional quanto dos resultados negativos que você colhe? Vou utilizar-me do conceito de Anthony Robbins para explicar o real significado de crenças. No sentido básico, uma crença é qualquer princípio orientador, máximas, fé ou paixão que pode proporcionar significado e direção na vida. É aí que está o X da questão. Em outras palavras, tudo aquilo que acreditamos, as nossas experiências desde as infantis até as que agregamos ao longo do tempo determinam nossas representações de nós mesmos, nosso autoconceito, nossa segurança interna e nossa autoestima.

Você já deve ter tido a experiência agradável ou desagradável quando descobriu que algo em que acreditava tanto, em poucos segundos em função de um novo aprendizado, nada mais representa. Quando criança, as crenças da manga com leite ou do chinelo virado com o solado para cima encontraram seu fim a partir do momento em que pelas suas próprias ousadias, ou pelas informações daqueles que já atreveram a desrespeitar a lei da mãe, descobriram a duras penas que tudo não passava de uma lenda.

Pois bem, ao mesmo tempo que eliminamos crenças, ao longo da vida, ainda a criamos em nosso dia a dia. De fato, não há força diretora mais poderosa no comportamento humano do que a crença. Em essência, a história humana é a história da crença humana. As pessoas que mudaram a história – Cristo, Maomé, Copérnico, Colombo, Thomas Edison ou Einstein – foram alguns dos homens que mudaram nossas crenças e consequentemente nossa forma de agir e de pensar.

Quando ficamos à luz de um novo saber, de uma nova descoberta, confrontamos esse conhecimento com nossas crenças já instaladas. E desse conflito, a ideia que mais fizer sentido, segundo nossa própria percepção de mundo, se sobrepõe à outra, criando novas representações e novas visões de nós mesmos e do mundo a nossa volta. Por isso, disse no início que nossos valores têm origem em nossas crenças e talvez diante dessa reflexão não seja correto afirmar que exista uma crise de valores ou uma confusão na moralidade humana. O que há na realidade é um ajustamento, uma adequação aos novos modelos sociais. Obviamente não estamos discorrendo aqui sobre os atos criminosos e imorais do homem em decorrência da ausência de valores morais. Isso encaixaria em outro estudo.

Precisamos engajar pessoas. Para isso precisamos modificar algumas crenças. E dessa forma criar novos valores nos relacionamentos humanos. Vamos a elas:

As 5 crenças limitantes que devemos mandar para o espaço:

1. A existência do fracasso

Não existe fracasso. Quebre esse conceito já! As pessoas sempre conseguem algum tipo de resultado. RESULTADO, é nisso que devemos acreditar. Suas ações sempre te levarão a um resultado final, seja ele positivo ou desastroso. O importante nesse momento é criar uma crença que te possibilite vislumbrar e cuidar do processo que te fez chegar a um determinado resultado. Não gaste energia preocupado com essa coisa chamada fracasso. Concentre-se no processo, dê atenção aos detalhes. Pessoas que acreditam no fracasso experimentam uma grande ansiedade frente a um projeto. Sem perceber, enviam sinais de possibilidade de erro ao cérebro e criam uma via para que isso aconteça de fato.

2. As pessoas estão desmotivadas

Acredite, não existe desmotivação. O ser humano é uma máquina de agir. Nossas conexões neurais e nossa energia vital estão o tempo todo em busca de prazer e de realização. Por isso, o tédio é mais devastador que o estresse, pois nesse estado melancólico não há potência para agir e isso é o que mais angustia o ser humano. As pessoas sempre estão envolvidas com sua MOTIVAÇÃO. É nisso que devemos acreditar. Nas empresas, por algum motivo, alguns funcionários podem estar motivados a não dar o melhor de si. Na faculdade, algo faz com que um aluno se motive a boicotar a aula e tirar uma soneca. No relacionamento pode existir algum sentimento contraditório que está motivando a esposa a não ser a mesma mulher de antes. Acreditem, no universo humano só há motivação.

3. A separação da vida profissional e vida pessoal

Razão e emoção, prazer e moral, físico e mental, instinto e censura. Já chega! Não vamos tentar dividir mais o ser humano. Acredite, não é possível separar das pessoas aquilo que chamamos de vida pessoal e vida profissional. Saiba que, ao contratar um funcionário, você estará contratando sua cefaleia crônica, seu filho com necessidades especiais, seu divórcio e tudo aquilo que envolve sua vida pessoal. Obviamente necessitamos de treinar as competências comportamentais para que o colaborador tenha ética e postura quanto aos seus assuntos pessoais na empresa. Porém, não repita mais para que as pessoas saibam dividir seus lados profissionais e pessoais, pois isso não é possível. As pessoas que estão à sua volta precisam de apoio e compreensão para que elas "joguem no seu time". É nisso que você deve acreditar.

4. Pau que nasce torto, morre torto

Acreditar nessa ideia bloqueia uma das energias mais fortes do ser humano, a esperança. As pessoas podem carregar uma série de crenças que a limitam de tentar algo novo, consequentemente obtendo sempre os mesmos resultados, muitas vezes negativos. Pegamos, como exemplo, o Princípio da Entropia, que basicamente nos diz que tudo aquilo que fica parado no tempo a tendência é de se extinguir. O fogo apaga, a água seca, o ferro enferruja, a madeira apodrece, etc. O homem nunca deve se enveredar por esses campos, ou seja, deve estar sempre em constante construção de seu próprio ser. Por esse motivo, acredite que todo ser humano tem a possibilidade de modificação de crenças, valores e atitudes. Depende do meio em que vive, da qualidade das informações que recebe da sua disposição interior.

5. Cada macaco no seu galho

Essa crença já faliu muitas empresas. Acreditar que ainda vivemos em sistema de linha de produção, onde cada pessoa deve se preocupar apenas com sua própria atividade é o mesmo que condenar sua equipe. Essa crença baseia-se na ausência de uma cultura de visão sistêmica. Uma parte da empresa não se preocupa com a outra. Como se a regra fosse a seguinte: "Eu vendo, o problema da entrega é do outro departamento". Faça um grande favor à sua equipe e à sua empresa, elimine já essa crença limitante. Acredite que o ideal em um sistema de tarefas é que todos os integrantes do grupo se alinhem e saibam identificar falhas e soluções em cada etapa do processo. Dessa forma, é necessário ter pessoas alinhadas, interligadas e com uma visão global do trabalho a ser executado.

Muito bem! Após eliminar as cinco crenças que impedem uma visão positiva da sua equipe e o seu engajamento, vamos a lições para que os vínculos entre as pessoas se fortaleçam.

As dez lições para engajar as pessoas

1. Defina a missão da empresa junto com as pessoas

Deve ser feito dessa forma por um motivo bem simples. A missão da empresa pode não ser a missão das pessoas que ali trabalham. Por esse motivo, a missão deve ser definida por todos juntos, levando em consideração as expectativas empresariais e os sonhos pessoais daqueles que executarão o projeto. Para as empresas que já definiram a sua missão e ela está estampada na recepção, não custa nada provocar nova discussão acerca dessa ideia, com a possibilidade de ratificação ou retificação da mesma.

2. Deixe claro o que se espera de cada um da equipe

É necessário que cada colaborador tenha todas as informações necessárias para a execução de seu trabalho. Por incrível que pareça, esse processo simples não é claro em muitas empresas. Em constantes conversas com colaboradores, ainda ouço que muitos não sabem ao certo o que os líderes da empresa esperam deles e por isso se sentem isolados e motivados a não darem o melhor de si.

3- Estimule a criatividade

Em outras palavras, dê a direção, mas não engesse os métodos. Mesmo que na sua empresa já existam processos bem definidos, sempre há espaço

28 | Mapa da Vida

para inovação, para novas ideias. Estimule a sua equipe a pensar sobre as soluções do dia a dia. Premie a intelectualidade. Mão de obra pode ser cara para a empresa, portanto comece a trabalhar as "cabeças de obra".

4. Faça reuniões de equipe para avaliação dos resultados

É muito importante atentar a esse fator. Uma equipe que não tem espaços de diálogos e planejamento não sabe ao certo aonde chegar. Provoque reuniões periódicas, de preferência mensais, e na metade da 2ª semana do mês. Desta forma, você tem a dimensão de como caminham seus resultados e, do mesmo modo, ainda tem tempo ao decorrer do mês para ajustar e reprogramar alguma ação. Mas não se esqueça, as reuniões devem ser previamente agendadas, comunicadas e com pauta definida. Assim como devem ter hora pra início e final, sendo registrada em ata e com ações a serem executadas até o próximo encontro.

5. Participe todo o seu time das decisões das empresas

Façam o planejamento de ações em conjunto. As decisões importantes para o negócio podem ser compartilhadas e definidas com base no que os colaboradores acreditam. Utilize a técnica do *brainstorm* (chuva de ideias).

6. Ofereça *feedback* humanizado

A arte de dar uma orientação e que ao mesmo tempo estimule a pessoa a agir é típica dos bons líderes. Deixe com que seu pessoal saiba qual seu conceito sobre o trabalho executado, sobre os pontos de melhoria e os pontos fortes de cada integrante. Converse individualmente com cada colaborador e aponte suas capacidades e onde você acredita que elas devem ser mais trabalhadas.

7. Prometa e cumpra

Tal pai, tal filho. Tal líder, tal equipe. As pessoas do seu time estão lhe observando. Portanto, seja organizado, tenha uma agenda. Seja neuroticamente pontual. Todo esse conjunto de comportamento será modelado e consequentemente você estará formando uma equipe de sucesso. Mantenha seus colaboradores informados. Ao prometer uma informação, um benefício, um aumento ou até mesmo uma conversa, cumpra! Seus colaboradores lhe darão aquilo que receberem de você.

8. Reconhecimento e valorização diante de resultados

Este é o princípio da psicologia behaviorista. Todo comportamento estimulado irá se repetir. Seu colaborador logo irá perceber que um trabalho diferenciado não lhe renderá nenhuma diferenciação na empresa e consequentemente irá deixar de fazer a diferença. Elogio é uma estratégia barata e altamente eficaz. Se puder criar um sistema de premiações para estimular os resultados, melhor ainda, mas mesmo assim não deixe de elogiar em público aquele colaborador que fez um trabalho brilhante.

9. Dê apoio às pessoas que estão do seu lado

Por isso, você deve estar sempre antenado às mudanças de comportamento de cada pessoa da sua equipe. Aproxime-se do dia a dia de seus liderados, converse sobre suas histórias, identifique quais são os sonhos dessas pessoas, o que as motivam. Isso irá contribuir para uma relação mais autêntica e leal.

10. Atitudes de liderança baseadas na filosofia do *coaching*

Um líder que segue essa filosofia consegue o engajamento total das pessoas. Nosso modelo de liderança infelizmente ainda é muito focado na ideia do "mandar e executar". Precisamos ter uma visão mais ampla das organizações e entender que as pessoas fazem um trabalho bem feito, onde e quando se sentem felizes. O que traz felicidade a alguém é o senso de justiça, de realização e de valorização. Uma liderança eficaz faz com seu pessoal brilhe em seus projetos. Causa impacto pelo desafio e pela possibilidade de crescimento. Em outras palavras, a sua liderança não deve ser baseada no apontamento de erros e sim na celebração do aprendizado constante.

Com as cinco crenças modeladas e as dez lições em prática, está lançado o desafio. A informação é o gatilho da atitude, siga em frente. Boa sorte!

Referências
ROBBINS, Anthony. *O poder sem limites.* 17.ed. Rio de Janeiro, 2013.
BANDLER, Richard. *Ressignificando.* 8.ed. São Paulo, 1986.
ROGERS, Carl Ransom. *Sobre o poder pessoal.* 1.ed. São Paulo, 1978.

4

Despertando para a melhoria contínua

Apesar de qualquer coisa desagradável que tenha passado, você pode criar uma vida feliz e equilibrada. Conquistar mais paz, energia e força para melhor qualidade de vida com exercícios de respiração, alimentação saudável e exercícios físicos. Mapeando suas competências e desenvolvendo habilidades. Descobrirá sua missão, o que te motiva, onde quer chegar e como fazer isso

Andréa Rangel Lima

Andréa Rangel Lima

Coach, empreendedora, diretora da Supere Coaching - Escola de formação em Coaching (licenciada Abracoaching - Rio).

Contatos
andrearlima@superecoaching.com.br
(21) 98127-5881

Há dez anos o falecimento de um dos meus filhos propiciou uma grande mudança no mapa de minha vida.

Tinha uma visão muito restrita do mundo e de minhas possibilidades. Era como ver o mundo de uma pequena fresta da janela.

Essa experiência me despertou a consciência de quanto podemos fazer e o quanto a vida é preciosa.

Exercitar o olhar para o belo e focar no melhor que cada situação pode oferecer foram os primeiros passos, mesmo quando não sabia ao certo que fazer.

Mudei minha vida e hoje ajudo pessoas a despertarem seu potencial para uma vida fantástica.

Vou dividir com vocês estratégias que uso e ensino, vindas dos processos de *Coaching*, PNL, Neurociência e meditação. E que ajudam o Ser de forma integral.

Começamos entrando em contato com o seu cenário atual. Como está sua vida hoje?

O que você quer mudar, transformar, melhorar ou alcançar?

Para esse processo é necessário comprometimento.

Comprometa-se com você. Aprenda a estar no comando de sua mente.

Se não estiver no comando, ela comanda você. Tome a direção ou ficará dando voltas sem sair do lugar.

Para alcançarmos paz, felicidade e para autoconhecimento, autogestão. Compreenda que todos nós nascemos com potencial para realizarmos coisas maravilhosas. E o que faz a diferença é que uns acreditam e acessam e outros não.

Procrastinamos, barganhamos com nós mesmos e nos afastamos de nossos objetivos. Perdemos muito por pensarmos que a coisa é do lado de fora, quando tudo é dentro de nós.

Manifestamos em nossas vidas o que criamos em nossa mente. Atraímos para nossa vida o que dirigimos ao nosso olhar.

Quando adquirimos o hábito do pensamento harmonioso e construtivo, manifestamos em nossa vida saúde e prosperidade.

Para alcançar sucesso, saiba o porquê de você acordar todos os dias.

Qual sua missão? O que o motiva à melhoria contínua?

Focar nos pontos a serem melhorados e identificar ameaças externas são exercícios fundamentais para alcançarmos nossos objetivos.

Entender que somos responsáveis pelo nosso sucesso ou fracasso é libertador.

Somos cocriadores de nossa realidade temos infinitas possibilidades.

Permita-se. Deseje ardentemente o melhor para sua vida, o que realmente vai fazer a sua felicidade. Sabendo o que quer construir, vamos tratar de traçar o caminho.

Comece entrando em contato com dicas que vão lhe dar mais energia, disposição e serenidade para começar a entrar em ação. Veja na sequência a seguir o que poderá ajudá-lo!

Vamos lá, respire!

Conquiste paz e espante a ansiedade para começar a entrar em ação.

Faça respiração abdominal em sete tempos e colha os benefícios. Ela controla ansiedade, desenvolve o foco e concentração. Você pode realizá-la a qualquer hora.

Pela manhã ao acordar e à noite antes de dormir ajuda a entrar em estado de meditação.

Respire inflando seu abdome em sete tempos. Segure sete, inspire em sete tempos como se pudesse colar o umbigo nas costas. Segure sete tempos e reinicie. Repita essa respiração por alguns minutos.

Esse simples e poderoso exercício de respiração, que você pode fazer em qualquer lugar, livrou-me de síndrome do pânico e ataques de ansiedade.

Alimente-se bem!

Seu corpo precisa estar com a bateria carregada para que você tenha melhor performance, da mesma forma que você enche o tanque do seu carro com a melhor gasolina.

Faça uma faxina interna. Livre-se das toxinas, alimentos gordurosos, excesso de açúcar e álcool.

Dê preferência a alimentos orgânicos, frutas e legumes. Alimentos ricos em ômega são ótimos para o cérebro. Beba bastante água, seu cérebro precisa estar sempre bem hidratado.

Uma boa alimentação e hidratação adequada são fundamentais para manter sua energia em alta. Com certeza ficará mais fácil alcançar seus objetivos. Ganhará mais saúde, disposição e de quebra entrará em forma.

Mexa- se!

Já está mais que comprovado os benefícios dos exercícios físicos. Se você ainda não escolheu o seu, essa é a hora.

34 | Mapa da Vida

A falta de tempo normalmente é a principal desculpa, mas sabemos que no momento que estamos trabalhando para melhoria de performance e criando uma vida fantástica, os exercícios físicos são importantes para ajudar no desenvolvimento de foco.

Pesquisa recente identificou o exercício físico como sendo fator-chave na produção de neurônios nas regiões do cérebro associadas a aprendizagem e memória.

Escolha sua modalidade, veja o que se enquadra com seu momento atual. Procure um médico e faça um *check-up*. Ele poderá dar a você algumas sugestões do melhor exercício para você.

Lembre-se, escolha algo que ache prazeroso. Será mais fácil.

Conexão!

Use a meditação para se conectar ao seu eu interior, para minimizar o "barulho" na cabeça, fruto do grande fluxo de pensamentos, e controle de estados emocionais, ansiedade, estresse. Essa conexão com seu eu e com o universo fornece mais confiança e apoio. Meditação ajuda em mudanças em processos cognitivos e emocionais bem definidos e age no volume de certas áreas do cérebro, o que possivelmente aumenta o número de conexões entre células cerebrais.

A meditação nos permite aumentar a atenção na experiência vivida. Estar desperto aumenta o comprometimento com o momento presente, que é o momento mais importante de nossas vidas.

Experimente. Sente-se em lugar calmo, escolha uma posição confortável e comece somente prestando em sua respiração. Quando pensamentos começarem a te distrair, apenas deixe ir e retome a atenção em sua respiração. Pratique por 10 min, pela manhã e à noite.

Exercite sua visualização criativa. Todos os dias visualize suas metas e objetivos como já conquistados. Pergunte-se o que você vai sentir, ouvir e ver quando conquistar seus objetivos. Sinta a maravilhosa sensação de alcançar seu objetivo. Potencialize ao máximo essa sensação. Quando unimos a visualização das metas à emoção, a mente começa a receber como verdadeira e, sendo assim, *insights* sobre como alcançar aquela meta ou desejo e as informações necessárias começam a chegar a você.

Faça uma lista do que você quer realizar e ponha prazo (semanas, meses, anos). Visite todos os dias essa lista, isso gera maior comprometimento e foco.

Anote todos os passos importantes para realização de seus sonhos, construindo assim uma rota de ações.

Assegure-se de que seus objetivos estejam formulados corretamente, eles devem ser específicos e ecológicos.

Metas muito grandes podem acabar desanimando.

Comer um boi inteiro é difícil. Se dividi-lo em bifes, fica bem mais fácil. Faça o mesmo com sua grande meta, separe-a em partes.

Comemore suas vitórias!

Seja consistente, só não alcança seus objetivos quem desiste no meio do caminho.

Por isso é importante que seus objetivos sejam alinhados com seus valores, com o que você acredita.

Você vai conseguir manter seu foco, a persistência e contornar os obstáculos até conquistar o que quer, aliando sua meta ao que você tem paixão e pode usar suas habilidades.

Pode também adquirir novas competências. Saiba que ao dedicar foco concentrado, em algo que queira aprender de 4 a 5 horas por dia durante 5 anos, você se torna *expert*. Esta informação de Tony Robbins foi uma das mais preciosas que obtive, tamanho recurso de melhoria que nos traz.

Será mais fácil alcançar sucesso trabalhando na área que você tenha paixão. Quando fazemos o que gostamos, conseguimos alcançar mais fácil a excelência.

Lembre-se, a qualquer momento você pode avaliar seus resultados. Faça checagens e, se não estiver satisfeito com os resultados, reveja suas estratégias.

Você pode usar a modelagem para encurtar o caminho do seu sucesso.

Para isso, escolha alguém que você conheça e admire quem é bem-sucedido em meta semelhante à sua. Você pode seguir seus passos. Isso mesmo, use-a como exemplo e descubra quais os cursos que fez, como adquiriu informações e competências para realizar a meta e descobrir onde encontrou dificuldades, para assim se preparar para que seu caminho ao sucesso seja mais curto e suave.

Outro ponto importante é a administração do seu tempo. O tempo é nosso maior ativo. É grande a quantidade de pessoas que distribuem seu tempo em ações que não são relevantes para a conquista da vida que querem ter.

Avalie sua agenda. Pode ser que descubra o que está dificultando sua caminhada.

Pegue sua agenda e a reorganize:

Veja as tarefas que são importantes para que você alcance suas metas. Quais atividades trazem grandes resultados para você em prol do que quer alcançar?

Coloque o número 1 ao lado, estas serão prioritárias.

Quais são de média importância e que se não forem executadas, trarão poucas consequências para suas metas?

Coloque o número 2 para as tarefas de média prioridade.

Quais não são urgentes e não trazem impacto nesse momento para a realização de seu objetivo?

Coloque o número 3 para as menos importantes.

Algumas ações você descobrirá que são realmente elimináveis. Faça isso! Elimine de sua agenda o desperdício, o que você perceber que rouba seu tempo e não te leva a lugar nenhum.

Outras ações você verá que poderá delegar. Ache alguém que confie e faça isso.

A primeira vez que fiz esse exercício, achava que não tinha tempo para nada. Ao terminar, consegui tempo até para fazer outra formação que queria.

Hoje, com tanta cobrança, queremos fazer várias coisas ao mesmo tempo e acabamos perdendo detalhes importantes e a saúde. Vemos por aí pessoas exaustas, sem qualidade de vida, correndo de um lado para o outro, tal como zumbis.

Esteja no comando, você é o piloto.

Você pode se dedicar a um projeto de cada vez ou a mais de um se já estiver acostumado a trabalhar com metas e no desenvolvimento de projetos. Sempre dê seu melhor. Se trabalhar com vários projetos, pode usar a técnica de executar uma (complexa) a três (mais simples) ações por meta a cada dia.

Lembre-se sempre que o perfeito não existe. Tenha em mente que sucesso construído é consistente e duradouro.

Comece com os recursos que estiverem ao seu alcance, não espere estar com tudo na mão para começar a tirar seus planos do papel. Isso pode demorar uma vida inteira.

Busque parceiros, se for o caso.

Saiba exatamente o que quer e porque quer.

Mantenha sempre imagens de suas metas, em gravuras ou bloco de notas, por onde você passa. Ajuda bastante a manter o foco.

Bateu desânimo? Pegue um papel e enumere suas qualidades.

Quais foram as conquistas até agora?

O que faz você se sentir motivado?

O que te faz feliz na sua vida?

A que você é grato em sua vida?

Pensando no que nos faz felizes e nos traz alegria e satisfação, vibramos em energia positiva. É aí que a coisa flui e começamos a transitar no campo das infinitas possibilidades.

Comprometimento é fator determinante para você fazer sua vida maravilhosa.

Pessoas comprometidas não negociam nem fornecem desculpas para si mesmo e aos outros. São responsáveis pelos seus atos e por isso ficam mais protegidas de autossabotagem.

Autoconhecimento e autoestima são também características bem desenvolvidas em pessoas de sucesso.

O que você acredita sobre você?

Quais seus pontos fortes?

Quais seus pontos a serem desenvolvidos para a melhoria em todas as áreas de sua vida?

Quais os riscos se não fizer isso?

E o que você perde se alcançar o que almeja?

E se você já definiu seus objetivos, descobriu qual sua motivação para alcançá-los?

E, mesmo assim, a procrastinação ainda está lhe impedindo de chegar lá?

Saiba que pode não ser só preguiça ou falta de organização.

Pode estar ligado à maneira que nosso cérebro está programado para agir no dia a dia.

A boa notícia é que podemos mudar o modelo mental, podemos reestruturá-lo, instalar novos hábitos.

Reprograme-se e tenha uma vida fantástica.

Você pode ter ajuda de um profissional, um mentor, um *coach*.

Mas só você pode fazer acontecer.

Quanto mais rápido se comprometer e resistir, mais rápido chegará.

A autossabotagem e a zona de conforto vão aparecer. Sua mente vai querer retomar antigos padrões mentais simplesmente por já está acostumada a eles. Pode ser difícil acabar com hábitos repetidos ao longo de muitos anos. Lembre-se que esses hábitos o levaram onde está hoje. A verdade é que na zona de conforto é onde moram nossas dores, que impedem nosso progresso.

Por isso, persista. Veja-se em outro patamar. Será mais difícil voltar do alto, você vai desejar estar sempre lá. E por isso vai conseguir sair da mesmice, da mediocridade. Aguente firme.

Praticando por 28 dias, sem interrupções, podemos adquirir um novo hábito, mais coerente com nossas e metas e estilo de vida que queremos levar.

Habitue-se a comportamentos de pessoas prósperas. Elas são motivadas, comprometidas, focadas, pensam positivamente, apostam em si mesmas, investem em seu desenvolvimento, tem um desenvolvido senso de gratidão pelas oportunidades de aprendizado e melhoria, cuidam do seu corpo, de sua saúde, tem conexão com o Universo, cuidam de seus relacionamentos, são flexíveis, oferecem ajuda.

A partir de hoje seu desafio será ser a melhor versão de você mesmo.

Seu esforço será recompensado com a paz que inundará sua alma quando perceber o quanto é capaz de realizar.

Desejo que seja muito feliz.

Se precisar de ajuda, é só falar.

5

Coaching para melhor aprender e ensinar

Este capítulo tem como objetivo instrumentalizar *coaches*, educadores, pais e o público em geral a melhor utilizar os sentidos em favor da aprendizagem. Por meio de ferramentas adaptadas para identificar os sentidos, a autora detalha como o *coach* poderá orientar os seus *coachees* para alcançarem uma aprendizagem significativa

Annie Bittencourt de Moura

Annie Bittencourt de Moura

É diretora pedagógica das seis unidades CNA em Recife e Olinda, com 32 anos de experiência como professora e orientadora pedagógica, onde prepara e capacita professores e coordenadores pedagógicos no ensino de línguas. Annie é palestrante e atua com foco no desenvolvimento de técnicas para auxiliar estudantes a melhor aprender. É graduada em Letras com licenciatura em Português e Inglês, tem pós-graduação internacional (MBA) em Marketing Estratégico e Gestão Empresarial pela Faculdade IPAM de Portugal e Mestrado em Ciências da Linguagem (pela UNICAP, 2007), além de ser especialista em gestão Escolar e Coordenação Pedagógica pela Faculdade Santa Fé. Annie foi premiada duas vezes nacionalmente na apresentação de trabalhos pedagógicos para professores de todo o Brasil, com título Mario Utimati Award. Além disso, Annie é *coach* profissional, formada pela Academia Brasileira de Coaching em 2014, credenciada pela Behavioral Coaching Institute.

Contato
annielbittencourt@gmail.com
Redes Sociais: Annie Bittencourt
(81) 3032-0654 / 3301-4222

I. Introdução

H oje em dia, com a quantidade de estímulos que as crianças recebem desde que nascem, estudar os conteúdos escolares parece ficar cada vez menos tentador. É constante a quantidade de pais e educadores que chegam a mim com dúvidas e desesperados para melhor aprender e ensinar.

Surgem então os questionamentos:

Como ajudar uma criança a aprender? Como orientar um adolescente a descobrir formas de melhor fixar os conteúdos que lhe são ensinados?

II. Os cinco sentidos e a aprendizagem

Sabemos que o cérebro humano não aprende de uma única maneira, mas também que é através dos cinco sentidos que entendemos e nos comunicamos com o mundo externo. Esses sentidos são usados para perceber e entender o mundo, sendo eles: visão, audição, olfato, tato e paladar.

Ao estudarmos e aprendermos, filtramos seletivamente a informação do nosso ambiente através de três canais principais, amplamente debatidos pela PNL (Programação Neurolinguística): o canal visual, o auditivo e o cinestésico. Esses três canais são comumente abreviados por VAC.

Para entender os canais VAC, esclareço:

Visual: percebe mais as aparências e imagens ao seu redor. Aprecia imagens, símbolos, desenhos. Precisa ter um ambiente decorado de forma mais atrativa ao seu redor.

Auditivo: ouve mais os sons. Capaz de investigar mais as pessoas. Aprecia música, drama, trabalho falado e literatura. Gosta de harmonizar níveis sonoros em seu ambiente.

Cinestésico: compreende mais os aspectos emocionais ou corporais. Aprecia o contato com esportes, trabalhar com materiais eletrônicos e/ou manufaturados. Necessita de um ambiente confortável.

Assim, cada ser humano entende e interpreta o mundo exterior por meio de sua preferência VAC individual, isto é, usando seu(s) estilo(s) de pensamento preferido(s). Por isso, quando você conhece qual canal de comunicação age de acordo com a sua preferência cerebral, mais fácil é para você acessar e gravar uma informação.

Portanto, o primeiro passo é investigar para poder orientar o aprendiz a filtrar a realidade conhecendo como ele(a) melhor se comunica com o mundo externo. Isto é, descobrir se ele/ela é mais influenciado pelas imagens ou pelas sensações ou pelas palavras e sons.

Para descobrirmos e explorarmos melhor e mais profundamente o poder dos seus sentidos, há inúmeros testes desenvolvidos para descobrir qual canal (visual, auditivo ou cinestésico) é o de sua preferência. De posse desse resultado, podemos oferecer ao aprendiz uma gama de dicas muito importantes para toda a sua vida escolar e acadêmica.

Dentre os mais variados testes, escolhi o que me parece ser o mais apropriado para essa investigação. Este foi desenvolvido por Rebeca L. Oxford, PhD, da Universidade de Alabama, Estados Unidos da América, e por mim adaptado e traduzido para o Português, com linguagem mais voltada à realidade dos aprendizes do século XXI.

Ao aplicar esse questionário, recomendo ao profissional *coach*, ou a quem for utilizá-lo, que leia junto com o seu(s) *coachee*(s), aluno(s), filho(s) e até subordinado(s) frase por frase, dando-lhes exemplos do dia a dia a fim de ilustrar as situações, mas de forma cautelosa para não ser tendencioso.

Questionário Style Analysis Survey

Para cada item, marque a resposta que melhor descreve o que você faz:

0 = nunca 1 = às vezes 2 = frequentemente 3 = sempre

V - Parte 1: Como você usa seus sentidos físicos para o estudo e o trabalho:	0	1	2	3
1. Eu lembro melhor de algo quando eu escrevo.				
2. Eu faço muitas anotações.				
3. Eu visualizo figuras, números ou palavras em minha cabeça.				
4. Eu prefiro aprender com vídeo, apresentações em PowerPoint ou TV do que com outro recurso.				
5. Eu sublinho ou destaco partes importantes à medida em que leio.				
6. Eu uso código de cores para me ajudar a aprender ou trabalhar. Adoro grifar as palavras com canetas coloridas.				
7. Eu preciso de orientações escritas para realizar tarefas.				
8. Eu me distraio se há barulho ao redor.				
9. Eu tenho que olhar para as pessoas para entender o que dizem.				
10. Eu me sinto mais confortável quando as paredes têm pôsteres ou quadros.				

Agora, some os pontos das questões de 01 a 10 acima, que você marcou, colocando o valor total aqui.

Total V: _____

A - Parte 2:	0	1	2	3
11. Eu lembro melhor das coisas se eu as discuto em voz alta.				
12. Eu prefiro aprender ouvindo uma palestra ou a um áudio ou cd, mais do que lendo.				
13. Eu preciso de orientações orais para as tarefas. Prefiro que alguém me explique o que tenho que fazer do que ler instruções.				
14. Sons no ambiente me ajudam a pensar.				
15. Eu gosto de ouvir músicas quando estudo ou trabalho.				
16. Posso entender facilmente o que as pessoas dizem, mesmo que não consiga ver seus rostos.				
17. Eu lembro muito mais do que as pessoas dizem do que de sua aparência.				
18. Eu lembro facilmente das piadas que escuto.				
19. Consigo identificar as pessoas ao ouvir suas vozes.				
20. Quando ligo a TV, eu escuto mais do que vejo o que passa na tela.				

Agora, some os pontos das questões de 11 a 20 acima, que você marcou, colocando o valor total aqui.

Total A: _____

C - Parte 3:	0	1	2	3
21. Eu prefiro começar logo a fazer as coisas do que prestar atenção às instruções.				
22. Eu preciso de pausas frequentes quando eu trabalho ou estudo.				
23. Eu movo meus lábios enquanto leio silenciosamente.				
24. Eu evito sentar numa cadeira. Se puder ficar de pé, eu prefiro.				
25. Eu fico nervoso(a) quando fico sentado(a) por muito tempo.				
26. Eu penso melhor quando posso me movimentar.				
27. Mover e tocar objetos me ajudam a lembrar de algo.				
28. Eu adoro construir e fazer coisas (com as mãos).				
29. Eu gosto de atividades físicas.				
30. Eu adoro colecionar cartões, canetas, canecas, moedas ou outras coisas.				

Agora, some os pontos das questões de 21 a 30 acima, que você marcou, colocando o valor total aqui.

Total C: _____

Fonte: STYLE ANALYSIS SURVEY. Rebecca L. Oxford, PhD., University of Alabama

Orientando a interpretação do questionário

O *coach* ou orientador deve estimular cada indivíduo a identificar em qual canal ele/ela obteve a maior pontuação. Lembro que às vezes as pessoas tendem a responder o questionário não como realmente são, mas como gostariam de ser. Por isso, deve-se estar atento para dizer que o indivíduo deve responder sobre o que ele realmente faz e sente.

Há pessoas cujo resultado inclusive dá empatado, pois usam mais de um canal para se comunicar com o mundo.

A meu ver, o aplicador do questionário deve orientar seu *coachee* ou pupilo a focar seu trabalho de desenvolvimento no canal onde obteve maior pontuação. Pois, assim, estará canalizando seus saberes para sua maior fortaleza.

Faz-se muito importante reforçar ao seu *coachee* que, ao sintonizar os seus sentidos, o indivíduo torna-se capaz de organizar como aprende, otimizando seu poder de memória e de aprendizagem.

Dicas para o orientando obter melhores resultados nos estudos a partir da descoberta de seu principal canal de comunicação com o mundo exterior. Cada indivíduo deverá maximizar o uso dessas estratégias para melhor aprender, estudar e fixar seus conhecimentos. Veja algumas das dicas que eu pude compilar ao longo da minha carreira de 32 anos como educadora:

Os alunos ou *coachees* que usam o canal visual como seu principal canal de comunicação com o mundo devem:

1. Fazer anotações durante as aulas e palestras;
2. Devem usar código de cores, para estudar, com canetas coloridas;
3. Devem fazer resumos em forma de esquemas com setas e gráficos;
4. Devem organizar seu ambiente de estudos antes de iniciar os trabalhos;
5. Ao ler um livro para estudar, não adianta grifar com marcador todo o parágrafo. Os alunos visuais devem escolher uma ou duas palavras-chave por parágrafo para destacar com caneta marca-texto. Pois o aluno visual consegue "fotografar" mentalmente a página do caderno ou do livro em que estudam, mas, para lembrarem do conteúdo daquela página, deverão fixar-se em poucas palavras destacadas;
6. Devem fazer cartazes e pendurar em suas paredes para melhor memorizar os conteúdos;
7. Podem criar histórias em quadrinhos para exprimir e retratar os conteúdos lidos em um livro de História do Brasil, por exemplo.

Já os alunos ou *coachees* que usam o canal auditivo como seu principal canal de comunicação com o mundo devem:

1. Ouvir atentamente aos sons da voz do professor ou palestrante. Perceber a entonação nas palavras e ritmo com o qual este palestrante se expressa;
2. Podem harmonizar níveis sonoros em seu ambiente, estudando com música suave de fundo;
3. Devem gravar sua voz em aparelhos celulares ou gravadores eletrônicos, comentando ou lendo os capítulos dos livros que estão estudando;
4. Mas principalmente deverão ouvir essas gravações repetidas vezes;
5. Debater com um colega sobre os assuntos estudados, ensinar e conversar sobre esses capítulos é muito importante para o aprendiz auditivo;
6. Ler em voz alta.

Para os alunos que usam principalmente o canal cinestésico para se comunicar com o mundo, as dicas são:

1. Escrever e copiar durante as aulas e palestras os fará ficar mais concentrados no conteúdo;
   Diferentemente dos visuais, os cinestésicos deverão escrever e copiar apenas para se concentrarem, pois normalmente nunca irão ler as suas próprias anotações. Muitas vezes eles anotam e nem mesmo se lembram onde anotaram. Mas não há problemas. O importante é mantê-los se movimentando na escrita enquanto prestam atenção à fala do professor ou palestrante;
2. Devem estudar em ambientes variados. Isto é, estudar o capítulo 1 na sala, o capítulo 2 no escritório, o capítulo 3 no quarto e o capítulo 4 na varanda. Desta forma, a troca de ambientes e o movimento vai ajudá-los a melhor fixar os conteúdos;
3. Se puderem fazer trabalhos manuais ou experimentos de química e física para fixar os conteúdos, estes aprendizes com certeza se envolverão muito mais com o processo de aprendizagem;
4. Devem fazer pausas de 20 em 20 minutos para respirar, tomar água, caminhar e voltar a concentrar-se nos estudos;
5. Alunos cinestésicos devem montar seus planos de estudos em SPINS de 20 em 20 minutos, com metas e objetivos claros do que conquistar em cada período de 20 minutos. Isto é, 20 minutos estudando o capítulo um e cinco minutos passeando para tomar ar ou água e pensar no que foi estudado;
6. Falar e conversar sobre os aspectos emocionais ou corporais pode auxiliar os alunos cinestésicos;
7. Os alunos cinestésicos necessitam de um ambiente confortável para estudar.

III. Conclusão

É fato que o homem é um ser em transformação enquanto vive, um ser multifacetado que nunca estará pronto.

Com a atual expansão descontrolada do saber, Morin (2004, p.16) diz que "estamos afogados em informações". E é através da educação que se deve "transformar as informações em conhecimento e transformar o conhecimento em sapiência" (MORIN, 2004, p.47).

Portanto, este é o grande desafio ao se buscar fazer um trabalho de *coaching* de Aprendizagem. Afinal, muitas vezes os educadores, *coaches* e professores ensinam muito conteúdo, mas não geram oportunidades para o aluno desenvolver sua capacidade de aprender de forma significativa, sendo protagonista da aprendizagem e não um mero repetidor. Por isso, há tantos educandos com sensação semelhante à frase de René Daumal, "sei tudo, mas não compreendo nada" (MORIN, 2004).

Essa sensação dá ao aluno um extremo sentimento de incapacidade, frustração, agonia e ansiedade. Por isso, cabe ao *coach* de aprendizagem fomentar a contextualização dos saberes, integrando-os em seus conjuntos a situações de vida real, autênticas e formando sujeitos capazes de enfrentar diversas situações e/ou problemas de sua época e de sua vida a fim de bem aprender.

Além disso, os benefícios do trabalho com os canais de comunicação junto aos alunos ou *coachees*, ensinando-lhes a organizar o seu processo de aprendizagem, gera uma análise reflexiva, que leva o aprendiz a escolher priorizar determinados exercícios, por exemplo, nas habilidades em que tiver maior dificuldade. E isso fará toda a diferença em seu resultado de aprendizagem.

Por meio deste processo, desenvolverão maior conscientização, autoconscientização, autonomia e consequentemente melhores resultados virão.

Assim, não podemos nunca esquecer que nós, como *coaches*, devemos olhar para cada aprendiz com o olhar de "você vai conseguir!". Devemos lembrar sempre que nosso papel neste processo é o de provocar, desassossegar, de apoiar, de aprender junto. Afinal, há sempre muito o que aprender e é pouco o nosso viver. Mas não se vive se não se aprende. Por isso, o nosso papel é tornar esse processo o mais bem-sucedido e feliz para cada ser humano em nosso caminho.

Referências

MORIN, Edgar. *A cabeça bem-feita: repensar a reforma, reformar o pensamento*. Rio de Janeiro: Bertrand Brasil, 2004.

_____. *Os sete saberes necessários à educação do futuro*. São Paulo: Cortez, 2005.

OXFORD, Rebeca L; SCARELLA, Robin. *Sound Ideas*. USA: Heinle & Heinle, 1995.

WOOLFOLK, Anita. *Educational Psychology*. USA: Pearson Education, 2004.

6

Encontrando seu caminho entre a maternidade e carreira

A maternidade é sublime e nos conduz ao amor sem fronteiras e a paz interior. Mas quando falamos em equilibrar maternidade e vida profissional, a maioria das mulheres vive um grande dilema. Nessa hora o processo de *coaching* a auxilia a tomar a decisão mais correta para a sua vida. Afinal, você sabe como encontrar fluidez nesse momento?

Aruana Mendes Medeiros

Aruana Mendes Medeiros

Coach, palestrante, mãe e esposa. *Personal, Professional* e *Executive Coach* pela Sociedade Brasileira de Coaching, licenciada pela BCI - Behavioral Coaching Institute e reconhecida pelo Internacional Coaching Council - ICC/PR. Coaching e Educadora Transpessoal pela Escuela Espanõla de Desarrollo Transpersonal- Madrid. *Coaching* e *Mentoring* pelo Instituto Holos. Atende presencialmente em Curitiba, online para todo o Brasil e brasileiras ao redor do mundo.

Contatos
www.aruanamedeiros.com.br
contato@aruanamedeiros.com.br

Um dos maiores desafios para as mulheres hoje em dia é equilibrar a maternidade e a carreira. Sou mãe e profissional, mas já vivi meu período exclusivo como mãe. Hoje dou conta do meu trabalho, das minhas duas filhas, além do marido, dos dois filhos caninos e também da casa.

Como *coach* atendo tanto mulheres que vivem nesses dois "mundos", carreira e maternidade, quanto as que vivem apenas em um deles. Entendo perfeitamente quando chega até mim uma mãe vivendo o conflito pessoal e profissional. Geralmente ela carrega um misto de sentimentos, como a angústia pela falta de tempo com os filhos e ausência nos momentos especiais. Já outras mulheres vêm buscar ajustes na carreira ou orientação sobre como organizar sua vida e conciliar suas tarefas. Como disse Caetano Veloso: "Cada um sabe a dor e a delícia de ser o que é"[1].

A maternidade é um poderoso gatilho para as mulheres. Quando os bebês estão pequenos, muitas delas procuram o processo de *coaching* decididas a abandonar a carreira, nem que seja por um período, para viver intensamente a maternidade. Eu, enquanto mãe que já passou pelo mesmo processo, digo que admiro a coragem dessa mulher. Sei das alegrias e dilemas que ela irá enfrentar. Mas, fico feliz de poder ajudá-la nesse momento tão decisivo com técnicas que farão a diferença em sua escolha e na sua vida.

Com minha experiência de mãe associada às ferramentas de *coaching* posso mostrar o outro lado dessa decisão e buscar entender desde as razões que a levaram à sua escolha até investigar, junto com a mãe, se ela está realmente preparada para viver este novo estilo de vida. Porque se você decide ser mãe em tempo integral precisa entender que a decisão é sua e as consequências também serão.

Coaching para mães

O processo de *coaching* para mulheres que escolhem ser mães em tempo integral pode começar com a análise dos pontos fortes e fracos em relação ao seu objetivo de vida atual e também daqui a dez ou quin-

1 Trecho da música Dom de iludir.

ze anos (sim, porque os filhos crescem). Também podemos verificar até que ponto a mudança precisa ser radical. Para alcançar êxito nesta nova empreitada gosto de fazer as seguintes perguntas: você percebe que essa mudança pode ser gradativa? O que você pensa sobre isso? Como é a sua relação com seu companheiro? E o financeiro, será que você tem o perfil para depender do marido ou tem uma poupança? Vocês conversaram honestamente sobre isso?

Lembre-se que a falta de uma boa conversa pode se tornar um problema no futuro. Pontuar cada questão da nova etapa da vida (que também será da família) com o companheiro é fundamental. Sem contar o histórico da segurança financeira no final do mês e os benefícios trabalhistas. Para algumas mulheres, foram anos de trabalho em empresas, às vezes em uma única instituição, isto quer dizer: FGTS, férias, décimo terceiro, carteira assinada, licença maternidade.

Mulheres que dão conta de toda essa transformação rompem barreiras e são felizes. Mas isso só acontece quando a decisão é pensada com cautela. Mudanças são sempre bem vindas e não há mal nisso, porém sempre destaco a importância da tomada de consciência e a necessidade de força para enfrentar a nova fase: ser mãe em período integral.

Outra possibilidade é a análise da fase da vida em que a mulher se encontra ou deseja chegar. Ao longo das sessões conseguimos identificar o momento atual e traçar um caminho ao seu objetivo.

A mulher pode se encontrar em uma ou mais fases abaixo:

Carteira assinada x empreendedorismo	Mãe x mulher
Carreira	Mãe x aposentadoria
Síndrome no ninho vazio	Aposentadoria

Com essa análise o *coach* consegue identificar em que fase a mulher se encontra e quais as opções a serem trabalhadas. É um processo que inclui a auto-avaliação e auxilia na tomada de decisão.

- **Carreira:** o *coach* ajuda a identificar as habilidades e ampara a leitura das oportunidades no momento atual, fortalecendo a tomada de decisão da carreira.

- **Carteira assinada x empreendedorismo:** muitas mulheres ficam em dúvida em qual ramo seguir: trabalhar com carteira assinada ou empreender. Isto depende do perfil e do objetivo de vida de cada uma.
- **Mãe x profissional:** nesse delicado processo, o *coach* pode auxiliar a mãe a conciliar carreira e maternidade. Ou então pode ajudar a fazer a transição de funcionária para mãe em tempo integral, sem traumas.
- **Mãe x mulher:** como dar conta de tudo? A mulher pode descobrir como harmonizar e permitir uma maior organização das tarefas par que ela se sinta plena e segura.
- **Síndrome do Ninho Vazio:** este é o momento em que a mãe se dá conta que os filhos cresceram, tornaram-se independentes. Mas nem todas as mulheres conseguem enxergar alternativas que amenizem o vazio. Pesquisar e analisar novas experiências é um caminho possível dentro do processo de *coaching*.
- **Aposentadoria:** o processo de *coaching* ajuda a mulher na fase de pré-aposentadoria com um ótimo planejamento de vida (ter mais tempo para fazer o que gosta, como, por exemplo, curtir mais a família, etc.), sem esquecer que para aquelas que já estão aposentadas sempre há tempo para novos projetos.

O objetivo dessa análise é localizar a fase atual da mulher ou a que ela quer chegar, ou então simplesmente colocar em ordem suas funções para que a vida flua com tranquilidade e amor.

Dicas para a mãe em tempo integral

Para as mães que já tomaram a decisão de se dedicarem integralmente aos filhos e família, e estão vivendo o processo de mudança, uma dica importante é ampliar sua rede de relacionamentos. Faça muitos amigos e contatos, essas atitudes farão a diferença no momento que você retomar suas atividades profissionais, se assim desejar. Na minha experiência como *coach* para mães também percebi que para essas mães foi necessário vencer alguns desafios, principalmente no quesito "equilíbrio em suas tarefas diárias". A ausência deste equilíbrio pode gerar: estresse, cansaço e baixa autoestima.

Para prevenir que seu sonho acabe se tornando um pesadelo, escolhi sete pontos fundamentais que merecem toda a sua atenção.

1) É preciso ter clareza nas prioridades do dia a dia;
2) Coloque limites em determinados pontos;
3) Tempo é prioridade! Por isso tenha sempre a sua agenda muito bem organizada.
4) Planeje seu dia colocando em primeiro lugar tarefas importantes e indelegáveis. Não se esqueça de estruturar as tarefas delegáveis.
5) Não tente resolver tudo de uma vez, isto desgasta a mente e o físico, além da possibilidade de se sentir frustrada.
6) Reserve um horário por semana ou quinzenal para você se cuidar, exemplo: ir ao salão de beleza ou fazer uma massagem relaxante. Enquanto você está no salão ou em outro momento só seu, aproveite para ler um bom livro ou conversar com as amigas.
7) Divida tarefas com o companheiro: a família é um projeto comum, onde você e ele são parceiros!

Certa vez atendi uma mãe executiva que tinha como objetivo de vida ficar pelo período de cinco anos sendo somente mãe e depois deste tempo romper as barreiras e tornar-se empreendedora. Trabalhamos a mudança de rotina (do mundo corporativista para o materno) e como essa escolha impactaria sua vida e sua autoestima. Trabalhamos as forças internas para que ela possa dar conta da situação e também o planejamento detalhado dos próximos cinco anos - a forma como irá administrar os recursos financeiros, a casa, o marido, os filhos e a vida pessoal. Percebi no final do processo de *coaching* uma mulher mais segura e com seu mapa da vida para um período de cinco anos estruturado.

O mais importante em qualquer decisão é o planejamento da ação. Focando nos objetivos e tendo uma visão clara dos desafios que nos esperam pela frente.

Dicas para a mãe e profissional/empreendedora

Já para aquelas que decidiram equilibrar maternidade e carreira, alguns mecanismos podem ajudar no dia a dia:

1) Gerencie seu tempo, tenha uma agenda ou caderno para listar as tarefas diárias e/ou semanais.
2) Priorize a tarefa mais importante.
3) Aproveite o período do café e o horário do almoço para ligar para o seu filho ou para a pessoa que cuida dele, ou simplesmente para fazer a lista do mercado.
4) Tenha satisfação no seu trabalho. Mantenha o foco e o ânimo!

Para a mãe que trabalha e também precisa cuidar da casa e dar conta dos filhos, cada dia é um novo desafio. Mas querer é poder! Você vai perceber que com um bom planejamento seu dia será produtivo e você conseguirá fazer tudo o que precisa.

Simplesmente mães

Independente da sua decisão, MÃE é MÃE. Não existem mães perfeitas, erros e equívocos são cometidos. No mundo moderno, existem mães de todos os gostos. Mulheres que se dedicam plenamente a maternidade e outras que retomam sua vida profissional após a licença maternidade. Podem até existir diferenças de rumos profissionais entre elas, mas uma é melhor que outra? Não! Cada mãe deve se permitir à liberdade de ser o que é. Sem julgamentos.

A maioria das mães deseja ardentemente que a maternidade conceda a felicidade e a contemplação. Elas sonham com o sucesso nas áreas: materna, profissional, matrimonial e pessoal. Ou simplesmente optam pela família, focando seus esforços no cuidado dos seus filhos e de si mesmas.

O conceito de sucesso varia de pessoa para pessoa, pois cada ser humano tem suas peculiaridades, qualidades e habilidades. A verdade é que todas têm momentos difíceis, sejam elas mães em tempo integral ou profissionais de carreira. Autocontrole somado a uma estrutura sólida de valores é fundamental nestas ocasiões. Quando uma mulher se torna mãe, nasce uma guerreira.

7

Mudança
Você no controle da vida

A mudança é o âmago do processo de *coaching*, sem ela nada feito. O objetivo deste capítulo é alertar para a importância dos fatores que impedem a mudança planejada. O modelo gravesiano é de grande valia, pois tem procedimentos que identificam os estágios de mudança. As pessoas não mudam por imposição, mas para adaptar-se a uma nova condição de vida

Aternízio Oliveira

Aternízio Oliveira

Sócio da ENGEMAT – Treinamento e Capacitação Pessoal Ltda. Graduado em Filosofia - UMESP. Curso de Extensão em Psicologia Budista- Ciência Meditativa. *Coach* com certificação internacional- Lambent (ICC) e SLAC (ICF). *Master* e *Trainer* em PNL- SBPNL. Hipnoterapeuta - Metaforum internacional. *Practitioner* em Terapia da Linha do Tempo (TLT) - Metaprocessos. Mestre de Reiki- Humaniversidade. Atua há mais de 30 anos em posição de liderança de equipes em empresas de engenharia industrial de médio e grande porte de origem nacional e multinacional. *Coach* com certificação internacional e Terapeuta holístico, ministra palestras, cursos e treinamentos com foco em desenvolvimento humano nos temas Administração de Conflitos, Comunicação Eficaz, Educação e inteligência Financeira.

Contatos
www.aternizioliveira.terapeutaholistico.com.br
aternizio@uol.com.br
aterniziooliveira@terapeutaholistico.com.br
(11) 5533-2378 / (11) 99756-2177 / (12) 99726-2177

Mudança é uma das poucas coisas que não podemos evitar, mas podemos escolher a maioria delas. Sobre a minoria que não temos controle, podemos escolher como nos comportar diante delas e ressignificar o resultado.

Este artigo seria insuficiente para descrever um dos vários modelos de *coaching* existentes, seus benefícios e áreas de aplicação.

A ênfase será dada a uma parte específica do processo, a nosso ver considerada a essência do *coaching*: a mudança.

Quanto a sua abrangência os autores utilizam nomes diferentes para distinguir as mudanças superficiais das profundas. As superficiais são aquelas restritas a uma meta específica, enquanto as profundas são sistêmicas têm efeito amplo na vida do *coachee*. Veremos com mais atenção as variações, o potencial e as necessidades de mudança na abordagem do sistema gravesiano, a nosso ver um dos mais completos sobre o assunto.

De forma bem resumida, a figura abaixo ilustra genericamente um processo de *coaching*. Ele consiste basicamente em fazer um inventário do estado atual do cliente (*coachee*) e seu estado desejado – os objetivos que ele quer obter.

A lacuna entre os estados atual e o desejado, é o espaço da mudança. É como uma corrida com obstáculos, você sabe de antemão que eles estarão lá e treina duro para superá-los. Do mesmo modo, no processo de *coaching*, sabemos que invariavelmente surgirão obstáculos e com injeção de recursos iremos avançar rumo ao objetivo. Eles se desfazem se eu descobrir qual é o objetivo além deles e se eu realmente desejar alcançá-lo.

Em *coaching* e PNL recursos são tudo aquilo que nos apoiam, nos dá suporte para atingirmos metas e objetivos. Os recursos podem ser materiais (objetos e pessoas), financeiros, qualidades pessoais, tempo, etc.

O processo de *coaching* tem o propósito de mover o cliente da situação atual para a situação desejada, e o faz ajudando o cliente a acessar seu potencial, de forma a definir objetivos claros e estabelecer prazos para alcançá-los. Ajuda o cliente a descobrir seus valores e crenças, que o põem em ação para lidar com seus próprios problemas.

ESQUEMA DO PROCESSO DE COACHING

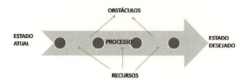

Uso a metáfora da viagem para explicar de forma fácil o processo de *coaching*.

Para realizar uma viagem nós sentimos o desejo de visitar um parente, um lugar bonito, realizar um bom negócio, etc. Para que isto se realize precisamos saber para onde ir (estado desejado, objetivo/destino) e onde estamos (estado atual). Sem estas definições não temos como decidir que meio de transporte utilizar, quanto tempo dura a viagem, qual a melhor época para viajar e assim por diante (obstáculos e recursos).

Caso optemos, com informações levantadas na etapa anterior, por fazê-la de carro e tratar-se de destino novo, temos que nos valer de mapas para planejarmos a viagem. Uma vez traçado o destino e iniciada a viagem, temos que constantemente monitorar nossa posição através das placas indicativas, pontos de referência e quilometragem da estrada, para nos certificarmos, que estamos no caminho certo.

É provável que encontremos durante o trajeto algumas divergências ou imprevistos em relação ao planejado. Isto em si não é motivo para abandonarmos a viagem, e sim fazer a necessária correção de rota. Da mesma forma no *coaching* o monitoramento tem o propósito de avaliar nosso progresso em direção ao objetivo. Caso haja desvio comprometedor, não devemos abrir mão do objetivo e sim ter flexibilidade para fazer os ajustes necessários, para continuar a caminhada. Assim a caminhada está para a viagem, como a mudança esta para o processo de *coaching*. Sem mudança, nada feito.

A fórmula segura para o fracasso – desistir de seus sonhos.

Nós podemos evitar um incêndio, podemos evitar uma fratura frágil num metal. Em ambos os casos conhecemos bem a tríade da manifestação do fenômeno – combustível, comburente e calor no primeiro caso e tensão (esforço), entalhe metalúrgico (defeito) e temperatura crítica no segundo.

Basta retirar um dos componentes da tríade e o fenômeno não ocorrerá.

No entanto, não podemos evitar a mudança, pois se fosse possível poderíamos estar inclusive impedindo a manifestação da vida, pois todos sabem que sem a multiplicação dos gametas sequer a vida existiria.

Assim sendo, como a existência é sábia, não é possível ao homem acessar procedimentos que impeçam a evolução, e entre eles está a supressão da mudança.

Tipos de mudanças

Neste artigo nos ocuparemos de dois tipos de mudanças: a emergente e a planejada bem como do seu potencial e das variações.

A mudança emergente é aquela que os filósofos, e entre eles Maquiavel, denomina como "fortuna", ou seja, um tipo de mudança aleatória que depende da sorte e de Deus. Acredita-se que nada pode ser feito e a intervenção do homem é inócua. Este tipo de mudança pode ou não estar alinhada com os objetivos esperados. De qualquer forma, mesmo nestes casos podemos mudar os resultados alterando a forma de proceder.

Em oposição a anterior a mudança planejada, aquela que Maquiavel chamaria de *"virtu"*, ou seja, produto da elaboração de estratégias porque mesmo que as coisas estejam dando certo no momento isto não é garantia de continuidade devido à variação das coisas com o tempo.

No livro O príncipe Maquiavel (2010, p. 53) admite que na vida metade é "fortuna" e metade é *"virtu"*. Atualmente, temos teorias que possibilitam muito mais, entre elas aponto o Princípio 90/10 de Stephen Covey que afirma que temos controle sobre noventa por cento dos eventos e o dez restantes podemos influir no resultado, através de comportamentos adequados.

Sem dúvida nenhuma, o propósito do *coach* é ajudar seu cliente a reduzir as mudanças aleatórias, pois nem sempre são desejáveis e satisfatórias e aumentar as mudanças planejadas.

Como sabemos, as mudanças vão ocorrer no universo, queira ou não, qualquer um de nós. Desta forma devemos ficar atentos para usar o inevitável a nosso favor. Enquanto as mudanças aleatórias ocorrem de forma inesperada, as mudanças planejadas, como no caso citado de incêndio ou fratura frágil em metais só ocorrerá, se os componentes da tríade de fatores ocorrerem. Como mostrado na figura 2, para que a mudança planejada ocorra é necessário ter: a) Consciência para perceber o que não está satisfatório e/ou pode ser melhorado; b) Vontade livre, soberana e absoluta para escolher o que se quer; c) Agir só a ação gera resultados.

TRIADE DA MUDANÇA

- A única coisa permanente é a Mudança.
- Mudança Emergente e Mudança Planejada

Um pouco sobre cada componente da tríade:

Consciência – A maioria das pessoas perde oportunidades de progresso ao se limitarem a reclamar do que lhes acontece, ao invés de assumirem que são responsáveis pelos resultados de suas vidas. Elas reclamam da família, do patrão, do governo, do sócio, da crise, etc. Elas gastam com queixas as energias que poderiam ser direcionadas para provocar mudanças planejadas.

Cito meu caso pessoal - após algum tempo atuando na liderança em engenharia de projetos, fiquei insatisfeito com os desvios entre planejado e o realizado nos empreendimentos. Felizmente sempre atuei em equipes eficientes e de alto desempenho. Isto me levou a conclusão depois de várias conversas e questionamentos com colegas e a equipe de planejamento, que a solução não era eminentemente técnica.

Este desconforto e insatisfação me levaram a procurar soluções fora da área técnica e me remeteram para o estudo da PNL, *coaching* e filosofia, os fundamentos do meu novo trabalho – o desenvolvimento pessoal com foco em administração de conflitos, comunicação eficaz e orientação financeira.

Esse conjunto de disciplinas fornece uma visão integral e holística do ser humano.

A filosofia embasa os conceitos e a reflexão, a PNL fornece a estrutura para a mudança de comportamento e a comunicação eficaz, e o *coaching* é por excelência um propulsor à ação.

Vontade/Desejo – É um tema muito estudado pela filosofia e modernamente pela psicologia. Com frequência o senso comum, usa desejo com o mesmo sentido de vontade Chauí (2009, p. 327), no entanto, aponta três características que diferem o desejo da vontade que no nosso entender, é de fundamental importância no processo de mudança.

1. A vontade nos propicia vencer obstáculos materiais, físicos ou psíquicos, enquanto o desejo se concentra na busca do prazer e evitar a dor.

2. A vontade é responsável por uma análise crítica da ação, o desejo é um impulso e quer ser realizado já.
3. A vontade avalia as consequências da mudança, o desejo busca o prazer imediato.

Desta forma é preciso distinguir a vontade e o desejo, pois o desejo nasce da paixão, não sendo, ao contrário da vontade, um ato voluntário. Segundo Aranha e Martins (2009, p. 236), Aristóteles define ato voluntário como: "princípio de si mesmo", de modo que tanto a virtude, como o vício dependem da vontade do indivíduo.

O desejo tem um papel importante na motivação, por sua natureza impulsiva de querer se realizar a qualquer custo. Quando submetido ao crivo da vontade é energia indispensável ao processo de mudança.

Para ilustrar o que foi dito acima, vamos supor que estejamos num dia de verão com temperatura de 38°C. Passando por uma sorveteria temos desejo de tomar um sorvete. Ao lembrar de nosso estado febril, provocado por uma dor de garganta, nossa vontade, após avaliar os prós e contras, decide abortar ou adiar a ação de tomar o sorvete.

Ação – Um pressuposto do *coaching* afirma: "Se quer entender aja".

Por isso, a ênfase do *coaching*, em dar tarefas para os clientes. O fazer consciente, quebra hábitos e desenvolve novos comportamentos, amplia horizontes e cria novas possibilidades. Como nos afirma Lages e O´Connor (2010, p.32): "a ação muda a nós e o mundo".

As organizações que aprendem *learning organization* e os líderes eficazes, sabem que as pessoas só fazem mudanças na vida ou são capazes de determinar metas e traçar estratégias para atingi-las, se houver motivação para isto. Muitos gestores falham em atingir os resultados planejados por desconsiderarem que, mudanças positivas não ocorrem por imposição.

As pessoas agem de acordo com sua visão de mundo, portanto necessitam ser envolvidas e treinadas para identificarem estímulos congruentes com seus valores e crenças.

Para que as mudanças planejadas ocorram com um grau de precisão aceitável, é necessário acuidade para reconhecer o potencial de mudança dos envolvidos no projeto.

Segundo Ribeiro (2008, pp 138-140) são três os estados do potencial de mudança: aberto, limitado e fechado:

a) **Aberto:** a pessoa está totalmente predisposta a mudar, reconhece a necessidade da mudança e busca adquirir conhecimentos, habilidades e atitudes que a mova na direção do objetivo;

b) Limitado: pessoas vacilantes à mudança preferem ficar desconfortáveis na posição atual a se arriscarem ao novo. Elas gastam muita energia para sair da inércia;

c) Fechado: totalmente resistentes e combativas a mudança, se apegam a suas posições e visão de mundo.

A seguir estão cinco afirmações que permitirão identificar de forma simples e rápida, se a pessoa está aberta a mudanças só assim o processo de *coaching* pode ajudar:

1) Está tudo muito bem;
2) Está tudo bem, mas já esteve melhor;
3) Está muito ruim, não tem como piorar;
4) Está começando a melhorar;
5) Agora sim! As coisas melhoraram.

Se você escolheu:
1 ou 5 - Você está satisfeito, não está aberto à mudança. No caso 1 você está acomodado e no caso 5, você acabou de fazer uma mudança e está se adaptando a ela;
2, 3 ou 4 - Significa que você está disposto a mudar;
2 - Você está identificando uma necessidade de melhoria;
3 - Indica necessidade urgente de mudança, pois a situação está consumindo energia desproporcional aos resultados obtidos;
4 - as barreiras foram vencidas e a mudança está se instalando.

Esperamos que esta abordagem tenha servido para conscientizá-lo da importância da mudança. Ela é inevitável, o que podemos fazer é aceitá-la e criar condições propícias para nos beneficiarmos dela. Se mesmo assim sentir que persiste alguma dificuldade em lidar com ela, recomendamos que procure um *coach*. Ele é o profissional que apontará caminhos seguros. Juntos você e o *coach* irão explorar as crenças e os estágios que te impedem de fazer mudanças significativas e atingir os objetivos na sua vida.

Referências

ARANHA, Maria Lucia de Arruda; MARTINS, Maria Helena Pires. *Filosofando - Introdução à Filosofia*. 4. ed. São Paulo: Moderna, 2009.

COVEY, Stephen. *Princípio 90/10:* disponível em: <http://metaforas.com.br/o-principio-90-10>. Acesso em 05/fev/2015.

LAGES, Andrea; O'CONNOR, Josefh, *Como o coaching funciona: O guia essencial para a história e prática do coaching eficaz*. Qualitymark: Rio de Janeiro, 2010.

MAQUIAVEL, Nicolau. *O Príncipe; e Escritos Políticos*: Trad. Lívio Xavier. 1.ed. São Paulo: Folha de S. Paulo, 2010.

RIBEIRO, Lair. *O poder da complexidade: decidir & implementar*. Belo Horizonte: Ed. Leitura, 2008.

8

Autocoaching: colocando você na rota do sucesso

Quem sou (recursos pessoais), onde estou (ponto de partida) e onde quero estar (ponto de chegada), associados às suas metas (que delineiam o caminhar), determinam o mapa da vida. Saiba neste capítulo como aplicar a si mesmo ferramentas de *coaching* e alcançar o sucesso!

Beatriz Cara Nóbrega

Beatriz Cara Nóbrega

Coach formada em 2008 pelo Integrated Coaching Institute (ICI) e pelo Instituto EcoSocial em 2015, membro da International Coach Federation (ICF); Consultora Certificada no Método Barrett de Transformação Cultural; Consultora Organizacional Certificada por Ornellas & Associados; Certificação Internacional em Gestão por Valores e Qualidade de Vida pela ESADE e ABQV; Afiliada à Associação Brasileira de Recursos Humanos (ABRH). Psicóloga formada pela Universidade de São Paulo (USP) e pós-graduada em Administração de Empresas pela Fundação Getúlio Vargas (FGV-SP). Executiva de Recursos Humanos com mais de 17 anos de experiência. Lidera projetos de clima e cultura; estratégia, políticas, programas e práticas de RH; desenvolvimento organizacional; gestão de talentos e desenvolvimento de liderança, dentre outros. Possui sólida experiência como *business partner*, atuando como *coach* de executivos e desenvolvendo soluções relacionadas à gestão de pessoas para o fortalecimento e crescimento dos negócios. Tem expressiva vivência na definição e condução de processos de Recursos Humanos em situações complexas, tais como fusão e aquisição de empresas, reestruturação organizacional e mudança de sede de negócios em diferentes países. Oferece atendimentos de *Coaching* Executivo, *Coaching* de Carreira e *Coaching* Pessoal.

Contatos
beatrizcaranobrega@outlook.com
www.linkedin.com/in/beatrizcaranobrega/pt

O *coaching* é um processo capaz de ajudá-lo a definir as estratégias que o levarão ao sucesso profissional e pessoal. Neste artigo, indicarei e ensinarei a aplicação de algumas ferramentas práticas e capazes de construir o seu mapa da vida.

Vamos lá?

Autocoaching

Você mesmo pode lançar mão de ferramentas exclusivas do *coaching* para o seu desenvolvimento. Aqui, apresento algumas simples e gratuitas que permitirão conhecer-se melhor e, assim, seja capaz de criar o próprio plano de ação.

Geralmente, o processo de *coaching* leva em torno de oito a doze sessões, de 60 a 90 minutos, presenciais ou a distância, para desenvolver competências. Com o *autocoaching*, você conseguirá otimizar esse tempo.

Portanto, arregace as mangas e mãos à obra.

Por onde começar?

Pelo autoconhecimento: conhecer sua essência, seu ponto de origem, suas metas e compreender o que se passa nas suas relações interpessoais.

Somente com o autoconhecimento você se tornará forte para dominar a polaridade da vida (pessoal versus profissional, ser versus ter, espiritual versus material, etc.) e terá condições de fazer escolhas conscientes e autônomas.

Para isso é fundamental conhecer os seus valores pessoais.

Entenda seus valores e crenças

Os valores descrevem suas motivações individuais e coletivas e refletem o que é importante para você.

Eles mudam com o desenvolvimento e/ou após uma crise, e podem ser positivos ou potencialmente limitantes (valores que são limitados pelos medos de não se ter o suficiente, e/ou não ser importante para os outros, e/ou não ser percebido como competente).

Conhecê-los ajuda a entender por que agimos ou reagimos da forma como fazemos. Viver alinhado a eles nos leva a uma completa sensação de plenitude.

Para conhecer os seus valores atuais, vá até www.valuescentre.com e faça a sua avaliação. Em "Products & Services", escolha "Personal Values Assessment (PVA)". Clique no teste *Click here to take your free assessment* e escolha o idioma "Português". A partir daí, siga as instruções e, em 5 minutos, você terá o resultado, em português, no e-mail que fornecer.

Junto com o relatório, você receberá dois exercícios de autodesenvolvimento. Vale fazê-los, pois é um bom começo para um plano de ação.

Agora que já conhece seus valores pessoais, que tal pensar em suas crenças e comportamentos?

As crenças são opiniões, doutrinas ou princípios assumidos como verdadeiros – aquilo em que se acredita.

Os comportamentos são manifestações de crenças e valores conscientes ou não – aquilo que se externaliza. No processo de seu autoconhecimento, eles funcionarão como uma checagem se, de fato, os valores e crenças mapeados são realmente vivenciados por você.

Relacione os três principais valores do seu PVA e reflita conforme se propõe a seguir:

Este exercício irá lhe trazer maior conhecimento sobre você mesmo, a partir do seu ponto de vista.

VALOR (O que valorizo)	CRENÇA (Por que este valor é importante para mim?)	COMPORTAMENTOS (Como eu demonstro este valor?)

Que tal saber agora como os outros veem você?

Analise suas competências via avaliação 360º[1]

Agora que você já conhece seus valores e crenças e como eles se manifestam, é hora de conhecer suas competências[2] profissionais, dentre as 20 mais utilizadas pelas empresas brasileiras.

Para conhecer a percepção de seus colegas sobre você e compará-la com sua autopercepção, vá até www.jobcoach.com.br, cadastre-se, faça sua autoavaliação (isso levará uns 15 minutos), e depois indique os seus avaliadores. Eles não precisarão mais do que cinco minutos para responder. Quando você tiver pelo menos quatro respostas, já terá o quadro comparativo das avaliações de forma isenta e confidencial.

---

1 Avaliação 360º é uma avaliação que inclui, além da autoavaliação, a avaliação de toda a sua rede de relacionamento profissional: chefe, pares, parceiros, clientes, fornecedores e equipe.

2 Competência é o conjunto de conhecimento (saber), habilidade (saber fazer) e atitude (querer) que, relacionados entre si, geram performance.

Ao analisar os resultados, reflita sobre as semelhanças e divergências de percepções. Conhecer as divergências pode não ser agradável, pois normalmente elas são pontos cegos que carregamos. Mas não queira se enganar: se um ou mais avaliadores estão percebendo você de forma diferente do que você mesmo se percebe, e se isso lhe trouxe incômodos, é porque você encontrou mais oportunidades de desenvolvimento, não é?

Então, até o momento você ampliou o conhecimento sobre quem é. Agora é hora de saber onde você se encontra.

Relacione áreas a desenvolver

Dado que temos diferentes papéis na vida, é importante saber o quão satisfeito você está em cada um e, mais do que isto, o quão equilibrados os papéis estão. Para isso, sugiro que utilize uma das ferramentas mais prescritas pelos *coaches*: a Roda da Vida.

Você pode encontrá-la de diferentes formas e em diferentes locais. Uma roda bem dinâmica e gostosa de preencher está no site: www.mrcoach.com.br. Em "Ferramentas", selecione "Roda da Vida". Você investirá uns 15 minutos nessa atividade e, no final, poderá analisar graficamente o seu grau de satisfação em 12 áreas de sua vida (família, relacionamento amoroso, vida social, espiritualidade, *hobbies* e diversão, plenitude e felicidade, contribuição social, recursos financeiros, realização e propósito, equilíbrio emocional, desenvolvimento intelectual e saúde).

O aplicativo irá sugerir, após analisar o gráfico, que você escolha uma "área de alavanca", aquela área que, se priorizada, poderá melhorar o grau de satisfação não só nela, como em outras áreas. Caso queira, você poderá ainda definir três ações para o desenvolvimento da área de alavanca e depois enviar o resultado para o seu e-mail (caso não queira preencher o plano ainda, envie sem preenchê-lo.)

Atenção: mais do que ter todas as áreas no grau máximo de satisfação (o que é utópico, dado o dinamismo da nossa vida), você deve procurar ter o equilíbrio entre as diversas áreas.

Agora, caso a sua área de alavanca seja do grupo "Profissional" (realização e propósito, recursos financeiros ou contribuição social), sugiro mais uma reflexão...

Descubra suas âncoras de carreira

Edgar Schein, Ph.D. em Psicologia Social na Universidade de Harvard e ex-professor da escola de negócios do Massachusetts Institute of Technology definiu como âncoras de carreira as autopercepções relativas a habilidades, valores e necessidades que temos sobre o trabalho que desenvolvemos ou gostaríamos de desenvolver.

A âncora é aquele instrumento que mantém um barco seguro, não é mesmo? Portanto, as âncoras de carreira são aquelas condições das quais você não deve abrir mão na hora de fazer escolhas em sua vida profissional. Conhecê-las o ajudará a guiar a sua carreira.

Para isso, vá até o site www.psico.ufsc.br/sop2/ancora/ e siga as instruções. Reserve uns 15 minutos para esta atividade. Faça tudo com calma e de modo muito sincero.

Depois, analise os tipos de âncoras que você possui em maior e menor grau. O próprio site possui uma descrição do perfil e as perspectivas do profissional para cada tipo. As oito âncoras identificadas pelo Schein são: competência técnica e funcional, competência administrativa geral, autonomia e independência, segurança e estabilidade, criatividade empresarial, dedicação a uma causa, desafio puro e estilo de vida.

Sugiro, para terminar de desvendar a si mesmo, que pare e reflita sobre suas relações.

Conheça a si mesmo pelos outros

Você já parou para pensar que, para alcançar o seu verdadeiro autoconhecimento, você precisa do outro?

Ao ver o outro, vemos a nós mesmos: o que gostamos e o que não gostamos. E, na análise da relação com diferentes interlocutores, podemos perceber como nos mostramos e reagimos diferentemente, dependendo do interlocutor, não é mesmo?

Mas não se preocupe: isso ocorre com todos nós e está tudo certo!

O importante agora é separar mais uns 20 minutos para o seguinte exercício: "Admiração e Rejeição"[3]:

1) Pegue uma folha de papel em branco.
2) Liste três pessoas que você admira e três pessoas que rejeita.
3) Liste cinco atributos de cada uma delas.
4) Escolha três itens mais importantes das pessoas admiradas e três itens das pessoas que rejeita.
5) Reflita sobre o significado de cada item para você.
6) Relembre, para cada item, exemplos de onde e como já o viveu.
7) Agora, registre no verso o que descobriu sobre você mesmo a partir desta reflexão: quem você realmente é e quem você realmente quer ser? Quem você não quer ser?

Agora que você tem maior consciência sobre si mesmo, e, portanto, dos recursos que tem para caminhar, é hora de ler o seu mapa da vida.

Elabore o seu mapa da vida

Um bom mapa nos auxilia a ir de onde estamos até onde queremos chegar. Espero que, com as reflexões realizadas até o momento, você já saiba um pouco

---

3 Exercício que eu mesma criei a partir de um conhecido exercício de levantamento de valores denominado "Admiração".

mais sobre si mesmo e onde está. Também imagino que você já tenha uma vaga ideia do futuro que quer criar, certo?

E então, vamos sonhar? Este exercício é poderoso. Leia-o, assimile-o e somente depois o execute. Você pode até mesmo fazê-lo na cama, antes de dormir, e depois literalmente irá cair no sono. Combinado?

Prepare-se para uma deliciosa noite de descanso e deite-se. Com os olhos fechados, busque relaxar e siga a ordem abaixo com calma e atenção:

1) Veja-se no hoje, em várias cenas cotidianas.
2) Imagine-se no futuro, em muitas das cenas que deseja que sejam cotidianas.
3) Agora, veja vários fatos que o levaram às cenas futuras que tanto deseja.
4) Por fim, volte para as cenas futuras e viva-as intensamente. Sinta a emoção de experimentá-las: observe as cores, sinta os cheiros e sabores, escute os sons e toque o ambiente. Deixe-se levar... e durma.
5) Ao amanhecer, tente relembrar os sonhos que teve e analise se algum recado do seu inconsciente foi captado.
6) Registre eventuais *insights*.

Caso o exercício não tenha lhe trazido ideias, espero que ao menos tenha lhe proporcionado uma boa noite de sono.

Agora, acordado e descansado, é hora de, em uma folha de papel, registrar aonde quer chegar.

Caso prefira fazer sem literalmente dormir, conclua após, de olhos fechados, viver intensamente o futuro que deseja e então registrá-lo no papel.

Defina o ponto de chegada

Colete tudo o que produziu até o momento: conhecimento dos seus valores, crenças, competências, âncoras de carreira, características que admira e rejeita, roda da vida e eventuais *insights* de um belo sonho. Revise tudo e agora responda as seguintes perguntas:

1) Quais são seus maiores sonhos de vida?
2) O que está impedindo você de realizá-los?
3) O que está custando para você não ter isso hoje?
4) O que irá lhe custar no futuro se não tiver isso?

Agora que sabe aonde quer chegar, suas motivações e o que o impede de realizar seus sonhos, é hora de conhecer o mapa.

Estipule metas

Se o mapa nos dá o caminho a seguir, primeiramente responda: o que você poderia fazer para mover-se em direção ao seu sonho?

Sugiro que defina até 5 metas[4] por meio da metodologia mais conhecida mundialmente: "SMART".

Segundo esta metodologia, uma meta deve considerar os seguintes pontos:

eSpecífica	defina de forma clara e concisa o que deseja alcançar
Mensurável	determine uma medida concreta e observável que evidencie o atingimento da meta
Atingível	verifique o quão alcançável é a meta
Relevante	cheque se esta meta o levará em direção ao seu grande sonho
Tempo	indique o prazo para atingir a meta

Por exemplo: escrever e publicar um capítulo no livro *O Mapa da Vida...* em 2015. Esta eu atingi!

Agora que você está com suas metas em mãos (e o mapa que o levará de onde você está até onde deseja chegar), você precisará implementá-las.

Acompanhe metas

Defina uma frequência para checar o andamento de suas metas. Pare, analise, avalie o que deu certo, o que não deu certo, corrija a rota e siga.

Para ajudá-lo, coloque este momento na sua agenda, como se fosse um compromisso, só que de você com você mesmo.

Se ainda assim você achar que precisa de uma ajuda extra, compartilhe com um grande amigo o caminho de autoconhecimento que percorreu e as metas que definiu. Peça a ele que se encontre com você, presencial ou virtualmente, com uma certa frequência para conversarem sobre as metas: facilidades e dificuldades na execução e troca de ideias quanto a ajustes necessários na rota.

Chegue lá!

Quando alcançar cada uma das metas, celebre: você conseguiu!

E lembre-se: os desejos, por si só, não produzem mudanças. Uma mudança consiste em começar a construir no hoje o futuro que desejamos para o amanhã.

Conte comigo nesta jornada!

---

4 Número ideal por ser de fácil memorização – uma para cada dedo da nossa mão. Aprendi isso com Pedro Moreira Salles, um executivo admirável, durante um projeto no Itaú.

9

Você na rota do sucesso pessoal e profissional com ferramentas do *coaching* e *mentoring*

Como manter uma dieta
com foco e saúde?

Bruna Bragagnolo

Bruna Bragagnolo

Trabalho com o *coaching* aplicado ao esporte e emagrecimento. Psicóloga clínica, atuo na área de transtornos alimentares e distúrbios de imagem. Realizo um treino mental voltado para emagrecimento, atletas e *fitness* (fora de intenção de competir). E pessoas que buscam diagnóstico em relação a transtornos de imagem e alimentares, para aprender a lidar com isso e ter tratamento psicológico efetivo. Formada em Psicologia UNIVALI – Universidade do Vale do Itajaí *Coaching (Professional and Personal)* - pela Sociedade Brasileira de Coaching SÃO PAULO - SBC por Vivella da Matta e Flora Viktória. *Practitioner* PNL - programação neurolinguística. Especializada em terapia cognitivo comportamental; Transtornos alimentares e de imagem; Síndrome de Burnout; Neurobiologia das emoções; Como os alimentos influenciam no humor e qualidade de vida.

Contatos
https://www.facebook.com/pages/Psicologia-Esportiva-Coaching/1401585696778559?ref=bookmarks
fitnesspsi@hotmail.com

Sabotagem

Quando mudamos de estilo de vida, automaticamente buscamos "encaixar", na nossa dieta, sabor na alimentação que lembre o padrão de alimentos industrializados e que eram consumidos anteriormente. Esse pensamento é natural, porém precisamos entender que a sabotagem ocorre muito mais por fatores internos (não saber administrar as emoções diante do prazer de comer) do que externos. O tempo todo estamos expostos a estímulos sabotadores, situações em que precisamos manter o controle mental para não cometermos erros que irão prejudicar nossos resultados em longo prazo.

Nosso cérebro é biologicamente programado para buscar o prazer e fugir da dor, então tudo aquilo que precisa ser feito e o tira do conforto, o corpo irá lutar constantemente para sabotá-lo. E é aí que entram as estratégias da psicologia e *coaching* para desenvolver algumas habilidades necessárias e se obter sucesso. O *coaching* poderá ajudá-lo a reconhecer por si mesmo as dificuldades e como superá-las por meio de um trabalho com perguntas realizado pelo *coach*. As estratégias variam de acordo com o tipo de dieta que está sendo seguida pelo atleta ou quem busca emagrecimento. É necessário paciência e treino mental. Com o tempo vira hábito. Assim como os maus hábitos foram estabelecidos, os bons hábitos e mudanças comportamentais podem ser introduzidos também.

Gatilhos

Muito se ouve falar dos gatilhos, mas o que são? Gatilhos são estímulos reforçadores que nos levam a cometer erros constantemente, atitudes que nos impulsionam a ter hábitos ruins ou piores dos que tínhamos antes de iniciar dieta e são difíceis de corrigir. Portanto, aprenda a identificá-los e a fugir deles. Como se faz isso?

Vou dar um exemplo bem claro. Você gosta muito de comer doces. Está em dieta e sabe que não pode comer, já está há um certo tempo sem. E aí, para variar o sabor da comida, você opta por criar uma receita *fit*. Isso pode ser uma estratégia bacana, mas, para algumas pessoas, o simples fato de estar mudando o básico e bem feito, criando um estímulo diferente com alimentos diferentes, além de alterar o valor biológico da dieta estará dando um estímulo automático para continuar a comer coisas que não fazem parte do seu cardápio. Eu decido, então, tirar o arroz e frango da dieta em uma das refeições e usar suplemento de proteína + banana e aveia e fazer um bolinho *fit* com açúcar mascavo, mel ou algo doce para satisfazer a minha vontade infinita de doces. Isso irá ativar seu instinto de insatisfação, o gatilho para que você saia da dieta e comece a comer outras coisas achando que não irão afetar, ou seja, deixa de seguir uma dieta "limpa". A longo prazo não vale a pena, pois você precisa da abstinência para aprender a controlar impulsos, instintos, desenvolver autocontrole, racionalidade diante da dieta. Uma dica muito bacana é que, para acrescentar qualidade às refeições da deita, dependendo da restrição, pode incluir refogado de legumes, variar o tipo de carne, o tipo de carboidrato, usar diferentes tipos de tempero. Dessa forma, não estará fugindo do planejado, apenas variando os alimentos já inclusos na dieta.

Pensamentos e crenças

Não deixe sua vontade momentânea controlar você. A nossa tendência natural é querer comer algo prazeroso (na maioria das vezes doces ou carboidratos) quando estamos diante de algum fator emocional causador de tensão, estresse, insegurança, ansiedade. Comece a prestar atenção em como você está se sentindo antes de buscar alimentos para aliviar esses fatores emocionais sabotadores. Concentre-se no seu objetivo, estabeleça metas. Ter consciência do que se come é muito importante para o sucesso nutricional e dos treinos, pois se você não consegue comer o que é necessário, logo não conseguirá realizar um treino com eficácia. O que é mais importante no momento? Aliviar a tensão com comida ou ver o resultado desejado no seu corpo e evolução mental?

É necessário aprender a ter controle emocional diante das situações que o colocam à prova. E para mudar isso, é necessário pensar a longo prazo. O carro chefe de um bom resultado é a cabeça, o psicológico. A maioria das pessoas que engorda, diz que engordou por estar com ansiedade. Bem, não é bem assim. O que falta na verdade é a habilidade de lidar com as emoções diante da comida e desenvolver foco e estratégias para isso, direcionar para um objetivo. E depois ter um certo cuidado para manter. Ter consciência na dieta é saber o que tem que comer na hora que tem que comer e pronto. Você sabe quando está se enganando, quando comeu demais ou substituiu, por exemplo, o suplemento de proteína por barra de proteína para aliviar a vontade do doce. Ou trocou o arroz integral por pão que não estava na sua dieta. Isso não o levará à excelência. Quando pensar em Comer o que não deve, vai à frente do espelho e veja suas falhas, vale a pena ceder a desejos momentâneos? Afinal, qual seu objetivo? Qual seu real objetivo? Pelo que você está disposto lutar e qual seu grau de comprometimento? 10%? 50%? As pessoas que moram ou convivem com você não fazem dieta? Isso o atrapalha, o incomoda? Isole fatores externos, perceba que o maior motivador vem de dentro, da sua mente. Se você ficar esperando um fator externo para treinar, vai ficar sentado esperando, porque não vai acontecer. O impulso inicial vem do cérebro.

O mundo que criamos é produto do nosso pensamento. Ele não pode ser alterado sem que mudemos nossa maneira de pensar. Por isso, utilizo frequentemente a técnica foco na solução. Consiste basicamente em ter foco na solução e não no problema.

- Quando temos algo a resolver, nossa tendência é focar no problema. Costumamos fazer perguntas como: o que deu errado? Por que deu errado? Como posso consertar isso? Dependendo da situação, focar no problema pode nos levar a desenvolver um padrão de pensamento repetitivo e improdutivo. Você sabe tudo a respeito do seu problema, só não sabe como resolvê-lo.

- Esse método não significa ignorar o problema. Significa abordá-lo de um modo mais positivo e produtivo. Concentre-se nos pontos fortes e em como tirar proveito deles. Enfatize desafios, oportunidades e ganhos, em vez de problemas, riscos e perdas. Focalize o presente e o futuro, ao invés do passado. Isso equivale a trocar "o que eu deveria ter feito" por "o que eu posso fazer a partir de agora".

- Além disso, você troca a preocupação pela ação. E adota uma postura muito mais proativa. Aumenta a autoeficácia, ou seja, a crença em sua capacidade de realizar. Aumenta também a autoestima, autoconfiança e a automotivação. Melhora sua habilidade de resolver problemas de um modo muito mais rápido, eficaz e criativo.

- O foco dessa abordagem é o que o cliente quer atingir e não nos problemas que o levaram a buscar ajuda. Ao identificar aquilo que você quer mudar em sua vida, o foco em soluções o estimula a construir uma visão de seu futuro ideal em vez de lidar com um passado que não pode ser mudado.

- Ao focar em soluções, você identifica os momentos de sua vida nos quais você já está mais próximo de seu futuro desejado e examina o que há de diferente nessas ocasiões. Conscientizar-se desses pequenos sucessos é o primeiro passo para reproduzi-los e avançar cada vez mais em direção a seu futuro ideal.

A excelência é feita de detalhes

Ao se concentrar em realizar pequenos feitos além da sua função, além do que você foi contratado para fazer, realize pequenos agrados e enxergue as coisas antes de que alguém o mande executar. A partir de então, quando você coloca toda sua energia em realização e faz sem reclamar, faz com dedicação. Você será reconhecido.

Isso serve para qualquer área da vida

Para desenvolver seu máximo potencial, você precisa estar disposto, ser proativo, prestativo, as pessoas precisam notar você em meio a um quadro extenso de funcionários, por exemplo.

Isso também se aplica à dieta e treinamento físico. Se você se empenha ao máximo, irá com certeza otimizar seus resultados em relação a ganhos permanentes.

Se você aplicar a excelência de detalhes nos estudos, irá buscar referências únicas, além do material que lhe foi proposto.

Se você aplicar a mesma excelência nos papéis em que desempenha, como na família, amizade, relacionamentos, coleguismo, corporativismo, com certeza as pessoas não se importarão de acobertá-lo quando for necessário ou recompensá-lo por algo.

Reconhecimento vem para quem se empenha em desenvolver seu máximo potencial.

Isso é *coaching*.

10

Mobilizando as médias lideranças e a base das empresas com auxílio do *coaching*

As médias lideranças na indústria precisam ser desenvolvidas. Hoje há uma grande preocupação na formação de líderes em funções gerenciais e acima, mas e a média liderança? Há uma lacuna muito grande entre o colaborador no piso da fábrica e os gerentes e executivos das empresas

Carlos Eduardo Passini

Carlos Eduardo Passini

Coach Profissional pela Academia Brasileira de Coaching (reconhecido pelo BCI – Behavioral Coaching Institute). Engenheiro de Produção formado na Universidade Federal de São Carlos, com MBA em Gestão Empresarial pela FDC - Fundação Dom Cabral. Larga experiência em cargos de liderança na Indústria atuando em Multinacionais como 3M, Unilever, Johnson & Johnson e DE Master Blenders (Café Pilão). Atua como palestrante em vários temas sobre Liderança, Gestão Industrial e Qualidade. *Coach* para profissionais da Indústria.

Contatos
br.linkedin.com/in/carlospassini/
cespassini@uol.com.br

Vivenciamos uma falta de atenção muito grande quanto a formação de líderes em posições intermediárias nas indústrias e também na área de serviços das empresas. A falta destas lideranças, que são as pessoas mais próximas a nossa massa de trabalhadores em diferentes posições tanto na indústria como em serviços, principalmente no atendimento ao consumidor e público em geral, faz com que tenhamos profissionais muito mal formados (e não estou falando de formação técnica ou educacional, que é um outro problema) executando trabalhos de extrema importância no dia a dia. São nas mãos dos operadores de máquinas da indústria e nas mãos dos atendentes das empresas de serviços que se encontram a Qualidade dos produtos e serviços oferecidos e o "Nome" das grandes marcas e de grandes empresas. Na verdade não precisam ser grandes empresas porque talvez o impacto seja ainda maior para pequenas e médias empresas ter seu nome e sua qualidade comprometidos, o que inviabiliza, a médio e longo prazo, a continuidade dos negócios.

Para que esta situação seja revertida e o país comece a mover-se para uma direção de melhoria na produtividade, melhoria da prestação de serviços (confiabilidade e realmente fazer o papel de servir) e melhoria da qualidade de seus produtos e serviços – além de estar melhor preparado para executar inovação - as grandes lideranças das empresas precisam prestar atenção e agir na construção de alguns pilares básicos para a formação de líderes intermediários e consequentemente melhor preparação da força de trabalho. Pilares simples de implementar mas exigem conscientização, foco e disciplina. São eles:

- Comunicação
- Missão e Objetivos Claros
- Geração de Motivação
- Orientação / Ação (*coaching*)

Para exemplificar a importância destes pilares, faremos um paralelo com casos práticos acontecidos em anos de vivencia na Indústria, mas que se aplicam claramente também a área de serviços.

Comunicação

Comunicação é fator fundamental em qualquer empresa. Seja ela industrial ou de serviços. As pessoas precisam saber onde estão trabalhando, o que se espera delas, quais são seus objetivos e os valores que norteiam as atividades da empresa e de seus colaboradores. Por incrível que possa parecer, em muitas empresas as pessoas vão todos os dias trabalhar, mas não sabem onde realmente estão trabalhando e qual o propósito de seu trabalho naquela empresa. Não sabem o resultado, os frutos de seu trabalho.

Não é possível motivar as pessoas e ter seu engajamento nas atividades básicas da empresa se não houver uma boa comunicação. Em se tratando das lideranças intermediárias, que devem ser os influenciadores para que as atividades sejam bem executadas (principalmente se as pessoas sabem o porquê e o impacto de suas atividades), esta comunicação - conversas com as lideranças maiores - é fundamental.

A maioria das empresas tem vários canais de comunicação, tais como jornais, murais de informações, e-mails informativos, TV corporativa, etc.... mas nada substitui a conversa formal e informal.

Em nossa experiência, faz toda a diferença abrir canais de comunicação direta com as lideranças intermediárias e com o pessoal operacional. Fazer reuniões periódicas com todos os funcionários mostrando os objetivos da empresa e dos departamentos onde as pessoas trabalham, resultados do trabalho realizado pelas pessoas e da empresa faz a diferença para que todos saibam a realidade e identifiquem a sua contribuição para com os resultados – sejam positivos ou negativos. Também fazer reuniões com pequenos grupos de líderes e colaboradores, os chamados cafés (café com o Gerente, café com o Diretor, café com as Lideranças) ajudam a criar a proximidade necessária para que as pessoas acreditem nos líderes e possam debater abertamente assuntos importantes do negócio ou da operação de um determinado departamento ou área. É nestas oportunidades que ferramentas de *coaching* também podem ser usadas, de forma coletiva, para que os líderes intermediários sejam desafiados a descobrir o que necessitam fazer para trazerem melhores resultados e influenciarem positivamente suas equipes de trabalho.

Missão e objetivos claros

As pessoas funcionam melhor e trazem resultados quando sabem claramente o que se espera delas. Não só delas, mas da área onde trabalham e seu contexto dentro da empresa. Precisam situar a sua importância dentro do que a empresa está buscando em termos de resultados financeiros, expressão de suas marcas, qualidade de seus produtos ou serviços, ética de seus negócios, sustentabilidade e inúmeras outras perspectivas que dependem do mercado onde estão inseridas. As pessoas precisam conhecer a missão da empresa e seus objetivos para sentirem-se parte da mesma e não irem trabalhar todos os dias como "zumbis" sem saber o porquê, sem sentir a motivação pelos resultados a serem alcançados, sem saberem sua contribuição para a busca da visão da empresa e suas consequências. Novamente a comunicação próxima dos líderes com seus liderados faz-se fundamental. A missão da empresa ou da área onde o colaborador trabalha precisa ser estabelecida (de preferência com a participação direta dos colaboradores), comunicada e relembrada sempre, em todas as oportunidades onde haja contato entre os líderes e a base. Assim como os valores e indicadores de performance precisam ser constantemente comunicados, relembrados e debatidos para que todos sintam-se "donos" destes temas e façam assim a melhora para o alcance dos resultados. Realiza-se isto exercitando a repetição com disciplina. Desenvolver conjuntamente esta visão e missão pode ser um grande alavancador de motivação e engajamento – principalmente para líderes intermediários que se sentirão ouvidos na empresa.

Geração de motivação

Como gerar motivação em pessoas na base das organizações e na média liderança? Este é o desafio para mover as pessoas em direção não só a seus anseios e necessidades pessoais, mas também em direção aos melhores resultados nas organizações. Melhor comunicação e clara direção (Missão e Objetivos) ajudam a criar motivação. Mas é a clareza em como o colaborador vai agir e se esforçar para atingir estes objetivos e o propósito da empresa (sua visão e missão) é que verdadeiramente vão gerar motivação constante para que os desafios sejam superados. Esta motivação deve ser gerada através dos líderes intermediários, que por sua vez desenvolvem esta motivação sendo bem orientados pelos líderes de nível mais alto na organização. "Pular" a liderança intermediária a médio e longo prazo não funciona, pois o que move a empresa é a base.

A chave aqui é que a motivação seja compartilhada/gerada pelos líderes com seus liderados e não "pare" em alguns níveis da organização. Utilizar comunicação constante formal e informal é o caminho e isto deve fluir até a base. Enganam-se as pessoas que acreditam que um único líder inspirador pode ser o motor para gerar motivação em uma empresa com muitos associados. Sem dúvida ter este líder inspirador é um grande diferencial, mas o segredo está em fazer esta inspiração ser transmitida às lideranças que estão em contato direto com a massa de pessoas que executam os trabalhos mais operacionais da empresa e que precisam estar motivadas – seja pelo mais básico ou pelo mais elaborado desejo de crescimento – para fazerem as coisas acontecer repetitivamente em suas funções. A liderança intermediária, neste contexto, é fundamental não somente pela motivação, mas pela transmissão da motivação e pelo exemplo. É aí que está o segredo de fazer permear pela organização – principalmente aquelas maiores com maior quantidade de pessoas em funções operacionais – o senso de realização, execução e qualidade que faz a diferença em relação a concorrência ou torna a empresa mais produtiva.

É muito claro que não é só a comunicação e a motivação dos líderes que faz com que a base sinta-se motivada. Claras condições de trabalho, planos de carreira visíveis, facilidades para treinamento e desenvolvimento e remuneração compatível são fatores dos mais importantes, mas muitas vezes não são suficientes para fazer brilhar os olhos das pessoas.

Orientação / Ação (*coaching*)

Motivação precisa ser transformada em ação. Ação orientada para trazer os maiores e melhores resultados. Todas as lideranças devem estar alinhadas em busca dos objetivos definidos de um modo organizado, constante e disciplinado. Líderes intermediários precisam ser desenvolvidos com o senso de Orientação e Ação. Em um primeiro momento, este senso pode ser confundido com supervisão. E até é uma supervisão desde que realizada com caráter instrutivo, educacional.

Nas funções mais operacionais e básicas nas organizações, o processo de seleção – por mais rigoroso e "seletivo" na escolha dos melhores profissionais – nunca será suficiente para colocar o profissional 100% preparado para executar suas funções. Nem o plano de treinamento técnico ou funcional será suficiente para isso. O que realmente fará a diferença será a Orientação constante da liderança mais próxima para gerar a Ação com a qualidade esperada. Qualidade aqui significa execução perfeita da função com o cuidado necessários junto às interfaces (clientes internos e/ou externos e empresa) de modo a gerar satisfação com o trabalho realizado – em todas as interfaces.

A presença da liderança imediata, esclarecendo os padrões de execução esperados, ajudando a execução (exemplo) e desafiando os colaboradores a fazer o melhor da melhor maneira (*coaching*) é fator determinante para a continuidade da motivação e sucesso. Algumas maneiras de realizar este processo de Orientação e busca de Ação são: Definição de padrinhos ou tutores para novos funcionários até que tenham as rotinas assimiladas, os valores da empresa entendidos e praticados e a colaboração com os colegas de trabalho reconhecida; Definição de mentores para os profissionais que demonstrem aptidão e vontade para crescer; Comunicação constante, formal e informal de caráter não só informativo mas educacional e motivacional com o time – pelos líderes maiores com suas lideranças intermediárias e os mesmos com seus liderados na base da organização; Ações claras de execução do trabalho conforme os procedimentos da empresa e despertado o senso de melhoria contínua – sendo este o grande desafio! Só realiza bem que tem amplo entendimento do que faz, está motivado e deseja crescer. Existem exceções que são pessoas que fazem bem seu trabalho, mas não têm ambição de crescimento. Estas precisam ser respeitadas e motivadas a continuarem a fazer bem.

Conclusões

A replicação dos valores da empresa, sejam eles quais forem, pelos líderes em todos os níveis no dia a dia da empresa serve como exemplo de comportamento e ações em busca constante dos objetivos definidos. Vivenciar isto de modo a servir como exemplo é o que ajuda a "fixar" estes comportamentos que vão se tornando rotinas vivenciais replicadas a todos os colaboradores.

Novamente ter os líderes operacionais da empresa engajados e envolvidos na formação de equipes de alto desempenho, gerando motivação, ajudando a execução (agindo como exemplo), presentes e comunicando-se com a equipe de maneira frequente e disciplinada, fará a grande diferença para que os colaboradores sintam-se a vontade para contribuir sempre da melhor maneira ("dar o seu melhor") buscando assim um desempenho superior que levará, por consequência, a empresa ao mesmo desempenho superior e a garantia de sustentabilidade dos resultados em um ótimo nível.

A aplicação dos quatro pilares mencionados: Comunicação, Missão e Objetivos Claros, Geração de Motivação e Orientação / Ação (*coaching*) – de forma sistemática, disciplinada e com ferramentas de *coaching* coletivo como suporte trarão, sem dúvida, o resultado de mudança no comportamento da média liderança e na base de colaboradores que poderá fazer a diferença que o Brasil tanto precisa. Nada complicado – depende de intenção e ação.

11

O *coaching* para alcançar objetivos começando pelo autoconhecimento

Quando você se conhece de verdade, você ganha poder. Na verdade, você já tem poder, mas não sabe que tem ou ainda não se permitiu usá-lo. Alcançar o sucesso é como uma linha reta. No ponto inicial estamos nós e, na outra extremidade, o objetivo pretendido. No meio destes dois pontos temos as nossas próprias barreiras e as pedras naturais do caminho

Carlos Sampaio

Carlos Sampaio

Carlos Roberto – Graduado em Administração de Empresas, coautor do livro "Soluções Financeiras", Editora Momentum (jan/2014); Especialista em Finanças (PUC), Especialista em Gestão de Recursos Humanos (PUC) e Especialista em Administração (ESPM). Conselheiro Fiscal pelo Instituto Brasileiro de Governança Corporativa. Master Coach, Business Executive Coaching e Professional Personal Coaching (IBC), com certificação internacional pelo IAC- International Association of Coaching EUA, ECA – European Coaching Association (Alemanha/Suíça) e GCC – Global Coaching Community (Alemanha). Executivo Financeiro e consultor em diversos grupos de empresas e diferentes segmentos de negócios, como Bancos, Indústria, Agronegócio, Comércio e Serviços. Sócio-diretor da Integral Coaching e Consultoria Empresarial e CDS – Desenvolvimento Humano Ltda.

Contato
sampaio@integralconsult.com.br

O mapa da vida com as ferramentas de coaching e mentoring
Você está pronto para o sucesso. Permita-se!

A afirmação de estar pronto para o sucesso quer dizer que você já tem uma quantidade suficiente de conhecimento, sabedoria, inteligência e capacidades de ação que são muito maiores do que você precisa para alcançar os seus resultados atuais. Você está pronto, mas não sabe e este é o problema. Suas crenças e conflitos internos o limitam. Este artigo pretende explorar algumas formas de despertar ou ampliar o <u>autoconhecimento</u> e com isto fazer conexão com <u>seus sonhos e objetivos</u> permitindo o alcance de resultados de forma mais rápida. É um paradoxo, porque ao mesmo tempo em que você está pronto você não deslancha no ritmo que deveria transcorrer.

Assim sendo, vamos abordar os dois pontos vitais para o seu mapa de vida que são: autoconhecimento e os sonhos e metas.

O autoconhecimento significa ter consciência para maximizar os seus pontos fortes, definir uma missão de vida, alinhar capacidades com os seus valores, atuar com equilíbrio emocional diante dos desafios, exercitar o domínio permanente dos pensamentos e consequentemente obtendo domínios dos sentimentos e emoções.

Em outras palavras significa alimentar os pensamentos positivos e minimizar os negativos. Ou ainda, desenvolver 95% do estado de inconsciência em que vivemos, pois temos consciência de apenas 5% do que nos acontece a todo instante e que são percebidos pelos nossos limitados cinco sentidos físicos.

Desta forma proposta, por exemplo, como: aumentar a produtividade, fazer mudanças e permitirmos um desabrochar para o sucesso, passa por um processo de nos conhecermos verdadeiramente.

Isto significa acessar o lado oculto da mente, identificando crenças e emoções limitadoras, fazendo as pazes com os nossos aspectos negativos, aceitando-os como integrantes de nosso ser.

Este caminho é o autoconhecimento ou o reconhecimento do quanto valorosos já somos e não percebemos e apenas não percebemos porque não aprendemos buscar respostas dentro de nós mesmos na educação tradicional.

Na nossa cultura ocidental não aprendemos a explorar nossas riquezas interiores e seguimos na vida buscando respostas apenas "lá fora", sem examinarmos o que já temos dentro de nós.

Carlos Sampaio | 89

O mapa da vida é mais bem desenhado quando começa de dentro de nós e avança para o mundo lá de fora.

A seguir vamos provocar algumas reflexões e sugerir algumas técnicas para despertar o autoconhecimento e fazer uma ponte para ligar com a realização dos sonhos e objetivos e assim traçar um trecho do seu mapa da vida.

Autoconhecimento - O ponto de partida

Para nos conhecermos precisamos começar por observar três coisas: os nossos pensamentos, os sentimentos e emoções. A resultante dessas três coisas são o equilíbrio e os resultados que obtemos.

PENSAMENTOS	SENTIMENTOS	EMOÇÃO/ENERGIA

Você pensa em realizar algo, tem um sentimento e uma emoção. Exemplo: Fazer uma viagem de avião para quem tem medo de voar. Então: Fazer a viagem é um pensamento, o medo é sentimento e ter sensações físicas desagradáveis são emoções.

Você pode começar de forma simples anotando-os diariamente e depois de um período de tempo fazer avaliações sinceras sobre o que registrou. Isto vai gerar maior domínio de si ou tomar consciência do que precisa fazer para melhorar. Pode ser usado um diário, um caderno, ou criar arquivos no computador. Muitas vezes só o fato de registrar e observar os pensamentos e acontecimentos do dia, já começa a provocar modificações no comportamento. A física quântica comprovou em pesquisas que o simples fato de observar algo altera o comportamento do que é observado.

Para fazer acontecer transformações impactantes, subirmos alinhados com a pirâmide evolutiva, desde satisfação das necessidades básicas até deixar um legado, é preciso ir mais fundo. É necessário mergulhar na vasta sabedoria e criatividade do inconsciente, é desvendar quais as crenças que silenciosamente nos acompanham e estão balizando o nosso caminho. É estar aberto e se permitir a aprender, mesmo quando achamos que já sabemos tudo. Quantas vezes você ao reler um livro ou rever um filme descobre coisas surpreendentes que não tinha percebido na primeira vez. Isto acontece por que estamos mudando o tempo todo, embora não demos conta.

Você precisa se encorajar e se apresentar ao seu "Eu sombra" e aceitar como parte de você. O nosso eu sombra é aquela parte da consciência que não conhecemos ou que rejeitamos. Se você rejeita algo, isto se fortalece. Ao contrário, quando você aceita algo, passa a se sentir mais leve, pois você é um todo. Então, se você passa se sentir mais leve é sinal de que sua energia criativa estará liberada e irá fluir em direção a realização dos seus projetos de vida, sonhos e objetivos. Significa que você não estará desperdiçando energia se defendendo ou segurando balões o fundo de uma piscina. Esta é a luta insana realizada por todos diariamente. Quando você se cura, o caminho do sucesso se abre para o que realmente interessa.

Assim, então, poderemos desenhar um mapa com o caminho para nos levar aos objetivos que queremos na vida com mais facilidade, de forma leve, suave, rápida e com autoconsciência.

Isto é simples de entender intelectualmente. Mas a questão é como mudar quando as vezes não sabemos onde estamos e nem onde queremos chegar? Neste caso, a melhor resposta é mergulhar em si mesmo e praticar. A seguir vou falar sobre algumas técnicas conhecidas e simples e que podem ser praticadas facilmente.

A técnica da linha do tempo – É uma técnica desenvolvida pela PNL (Programação Neurolinguística), destinada limpar lembranças negativas e criar ou fortalecer pontos positivos. Fique em estado de relaxamento, faça uma representação gráfica escrevendo todos os eventos passados marcantes desde seu nascimento e que contribuíram para aquilo que você ainda acredita, pensa e faz como pessoa ou profissional. Depois reflita sobre o aprendizado e mentalmente imaginando uma linha do tempo, minimize ou elimine os pontos negativos e amplie aqueles positivos.

A roda da vida – É outra forma interessante de investigação da consciência e de criar compromissos com a expansão daquilo do que você quer melhorar na vida. Você traz a tona as principais áreas de envolvimento na sua vida, faz uma avaliação com o coração e ao mesmo tempo traça um plano de melhoria para cada uma delas. A seguir, você age sobre aquelas que são de maior prioridade. De tempos em tempos você repete o exercício.

Comece perguntando-se sinceramente qual o seu grau de satisfação sobre as seguintes áreas da sua vida. Dê uma nota de satisfação de 1 a 10 para:

Área da vida	Nota	Seu plano de ação
Situação financeira		
Profissão e carreira		
Saúde		
Amigos e relacionamento social		
Relacionamento amoroso		
Lazer		
Espiritualidade		

Técnica para investigação das crenças: uma crença é algo que determina de forma automática, ou condiciona a nossa maneira de pensar e de agir. Se você tiver crenças positivas serão forças de apoio, caso contrário serão barreiras limitantes.

Se por exemplo você diz que algo é possível eu acredito e também se você diz que algo é impossível eu também acredito, pois essa é sua crença e eu respeito.

Para uma rápida investigação faça o seguinte exercício do quadro abaixo.

Perguntas	Respostas
O que significa uma vida feliz para você?	
O que você mais crê na vida?	
Quais as suas crenças sobre o dinheiro?	
Quais são seus medos?	
O que faria se não tivesse estes medos?	
Quais são os seus maiores sonhos e objetivos?	
Quais são as suas cinco principais crenças facilitadoras?	
Quais sãos as suas cinco crenças limitadoras?	

Após responder as questões acima, reflita, releia e busque ajustá-las até a congruência interna e conformidade interior.

Diário: escrever é um ato que auxilia a rever pensamentos e organizar ideias, gerar reflexão, mudar sinapses cerebrais, criar foco e obriga a viver o momento presente. Desta forma pode ser uma alavanca para provocar o autoconhecimento. Como sugestão, escreva pelo menos por 21 dias[1] (Uma folha para cada dia) sobre como foi seu dia e qual o aprendizado que foi obtido.

Dia: ___ /___ /___   Descrição Acontecimentos
1. Coisas que valeram a pena no dia.
2. Coisas que não foram boas e como deveriam ser melhores:
3. O que ficou de aprendizado para melhorar no futuro:
4. Faça um agradecimento por ambas às experiências. Agradeça!

Hábitos: escreva alguns de seus hábitos e no final faça uma reflexão sincera sobre deles. Quando tomamos consciência dos hábitos passamos a gerenciá-los e fazê-los trabalhar a nosso favor.

Meus Hábitos

1 - 21 dias é tempo mínimo necessário para que o cérebro assimile mudanças. Conforme experiência na Nasa com astronautas, comprovou-se que após eles ficarem 21 dias sem efeito gravitacional, passavam a executar suas rotinas perfeitamente adaptadas a ausência de gravidade.

Minimizando pensamentos negativos: a seguir acompanhe os seis passos simples que você pode usar para transformar seus padrões negativos de pensamentos em ação positiva, conforme estudos da neurociência:

Minimizando pensamentos negativos
1. Identifique seus pensamentos conscientes e inconscientes, especialmente os negativos;
2. Neutralize esses pensamentos negativos escrevendo evidências contrárias.
3. Converse com a parte de você que crê nestes pensamentos negativos. De onde vem? Quais as vantagens ou ganhos que trazem? Como seria a vida se eles não existissem?
4. Crie uma explicação diferente para contradizer o pensamento negativo original.
5. Seja menos crítico de si mesmo e dos outros. Relembre um episódio de redução crítica.
6. Apoie mentalmente os pensamentos positivos com confirmações e crie cenários em que você possa revivê-los.

Sonhos e objetivos – A reta de chegada

Começamos abordando a importância do autoconhecimento, pois o autoconhecimento limpa o caminho que permite a realização mais rápida dos sonhos e objetivos. Esta integração de aprendizado permite um equilíbrio que agem em prol da evolução pessoal e do mundo.

Um processo evolutivo acontece quando existe o estímulo para realizar coisas. Estes estímulos nos apaixonam nos energizam e justificam a vida plena. O universo por natureza é evolutivo e criativo. Basta observarmos os ciclos da natureza.

Considerando isto é importante refletir sobre os três passos necessários para transformações extraordinárias:

1. Ter uma direção clara (um sonho);

2. Ter uma bússola bem alinhada (seus valores);

3. Ter sinalizadores que você possa visitar pelo caminho, em direção ao destino final (seus objetivos).

Pergunte-se <u>onde, quando</u>, e com <u>quem</u> você quer atingir seu objetivo? Estas perguntas ajudam a <u>sintonizar com mais precisão o que você quer.</u>

Por exemplo: Se quer mudar de ramo de negócio, então precisa definir onde será este negócio. <u>Qual</u> cidade, <u>qual</u> estado.

Ao definir <u>quando</u>, pode identificar os passos que você precisa tomar antes que possa obter isto, se preparando juntando os recursos necessários.

O objetivo descreve <u>quais serão as evidências para verificar se você o atingiu? Quais os sinais escolhido para verificação?</u>

Imagine e mentalmente procure sentir pelos sentidos físicos (visão, audição, olfato, tato e paladar).

O que você estará fazendo quando o conseguir o seu objetivo? O que você verá, ouvirá e sentirá?

Defina todos os recursos necessários como: tempo, dinheiro; habilidades, fontes de informações. Pessoas que apoiam; equipamentos, tais como computadores ou maquinário; mentalidade positiva e boa saúde.

Escreva os fatores motivadores que o estimulam: o que você ganhará?
Quais as possíveis perdas que podem ocorrer: o que você ou alguém pode perder? Qual a relevância da perda, Como minimizar?
Estratégias: qual o macro plano? Oportunidades e ameaças, pontos forte e pontos fracos, planos de ações detalhados e verificados.
Ações: quais os passos? Descreva todos os passos semanais e mensais necessários.

Exemplo prático:
Sonho: Um novo trabalho ou um cargo novo.
1. Expresse seu objetivo ou desejo positivamente.
2. Coloque um pedaço de papel no chão com o nome do objetivo e pise nele. O papel representa simbolicamente o momento futuro quando você atingiu a meta.

3. Quando estiver de pé em cima do papel, imagine o futuro, imagine estar no futuro, quando o objetivo estiver sendo alcançado. Descreva as sensações no futuro. Não importa se algumas não forem percebidas.
 	
    Elementos visuais: o que você pode ver? Quais imagens ao seu redor?
    Auditivos: quais os sons? O que você ouve?
    Cinestésico (percepção táctil): o que você sente? Quais são as texturas que você toca?
    Olfativo: quais os cheiros?

Conclusão

Começamos afirmando que você está pronto para o sucesso, embora ainda não saiba, exploramos como ponto de partida o caminho de ampliação da auto-consciência e depois conectamos isto aos sonhos e objetivos. Esta ligação é um mapa. As linhas de condução serão feitas com a caligrafia de cada um, no tempo de cada um, respeitando sempre a aquilo que cada pessoa julga ser mais apropriado para o seu caso particular. Respeitando o direito sagrado de cada um, você saberá o seu momento. Somos criadores por natureza. Somos dentro de nós a criatura e o criador. O divino e humano convivendo no mesmo espaço.

12

Como criar uma versão melhor de você?

No artigo são apresentadas duas ferramentas de apoio para evoluir continuamente. O autor demonstra a importância do planejamento e gestão em uma primeira análise e posteriormente defende que reconhecer as suas crenças e valores e o das outras pessoas servirá como um preparo para ajudar nas mudanças necessárias. Entenda como melhorar sua versão e, consequentemente, ter uma vida mais feliz

Christian Bezerra

Christian Bezerra

Bacharel em Ciência da Computação. Especialista em Gerência de Projetos de Software. Pós-Graduado em Gestão de Organizações e do Desenvolvimento. Coaching Financeiro. Coaching Empresarial. *Master Coach*. Sócio-proprietário da The Best Life Coaching. Coautor do processo *A Empresa dos seus Sonhos* (Planejamento Estratégico em 8 Horas). Palestrante do Minicurso *A Empresa dos Seus Sonhos*.

Contatos
www.thebestlife.com.br
christian@thebestlife.com.br
www.facebook.com/thebestlifecoaching
(55) 8113-2979

Para escrever este artigo vou tecer uma ideia entrelaçando três assuntos com que me deparei na formação de *coach*. O primeiro fio é o próprio processo de *coaching*, o segundo fio é o planejamento para atingir resultados e o terceiro é a programação neurolinguística, mais conhecida pela sigla PNL.

Mas antes de me aventurar na tarefa de relacionar estes temas, é importante você saber que acredito fortemente que todos nós só conseguimos ser felizes se tivermos a liberdade para melhorar nossa própria versão continuamente. Estou convicto de que nos sentimos realizados alcançando nossos desejos, transformando sonhos em metas e conseguindo atingi-las. É através destas vitórias que reabastecemos a alegria e a motivação para querer novos desafios e assim ter uma vida inspiradora e cheia de significado.

Mas não se engane, não estou tratando aqui das metas como sendo aquelas solicitadas na sua escola, ou na empresa onde trabalha e nem planos dos seus pais para sua vida ou de qualquer meta que lhe é imputada e que tenha pouco ou nenhum significado para você. Interessa-me falar das suas metas, dos seus objetivos e do que lhe possa trazer felicidade ao longo da vida.

Felicidade é um conceito bastante individual, cada um pode ser feliz do seu jeito, os requisitos para uma vida feliz são debatidos há milênios. Entendo que a felicidade está em buscar aquilo que você deseja, mas não apenas isso, porque se fosse assim, ao conseguirmos realizar nosso desejo a felicidade terminaria e precisaríamos de um novo objetivo. O marketing e a propaganda trabalham assim, criando sonhos para perseguirmos, eles nos fazem acreditar que a grama do vizinho é mais verde, o carro do colega é mais bonito e o sucesso é ter o que ainda não temos. Entendeu a armadilha né?

Então para não nos tornarmos zumbis desejantes, também é importante conseguirmos ficar alegres com aquilo que já temos e conquistamos, é fundamental descobrirmos o talento natural que já está dentro de cada um. Além disso, se conseguirmos alinhar o que gostamos de fazer com nossas habilidades naturais, então estaremos bem mais próximos da felicidade. Certamente o desafio é descobrir qual é o seu talento, mas ao descobri-lo tudo fará mais sentido.

Christian Bezerra | 97

Aqui preciso alertá-lo de que comprovadamente é mais feliz aquele que ajuda os outros a serem felizes, porque ninguém consegue ter êxito por muito tempo sendo uma ilha de felicidade em um mar de infelicidade. Dedicar-se a ajudar os outros a serem felizes é mais que altruísmo, é uma estratégia de sobrevivência e busca pela própria felicidade.

Por fim, para conseguirmos nossa satisfação, também é necessário colocar a sua inteligência a serviço da convivência entre todos, por exemplo, contemporaneamente acordamos para a questão da preservação do planeta, aquecimento global, mudanças climáticas, etc. Pense em uma pessoa que vai na contramão do que a sociedade considera ético. Como seria a reação dos vizinhos ao ver a pessoa lavando a calçada com uma mangueira num período de racionamento e seca? Certamente este desalinhamento social trará uma série de consequências não agradáveis, porque, provavelmente, a sociedade vai se defender. Então podemos imaginar que para ser feliz é também necessário saber se relacionar com outras pessoas.

O importante é que possamos entender que não existe fórmula da felicidade, cada um precisa descobrir o que funciona para si, mas o meu conceito de felicidade poderia ser algo como: seremos felizes se formos livres para buscar o que desejamos, desde que saibamos valorizar aquilo que já temos e consigamos compreender quais são os nossos talentos naturais e que possamos usá-los frequentemente. Além disso, seremos mais felizes ajudando outras pessoas e ainda sendo éticos e responsáveis.

Lamento informar, mas a vida é incrivelmente competente em nos fazer infelizes. Em 99,9999...% do Universo que conhecemos nem é possível sobreviver mais que poucos segundos, ou seja, estarmos respirando e vivos nesta fina camada de ar que circunda nosso pequeno planeta azul já é um grande feito. Viver é maravilhoso, mas está longe de ser fácil e as respostas não são simples, mas saiba que a busca pela melhoria continuamente, contra todas as dificuldades da vida, é um antídoto poderoso e eficaz contra a apatia e ainda lhe dará um sentido para viver e consequentemente uma vida com mais significado e mais feliz.

Agora que temos um conceito de felicidade e um motivo para buscá-la podemos começar a tecer sobre como chegar lá, e começarei pelos fios do *coaching* e do planejamento para uma melhoria continua. O que expressarei a seguir vale para você ou para diferentes organizações humanas que podem ser escolas, igrejas, famílias, grandes e pequenas empresas, etc.

Simplificando o conceito de *coaching*, podemos dizer que é um processo onde o *coach* (profissional) deve identificar que aspectos da vida o *coachee* (cliente) quer melhorar e quais pontos podem ser trabalhados para levá-lo a uma vida mais feliz. Então, sabendo o que pode ser melhorado é necessário clarear para o *coachee* quais os resultados ele deseja. Seus sonhos e expectativas devem ser traduzidos em metas específicas e claras. Por fim traçar um caminho entre o ponto A (vida atual) e o ponto B (vida desejada), assim definir ações claras e controláveis para atingir seu objetivo.

Dentro deste processo que acabei de citar, claramente existe uma necessidade de planejamento e a criação de um plano de ação do tipo: o que fazer, quando será feito, como será executado, etc.

Para você criar uma versão pessoal melhor, além de planejar e executar, é preciso entender que existem mais dois passos muito importantes para completar o ciclo, e que geralmente não são realizados. O passo seguinte à execução é a validação, ou seja, criar uma forma de medir seus resultados e posteriormente, a esta etapa, deve existir um momento de reflexão para que ocorra um aprendizado, e se necessário, uma correção da rota. Só ocorrerá fracasso caso exista desistência, porque é possível aprender com os erros, padronizar os acertos e replanejar, assim, em algum momento a pessoa chegará ao objetivo almejado.

Aqui cabe outro alerta, para executar seu plano de melhoria você provavelmente precisará mudar hábitos.

É preciso esclarecer que dentro do contexto evolutivo da espécie humana, o hábito é um bom recurso utilizado pela nossa mente para reduzir esforço. Se deixado por conta própria, o cérebro tentará transformar qualquer rotina em hábito, pois os hábitos permitem que nossas mentes desacelerem com mais frequência. Um cérebro eficiente nos permite parar de pensar constantemente em comportamentos básicos, tais como andar, dirigir e escolher o que comer, de modo que podemos dedicar energia mental para tarefas importantes para a sobrevivência.

O problema ocorre quando instalamos hábitos no nosso cérebro que não trazem os resultados desejados e que precisam ser mudados. Existe uma resistência dentro de nós, racionalmente entendemos a necessidade da mudança, mas seu cérebro tende a responder dentro do padrão de programação já instalado, ou seja, pela continuidade do hábito. Mas como substituir o programa que já está em nosso cérebro? Aqui começo a tecer junto o terceiro fio no meu tear de pensamentos, o da programação neurolinguística-PNL.

A PNL é um diferencial no processo de mudança, é efetivo e existem atividades simples e com resultados cientificamente comprovadas para realizar processos de reprogramação dos hábitos. No momento que a pessoa percebe seus valores, define seus objetivos e sabe o que quer, mas tem hábitos que não a deixam chegar lá, pode ser necessário reprogramar-se e a PNL vai ajudá-lo. Uma pessoa que reconheça seu mapa, ou seja, como ela funciona e também entenda quais estímulos fazem com que ela resista a mudanças, então ela terá a chave para resultados melhores. Cada indivíduo tem crenças e vivências que lhe dão uma lente pela qual olha o mundo. Um mapa de como ele pensa e age. Todos nós temos mapas diferentes, por isso um mesmo evento é vivenciado de maneira diferente por cada um. Quando uma pessoa aprende a entender o mapa dos outros e reconhecer as crenças e os valores alheios, principalmente se for um *coach*, poderá conduzir melhor seu *coachee* por meio do processo de mudança.

Existem pessoas com crenças limitantes, ou muito negativas, criadas por experiências ruins no passado, entender e alterar essa percepção pode ajudar a pessoa a aceitar melhor novos hábitos.

Outro aspecto importante, é que não existem pessoas sem motivação, o que existem são estados mentais sem motivação. Isso significa que todos nós já nascemos com a capacidade necessária para mudar e se adaptar. Quando somos criança aprendemos a andar, mas imagina se após algumas tentativas e quedas nós ficássemos estressados, frustrados e desistíssemos, provavelmente não andaríamos até hoje. Crianças se colocam em um estado mental fantástico logo ao acordar, se você tem filhos, ou crianças pequenas próximas, sabe o que estou falando. O mapa delas tem muito espaço não desenhado, é mais fácil se adaptar aos desafios, mas com o passar da vida podemos ficar em um estado com pouca motivação. Quando estamos tristes, oprimidos ou irritados parece que nada nos oferece um conforto ou alegria, podemos ficar presos em uma crença limitante, é somente quando começamos a perceber que existe saída e acreditamos que podemos conseguir mudar, passamos rapidamente para um estado melhor, é um *click*, e assim passa a ser possível usar os recursos motivacionais que já estão dentro de nós.

Acredito que você entendeu porque *coaching*, planejamento e PNL são ferramentas, que quando utilizadas conjuntamente, poderão levar você a resultados melhores e a uma versão melhor de você mesmo.

Ter uma vida feliz é evoluir continuamente e para isso você precisa de um processo de mudança permanente. Vou resumir esse assunto em três dicas que irão ajudá-lo:

1) Descubra o que você realmente quer da vida, quais são seus valores, missão e o que lhe fará feliz ao realizar

2) Após definir suas metas faça um plano de ação, execute, monitore seus resultados e aprenda com seus acertos e erros. Se você quer realmente ser feliz sempre tenha planos que façam sentido para sua felicidade em execução.

3) Reprograme seus hábitos que estão o atrapalhando, aqueles que não o deixam começar, que estão fazendo desistir ou perder o foco. Se você precisar de ajuda fale com um *coach*.

E para você que é *coach* é bastante recomendável incorporar aos seus conhecimentos as técnicas de gestão e planejamento e também técnicas de PNL, porque essa combinação trará resultados muito importantes para que você possa ajudar outras pessoas a transformar sonhos em resultados fantásticos.

Espero ter contribuído para aqueles que desejam e têm coragem para buscar uma vida plena, desafiadora, com conquistas e reconhecimento. Uma vida que realmente valha a pena ser vivida.

Referências

BARROS FILHO, Clóvis de. *A vida que vale a pena ser vivida* / Clóvis de Barros Filho, Arthur Meucci. – Petrópolis, RJ : Vozes, 2012.

DUHIGG, Charles. *O poder do hábito.* Rio de Janeiro, Objetiva, 2012.

CAMPOS, Vicente Falconi. *Gerenciamento pelas diretrizes.* Belo Horizonte: Fundação Christiano Ottoni, Escola de Engenharia da UFMG, 1996.

O'CONNOR, Joseph. *Manual de Programação Neurolinguística: PNL.* Rio de Janeiro: Qualitymark, 2003.

13

Coaching e inteligência espiritual

"Desperta! Desperta! Oh, tu que dormes na terra das sombras, acorda! Expande-te! Estou em ti e estás em mim, em mútuo amor divinal (...)"
William Blake

Cidinho Marques

Cidinho Marques

Pedagogo, Mestre em Educação pela Universidade de Columbia – EUA, *Coach* Profissional (Abracoaching – Brasil e College of Executive Coaching – Washington DC), instrutor de meditação certificado pelo Deepak Chopra Center (EUA), professor há mais de 40 anos e escritor independente de livros e artigos científicos na área de desenvolvimento pessoal. Livros publicados: "Vencer a si mesmo" (Clara Editora) e "Crer para Ver" (Editora Átomo e Alínea). Cursos de Especialização: Educação Básica e Neuropsicologia. Conferencista de eventos nacionais e internacionais sobre Automotivação, Liderança, Relações Interpessoais, *Coaching*, Qualidade de Vida no Trabalho, Educação, Inteligência Espiritual, Inteligência Emocional e Tecnologia da Educação.

Contato
cidmarques@uol.com.br

A arte de fazer *coaching* é, fundamentalmente, a arte de saber perguntar. Fala-se muito que em *coaching* as "perguntas poderosas", ou perguntas eficazes, fazem toda a diferença. São esses tipos de questionamentos que podem levar o *coachee* a fazer inferências, reflexões e produzir *insights* dentro de uma rota que o(a) levará a descobrir, ou redescobrir, maneiras de resolver seus obstáculos, potencializar sua criatividade, redirecionar sua vida e aumentar a sua autoestima.

Se o pressuposto acima é verdadeiro, segue que estar preparado(a) para fazer as perguntas certas é condição *sine qua non* para um processo de *coaching* eficaz. Desde as perguntas mais gerais até o afunilamento da busca de respostas mais específicas, a essência do diálogo entre *coach* e *coachee* depende da qualidade das perguntas e do redirecionamento da sua sequência a partir da percepção do *coach* de que o seu cliente entrou numa engrenagem lógica e percorre um caminho com boas perspectivas de escolhas congruentes e factíveis à realização do seu propósito. Ocorre que a problemática que envolve a dúvida do *coachee* é sempre multifatorial. Não é fácil fazer o tal afunilamento, já que fatores dos mais diversos compõem o espectro que esconde a real questão que trouxe o cliente até o *coach*. Em outras palavras, podemos exemplificar que se um *coachee* busca a solução para dilemas, por exemplo, sobre que carreira seguir, se muda ou não muda de emprego, se prioriza a ascensão profissional ou a saúde ou até mesmo que destino dar às suas ocupações agora que se aposentou, etc., são dúvidas que podem ter como origem a formação da personalidade lá na primeira infância, experiências passadas positivas ou negativas relativas àquela dúvida, o momento sociopsicológico que atravessa e muitos outros fatores. Sabemos nós, *coaches*, que o estudo do passado do *coachee* não é de nossa alçada como muito menos são o aconselhamento, *mentoring* ou *tutoring*.

Até onde eu saiba, *coaching* não é terapia, mas não creio que se possa negar que o seu processo seja terapêutico. Para mim, uma das diferenças entre a *coaching* e terapia, por exemplo, é que o primeiro não tem como objetivo a indicação de percepções, posturas, comportamentos e atitudes que culminariam com a "cura" do mal que acomete o cliente. Todavia, embora o cliente não deva contar com este tipo de ajuda do *coach*, o que ele ou ela buscam, em última análise, é exatamente o encaminhamento da solução do seu problema. O nosso trabalho enquanto *coaches* é de levar o *coachee* a melhorar o seu autoconhecimento e com isto descobrir, ou redescobrir, competências e habilidades que lhe resgatem a capacidade de autoria das próprias soluções. Ou seja, no final, o que se busca é a crença da possibilidade da conquista, a construção de um plano eficaz e um novo caminhar disciplinado e criativo por parte do *coachee* rumo ao atingimento de sua meta.

Portanto, voltando à expertise de se saber fazer as perguntas adequadas, surge no cenário psicopedagógico mais um conceito que pode ajudar neste processo, o da Inteligência Espiritual. Historicamente o que vem acompanhando na trajetória dos diferentes tipos de inteligência (cognitiva, múltiplas e emocional) que assumem destaque em diferentes momentos da história da humanidade e que mais recentemente está convergindo atenções dos pensadores é a inteligência espiritual[1], como sendo mais que determinante para a qualidade de vida, mormente, no que tange à aprendizagem. Talvez exatamente porque, ao que tudo indica, as pessoas têm estado muito ansiosas na busca de soluções que as coloquem num trilho de estilo de vida capaz de prover realização, saúde e felicidade. Sinto que é como se estivéssemos precisando voltar no tempo, valorizando cada vez mais o que é mais natural, mais simples e que tem a ver com a essência do ser humano. Assim, aumenta o consumo de alimentos, medicamentos e terapias mais naturais, vestimentas e utensílios que não agridam a natureza e uma espiritualidade bem resolvida.

É importante não confundir espiritualidade com religião. A segunda tem aumentado exponencialmente em número, o que necessariamente não significa o aumento da fé e da relação sadia com o Criador. Chamo

---

1 "É uma terceira inteligência, que coloca nossos atos e experiências num contexto mais amplo de sentido e valor, tornando-os mais efetivos. Ter alto quociente espiritual (QS) implica ser capaz de usar o espiritual para ter uma vida mais rica e mais cheia de sentido, adequado senso de finalidade e direção pessoal. O QS aumenta nossos horizontes e nos torna mais criativos. É uma inteligência que nos impulsiona. É com ela que abordamos e solucionamos problemas de sentido e valor. O QS está ligado à necessidade humana de ter propósito na vida. É ele que usamos para desenvolver valores éticos e crenças que vão nortear nossas ações" (Zohar, Danah).

de "relação sadia com o Criador" aquela que não leva ao fanatismo, que não se mata em nome de Deus ou que não é cúmplice do Estado ou de qualquer instituição na implantação de ideologias separatistas, discriminatórias e preconceituosas em relação aos direitos humanos. A espiritualidade está acima das religiões, é o sentido maior da própria vida do universo e, por conseguinte, de cada ser humano. Segundo Danah Zohar, o QS (Quociente de Inteligência Espiritual) nos dá a percepção de nossos sentimentos e dos outros. E é exatamente aqui que entra a possibilidade da inserção de uma práxis de *coaching* lastreado na Inteligência Espiritual. Fazer *coaching* com a perspectiva de inserir nossos atos e nossa vida em um contexto mais amplo e mais rico também pode nos levar à uma ressignificação de nossas vidas. Longe de ser um trabalho de cunho religioso, este processo pode ser o fundamento de todos os outros tipos de *coaching*, pois, da mesma forma como da essência do ser derivam todas as suas atitudes, do QS derivam todas as outras inteligências.

Voltemos então às "perguntas poderosas" do processo de *coaching*. O que poderia ser mais poderoso do que se questionar o sentido de vida de cada pessoa? Desta resposta o *coachee* pode derivar uma série de outras inferências sob as quais novas (ou latentes) percepções e atitudes serão desenhadas. Nos relatos da história do Buda, há uma pergunta clássica: "Qual é a trilha para alcançar o Buda, o supremo desperto, aquele a quem mais nada pode seduzir e que, para isso, não deixa pegadas? ".

Em meditação, uma das práticas mais antigas que também reassume cada vez mais uma importância ímpar na prevenção de males e no aumento do autoconhecimento das pessoas, aprende-se em um dos seus métodos (Meditação do Som Primordial) que antes de começar a meditar deve-se perguntar com toda sinceridade ao universo: Quem sou eu? O que realmente quero? Qual é o meu *dharma* (propósito de vida)? e Como posso servir? Embora o método da MSP (criado pelo médico indiano Deepak Chopra) não fale em nenhum momento em *coaching*, os questionamentos acima são eminentemente perguntas de *coaching*. O processo de *coaching* não caminha sem a navegação no autoconhecimento do *coachee*. É levando o cliente a percorrer a construção de sua eficaz relação intrapessoal que os *insights* podem aparecer e isso não se faz sem acionar a inteligência espiritual de onde podem surgir as perguntas fundamentais.

Cidinho Marques | 107

Ainda citando Danah Zohar, e agora com mais especificidade, listo algumas indicações que ela nos dá sobre as características de pessoas que tem o QS elevado, as quais considero que podem favorecer o processo de *coaching*:

- Capacidade de ser flexível;
- Grau elevado de autopercepção;
- Capacidade de enfrentar e usar o sofrimento;
- Qualidade de enfrentar e transcender a dor;
- Qualidade de ser inspirado por visão e valores;
- Relutância em causar danos desnecessários;
- Tendência para ver as conexões entre coisas diversas;
- Tendência acentuada para fazer perguntas do tipo "Por que"; O que aconteceria se";
- Capacidade de trabalhar contra as convenções.

Todas essas habilidades são fundamentais para o *coaching*, pois para um *coachee* ter visão clara do seu ponto "A" (onde está) e do "B" (onde almeja chegar) não se trata apenas de um diagnóstico e de um planejamento de rota, mas passa necessariamente por uma análise SWOT (sigla em inglês que corresponde a Forças, Fraquezas, Oportunidades e Ameaças). Percorrer este caminho sem uma boa dose de humildade espiritual onde reside não só a resiliência, mas a automotivação encontrada no seu sentido de vida, é enfraquecer a trajetória. E, a meu ver, não se trata de um tipo específico de *coaching*. Na verdade, isto ampara todos. Um executivo em processo de *coaching*, que esteja buscando redefinir sua carreira na empresa, não precisa apenas descobrir se fica ou se sai ou se busca este ou aquele cargo. Mas por trás de sua dúvida aparente esconde-se a questão se é isto que o fará feliz. Uma pessoa que esteja em crise no casamento e busca o *coaching* para melhor analisar o seu *"fight or flight response"* (reação de enfrentamento ou de fuga), muito provavelmente tem por trás disto a dúvida de sua capacidade de enfrentar e transcender a dor.

O que desejo enfatizar é que, para descobrir a segunda camada por trás da fotografia que tanto o *coach* como o *coachee* podem estar fazendo na anamnese do ponto de partida, pode levar a conclusões aparentemente consistentes, mas que por detrás escondem uma falta de maior clareza do sentido mais determinante. Portanto, é importante para o *coach* conhecer ao máximo sobre QI, QE e QS (quocientes de inteligência cognitiva, emocional e espiritual), pois eles se completam. Com efeito, sempre estará na inteligência espiritual a raiz de uma árvore cujo tronco, galhos, folhas, flores e frutos representam as consequências da qualidade de vida da planta. As certezas e incertezas do fruto estarão fundamentalmente na raiz da árvore.

Agora falemos um pouco sobre o que pode atrofiar o homem espiritualmente. Isto é tudo que um *coach* não precisa, muito pelo contrário. Mas de qualquer forma acredito que o processo de *coaching* que navega na espiritualidade do *coachee* pode não somente despertá-lo nesta potencialidade como também desenvolvê-la. Danah Zohar nos fala de que temos pelo menos três níveis básicos de alienação espiritual: a) Quando a camada exageradamente desenvolvida pelo ego separou-se do centro; b) Quando somos racionais em demasia, conscientes demais de nós mesmos, e c) Quando somos separados do corpo e de suas energias, desviados demais dos nossos sonhos e dos recursos mais profundos da imaginação. Aqui se faz necessário revisitar o conceito de autoconhecimento, já que quando nisto falamos somos quase sempre levados a imaginar um autoconhecimento consciente, lógico e palpável, quando na verdade há muito do autoconhecimento que pertence ao vazio (*gap*, em meditação transcendental). Como disse Carl Gustav Jung: "... Conhecer a sua própria escuridão é o melhor método para lidar com a escuridão dos outros". Neste sentido, o processo de *coaching* talvez deva dar um pouco mais de crédito ao pensamento analógico, pois é nele que reside a imaginação abstrata e relacional de onde muitas vezes é "parida" a descoberta da solução dos enigmas que o *coachee* busca resolver.

Referências

ZOHAR, Danah. *Inteligência Espiritual*. Viva Livros.

CURY, Augusto. *A fascinante construção do Eu*. Academia.

MEIRA, Luciano Alves. *LOGOS - A Odisseia da Inteligência Espiritual*. Livro Pronto.

CHOPRA, Deepak. *As 7 leis espirituais do Sucesso*. Editora Best Seller.

TOLLE, Eckhart. *O poder do silêncio*. Sextante.

14

O grande encontro

Neste artigo, vamos fazer uma reflexão sobre felicidade, crenças e desenvolvimento pessoal, possibilitando o leitor ter uma visão de como está o seu caminhar no mapa da sua própria vida. É preciso parar de procurar fora, a felicidade está mais perto do que você imagina. Permita-se a esse grande encontro consigo mesmo e seja feliz por inteiro

Daniela Ferrari Silva

Daniela Ferrari Silva

Cirurgiã Dentista - Odontopediatra pela ACDC. *Personal* e *Professional Coach* formada pela SBC (Sociedade Brasileira de Coaching). Facilitadora em Psicologia Transpessoal pelo Instituto Humanitatis de Psicologia Transpessoal. Formada em M.T.E - Manipulação de Traumas Emocionais – Acupuntura Emocional sem Agulhas ou EFT, pelo IBTA _ Instituto Brasileiro de Terapias Alternativas). Estudante de Autoconhecimento, Desenvolvimento Humano e Filosofia a 20 anos. Diretora da Empresa Espaço Zen Corpo e Alma de 2007 a 2009, onde atuou com trabalhos de desenvolvimento humano nas seguintes empresas: ABL antibióticos, Andrade Gutierrez, Alellyx, Venus Dourada. Projetos em parceria com a Secretaria da Educação da Prefeitura Municipal de Paulínia. Atuou em Programas de Coaching com líderes e equipes, dentro de grandes empresas como Unimed Amparo, Nívea, Administração do Condomínio Alphavile de Campinas, Revista A3 de Paulínia, Vander Hulst Belt Solutions, CASP – Amparo.

Contatos
www.integrarecoaching.com.br
daniela@integrarecoaching.com.br
(19) 98136-0082

Todo ser humano busca uma forma de ser feliz, de sentir prazer, de se sentir amado, valorizado e acolhido.

Passamos a vida em busca da felicidade, e enquanto isso, acreditamos que vamos ser felizes se tivermos uma roupa de marca, o carro do ano, uma bela casa, uma família feliz, uma casa na praia, uma no exterior. Uns casam para serem felizes, outros se separam para serem felizes, outros procuram profissionais especializados para encontrarem uma razão de viver para serem felizes, e assim vai caminhando a humanidade.

Percorrendo um pouco mais esse conceito de felicidade, podemos pensar que os prazeres materiais e a busca pela aprovação e apreciação, embora nos deem um certo prazer, satisfação, conforto e até felicidade, já vimos que este estado dura por um tempo, pois logo nossas necessidades e desejos elegem um outro objetivo e aquela suposta felicidade diminui na mesma medida que aumenta nosso desejo por outras situações, e assim vamos trocando de uma felicidade para outra, alternando com momentos de tristeza e decepção.

Colocamos o ponto da nossa felicidade no objeto do desejo alcançado, mas quanto tempo dura essa felicidade? Ela dura o tempo de arrumarmos outro objetivo... Aí iniciamos uma nova jornada rumo à realização daquele outro objetivo, e assim vamos vivendo nos satisfazendo com essa felicidade que não dura para sempre, portanto não é verdadeira...

Olhando para a realidade em que vivemos hoje, como está o nível de felicidade da população como um todo?

Será que vivemos numa sociedade feliz?

Diante da situação mundial em que vivemos, uma sociedade corrompida, lares desfeitos, conflitos familiares, aumento da violência, influência destrutiva das drogas e álcool, desemprego, sistema social carente de assistência médica e de estrutura educacional, uma verdade tem de ser dita: A nossa maior esperança reside na juventude.

Daniela Ferrari Silva | 113

E o que temos visto no comportamento dos jovens? Imediatismo inconsequente, individualismo exacerbado, intolerância à frustração e consumismo desenfreado.

Cabe lembrar a todas as pessoas, quer você seja pai, mãe, avô, avó, vizinho ou professor, que cada cidadão depende da próxima geração para garantir o futuro. Pessoas melhores farão um futuro melhor.

Se você é educador ou familiar, já deve ter se perguntado: o que podemos fazer para ajudar nossos adolescentes a superar todo esse quadro mundial em que está inserido e readquirir suas esperanças e viver numa sociedade melhor? Como ajudá-los a ser assertivos em suas profissões para serem adultos autorrealizados e felizes diante da grande oferta de cursos que não param de crescer?

Diversas pesquisas apontam que a escolha precipitada da profissão produz desanimadoras e dispendiosas tentativas de ensaio e erro. A Universidade de São Paulo, cujo processo seletivo é o mais rigoroso do Brasil, tem índices de evasão de até 30%. A justificativa de 44,5% dos alunos desistentes é a escolha equivocada do curso.

Segundo os dados do Centro de Pesquisa Observatório Universitário do Brasil, mais de 50% dos formandos, nas oito principais carreiras do vestibular, trabalham fora da área para a qual estudaram.

E a oferta de cursos não para de crescer. O excesso de opções confunde quem não tem clareza quanto a quem é e o que quer ser, fazer e ter.

A realidade é que antigas abordagens não dão conta da tarefa de incutir na geração digital os princípios fundamentais que estão no bojo das competências emocionais que o mercado de trabalho requer, como: ética, responsabilidade, autoconfiança, pensamento sistêmico, cooperação e flexibilidade.

Como ajudar nossos jovens a serem felizes e autorrealizados tanto na vida pessoal como profissional, não desperdiçando tempo, energia e dinheiro na busca do seu real objetivo de vida?

No sentido de desenvolver tais habilidades, o *coaching* tem se mostrado o método mais eficaz para o desenvolvimento de pessoas, em quaisquer etapas da vida.

Os resultados apresentados após um processo de *coaching* indicam o aumento do autoconhecimento, da autoestima e da consciência da realidade externa.

São estes os elementos que favorecem a tomada de decisão congruente, sendo que esta é o primeiro passo para a construção da carreira que irá garantir a autorrealização pessoal, profissional e a solidez material com a qual os jovens passam a se comprometer.

Em um processo de *coaching* tanto o jovem como os adultos passam a percorrer um caminho. Um caminho rumo a um grande encontro! O encontro com ele mesmo, e nessa caminhada de descobertas, um mundo novo passa a existir.

Esses são alguns aspectos a serem desenvolvidos:

1. Identificar os seus reais talentos e vocações.
2. Ter clareza e foco sobre qual carreira seguir na vida
3. Fazer uma escolha assertiva da sua profissão para evitar descontentamento profissional no futuro.
4. Adquirir recursos para ter bom desempenho sob pressão.
5. Transformar sua ansiedade em energia.
6. Potencializar a sua comunicação e seus relacionamentos interpessoais.
7. Transformar as adversidades da vida em oportunidades.

E como resultado final ter adquirido mais:

- Autoconfiança e autoestima para ser você mesmo e partir para a ação.
- Responsabilidade sobre as suas escolhas e decisões.
- Mais independência, proatividade e motivação.
- Ferramentas necessárias para lidar com os seus medos e ir em busca do seus maiores objetivos!

Nesse caminho de autodescobrimento existe uma ferramenta do *coaching* extremamente importante para diagnosticar os pensamentos que nos impedem de Sermos a nossa verdadeira identidade, que é a ferramenta sobre crenças. Mas, afinal, o que são crenças?

Crenças são um conjunto de ideias (ou pensamentos) que determina a forma como vemos o mundo.

Fomos programados por uma mente comum para arquivar apenas o que contribui para a manutenção do que já existe, e por isso construímos esse mundo aí fora que podemos ver hoje, enraizado no caminho do medo e da culpa.

Nossos sistemas de crenças foram programados pelos nossos pais, avós, professores e pessoas que dê certo modo influenciaram nossas vidas. Existem ideias que nos ajudam a alcançar nossos objetivos e realizar nossos sonhos e, portanto, são chamadas de "crenças facilitadoras, ou possibilitadoras", boas ideias, eu também costumo chamar de força positiva da vida, ou a força do amor.

Exemplos de crenças possibilitadoras: eu vou conseguir, eu mereço, dinheiro é bom e tem para todo mundo, o mundo é abundante, não preciso competir para ganhar, eu acredito no potencial incrível que existe dentro de nós, eu acredito que nosso poder está no aqui e agora e não no passado ou no futuro.

As crenças possibilitadoras são baseadas na ideia de que a nossa realidade é perfeita, que a essência do ser humano é bondosa e amorosa, que o melhor está sempre acontecendo, que se eu acredito, eu consigo.

Mas também existem ideias que bloqueiam nossa capacidade de agir e pensar de modo objetivo e criativo, e assim nos impedem de alcançarmos nossos objetivos, de realizar nossos sonhos e sermos nós mesmos. Identificamos essas ideias segundo o *coaching*, como crenças limitantes, como a força negativa da Vida, ou crenças baseadas no medo e na culpa.

Exemplos: isso é muito difícil, eu não vou conseguir. Dinheiro não traz felicidade, eu não mereço. Não me sinto bom o suficiente ainda. Preciso trabalhar duro para ter sucesso, eu nunca vou ter sucesso, não consigo falar em público, tenho medo do que os outros vão pensar, medo de morrer...

O nosso maior desafio está em identificar as nossas crenças limitantes que nos impedem de acionar, que nos mantem paralisados pelo medo de tentar, e transformá-las em crenças possibilitadoras, que abrem a mente para um universo de possibilidades. Temos crenças a respeito de nós mesmo, sobre os outros e sobre a vida. Sugiro que você pegue um papel e caneta e descreva agora mesmo suas crenças. Conhecer profundamente seu sistema de crenças, suas origens, funcionamento e consequências é uma das formas mais rápidas e efetivas para gerar uma mudança no nosso comportamento, identificando os pensamentos que estão nos impedindo de ir em busca dos nossos sonhos e de acessar a nossa sabedoria pessoal interna.

Todo processo de *coaching* tem como objetivo final fazer com que o cliente ou *coachee* acredite no seguinte pensamento:

> *"Somos o que pensamos. Tudo o que somos surge com os nossos pensamentos. Com nossos pensamentos, fazemos o nosso mundo."*
> (Buda)

E aí surge a pergunta: o que tenho pensado a maior parte do tempo do meu dia, da minha vida?

O processo de *coaching* nos traz a responsabilidade pela nossa própria vida, nos leva a desenvolver a autoconfiança e a autoestima, o catalisador para irmos em busca da nossa autenticidade, dos nossos talentos, vocações e da nossa verdadeira felicidade.

O *coaching* pode ajudá-lo a criar o mapa da sua vida, escolher o seu caminho, transformando as suas crenças, e te levando ao encontro da sua verdadeira felicidade, aquela que mora dentro de você e você ainda não sabe...

É preciso parar de procurar fora...ela está mais perto do que você imagina, se permita a esse grande encontro consigo mesmo e seja feliz por inteiro!

Referências

ROBBINS, Anthony. *Desperte seu gigante interior.* 25. ed. Rio de Janeiro: Editora Bestseller, 2014.

_____ *Poder sem limites.* 17. ed. Rio de Janeiro: Editora Bestseller, 2013.

PIERRAKOS, Eva. *O caminho da autotransformação.* 12. ed. São Paulo: Editora Cultrix, 2007.

COVEY, Sean. *Os 7 hábitos dos adolescentes altamente eficazes.*17.ed. Rio de Janeiro: Editora Bestseller, 2012.

HEDLYE, Kent; CANFIELD, Jack. *Jovens com atitude enriquecem mais rápido.* São Paulo: Universo dos Livros, 2013.

TOLLE, Eckhart. *O poder do agora.* Rio de Janeiro: Editora Sextante, 2002.

15

O despertar da sensação de viver e não apenas sobreviver

Imagine que chegamos aqui em alicerces já construídos, seguindo um rotina do que sempre foi imposto por uma sociedade conforme cada geração. Assumimos o que nos resta sem alternativas, só aceitamos. Adaptamos às solicitações, cumprimos regras, pagamos impostos, todavia abolimos o que nos estancia realmente. Descubra verdadeiramente as alternativas e escolhas de vida, perfeitamente possíveis, estudadas e praticadas por *coaches* que sentiram na pele cada sensação

Deyse Botega & Priscila Franchi

Deyse Botega

Fundadora e Presidente da empresa Inner Light Coaching, é *Coach* e Analista Comportamental formada pelo IBC - Instituto Brasileiro de Coaching com Certificações Internacionais. Mais de 15 anos de experiência na área de *Customer Relationship Management*, atuando como Gestora de Equipes de Atendimento ao Cliente. Coordenou áreas de Treinamentos, Desenvolvimento de Talentos e Carreira, e Bem-estar organizacional. É facilitadora em Palestras, *Workshops* e Treinamentos sobre Desenvolvimento Humano.

Contato
www.innerlightcoaching.com.br

Priscila Franchi

Gestora da empresa Inner Light Coaching, é *Personal & Professional Coach*, certificada pela Sociedade Brasileira de Coaching com Certificações Internacionais. Pós-graduada em Gestão e Desenvolvimento de Pessoas. Com larga experiência organizacional, com mais de 15 anos. Ocupou cargo de Gestão executiva com sólida vivência nas áreas comportamental e de gestão de pessoas.

Contatos
www.innerlightcoaching.com.br
contato@innerlightcoaching.com.br
(19) 98408-5599 / (11) 99714-8083

Mais do que sobreviver, é necessário e vital viver.

Tudo começou com a menor unidade estrutural básica do ser vivo, "a célula". E nascemos por escolha nossa. Se há relação religiosa, científica ou qualquer outra, não é o momento de discutir, tampouco essencial para desenvolver o contexto real do que verdadeiramente importa.

Fomos gerados por uma vocação humana, escolhidos por nós mesmos, e forças motoras de intelecto e personalidade para estarmos vivos aqui e agora.

Viver, portanto, é muito mais do que apenas acordar todos os dias, abrir os olhos, negociar minutos com o despertador e seguir aquela rotina metódica e enfadonha diariamente.

Recordando de que somos um ser único, pessoal e profissionalmente, o mais adequado é que consigamos atentar-nos a todos os aspectos que compõem esta vivência em equilíbrio o mais harmônico possível.

➤ Elementos de satisfação da vida

Detalhamos os elementos os quais são indispensáveis para esta harmonia, a fim de buscar o mais prazeroso estado de VIDA e não apenas sobrevida.

1) No Domínio Pessoal, podemos dizer sobre:

a) **Saúde e entusiasmo:** quantas vezes conhecemos pessoas, ou até mesmo nós, que nos deparamos com situações em que ouvimos ou dissemos "eu já acordo cansado, estou sempre com sono, não tenho vontade de nada. Quanta preguiça, estou doente". Não, a resposta é que quem sente isto "não está doente", só não tem saúde. Afinal, SAÚDE é o encantamento com a vida, é o entusiasmo de viver. *"Saúde é energia, vitalidade, disposição"* (Nuno Cobra).

b) **Prosperidade intelectual:** é ter êxito naquilo que se realiza. A prosperidade consiste em ter o que é necessário para a vida, em quaisquer âmbitos dela, seja nos materiais ou espirituais. Muitas vezes pensa-se apenas em "prosperidade como riqueza material", todavia a quantidade de riqueza ou dinheiro considerável pode ser etérea. Esta prosperidade financeira é apenas o bem-estar material que supre as pessoas de preocupações econômicas. Portanto, a prosperidade é o estado, característica ou condição daquilo que se torna ou se mantém próspero. Neste caso, o intelecto. Em vista disso, a prosperidade intelectual é relacionada com a cultura, a literatura, a música, as artes, o conhecimento, o crescimento e a evolução.

c) **Estabilidade emocional:** é o estado de solidez e segurança, permanente e duradoura, sempre se atentando para não entrar na inércia, na zona de conforto. Esta zona pode ser representada graficamente como uma atividade elétrica do coração, com movimento, nuances, mudanças, crescimento e desafios, embora nunca inerte.

2) No Domínio Profissional, existem:

a) **Realização e propósito:** é a mais pura ação, literalmente "execução", com grande vontade de alcançar algo. É o *"cheguei lá"*, conseguir executar o que realmente deseja, como deseja e não o que os outros querem ou desejam, mas sim uma vontade própria. É escolha, poder, aspiração, interesse. É a capacidade de se posicionar diante de um fato, podendo desejá-lo ou rejeitá-lo com empenho, energia, firmeza, zelo e, sobretudo, proeza.

b) **Recursos financeiros:** nada mais é do que tudo aquilo que é usado como meio para obter a subsistência, direcionando para dinheiro, finanças, para ter bens, consumo necessário e supérfluos num geral. São ativos de liquidez. Os recursos financeiros exercem uma escala de equilíbrio na VIDA, porém existem vários estudos na Psicologia Positiva que revelam que a relação entre dinheiro e felicidade é mínima e de curta duração, pois, em pouco tempo, o ser humano se adapta com a nova situação e talvez não o mais satisfaça como antes. A felicidade é a causa e o dinheiro é consequência.

c) **Contribuição social:** é o legado que deixamos. Ou seja, algo muito além do nosso próprio umbigo. É a real diferença que fazemos na vida de uma ou algumas pessoas, seres ou situações que marcam um legado de importância ao planeta.

3) Domínio de Relacionamentos: são diversos ao longo da vida. Afinal inicia-se já um relacionamento incrivelmente mágico e divino quando somos concebidos. E, a partir daí, eles se multiplicam rapidamente, são imprescindíveis.

a) **Família:** são a base, a estrutura e não são apenas laços afetivos. São história, DNA. São também as pessoas que escolhemos, ao longo da vida, para fazerem parte da nossa família. São amigos, superirmãos. É o "porto seguro".

b) **Relacionamento amoroso:** ninguém quer ficar sozinho. Por mais autossuficiente e independente que sejamos, temos uma linha entre nascer e morrer que se chama "vida". Esta linha é feita de relacionamentos. Depender afetivamente ou até mesmo financeiramente de alguém realmente não é o recomendado, tampouco prazeroso, e não leva à felicidade plena. Mas escolher e ser escolhido realmente faz muito sentido à vida.

c) **Vida social:** cercar-se das pessoas que têm energias próximas às nossas, buscar situações e atividades que gostamos e nos enche de prazer, tais como: esportes, dança, teatro, filmes, músicas, ou até o ócio produtivo.

Uma grande atitude de longevidade é se cercar de pessoas que consideramos que ofertarão suporte e fazem sentido à vida.

4) Quanto aos Domínio da Qualidade de Vida, temos:

a) **Criatividade, hobbies, diversão:** criatividade é a ousadia de pensar e mostrar ao mundo o que pensa, o que cria, o que deseja apresentar sentido. Os *hobbies* são justamente os passatempos, fazer, realização, agir de forma prazerosa; coisas, atividades, atitudes, comportamentos, sensações, sentimentos que disparam a endorfina transportada pelo sangue, melhorando a memória, o bom humor, aumentando a resistência, disposição física e mental. Têm efeito antienvelhecimento, melhoram a concentração, e nos faz feliz acima de tudo.

b) **Plenitude e felicidade:** é brincar com animais, ser ativo, sentir o sangue correndo nas veias, ouvir o barulho da chuva ao dormir, é abrir os olhos ao acordar todos os dias e agradecer por estar vivo. É ter a oportunidade de novos desafios, é uma vida fora da inércia, com coisas para aprender a cada segundo. É sentir cheiro, gosto, relembrar recordações emocionantes. Brincar como e com crianças, é se liberar e deixar ser feliz. É se permitir.

c) **Espiritualidade:** é a base, a fé. O acreditar que há vida e sentido pra isto. A espiritualidade pode ou não estar ligada à religião. É reconhecimento de uma grandeza misteriosa e ilimitada da existência. A fé é o acordar diariamente e acreditar que há razão, há gosto, sentimento. É o acreditar que vale a pena.

➤ **Avalie sua satisfação**

Você pode se direcionar para planos de ação de melhoria e equilíbrio da sua vida através de uma análise rápida, pontuando de 0-10 a sua satisfação, com cada aspecto relacionado acima.

Sempre buscamos estado de plena felicidade, plena satisfação, 100%, o tempo todo. Mas o que é realmente felicidade?

Quantos anos você tem? Você já parou para pensar quantos caminhos você percorreu para chegar aqui? Quantas pessoas você conheceu? Algumas permanecem até hoje, outras se foram, você não tem mais contato. Quantas histórias? E o que você aprendeu com cada uma dessas histórias? Já imaginou você podendo refletir quais foram as grandes lições aprendidas com cada uma dessas histórias, sendo elas suas ou não?

Passando por todos esses caminhos, eles foram desenhando seu Mapa.

Hoje você continua sua caminhada e tem uma oportunidade de rever e trazer para a consciência como está cada aspecto de sua vida e assim construir novos caminhos em busca da Felicidade.

A felicidade é um estado constante de plenitude, satisfação e equilíbrio físico e psíquico, em que o padecimento e a ansiedade se transformam em emoções ou sentimentos e agem de alegria até bem-estar eufórico.

Contudo, seria possível talvez manter este estado 100%? O ser humano inquietado como é, levaria em consideração um estado de plena felicidade 100% do tempo, sem que houvesse situações atípicas e desafiadoras que levem ao descontentamento?

A felicidade nunca vem pronta, ela é um trabalho "artesanal", a plenitude de vida e bem-estar são construídas. Ela é sentida e notada nas coisas e atitudes mais simples da vida. Citamos alguns exemplos vivenciados por nós e acreditamos compartilhar estas experiências com nossos leitores:

a) Sentir o prazer e o aroma quando comemos uma comida deliciosa, que nos remete a doces lembranças de infância;

b) Ver os olhos brilhantes de um cãozinho, quando chegamos depois de um dia todo fora, e se jogar no chão para as famosas lambidas;

c) Chegar ao final do dia e sentir o êxtase de dever cumprido, resultados entregues e um trabalho brilhante executado;

d) Abraçar aquele amigo ou familiar que há muito não víamos e sentir os batimentos de dois corações saudosos;

e) Contemplar o mar;

f) Sentir a brisa fresca de uma manhã num lugar adorável, que só a nossa mente sabe onde é;

g) Admirar a reação de felicidade de uma pessoa querida quando recebe um presente desejado;

h) Admirar um recém-nascido saudável dormindo em paz;

i) Tocar as pequenas mãozinhas do seu bebê tão desejado;

j) Amamentar um filho;

k) Receber a notícia que será pai;

l) Superar uma grave doença;

m) Dar a volta por cima e conseguir realização profissional;

n) Solidificar um relacionamento saudável e tranquilo, superando grande sofrimento de relacionamentos anteriores.

Todos os exemplos citados são consequência de dedicação, busca, desafios, sacrifícios, entrega e comprometimento. Conclui-se, portanto, que o estado pleno de felicidade depende exclusivamente de colocar em ação atitudes para obter os desejados resultados e, acima de tudo, sentir gratidão pelos acontecimentos!

A Gratidão é apreciar e estar consciente das coisas boas que a vida nos apresenta.

Sentir-se verdadeiramente grato é como abastecer-se diariamente de felicidade.

Estudos revelam que quando as pessoas manifestam a gratidão, são mais saudáveis, apresentam uma melhora na qualidade do sono, vivem mais e sentem-se mais jovens.

Quer ser feliz? Use e abuse desse sentimento!

Aprenda como aumentar o sentimento de gratidão:

1. Lembre-se das pessoas que são especiais na sua vida. Pense em cada uma delas e identifique o que essa pessoa representa para você, o que ela faz ou fez que traz coisas boas para sua vida;
2. Que tal procurar essa pessoa e manifestar sua gratidão? Por que não?;
3. Identifique diariamente as coisas boas que acontecem na sua vida, por menores que sejam. Perceba os detalhes das coisas positivas de sua vida;
4. Liste as coisas que você costuma agradecer normalmente e perceba como você demonstra sua gratidão;
5. Que tal melhorar a qualidade de seus agradecimentos? Reflita e descreva melhor o que de bom você reconhece;
6. Fortaleça seus relacionamentos com a gratidão. Surpreenda as pessoas com as quais você convive, agradecendo por sua companhia ou alguma ação que elas realizaram. Você se sentirá muito bem e o vínculo entre vocês será fortalecido;
7. Faça um diário de bordo da gratidão. Todas as noites, antes de dormir, liste três coisas que aconteceram durante seu dia que você gostaria de agradecer.

Pratique, pratique e pratique!

Na hipótese de saber o dia em que vamos morrer, praticar uma lista de sonhos, desejos, realização, objetivos, metas ou qualquer nome que queira dar. Colocar no papel estes planos com ações para alcançá-los é imprescindível, satisfatório e realizável.

Nascemos sozinhos e morremos sozinhos, mas temos uma vida inteira de relacionamentos dos diversos modos possíveis, onde nunca estamos sozinhos. Estes que dão real sentido a cada dia vivido.

Aja, portanto, e não apenas sobreviva, encontre a alegria de viver!

Aja, agoooraaaaa.

16

Como se manter focado utilizando ferramentas do *coaching*

Nos dias de hoje, manter-se focado em certa atividade até concluí-la é um diferencial encontrados em 20% da população. Muitos se distraem com outros assuntos, deixando de lado o que realmente importa. Para garantir que sejam realizadas as atividades corretas, aquelas que realmente farão a diferença ao serem alcançadas, é preciso, além de equilíbrio emocional, ferramentas que lhe apoiem neste desenvolvimento

Diego Tessari

Diego Tessari

Professional Coach pela Sociedade Latino-americana de Coaching. Palestrante sobre administração do tempo, comunicação empresarial, liderança, foco e disciplina para execução, *life coaching* e desenvolvedor de programas treinamento e desenvolvimento. Analista comportamental DISC pela Inscape Publishing. Formação em Gestão de Pessoas e pós-graduado em gestão de pessoas.

Contatos
diegotessari@gmail.com
https://www.facebook.com/desenvolvimentocoaching
(16) 98857-6959

Todas as formas de exercício têm o mesmo alvo: estabelecer o homem naquela unidade básica que lhe é revelada em sua experiência de unissonância, quando a brecha entre o sujeito e o objeto é transposta e ele conseguir perseverar — e para isso precisará tanto de fé quanto de paciência —, sentirá sua rebelião interior amainar gradualmente, não por começar a cansar-se e adormecer, mas porque pouco a pouco seu ser essencial começará a surgir, por meio da quietude corporal. Ele existe anteriormente e além da esfera das imagens e pensamentos, instintos e impulsos, além da antítese sujeito-objeto, transcendendo a tudo isso.

Quais são seus objetivos?

Para começar, te recomendo que foque em um único objetivo. Algo que represente uma transformação e que tenha uma repercussão em sua vida, provavelmente a outros níveis. É possível que esse objetivo lhe remeta a algo que queira ou que te motive a distanciar-se do que não queira.

Existem vezes que seus objetivos estão claros e respondem a direção que guia sua vida. Outras vezes pode ser que tenha mais dúvidas e é conveniente assegurar-se delas, antes de iniciar um caminho que te leve a um lugar que não queira ir.

Se você não tem um objetivo, isso ocorre quando não se sabe o que quer. Então é algo a descobrir. Normalmente já se sabe, só que não é consciente.

Há partes de si que às vezes não são fáceis de aceitar. Talvez não seja fácil reconhecer que queira ser um artista ou ter um trabalho pouco convencional. Pode ocorrer como dizia Jung:

"Quando o inconsciente se fizer realidade, o chamaremos de destino."

Você pode ajudar um pouco o seu destino se fixando nesses pequenos sinais que vida lhe dá e que involuntariamente lhe aproximam de algo. Sobre estar focado, talvez assim descubra o que a vida está levando até você.

Existem objetivos que talvez você tenha planejado muitas vezes ao longo de sua vida e, por uma ou outra razão, nunca conseguiu alcançar. Será o destino? Ou alguma parte de você que não está de acordo? Medo? Talvez não insistiu o suficiente? Será realmente que não é isso que você quer? O que mais existe por trás de tudo isso? São algumas das perguntas que você pode fazer, que pode refletir com seu *coach* ou simplesmente descobrir enquanto realiza alguma atividade.

Objetivos bem formados

Em *coach* se utilizam os seguintes pontos para comprovar que um objetivo está bem formado. Isso quer dizer que pode conseguir o objetivo e, quando o conseguir, não te ocasionará problemas em outra área de sua vida.

Comprove que seu objetivo esteja bem formado.

1. Concreto e formulado em términos positivos. Basicamente se trata de responder o que quer conseguir e fazê-lo com uma frase enunciada positivamente.
2. Definido e avaliado segundo evidência baseada nos sentidos. Como saberá que conseguiu o objetivo? O que observará, ouvirá e sentirá? Trata-se de descobrir seu objetivo com os maiores detalhes possíveis e ser específico na forma que medirá seus progressos.

Definir a forma como se aproximará ao objetivo, algo que possa medir com os sentidos. Uma ferramenta muito poderosa para isso é a visualização, projeções mentais baseadas no futuro. Trata-se de imaginar como será quando conseguir seu objetivo. Imagine a cena como se estivesse acontecendo neste momento. Viva. O que vê, o que ouve e o que sente? E dará conta de tudo que pode aprender visualizando.

3. Iniciado e mantido por você. Depende de você? Está em sua zona de controle? O que fará especificamente para alcançar o objetivo? Não pode fazer com que outros mudem ou que faça algo, tampouco pode conseguir fazer com que ganhe na loteria por mais que se concentre nisso.
4. Respeite todos os benefícios que obteve do estado presente. Que coisas positivas, em qualquer ponto de vista, está obtendo de seu estado atual? São esses benefícios que tem estando aí. Existem vezes que são óbvios e outras vezes nem tanto. Como mantê-las em seu novo objetivo?
5. Qual o encaixe com os sistemas que lhe rodeia? Tudo o que fizer afeta os sistemas a que pertence, como família, parceiros, amigos, empresa e outras áreas de sua vida. Então se certifique de que o seu

objetivo é real, que lhe trará resultados satisfatórios e o que pode ocorrer em alcançar seu objetivo. Avalie o que e quem serão os mais afetados pela conquista de seu objetivo.

Motivação

A motivação é aquilo que lhe move ao que é importante para você. Deve conhecer a si mesmo e saber o que é importante para você? Quais suas escalas de valores? As frases a seguir ajudam a descobrir:

Para que quer isso que deseja conseguir?
O que terá quando conseguir?

Quando conseguir isso que quer, é possível que perca outra coisa. E você se deve assegurar que ganhar é mais importante que perder.

Por exemplo, conseguir um cargo de grande responsabilidade em uma empresa, talvez lhe proporcione mais dinheiro, mas também pode obrigar-lhe a deixar alguns de seus *hobbies*.

No entanto, ter mais dinheiro pode proporcionar mais segurança para sua família. Ser capaz de manter o equilíbrio das coisas importantes de sua vida é a chave.

Outra coisa que deve saber é que se seu objetivo é grande e ambicioso. Como espera que seja? Terá que pagar um preço. Está disposto a dedicar o tempo e os recursos necessários para consegui-lo?

Quando seu objetivo é o suficientemente importante, terá a energia que necessita para consegui-lo, porque há uma grande recompensa por trás de todo seu esforço.

As ações são o que produzem movimento

Os romanos costumavam usar pedras para colocar em suas calçadas e marcavam as distâncias com 1000 passos. Essas pedras chamadas Milliarium marcavam o caminho e a distância que estavam de Roma.

Uma vez que sabe onde está (estado presente) e aonde quer chegar (estado desejado), deve-se colocar as pedras no caminho. Estas o ajudarão a saber se está se aproximando a seu objetivo. Também lhe servirão como objetivo as menores metas, pois alcançar os sucessos pequenos vai ajudá-lo a manter a sua motivação e tornar seu objetivo maior uma forma mais acessível.

Agora é o momento de planejar. Como vai conseguir seu objeto? Se já tem um objetivo, crie a lista de tarefas que necessitará fazer para realizá-las? Que recursos necessitará? Como conseguirá?

A resposta a todas estas perguntas devem estar respondidas em seu plano de ação:

1. Anote a lista de ações;
2. Cada tarefa deve ser uma ação e começar por um verbo;
3. Deve ter sempre, ao menos, uma tarefa em sua lista;
4. Revise periodicamente sua lista de tarefas para melhorá-la continuamente. Inclua, modifique e elimine tarefas. Busque a excelência do processo;
5. Conclua cada ação e passe para a outra, revisando e projetando as ações seguintes.

Foco

Todos nós dispomos dos recursos que necessitamos para resolver nossos problemas e para termos uma vida feliz. No entanto, para utilizar nossos recursos é necessário estar em um estado mental adequado.

É difícil ver soluções quando estamos dominados por emoções negativas como a ira, o medo ou quando nos sentimos ansiosos ou estressados. Estar focado consiste em acalmar a mente e deixar que o corpo relaxe e reaja aos estímulos de forma assertiva e ágil, mesmo que, por algum momento, lhe faça refletir por certo tempo.

O conceito de estar focado ou concentrado é muito utilizado nas culturas orientais. Em artes marciais, estar focado significa estar relaxado, aberto para a recepção de novos estímulos e ações, ao invés de estar alerta o tempo todo.

Estar focado tem similaridade com estar enraizado. É como estar ao solo e ter a estabilidade para poder reagir. Para isso, é necessário que o corpo esteja em equilíbrio com a mente.

Sua fisiologia é importante, pois nossas posições corporais acompanham nossas emoções. Quando nos deparamos com uma pessoa, é possível perceber como está seu estado de ânimo, tudo isso por sua fisiologia, sua linguagem corporal.

Igual a quando vemos uma pessoa idosa, mestre de artes marciais. Pode ser que tenha perdido as forças de sua juventude, mas pode-se notar como ele consegue se manter focado única e exclusivamente naquilo que tem como objetivo. Seu corpo se mantém firme, mesmo enquanto se move durante as lutas. Uma das formas de recuperar o foco, quando o perdemos, é sairmos do estado atual e buscarmos nos enxergar no estado desejado.

Observe como é sua postura quando está focado e motivado. Isso o ajudará a saber quando se deve levar ou não esse estado e recursos a outras áreas de sua vida.

Para fazer isso, simplesmente tome consciência de você quando está focado. Como é sua forma de respirar? Em que ritmo está? Como está seu corpo? Ligeiro ou rápido?

Os chineses dizem do Q.I. (Chi) que, se há tensão, a energia não flui, então buscam relaxar o corpo e o movem de forma que o Q.I. flua. Também é uma forma de explicar a conexão entre a postura corporal, a respiração, o corpo e o estado emocional. Estar focado também significa sentir o que sente o corpo neste momento, estar presente no agora.

O que você faz para manter o foco?

Existem muitas atividades que nos ajudam, como a meditação, a auto-hipnose, artes marciais, dançar, desenhar, tocar um instrumento, escutar músicas, etc. Muitas formas de expressão artísticas são as que fazem com que nossa mente se conecte com outro nível de consciência mais profundo.

Que atividades lhe absorvem? O que gosta de fazer? O que faz para se conectar com seus recursos?

Esses tipos de atividades são as que realmente lhe fazem feliz, estar conectado com essa sua parte mais profunda. É quando desenvolvemos este tipo de atividade que se ativa nosso potencial, o que verdadeiramente somos. Descubra quais são estas coisas importantes para você e dê-lhes um lugar em sua vida.

Estado mental generativo

Quando você está focado tem acesso a seus recursos, como segurança, tranquilidade, flexibilidade, humor, criatividade, força, compreensão, etc. Em *Coaching* Generativo fala-se do estado mental generativo, que é um estado ampliado de consciência. É dizer onde você está mais consciente e mais conectado com sua parte criativa.

É possível atingir este estado mediante ao transe Generativo onde, acompanhado de seu *coach*, irá a um campo relacional de infinitas possibilidades, que lhe permitirão potencializar a relação entre sua mente consciente e a inconsciente e, às vezes, conectar-se com outros sistemas.

É fácil alcançar este estado enquanto realiza as atividades que te fazem fluir.

Técnica de auto-hipnose Ericksoniana

Uma forma de conseguir um estado mental generativo é a auto-hipnose. A ideia é conseguir fazer deste processo um hábito diário. Quinze a vinte minutos são suficientes, mas sempre na mesma hora e no mesmo lugar para se criar o hábito.

Depois se podem ver os passos, segundo a técnica Ericksoniana:

1. Encontre um lugar adequado onde não seja interrompido enquanto realiza o exercício;

2. Estabeleça o tempo que durará o exercício;
3. Leve sua atenção a três coisas que esteja observando no momento e, com sua voz interna, diga o que está vendo (estou vendo esta planta, vejo a sombra das folhas sobre a parede e vejo a mesa onde está a planta);
4. Uma vez feito, faça o mesmo com três sons que está ouvindo e nesse momento diga internamente (ouço os ruídos da rua, os ruídos da casa ao lado, passou um caminhão);
5. Faça o mesmo com três sensações que esteja sentindo no momento (o contato da cadeira com suas costas, os pés no solo, a temperatura da casa);
6. Agora faça uma sugestão do tipo: e tudo isso me ajuda a fazer que meu corpo se relaxe, minha mente se acalme e comece a entrar no transe;
7. Agora volte a repetir o processo das imagens. Logo com 2 sons e depois com duas sensações;
8. Volte a fazer uma sugestão e entre em um transe mais profundo e o corpo se relaxará mais profundamente;
9. Repita o processo com uma imagem, depois com um som e uma sensação;
10. Faça novamente uma sugestão que lhe dirija a entrar no transe;
11. Agora pode fechar os olhos;
12. Assim se estabelece a intenção do transe. Pode ser simplesmente relaxar, conectar-se com seu corpo ou pode fazer uma pergunta para a qual queira que sua mente generativa dê a resposta. Visualize uma situação para fazer alguma descoberta ou algo que queira;
13. Concentre-se com atenção a alguma parte de seu corpo ou à sua respiração. Um clássico é estar com a atenção em um ponto abaixo do umbigo. Dan Tien ;
14. Se sua mente se distrair, leve-a de novo a esse ponto e observe. Não tem que fazer nada, somente concentrar suas atenções e observar;
15. Observe as mensagens que chegam à sua mente sem julgá-las;

Assuma um compromisso com aquilo que aprendeu e que realizou. Volte a abrir os olhos no ritmo que seja, mas conveniente com o compromisso adquirido.

17

Sonhos: o desabrochar de uma vida

A Flor de Lótus se desenvolve e floresce de maneira delicada e exuberante em meio a terrenos lamacentos e pantanosos, repelindo impurezas, sujeiras e imperfeições de suas pétalas. Todas as noites fecha suas pétalas, submerge e reaparece com a mesma beleza à superfície quando há a luz do Sol. E você? Suas metas, objetivos e seus sonhos têm desabrochado? Desabrochar e espalhar beleza ao mundo pode ser uma questão de decisão

Dr. Rafael Kudo

Dr. Rafael Kudo

Especialista e um dos pioneiros a desenvolver e ministrar cursos de Emagrecimento através da Programação Mental, autor do livro Emagreça pela Editora Ixtlan, Doutor em Hipnose Clínica (ESP), Doutor h.c. em Programação Neurolinguística (BRA), Doutor h.c. em Parapsicologia (BRA), Parapsicólogo, Psicopedagogo, *Trainer*, *Master Practitioner* em Programação Neurolinguística (USA), Master em *Coaching & Mentoring* (BRA), *Master* em Alinhamento de Sistêmicos (BRA), Certificado Internacionalmente em Holomentoring (USA), Certificado Internacionalmente em *Coach & Mentoring* pelo ICT (USA), Trigger Points, Myofascial Terapy and Propceptive Training Professional (USA), Psicoterapeuta há mais de dez anos através da PNL, Hipnose, e Regressão de Memória (CRTH-BR 0525). Há mais de 16 anos na área de Desenvolvimento Humano, já formou mais de 35mil pessoas por meio de seus cursos, palestras e treinamentos.

Contatos
http://www.aexcelencia.com.br
contato@aexcelencia.com.br
(43) 3028-9698 / (11) 4063-6963
WhatsApp: (43) 9962-0660

Em vários países do oriente, especialmente no Japão, Índia e Egito, é muito comum a atribuição do simbolismo da criação, da origem da vida, à Flor de Lótus. Isso ocorre, principalmente, porque essa bela flor consegue se desenvolver e florescer de maneira tão delicada e exuberante mesmo em meio a terrenos lamacentos e pantanosos, sem qualquer sujeira ou imperfeição, repelindo qualquer impureza ou microrganismo de suas pétalas – fato este sem explicação científica plausível até a atualidade. Outra curiosidade desta flor é que todas as noites ela fecha suas pétalas e submerge, sempre reaparecendo com a mesma beleza à superfície quando há a luz do Sol.

Mas o que isto tem a ver com a nossa reflexão? Tudo. Pois em todo caminho que se percorre, mesmo que este seja o da vida, deve-se sempre partir rumo a uma "chegada", ou seja, rumo a um objetivo maior. Traçar o destino pode ser tão difícil quanto decidir os recursos necessários para toda a caminhada.

Partindo deste pressuposto, quando surgimos neste mundo e desenvolvemos nossa capacidade intelectual, nos vimos permeados pelo desejo por sucesso. Este alcançado por pequenas conquistas, como a capacidade de respirar, de deglutir, engatinhar, falar, andar, demonstrar emoções, enfim, por desenvolver habilidades que nos permitam o sucesso de permanecer vivos pelo maior tempo possível. Com este tipo de visão, podemos ter a sensação que viver, simplesmente, é uma tarefa fácil, mas não é. Uma vez definido que viemos a esse mundo com o propósito do sucesso, devemos estabelecer todos os recursos que serão necessários para atingi-lo.

Você pode estar se questionando que talvez o necessário esteja totalmente disponível no ambiente que nos circunda. E está correto. Mas de que adianta ter a melhor caixa de ferramentas a seu dispor se não houver qualquer tipo de motivação em usá-las? Pois aí está a chave de tudo: motivação. Nunca conseguiríamos andar se não houvesse a vontade de ficar de pé, de atingir novos níveis ou alcançar novos locais.

Nunca falaríamos se não houvesse a necessidade da comunicação, da interação social. Nunca demonstraríamos emoções se não houvesse a necessidade de expor nosso mundo interno a outros seres, se não houvesse a convivência. Com isso, notamos que simplesmente existir e não buscar motivação diariamente não nos guiará por caminho algum, pois, sem vontade, impulso, motor, não haverá sucesso.

Por isso, acabamos de definir que precisamos de uma motivação maior em tudo o que fazemos, em tudo o que buscamos. E neste ponto, nós, seres-humanos, somos muito privilegiados, porque possuímos a capacidade de nos motivar sempre, não somente por instinto como ocorre com os outros animais, mas nos reinventando a cada dia, a cada recomeço, a cada conquista, a cada queda. Como? Através da capacidade de SONHAR. Sonhar é uma dádiva que poucos sabem reconhecer, mas que deve ser nosso motor, nossa motivação. Uma vida sem sonhos é como uma flor criada sem a luz do Sol, pois sem ela não criará raízes, não desenvolverá folhas ou flores, não possuirá alimento, caso não haja o calor e a luminosidade necessária para o seu desenvolvimento.

Portanto, se tiver que encontrar uma motivação para sua vida, Sonhe! Sonhe! Sonhe muito! Quanto maior o sonho, maior a motivação. Respire seus sonhos, sinta seus sonhos, viva pelos seus sonhos. Acorde pensando em seus sonhos, durma com seus sonhos toda noite. Uma vez que sonhar, procurará todos os recursos necessários para o sucesso. Isto é a vida. Sonhe com a família ideal, o emprego desejado, saúde plena. Para sonhar vale tudo. Não existem limites para os sonhos. Olhe à sua volta. Tudo o que você possui hoje disponível, que foi criado pelo homem, foi fruto do sonho de alguém. Os carros nas ruas, o telefone, a eletricidade, a cadeira, a mesa, o cimento, os tijolos, a maneira de confeccionar roupas e calçados, os eletrônicos, a internet, o celular. Tudo isso foi fruto do sonho de alguém, aprimorado pelo sonho de outra pessoa e de outra, e de outra, e de outra. Construir sonhos e compartilhá-los é o que motiva e move o mundo.

Porém, os sonhos podem parecer demasiadamente grandes à primeira vista. Para tanto, torna-se necessário "algo" para organizar a caminhada e para não nos cansarmos em meio ao longo caminho. Para isso, podemos desenvolver algum método capaz de nos impulsionar todo momento, de nos garantir pequenos sucessos e nos motivar, para que não desistamos.

Assim, devemos definir nossos pequenos passos a serem dados: as metas. Metas são como o direcionamento de cada passo a ser dado, cada pequena conquista, cada pequeno sucesso que nos motivará diariamente. Metas são pequenos sucessos que nos impulsionarão rumo à conquista de nossos sonhos. Traçar metas que possamos alcançar todos os dias rumo ao nosso sonho é o que nos fará continuar no caminho, sem esmorecer.

Muitas vezes, pela frustração, pelo desânimo, pela falta de apoio, por metas mal-definidas, pelo ambiente não propício, pela falta de recursos, acabamos abandonando nossos sonhos e nos contentando com aquilo que temos. Matar um sonho pode ser tão ruim e tão maléfico quanto perder um filho ou um ente querido. Matando o sonho perde-se um bem precioso, perde-se o rumo, o sentido de viver. Assim, devemos desenvolver a capacidade de modelar nosso sonho a cada provação. Adequação, mudança e flexibilidade são a chave de tudo. Tente se recordar de algum sonho que você teve e até o momento não conseguiu realizar. Ser médico, advogado, bailarino, astronauta, viajar para o exterior, ter o carro do ano, ter um filho, ter a casa dos sonhos, emagrecer. Pode ser qualquer sonho. Por que você ainda não realizou este sonho? O que te impede? Garanto que se for algo que dependa de você este sonho poderá tornar-se real, desde que haja planejamento, organização, flexibilidade e muita, mas muita persistência mesmo! Santos Dumont fez 14 aviões até chegar ao sucesso. Walt Disney, The Beatles, Michael Jordan e tantos outros não desistiram no primeiro fracasso, persistiram e obtiveram o sucesso. Muitas vezes assassinamos nossos sonhos com desculpas como "não tenho tempo", "não tenho mais idade para isso", "se eu tivesse dinheiro faria tudo diferente". Não! Pare de encontrar desculpas! Ao invés disso, mire em procurar soluções, adequar seu sonho à sua realidade. Busque recursos, persista, flexibilize. Mude!

Vamos a um exemplo: "Tenho o sonho de aprender a dançar". O que te impede? Tempo? Idade? Medo? Em que você deve focar sua atenção, nas limitações ou no seu objetivo maior? Quando decidir pelo seu sonho, imagine como será ele realizado. Imagine-se dançando num enorme salão, com todos os detalhes, roupas, decoração, pessoas assistindo, cheiros, luzes, enfim, tudo. Construa seu sonho em cada detalhe e se fixe nele. Assim, as dificuldades parecerão menores. Agora basta adequá-las à sua realidade e angariar os recursos.

Mas você pode ainda se perguntar: "Mas e se meu sonho for maior?", "Se a limitação for grande?". A resposta será: Supere-se! Quantas pessoas possuem deficiência física e conseguem praticar esportes? Quantos idosos conseguem executar atividades que até mesmo jovens possuem dificuldades para fazê-lo? A limitação está no tamanho que você atribui a ela. Beethoven tinha deficiência auditiva de tantos maus tratos recebidos pelo pai, mas mesmo assim foi um dos maiores compositores da humanidade. Portanto, superação também deverá fazer parte dos nossos planos.

A ideia aqui não é fornecer uma receita de bolo, pronta a ser executada para o sucesso. Afinal, a vida está longe de ser algo tão previsível e definido assim. Para tanto, devemos desenvolver flexibilidade e adequações para nossos planos, caso haja alguma intempérie no caminho. Adiar um sonho não significa extingui-lo, apenas adiarmos o nosso foco. Devemos também desenvolver estratégias para nos motivar sempre. Um caminho é estabelecer metas e cumpri-las, sempre com a sensação de que, ao executá-las, estaremos um passo a mais rumo ao nosso sucesso. Mas, infelizmente, o que mais vemos no mundo são pessoas que desistem de lutar na primeira frustração, na primeira queda, que se tornam vítimas ou reféns das situações e das dores. A verdade é que nenhum ser humano é programado para lidar com perdas, com derrotas. Mas se você consegue se manter firme e com um foco adiante, seu sonho, sempre conseguirá retomar as forças para seguir adiante. O que não pode acontecer é perder-se os sonhos, pois com eles matamos o nosso motivo de viver, rasgamos o nosso "Mapa da Vida". Simplesmente, se isso acontece, morremos dia a dia, como uma flor sem receber água ou a luz do Sol. Por que estamos tendo que lidar tanto com ansiedade e depressão nos dias atuais? Pelo simples fato de que a realidade está sendo muito cruel com a gente? Não. Porque as pessoas estão perdendo a capacidade de sonhar, de refletir, de buscar mudança. Para tudo há solução. Sim, até para a morte há solução. Tudo depende do significado que você atribui e de como você encara as provações a que é submetido.

Como última parte da reflexão, gostaria que você observasse tudo o que já realizou em sua vida, tanto as coisas boas como as não tão boas assim. Isso porque um mapa, um caminho, é traçado e percorrido a todo o momento. Tudo aquilo que já realizamos também faz parte do nosso

"Mapa da Vida". Quando nosso mapa passado parece um emaranhado, em que temos a sensação de que perdemos tempo e não saímos do lugar, isso não deve ser encarado como frustração ou como limitação, mas como aprendizado. Se até aqui rodamos pelo mesmo caminho, chegou a hora de aprender com tudo o que trilhamos e tomarmos rumos diferentes. Faça diferente! Mude! Reinvente! Você perceberá que quando encarar melhor seu passado e começar a aprender com ele, suas decisões serão mais maduras e mais sólidas. E isso é fundamental para a busca de nossos sonhos.

Portanto, o pensamento que deixo a você é: sonhe muito! Busque! Acredite! Acorde todos os dias pensando ser esse o dia em que estará mais perto do sucesso, seja ele qual for. Motive-se! Ame-se! Um indivíduo com sonhos e metas bem estabelecidos é um ser livre, para o qual não existem limites. O sonho é tão importante para viver quanto respirar. Sonhe! Sonhe alto! Sonhe grande! E assim como a flor de Lótus, busque a beleza, o sucesso, busque o melhor, mesmo quando tudo parecer não propício, mesmo em meio a terrenos lamacentos e pantanosos – pois este é o maior segredo da vida. Se a noite surgir, assim como acontece para a flor de Lótus, faça como ela, preserve-se, feche suas pétalas e submerja. Mas quando houver o primeiro facho de luz, reabra e mostre ao mundo toda a sua beleza, mostre sua força, faça a diferença! Passo a passo chegaremos lá. Acredite! Permita que o mundo veja, reconheça e aprecie a beleza e a exuberância de suas realizações.

18

Mapa da Vida: Caminhos para o sucesso. Escolha o seu!

Sucesso é um processo de vida celebrado passo a passo, é um caminho, não apenas segundos no pódio comemorando a medalha de ouro. O ouro é você acertar e quando não acertar você não desiste, persiste em busca do resultado, isso é sucesso!

Edna Rosa

Edna Rosa

Missão em encontrar Soluções, alavancar Resultados exponenciais positivos, Formação Matemática e Física, Docência Superior, UGF/DF, Master em Coaching Integral Sistêmico e Tradicional/, MBA/SBC/FAPPES/SP, Mestranda em Neurociência aplicada, Febracis/Christian Universty, Florida/ USA, Business High Performance, Career Coach. Leader, Life, Executive, Mentoring, Positive Coach International Coaching Council ICC/USA, Behavioral Coaching Institute–BCI/USA, Master Trainer PNL/SBPNL /SP, Master Mind/The Napoleon Hill World,/USA; Biopsicologia enfoque Felicidade Interna Bruta/FIB e Psiconeuroimunologia/PNI/SP, Especialista Psicologia Transpessoal Aplicada à Educação, Alubrat/ Unipaz/SP, Master em TLT, Metaprocessos/SC, Time Line Therapy n..3182/1999, Hawaii/USA, Terapeuta Corporal Comportamental CRT27095, SINTE/SP, EMPRETEC - SEBRAE/DF. Atua há mais de 20 anos com desenvolvimento empresarial, pessoal, profissional de negócios e Auditora na Receita Federal do Brasil/MF e Previdência Social/MPS.

Contatos
www.mastercoachednarosa.com.br
ednaa.rosa@gmail.com
mastercoachednarosa.blog.br
Cel: +353 (83) 8034190/ie/FTime
(11) 98606-7262sp/whatsapp, (61) 8270-9000

Uma longa caminhada começa com o primeiro passo - Lao Tsé

Se, toda caminhada começa com o primeiro passo, todo primeiro passo é um passo para o sucesso!

Diferentemente de um mapa convencional que delineia uma extensão territorial o Mapa da Vida sugere uma rota que se descobre ao caminhar.

Vislumbrar o sucesso em um caminho, mapear os fatos, inclui tantas outras áreas da vida como a família, a profissão, a realização, a diversão, as questões íntimas e pessoais; e a soma desses fatores é o mais próximo do Mapa da Vida.

Ao escolher o objetivo, esse objetivo passa a ser o seu FOCO. É necessário reunir informações sobre a situação atual.

A questão passa a ser qual AÇÃO, qual o caminho que o aproxima do seu objetivo e quais os que te afastam desse objetivo.

O RESULTADO decorrente do foco e da ação é o ponto de partida para a gestão do cenário.

Acompanhar esse resultado é promover a MELHORIA CONTÍNUA – metodologia FARM (foco, ação, resultado e melhoria contínua).

Nas fases da vida escolhemos objetivos diferentes, e cada um deles requer um jeito de realizar. O que não muda é evidenciar: ESTADO ATUAL (A) + RECURSOS E HABILIDADES – INTERFERÊNCIAS = ESTADO DESEJADO (B, C, D......).

Nessas fases de vida que identificamos como sucesso você pode sentir um entusiasmo inspirador que nasce em algum lugar no âmago do teu ser, não há coisa ou razão que defina apenas uma grande alegria interna, um algo maior que encanta a sua vida, ao ponto de você querer que aconteça de novo, se repita e seja melhor e maior.

Basta evidenciar o que te impede de ter o sucesso que você quer ter, ser e viver. Evidenciar, as interferências e diálogos internos/externos que desqualificam ou reduzem o que você deseja ou o afastam ao invés de aproximá-lo do que você quer - onde estiver o seu foco é daí que acontece o resultado. Foque no que o empodera e não no que o impede!

Três passos para identificar essas interferências:

1ª Dentro da pessoa há um diálogo interno negativo, sabotador, uma parte da pessoa que não deseja ou não acredita na mudança, na realização desse objetivo, nesse sucesso.

2ª Quando a pessoa não sabe criar uma representação interna para mudança, e não reconhecer: sua imagem pessoal e como passaria a viver, se a mudança acontecesse, isso é uma interferência.

Um exemplo conhecido é: pense no "mar", você vê o mar e não a palavra "mar", pense no "céu" – você vê o "céu", e não a palavra "céu" - isso é reconhecer a imagem do objetivo desejado (é estar lá, sem pensar no caminho a ser seguido, perceber ou criar o sonho como se estivesse acontecendo, vendo, ouvindo, sentindo, interagindo, vivenciando).

3ª A pessoa precisa se dar a chance de colocar em prática o que acaba de aprender, seja, em uma palestra, um livro, ou em um capítulo como esse.

> *Não importa o quão estreito seja o portão, quão repleta de castigos seja a sentença, sou dono do meu destino capitão da minha alma.*
>
> William Ernest Henley

As transformações e mudanças acontecem rápido, basta você querer, e tão rápido tomam forma da oportunidade que você necessita para realizar, começa aparecer, torno a dizer basta você querer e escolher. Um exemplo de oportunidade perdida foi demonstrado por Tim Halbom e Suzi Smith, no livro Crenças – caminho para a saúde e bem-estar que descreve a conversa com uma professora de faculdade sobre como ajudar pessoas a criarem mudanças em suas vidas, à professora disse: Li sobre a técnica para curar fobias, Usando a sua mente, mas nunca utilizei, porque acho que é rápida demais; a crença da professora era de que a uma mudança para ser efetiva deveria acontecer em um processo longo e doloroso.

Tim e Suzi disseram para ela: já usamos este processo muitas vezes e temos provas de que o resultado dura muito tempo quando experimentado. Ela respondeu: pouco me importa se dura, ainda assim, é rápido demais. Essa professora era uma pessoa que queria ajudar os outros de maneira eficiente, mas não sabia como, pois não se dava a chance de aprender devido à sua crença rígida, castradora, limitadora, de como a mudança deveria ocorrer.

Em outro momento Tad James cita em seu livro, *A terapia da linha do tempo*, que para Richard Bandler, crenças são aquelas coisas que não conseguimos contornar. Crenças são as pressuposições que temos sobre determinadas coisas que podem tanto criar, como negar nosso poder pessoal. A este nível as crenças são chaves de liga/desliga a nossa habilidade, identifica-se aí o que chamamos de interferência.

Estar atento aos sistemas representacionais (visão, audição e sinestésico), como a vida é experimentada? O que e como acontecem dentro de você? Qual o sistema de linguagem (diálogo interno)? Qual imagem que você tem de si, os sistemas de linguagem são instrumentos a serem utilizados em seu favor, evitando assim que ele negue o seu poder pessoal de ser a sua melhor versão a cada passo do caminho.

O que, o como e o querer fazer:

1. Um pensamento possibilita organizar as informações e percepções, para acessar, criar ou sintonizar o que antes era invisível, para atingir resultados exponenciais, transformar realizações em sucesso, é o que fazer.

2. Uma metodologia baseada em técnicas, ferramentas cientificamente comprovadas, como o processo de *coaching* e processo de *mentoring* que acontece quando uma pessoa que já passou por aquela experiência, sabe como fazer melhor e tem estratégias para ir mais rápido ao resultado desejado, a fim de estruturar o caminho para esse desejo, e esse desejo ao se alinhar à missão, à sua visão e seus aos valores individuais, possibilita resultados acelerados, mensuráveis em suas vidas, é o como fazer.

3. Uma atitude caracterizada pela curiosidade e o desejo: de aprender para vivenciar e ter novas experiências, novas escolhas, novas habilidades e potencializa capacidades para conseguir os resultados desejados, é o querer fazer.

O querer passa pelo quero, posso e devo, tem coisas que eu quero, mas não posso, tem coisas que eu posso, mas não devo e tem coisas que eu devo, mas não quero ou não consigo ainda fazer.

Quando à pessoa escolhe ou identifica o objetivo, encontra o foco.

A mudança acontece em consequência de uma ação/atitude, e toda atitude traz em si um resultado.

Esse resultado identifica o ponto para mensurar os resultados até alcançar o estado desejado, o tão desejado sucesso!

Interessante destacar que atitude, gera um comportamento e esse comportamento tem como premissa, uma intenção positiva para quem executa, não existe prejudicar alguém como na intenção primeira.

De toda forma, o objetivo para vivenciar o sucesso que a pessoa faz em função de si mesma precisa ser ecologicamente correto, estar certo de que vai beneficiar a si, e a todos aqueles com quem a pessoa se relaciona. Caso contrário, não fará sentido chegar ao sucesso sozinho, sem alguém para celebrar consigo, sem amigos, sem a família, sem os seus pares.

Com os resultados mensurados, acompanhar o que se passa e considerar como "erros", sabe-se que os "erros" são inevitáveis em relação ao referencial, ao objetivo determinado. É recomendável usá-los como lições para o crescimento, não só os resultados considerados "erros", mas também, o aprendizado decorrente de experiências de outras pessoas que já experimentaram com esses "erros" e aprenderam. Aprender as experiências dos que estão próximos, dos que vão a nossa frente, dos ensinamentos contidos em livros e bancos escolares, evita-se 'sofrimento' para gerar o aprendizado necessário aos que buscam resultados qualificados, quantificados e acelerados em um determinado tempo.

Olhar para trás, reconhecer falhas, ir além dos próprios limites é o início de uma vida de sucesso, pautado na mudança que provoca a desconstrução de crenças rígidas, limitantes que impede a pessoa de seguir em frente.

Fatos importantes no caminho da realização e sucesso decorrente é trabalhar sistematicamente, experimentar o estado que se quer na mente, imaginar claramente o que se que e vivenciar o estado desejado, como se estivesse acontecendo aqui e agora.

Em PNL dizemos que mapa não é território. Experimentar, estabelecer no imaginário o resultado facilita o processo pela capacidade que o cérebro tem, ao funcionar ciberneticamente.

O mecanismo cibernético é quando se sabe o objetivo, a reação natural do cérebro é organizar-se para alcançar esse objetivo com dispêndio menor de energia, e automaticamente vai fazendo a pessoa perceber e ter *feedbacks* corretivos automáticos que irão disparar sistematicamente as reações necessárias para orientar a direção certa. Evidencia aqui a importância de seguir a intuição, o *feedback* interior, as visões fortalecem o processo.

No modelo sistêmico, um *feedback* funciona como total, no contexto, na interação e integração, alavancam os eventos, produzem efeitos em todos os pilares e papéis.

O resultado é um aspecto de criação pessoal de acessar, atrair, dedicar, praticar até conseguir realizar o desejo, alcançar o sucesso que fará a diferença ao que se quer gerar.

Esses resultados evidenciam os valores pessoais. Sabe-se que o valor de um ser é constante, enquanto seu comportamento pode mudar. Quando, se ama uma pessoa, às vezes não é possível aceitar suas atitudes, o mesmo acontece com o amor próprio que mostra como estamos vivendo os aspectos da vida e impulsiona a mudança, ao aprimorar comportamentos, melhorar relações para viver e desfrutar do sucesso desejado e conquistado.

A vida começa, recomeça todos os dias em todos os momentos. Cada tomada de decisão, uma nova vida que começa no agora. Comece em você!

Os grandes mestres ensinam, ama o seu próximo como a ti mesmo e não ao invés de ti mesmo, comece cuidando da autoestima, da imagem que você quer dar ao mundo. Comece em você!

O poder de mudança é maior do que se pode imaginar, portanto quanto mais amor por si, pela vida, pelas coisas, pelos fatos, maior o amor vivenciado, mais flui pelo corpo a alegria da realização e do poder pessoal, mais potencializado e experimentado será o sucesso.

Outros fatores influenciam o processo, outras especialidades e ao reconhecer o cenário, planejar estrategicamente, disciplina, foco, equilíbrio emocional que podem ser adquiridos, potencializados ou evidencia dos em um processo de *coaching* e *mentoring*.

No processo de *coaching* promove-se: a identificação de talentos em si, o resgate de capacidades e habilidades que a pessoa possui e não identifica em determinado momento. Um forte aliado que se utiliza de técnicas, ferramentas, *frameworks* e metodologias cientificamente comprovadas para que pessoas, empresas, empreendedores e líderes atinjam seus objetivos. O processo tem foco em soluções, transformações, resultados, melhoria contínua, para sustentar escolhas, apoiar empreendedores, empresas e pessoas. Jack Welch menciona que: "No futuro todos os líderes serão *coaches*".

O processo de *mentoring,* como mencionado, acontece: quando buscamos um *expert* no assunto, um mentor que é capaz de guiar, treinar pessoas com sua experiência no caminho que trilhou e se qualificou para enfrentar situações e contingências identificadas como recursos e habilidades necessários em determinada momento no caminho do sucesso.

De toda forma, tanto o processo de *coaching* e como o processo de *mentoring* são abordagens que permitem resgatar talentos, desenvolver habilidades, fortalecer suas crenças positivas, dar suporte, encher de entusiasmo, facilitar a realização, de forma sustentável em direção ao sucesso, a mais sucesso pessoal, profissional e em todos os seus papéis.

O conhecimento é aprendizado em ação, é resultado, é realização e fará a diferença ao ser colocado em prática, na sua vida, na minha vida e a cada resultado alcançado confirmará que você está no caminho certo.

Além da prática que gera novos resultados, a compreensão da vida, o saber intimamente – é isso, a confiança, nos resultados, vivenciar a oportunidade de ser o que quiser ser, de revelar sua maior e melhor versão, sua melhor performance, isso é um caminho de Sucesso!

"Ninguém é igual a você, esse é seu poder"

Dave Grohl

19

Sonhos & escolhas

Atinja sonhos realizando boas e decisivas escolhas. Faça escolhas. Por consequência, renuncie a outras e saiba dosar tal decisão. Saiba qual seu estado atual e qual o estado desejado e potencialize suas escolhas para a busca dos sonhos. Sejam bem-vindos ao fantástico mundo do *coaching*. Conheça, pratique e tenha sucesso

Emanoel Lourenço

Emanoel Lourenço

Fundador da Sulminas Coaching. Professional Coach e Analista Comportamental pela teoria DISC, formado pela Sociedade Latino Americana de Coaching. É membro da Sociedade Latino Americana de Coaching – SLAC. Membro da Sociedade Brasileira de Coaching – SBC. Especialista em Coaching de Carreira – *Career Coaching*. É militar de carreira do Exército Brasileiro formado pela Escola de Sargentos das Armas, na qual hoje é instrutor na formação. É Graduado em Gestão de Recursos Humanos. Participou de diversos treinamentos de liderança bem como de desenvolvimento de equipes. Possui uma vivência nacional em diversos estados da federação onde pode realizar um estudo comportamental de como os jovens buscam suas metas e sucessos.

Contatos
www.sulminascoaching.com.br
el@sulminascoaching.com.br
(35) 9218-3283

Sonhos e escolhas

A ntes de iniciar qualquer uso de ferramenta de *coaching* como propõe o título desta obra, gostaria de realizar um exercício com você. Pegue uma folha em branco e uma caneta e responda a primeira pergunta:

Qual foi a última vez que você parou e se perguntou a respeito dos seus sonhos?

Após pensar e responder, gostaria de iniciar uma reflexão contigo. Quanto a vida cotidiana tem lhe afastado da magia dos seus sonhos?

Todos nós, quando crianças, sonhamos com um mundo maravilhoso, mas com o passar dos anos tudo se parece irreal ou até mesmo inalcançável. Isso se explica por uma simples palavra: escolhas. A partir do momento que iniciamos nossas escolhas, o mundo fantástico imaginário começa a dar lugar ao mundo real, onde muitas pessoas começam a deixar a magia dos sonhos de lado e inicia a dura realidade do cotidiano.

Escolher requer por vezes renúncias, requer sair da zona de conforto e se lançar ao desconhecido, requer vencer o medo, não pensar em possível fracasso e iniciar odisseias, que é a busca por realização dos nossos sonhos.

Aprenda a escolher

As escolhas em relação à nossa vida são cotidianas e a todo o momento as fazemos, desde a escolha de qual roupa vestir, qual caminho seguir para o trabalho ou para o colégio, qual carreira seguir, qual cidade mora, ou até em aceitar ou não aquele convite de casamento. Para potencializar suas escolhas, abaixo um quadro de perdas e ganhos que deve ser preenchido da seguinte maneira: Na linha 1 preencha sua escolha 1. Logo após coloque o que perde ao realizar esta escolha e o que ganha, escolhendo até cinco respostas para o que eu perco e até cinco para o que eu ganho. E assim, de forma analítica, terá o resultado. Na linha 2 coloque a outra possibilidade de escolha e faça igual fez com a primeira possível escolha.

Faça a você mesmo perguntas do tipo:

Qual será minha escolha em relação a este problema, desafio ou decisão a ser tomada?

Emanoel Lourenço | 153

Qual será minha perda em relação a esta escolha?

Qual será meu ganho em relação a esta escolha?

Esta escolha deve ser feita neste momento?

Estou escolhendo por necessidade ou por mero "status" ou ego?

Dosando entre os pontos positivos e negativos, qual realmente é minha escolha?

Obs: Não se deixe envolver por opinião alheia nem por emoções. Seja o mais racional possível.

Exemplo:

1. Comprar um carro.
2. Não comprar um carro e investir em um curso.

1 – Escolha	2 – Perco	3 – Ganho
Comprar carro	Dinheiro	Praticidade
	Investimento	Agilidade no trabalho
	Tranquilidade	Felicidade
		Autoestima

1 – Escolha	2 – Perco	3 – Ganho
Investir em curso	Tempo	Conhecimento
	Não compro carro	Dinheiro
	Horas de lazer	Oportunidades
		Crescimento pessoal
		Satisfação

Após o trabalho realizado, é hora de aprender a interpretar o quadro de escolhas.

Faça um paralelo de perdas e ganhos e, com as duas possíveis escolhas, a que você verificar que lhe trará maiores benefícios será a escolha que melhor caberá dentro do seu momento atual.

Após analisar os dois quadros de perdas e ganhos, já terá planificado suas escolhas e poderá fazer um paralelo, analisando entre perdas e ganhos referentes a cada escolha. Levando em conta seu momento atual, podemos ter duas respostas:

1. Se o momento é de capital abundante e necessidade de autoestima, bem como agilidade no trabalho lhe gerando mais capital, a primeira escolha será a melhor.
2. Se o momento é de investimento no potencial humano e se a compra seria para satisfazer vontades do ego, investir em um curso que lhe trará rendimentos futuros, a escolha será pela segunda.

Uma análise crítica no momento certo, com pensamento sensato e sem deixar-se influenciar, lhe trará uma abertura de horizontes e assim evitando gerar possíveis frustrações.

Você deve estar se perguntando que na teoria tudo é muito lindo. Então lhe convido a deixar o mundo das ideias e partir para a prática do quadro de perdas e ganhos.

O fracasso em referidas escolhas se dá pelo simples fato de que, quando escolhemos, não estamos no momento certo, nem com o equilíbrio interno certo. Deixamo-nos levar por amigos, companheiros, colegas de trabalho, chefes, tendências e até mesmo modismo. Escolhemos sem pensar nas consequências, escolhemos sem fazer um quadro de perdas e ganhos e os resultados são como mencionados acima. Saber quais serão as renúncias e se estamos dispostos a pagar o preço por elas é de suma importância durante o processo.

Para tal, escolher requer coragem, decisão e renúncia, visto que em cada momento de uma escolha, seja ela fácil ou difícil, você estará abdicando de um possível "E se".

E se eu estivesse escolhido a outra alternativa?

E se eu tivesse pensado melhor antes de realizar a escolha?

Para que não sofra ou se arrependa, o quadro de perdas e ganhos deve ser realizado sempre que possível. Mas tenho de realizar uma escolha com resposta quase que imediata?

Pare, pense, faça uma breve análise e, a não ser em uma escolha de salvar ou não alguém de um acidente, por exemplo, que agiremos com instinto de sobrevivência, sempre teremos dez minutos para uma análise rápida.

Mas como realizar esta análise rápida?

O primeiro passo é o autoconhecimento. Só conseguimos responder a situações eminentemente perigosas e damos as respostas ou ações que julgamos serem as melhores em casos extremos quando nos conhecemos bem, quando sabemos até onde podemos ir sem que perder o rumo, sem que se perca toda razão. Quando quiser se conhecer, pare em frente a um espelho e faça algumas perguntas a si mesmo.

Quem sou eu e em qual estado atual me encontro?

Você terá inúmeras respostas, por exemplo:

Sou Fulano (a), sou estudante, profissional de tal área, sou uma pessoa sonhadora, que luta pelos seus sonhos, sou uma pessoa triste, sou uma pessoa amargurada, sou uma pessoa sonhadora.

Encontro-me em uma situação difícil financeiramente, encontro-me em total felicidade, atravesso uma fase difícil e acredito que esta irá passar.

Diante o mesmo espelho, ao termino das referidas perguntas e respostas, continue se questionando:

Onde quero chegar?

Possíveis respostas:

Quero me tornar uma pessoa alegre, uma pessoa ativa, uma pessoa bem-sucedida, uma pessoa que empolga e cria ambientes motivacionais para as demais.

Quero ser a pessoa mais reconhecida na minha área, quero atingir tal meta.

Terceiro passo das perguntas matinais:

O que eu preciso para realizar tais metas, as quais me levarão ao sucesso?

Quais metas diárias me levarão à meta maior?

E como já dito anteriormente, a que terei de renunciar para que eu possa atingir o objetivo pretendido?

Este exercício é o primeiro passo para o autoconhecimento e também para a mudança que precisará durante seu processo de evolução em buscar de seu sonho.

O sucesso é para todos

O sucesso é o resultado de boas e certas escolhas, bem como saber o que teremos de renunciar para alcançarmos tal sucesso.

Ao falar de sucesso, gostaria de lhe perguntar:

— O que é sucesso para você?

Respondendo esta primeira pergunta, você poderá dar início ao processo de escolha assertiva.

— O que eu preciso fazer e deixar de fazer para que minhas escolhas me levem ao sucesso?

Respondendo esta pergunta você saberá quais possíveis renúncias deverão ser feitas.

Conheço algumas pessoas que largaram tudo em busca de seu sucesso, mas estas pessoas tinham bem definido onde queria chegar, tinha um plano de ação a seguir e, no decorrer da caminhada, sempre que encontravam algum obstáculo que por vezes chegassem a pensar ser intransponível, paravam, pensavam, traçavam uma rota alternativa e até mesmo um plano B. Para todo e qualquer planejamento ou objetivo a ser alcan-

156 | Mapa da Vida

çado, devemos ter um plano B. Não quero dizer que terá de deixar seu objetivo de lado. Digo que terá somente de ajustar sua proa, lançar mão de uma rota alternativa. Mesmo que esta atrase o cumprimento de suas metas e objetivos, o ganho que terá, sabendo planejar uma possível saída para o inesperado, solidificará as bases que sustentarão seu sucesso.

Irei discorrer sobre duas histórias reais devidamente autorizadas pelos protagonistas.

O primeiro se chama Lucas Pereira Lopes, jovem de 20 anos, morador da cidade de São Carlos-SP, que, como todo jovem, tinha sonho de ingressar em uma faculdade renomada para cursar um determinado curso. Após diversas tentativas, conseguiu ingressar na Universidade Federal de Mato Grosso (UFMT). O que fez um jovem de 17 anos sair e se aventurar em uma cidade ou até mesmo outro estado e, o mais importante, com dinheiro somente de ida e volta para realizar sua matrícula? Como o mesmo seguiria adiante no tempo que estivesse lá?

O foco pelo curso, bem como a determinação, foram características decisivas para encontrar oportunidade em meio às incertezas e até mesmo o medo. Mas o que poderia fazer este jovem deixar de lado um sonho e uma conquista em que muitos gostariam de estar ali? Durante seis meses Lucas Lopes encontrou apoio em algumas pessoas na universidade e pensou "sendo eu um bom aluno, espero encontrar oportunidades". E a primeira veio, conseguiu lugar por morar na Casa do Estudante daquela cidade. Lá ele dividia o pequeno apartamento com mais três. Sendo estudante de uma Universidade Federal e após comprovação de necessidade de auxílio, conseguiu uma bolsa-auxílio no valor de R$ 700,00 para gastos pessoais. Lá se foram 6 meses de estudos e veio a primeira grande decisão. Largar tudo e iniciar do zero, pois, apesar de fazer parte de uma renomada universidade, Lucas não se encontrou no curso. Para tal, decidiu voltar à casa dos pais e estudar para que pudesse ingressar em outra universidade. Retornou para São Carlos e iniciou novamente estudos, sendo aprovado na Universidade Federal de Alfenas, no sul de Minas Gerais. Desde os primeiros dias os desafios foram maiores, mas a experiência que adquiriu no Mato Grosso lhe deixou mais ávido e com um jogo de cintura que lhe proporcionou conhecer pessoas que pudessem ajudá-lo a cumprir etapas nesta nova cidade. A dedicação exclusiva ao estudo lhe proporcionou o ingresso no primeiro ano, no seleto grupo de empreendedores juniores, a ser monitor nas disciplinas de Cálculo I, Programa de Educação Tutorial (PET), Iniciação Científica e organizador do Café Atuarial de sua universidade. Em período de férias, ao contrário dos demais jovens, realizou um curso de verão na USP, no qual seria utilizado para seleção em possível mestrado.

Como podemos perceber, ao lermos esta síntese deste nosso protagonista, fazemos uma pergunta: Como pode um jovem de 17 anos ter um foco tão decisivo?

Digo aos senhores que primeiramente foi a vontade de ser alguém de sucesso e, posteriormente, as vitórias alcançadas durante o percurso foram fatores determinantes para que ele pudesse ter aquela injeção de ânimo para buscar, a cada dia, melhorias para sua vida. E, por último, acredito que este jovem sempre teve em mente um visível resultado final e que ele trabalha metas diárias em busca da meta maior e futura, tem muito bem definido onde quer chegar e quem quer ser. Para conhecer a história de Lucas Lopes na íntegra, acesse www.jovemdesucesso.com.br

A segunda história conheci em um seminário de empreendedorismo durante o tempo de faculdade. Um jovem de 17 anos, morador de um cidade do sul de Minas Gerais, viu a oportunidade de criar uma rede social voltada para os negócios. Seu nome é Breno Cornélio e discorro sobre sua história de sucesso.

Ser jovem, ou melhor, muito jovem e ter em mente o que quer é geralmente o maior desafio desta idade. Todos querem tudo muito rápido. E as incertezas de futuro e de carreira, bem como pressão familiar e da sociedade todos os dias, torna nossos jovens reféns de um sistema que tolhe os sonhos e por consequência o futuro sucesso.

Com Breno não foi diferente. A primeira grande decisão foi em se emancipar para criar uma empresa aos 16 anos. Outra grande decisão foi cursar o Ensino Médio em uma escola Gerencial, um novo conceito nos dias atuais. Com tais decisões, já podemos verificar que Breno não se trata de um jovem comum da sua idade. Enquanto jovens estão preocupados em completar 18 anos para sair e tirar carteira de habilitação, ele se preocupa com o futuro, em criar ferramentas para a melhoria contínua e a descoberta de processos que facilite a vida das pessoas. Disso surgiu a Save Companies, uma rede social que tem, como principal foco, unir pessoas em busca de negócios, oportunidades e abertura de novos mercados. Visionário e com sangue empreendedor, Breno a cada dia esta em busca de novas soluções. Quem pensa que ele não pensou em desistir está enganado. Como toda e qualquer empresa os desafios são grandes. Mas como um jovem pode ter este *insight*? Para saber mais sobre a história de Breno Cornélio, acesse o site indicado anteriormente.

O caminho do sucesso, por vezes, nem sempre será fácil, mas se você decidir ir em busca do tão sonhado lugar ao sol, pode ter certeza que, com dedicação, assertividade, coragem e perseverança, inevitavelmente sua hora chegará.

20

Ser resiliente é ser feliz!

Em uma viagem de avião se leva apenas o necessário, não metade do guarda-roupa, carro e outros "empecilhos". Quando se busca a paz, a felicidade, procure também levar o essencial, o sentimento. Alguns acreditam que superar, enfrentar, é fazer o "jogo do contente", mero engano. Sorrir feito "João bobo" para fazer as pessoas pensarem que está tudo bem não resolve. A felicidade se constrói olhando para dentro do coração, assim como a resiliência!

Érika Stancolovich

Érika Stancolovich

Doutora em Psicanálise. Mestre em Educação e Psicanálise. Possui Graduação em Letras (Português / Inglês), Pedagogia. Pós-Graduação em Supervisão Escolar, Língua Portuguesa, Psicopedagogia e Docência no Ensino Superior. Especialização em andamento em Neuropsicopedagogia. É formada em Psicanálise (CBP 01248/SP). É Oficial (Tenente) da Força Aérea Brasileira. Pesquisadora dos Distúrbios Emocionais, dos Transtornos e Distúrbios de Aprendizagem e das Práticas Psicopedagógicas. Pesquisadora sobre a Resiliência. Vários projetos na Área Educacional. Palestrante. Escritora. Destaque de Professora do Ano. Diploma Honra ao Mérito da Academia Taubateana de Letras. Menção Honrosa recebida pelo Comandante da Escola de Especialistas de Aeronáutica.

Contatos
http://www.stancolovich.com.br/
erikastancolovichcontato@gmail.com
Redes Sociais: www.facebook.com/erika.veiga.7
(12) 98112-9242

Resiliência é um termo primeiramente utilizado pela física que significa a capacidade de um material voltar ao seu estado normal depois de ter sofrido uma pressão.

As ciências humanas utilizam este termo para interpretar a capacidade de um indivíduo em possuir uma conduta sã num ambiente insano, ou seja, a capacidade do indivíduo de sobrepor-se e construir-se positivamente frente às adversidades. Essa qualidade, que faz de nós pessoas muito especiais, pode ser desenvolvida.

Em uma viagem de avião se leva apenas o necessário, não se leva metade do guarda-roupa, carro e outros "empecilhos". Quando se busca a paz, a felicidade, procure também levar só o que é essencial, o sentimento, porque o resto é apenas fardo que pesa nos ombros. Alguns acreditam que superar, enfrentar, é fazer o "jogo do contente", mero engano. Sorrir feito um "João bobo" apenas para fazer as pessoas pensarem que está tudo bem não resolve problema. A felicidade se constrói olhando para dentro do coração, assim como a resiliência!

Existem aquelas pessoas facilmente influenciáveis, onde o estado de espírito do outro se reflete no seu próprio comportamento. Se o outro está mal, ela fica mal. Se está feliz, é porque o outro está feliz. E os reativos, que respondem da mesma forma como são tratados, buscando "pagar" na mesma moeda.

A revolta é uma das características de comportamento do não resiliente. "Isso não deveria ser assim", "Aquele cara fez aquilo, ele não poderia ter feito". Se sentir inconformado, julgar pelo que "não deveria", "não poderia", somente olhar para o quintal dos outros sem cuidar do seu próprio jardim.

Desenvolvendo e aprendendo a ser resiliente você aprende a confrontar as situações, enfrentar as tensões, ter desenvoltura, e de cada experiência tirar uma lição positiva. Ao invés de focar no problema, você aprende a focar na busca da solução.

A resiliência não é um traço de caráter hereditário, que você tem ou deixa de ter, é uma conquista pessoal.

Não é à toa que você cresce mais como ser humano justamente nos momentos de dificuldade. O ser humano precisa enfrentar desafios para testar seus limites, ou estará fadado à sua condição medíocre. Cada mudança exige abandonar velhos hábitos e desenvolver novos, exigências que nos fazem evoluir.

Felicidade não é uma vida sem problemas, pois vida sem problemas é tédio. A vida é feita de desafios, e o grande pensador Erich FROMM (1900-1980) difundiu no mundo acadêmico e científico seu conceito para felicidade: "Felicidade: é uma conquista sociocultural concreta ato de responsabilizar por si mesmo...".

Não tenha medo de errar, o erro também nos direciona para o caminho certo. As lições amargas também fazem parte da vida, e muitas vezes nestes momentos de desgosto é que descobrimos a verdadeira felicidade, o quanto ela é simples e singela, que só precisamos saber valorizar e reconhecer nossas conquistas diárias. A felicidade se constrói olhando para dentro do coração, no seu íntimo. Busque caminhar e viver o seu momento com o que te faz feliz, o resto é incerto e apenas o dom da vida é real e prossegue.

A vida é repleta de coisas boas. Sendo muito sucinta listei 25 situações que nos remetem à felicidade, a uma sensação prazerosa e de bem-estar. Com certeza você se lembrará de outras, e ficarei feliz se a sua lista tiver pelo menos o dobro de situações das que eu cito aqui. Às vezes valorizamos demais nossas derrotas, nossas perdas, quando na verdade sempre que acordamos temos uma vitória. Algumas situações nos remetem a segundos de felicidade, outras horas, outras talvez uma vida inteira se aplicadas com sabedoria.

- Apaixonar-se pela pessoa certa e ser correspondido;
- Rir até não aguentar mais;
- Tomar um banho quentinho, naquele dia frio;
- Entrar em uma loja e comprar o que precisa ou o que quer, à vista;
- Dirigir em uma bela estrada;
- Escutar uma boa música;
- Dormir com aquele barulhinho de chuva;
- Comer uma boa comida;
- Cheiro de terra molhada;
- Ter uma boa conversa;
- Para aqueles que gostam de praia, contemplar o mar, o sol, a areia;

- Para quem curte a natureza, chegar ao topo de uma montanha, acampar, contemplar o pôr do sol;
- Acidentalmente ouvir alguém falar bem de você;
- Rir de algo que acabou de lembrar, assim, do nada;
- Receber um elogio;
- Acordar e descobrir que ainda está cedo e pode dormir mais um pouco;
- Sonhar com coisas boas;
- Realizar um sonho;
- Empacotar presentes;
- Raspar a panela de brigadeiro;
- Enxergar o lado bom da vida e das pessoas;
- Dormir abraçado com a pessoa amada;
- Constatar que você é abençoado por DEUS;
- Acordar de manhã e poder agradecer;
- Acordar de manhã e poder recomeçar.

Para que sejamos resilientes e felizes, preste atenção na seguinte afirmação: O mau humor começa pela manhã. Assim, as nossas derrotas também. Estudos mostram que sua disposição para o dia é determinada depois de 30 minutos que acorda. O início do dia é o marco para experimentar as coisas boas. Por isso, é importante não levarmos para a cama os nossos problemas, o sono é reparador, recarrega a nossa "bateria".

Dicas para dormir melhor:

1. Durma apenas o tempo suficiente para se sentir bem. Ficar na cama mais do que o necessário não é indicado.
2. À noite evite tomar café.
3. Evite bebidas alcoólicas e fumar à noite. O sono não é o mesmo, e ainda, no dia seguinte corre o risco de não acordar bem.
4. Procure, dentro do possível, manter horários regulares para se deitar e acordar.
5. Tenha uma alimentação saudável.
6. Ler um livro ou assistir a um filme antes de dormir, pode desencadear emoções fortes, e com isso afetar o seu sono.

7. Evite "brigar" com a cama. Levante, ouça uma música suave, tome um chá, e volte para a cama com o espírito em paz.

Outra questão é que se não vivo bem comigo mesmo, não atrairei pessoas felizes e resilientes. Preciso ser uma pessoa realizada para depois encontrar outras pessoas realizadas. Primeiro me amo, para depois trazer alguém para complementar a minha vida com os valores que acredito. Conheça a si, perceba as mudanças necessárias para sua vida e não perca tempo com coisas que nada te acrescentam.

Então, você é feliz? Felicidade é algo básico. Quando você está feliz as janelas de sua alma se abrem e você enxerga oportunidades, absorve o que é bom e descarta o que não mais interessa.

Vamos refletir sobre uma história para que você pense e construa um pouco mais seu enredo. Um enredo em que a felicidade está a um passo. Um pouco antes do desespero, do desistir...

Um certo cidadão andava pelo campo. Quando menos esperava, à sua frente estava um urso enorme. Não pensou duas vezes, deu meia-volta e saiu numa correria tremenda. No primeiro precipício que viu jogou-se de cabeça, e quando estava a caminho, despencando abismo abaixo, agarrou-se a um dos galhos antes de se arrebentar no chão. Suspirou profundamente e agradeceu a seu Senhor.

Quando olhou para baixo não acreditou no que viu: dois tigres o aguardavam. Não se desesperou, olhou para sua esquerda e viu morangos lindos e maravilhosos. Colheu um daqueles frutos, analisou-o e deliciosamente o degustou.– Autor desconhecido

Não esqueça: os morangos são as suas oportunidades e devemos sempre absorver o que é bom e descartar o que não interessa. Portanto, em situações difíceis, coma o morango.

Para ter êxito em se tornar a pessoa que deseja ser, elimine de uma vez por todas o problema persistente chamado medo do fracasso.

Todos, em uma ou outra ocasião, sentiram-se um completo fracasso. Muitos deixaram que esse medo os destruísse. Na verdade, o medo é muito mais destrutivo do que o fracasso. Em todas as áreas da vida, esse medo pode derrotá-lo antes que você comece. O resiliente não tem medo de fracassar, porque sabe que sempre é tempo de recomeçar.

Sugestões para acionar ou fortalecer a resiliência dentro de você:

1) Esteja próximo de pessoas otimistas, batalhadoras, que não ficam lamentando todo o tempo sobre situações passadas e que não guardam mágoas.

2) Tenha uma boa noite de sono, ela é imprescindível para você manter a sua saúde e recompor a energia vital.

3) Escreva os seus objetivos a curto, médio e longo prazo. Separe o que é importante, do que é urgente.

4) Elabore sua *playlist*: a música pode ser usada beneficamente para o nosso estado mental e emocional. Faça uma lista de suas músicas preferidas, evitando as de letras melancólicas, e as ouça quando precisar fortificar a sua resiliência.

5) Escolha um lugar tranquilo, dê preferência ao ar livre, próximo à natureza. Inspire profundamente, solte o ar devagar e relaxe.

6) Visite um asilo, esteja disposto a ser ouvinte por algumas horas. Para pessoas na melhor idade, ser ouvido é sinônimo de felicidade.

7) Converse consigo mesmo e diga o quanto merece e pode ser feliz, e quantas outras afirmações desejar. As palavras têm poder.

8) Dedique tempo para cuidar de seu visual, se divertir, dê importância ao que é mais importante: você!

9) Fale com as pessoas que ama, diga a elas o quanto as ama e o quanto são importantes em sua vida.

10) Evite perder tempo com situações que não agregam conhecimento ou valor à sua vida.

As sete regras de diamante para manter a sua resiliência:

1) **Flexibilidade:** entender que as mudanças acontecem e que para saber lidar com o novo a flexibilidade é primordial.

2) **Ousadia:** enfrentar os riscos necessários e não ter medo de fracassar.

3) **Qualidade de vida:** cuidar de si e do que lhe pertence. Sua saúde é preciosa, ame-se muito.

4) **Desafios:** atrever-se a fazer algo inusitado, a experimentar uma nova técnica, aplicar um novo conceito.

5) **Dê valor à vida:** viver é ser criativo, dinâmico, proativo, assertivo. Valorize suas escolhas, pois diariamente nossas ações nos conduzem aos objetivos que traçamos.

6) **Aprendizado:** buscar se conhecer e recorrer a lições aprendidas. O aprendizado é contínuo e diário, mas incorrer nos mesmos erros é falta de atenção.

7) **Realização:** realizar é a soma do sonho com a ação para concretizar o que você deseja. O sonho sem ação é apenas um sonho. O sonho com a ação é uma realidade.

E, o mais importante... Construa o seu enredo!!!

21

As cinco etapas para o equilíbrio, sucesso pessoal e profissional

Minha proposta com este capítulo é simplificar algumas etapas que considero fundamentais para o equilíbrio e sucesso seja ele de natureza pessoal ou profissional. Conhecer-se, planejar, organizar, agir e acreditar são seus melhores aliados nesta busca. É claro que contar ainda com o auxílio do *coach* ou mentor nesta jornada garantirá a você resultados extraordinários

Fabiana Reis

Fabiana Reis

Personal & Professional Coach certificada pela Sociedade Brasileira de Coaching. Psicóloga (CRP 06/77305), com especializações em Psicologia Organizacional e Liderança e MBA Executivo em Gestão de Recursos Humanos. Sólida carreira na área de Gestão de Pessoas, expertise em desenvolvimento de líderes, *assessments*, planos de sucessão, programas de *trainee* e estágio, reestruturação de áreas, desenho e implementação de projetos corporativos. Atuou em grandes empresas como Rede Globo de Televisão, Jornal O Estado de São Paulo e Rádio Eldorado. Atualmente atende pessoas físicas e jurídicas como *Coach*, Consultora de RH, Psicóloga, Orientadora Vocacional e de Carreira.

Contatos
www.fabiana-reis.com
fabiana.coach@outlook.com
+55 (11) 99390-3950

Hoje, mais do que nunca, sabemos que ter equilíbrio na vida pessoal e profissional traz grandes benefícios para nossa saúde mental, física e para o nosso bem-estar. Contudo, algumas pessoas vivem atarefadas e cheias de compromissos que faz com que pensem que este equilíbrio está distante e que estão sempre correndo contra o tempo. Além disto, é comum passarmos por momentos de instabilidade em alguma área da nossa vida: familiar, carreira, vida social, saúde, espiritual, financeira e amorosa. Isto acaba influenciando outras áreas, como, por exemplo, nossos relacionamentos interpessoais.

"Não estou certo quanto a minha carreira profissional", "Não consigo equilibrar minha vida pessoal e profissional", "Busco uma posição de liderança, mas não sei os caminhos que tenho que percorrer", "Não me sinto realizado pessoal e profissionalmente", "Preciso emagrecer, não me sinto feliz com o meu corpo", "Tenho dificuldades em organizar meu tempo e minhas finanças", "Não sei o que fazer quando me aposentar", etc. Esses são alguns dos questionamentos que ouço no primeiro contato com as pessoas em meu consultório.

Neste caso, buscar o auxílio de um *coach* é a melhor decisão para quem quer melhorar sua vida pessoal e profissional. A pessoa que passar por um processo de *coaching* terá acesso a ferramentas e técnicas cientificamente validadas que o impulsionarão a alcançar o que almeja e a conquistar o equilíbrio interior.

Você certamente já parou alguns momentos para refletir sobre sua vida, seus comportamentos, atitudes, e pensou em sua família, carreira, amigos. Mas não passaram de pensamentos. Não lhe motivou para entrar em ação e mudar este cenário de insatisfação. Portanto, foi um momento importante, mas pouco útil para a sua evolução. Somente refletir e não buscar mudar comportamentos e atitudes de nada irá adiantar. Com os meus *coachees* percebi o quanto é importante as pessoas pararem um momento para refletir sobre a vida e tomar decisões relevantes, para transformar algo que não está bom em algo prazeroso e satisfatório.

O que o torna uma pessoa mais ou menos feliz? "Discutir a felicidade significa refletir sobre o que é importante na vida. Significa ponderar os méritos relativos de diferentes caminhos e pôr em relevo a extensão do hiato que nos separa, individual e coletivamente, da melhor vida ao nosso alcance. Até que ponto nossas escolhas têm conduzido à criação de condições adequadas para vidas mais livres e dignas de serem vividas?" (Felicidade, Eduardo Giannetti).

Além de reflexões e pensamentos, as pessoas que percorrem seus sonhos, objetivos e metas se tornam mais satisfeitas, equilibradas e felizes. Mas, para isto, é imprescindível que coloquem no papel, literalmente, seus pontos a desenvolver e exercitá-los de fato. Estabelecer critérios pessoais e profissionais de qualidade e ter atitude são indispensáveis no mundo de hoje, como, por exemplo, para sobreviver ao competitivo mercado de trabalho.

O processo de *coaching* é essencial para você que busca resgatar ou saber o real propósito de sua vida, seus valores, fortalezas, fraquezas e traçar planos de ação bem estruturados para o alcance dos seus objetivos e metas. Tanto o processo de *coaching* como o *mentoring* podem ajudá-lo a se autoconhecer e se autodesenvolver, elevando assim sua performance e autoestima.

Conforme ilustração acima, considero cinco etapas fundamentais para esta jornada ao equilíbrio e sucesso. Mas, para isto, elas precisam caminhar juntas, tornando um ciclo contínuo e permanente em nossas vidas. A seguir, descreverei sobre cada etapa e recomendo que pegue um bloco de notas para responder os questionamentos e/ou atividades propostas.

1. Se Conhecer

Você:

Está satisfeito(a) com a sua profissão, trabalho, família, vida social e espiritual? Sente-se equilibrado(a) com suas emoções? Conhece sua missão, seus valores e crenças positivas e é motivado(a) por elas?

O autoconhecimento é o primeiro passo para a realização pessoal e profissional. Conhecer-se melhor faz com que tenhamos mais clareza e segurança para tomar qualquer decisão. Durante o processo de *coaching*, será possível resgatar e/ou conhecer seu real propósito de vida, seus valores e crenças limitantes que o impedem de algo.

Comece listando suas qualidades e pontos a desenvolver. Depois faça uma lista de momentos marcantes da sua vida e relacione seus principais sonhos os que já realizou ou pretende realizar. Anote também coisas, lugares que pretende fazer e/ou visitar. Realizar uma profunda reflexão sobre estes pontos irá ajudá-lo a se conhecer melhor.

É possível também fazermos uma autoanálise quando nos perguntamos "como me vejo?", "como as pessoas me veem?". Outro exemplo também é no momento do *feedback*, quando damos e recebemos elogios e críticas construtivas que nos ajudam a refletirmos sobre nossos comportamentos e, com isto, buscamos a melhoria contínua.

2. Planejar

Você:

Possui metas de vida para daqui há 1, 5, 10 e 20 anos? Você planeja sua carreira? Cria ações e processos estruturados que vão melhorar sua performance? Planeja-se financeiramente?

"Aqueles que vivem uma existência plena não têm medo do futuro, porque sabem que o amanhã é o hoje amplificado. O amanhã é a expressão do hoje em uma nova configuração. Se não houver medo neste dia, não haverá nenhum temor no dia seguinte. A consciência atual é sempre a experiência futura. O futuro é seguro para aqueles que estão vivendo na segurança mental e emocional neste momento. Em vez de temer o futuro, planeje-o e insira nele um pouco mais de entusiasmo. Tudo começa com os pensamentos atuais. Se estes não forem estimulantes, a experiência do amanhã tampouco o será" (A arte de tomar decisões, Raymomd Barker).

Por isto, estabelecer metas desafiadoras e planejá-las remeterá à oportunidade de novas conquistas. Listar estas metas e revisá-las sempre que puder é a chave para um futuro promissor.

Em uma planilha você pode listar suas metas e objetivos, estabelecer o período que você quer atingi-las e descrever passo a passo o que deverá fazer até a data que determinou. Para objetivos que dependam de outras pessoas, estabeleça as atividades de cada um e compartilhe com a pessoa, é claro! É importante se perguntar se estes objetivos são viáveis para seguir com o planejamento.

3. Organizar

Você:

Reserva um tempo para você, para a família, trabalho e lazer igualmente? Você cuida da sua alimentação, do seu bem-estar e da sua saúde (biológica, mental e física)? Sua casa, escritório e/ou suas finanças estão organizadas?

Utilizar o tempo de modo produtivo e equilibrado faz com que você trabalhe todos os papéis que tem na sua vida (o de pai ou mãe, marido ou esposa, filho ou filha, amigo, cidadão, entre outros) de forma saudável. E o mais importante, consegue ter espaço na agenda para você.

"Organização é como reeducação alimentar, vamos aprendendo aos pouquinhos como funciona e tomando pequenas atitudes no dia a dia que vão construindo os resultados ao longo de toda a nossa vida. A reeducação se torna um hábito e, com ele, nosso caminho vai sendo moldado de acordo com o que queremos" (Vida Organizada, Thais Godinho).

No processo de *coaching*, utilizo a técnica de administração do tempo com o meu *coachee* para que ele perceba a importância de hábitos e organização em sua vida.

E para que você inicie este hábito, proponho que descreva em uma folha sua rotina atual de segunda a domingo, com horários e todas as suas atividades. Em uma outra folha, descreva suas metas e objetivos que não estão incluídos na sua rotina diária e compare as duas folhas. Agora, em uma terceira folha, descreva sua rotina desejada, inclua suas metas e objetivos nela. Tenho certeza que substituirá atividades de pouca relevância por atividades que realmente importam para você.

Outras ferramentas são importantes para o dia a dia, como, por exemplo, listas, agenda, celular, computador, aplicativos, planilhas e etc. Procure o método de organização que faz mais sentido para você, atualize e revisite com frequência. Isto vale tanto para a organização da sua casa, escritório, finanças, entre outros.

4. Agir

Você:

Em um grande desafio, quais foram as atitudes, ações e habilidades que mais o ajudaram? Frequentemente age com foco e determinação para conquistar o que deseja? Tem atitude de ajudar o próximo sem esperar nada em troca?

Os passos anteriores se tornam inválidos se não houver atitude. Esforço, foco e dedicação serão significativos nesta jornada. O primeiro passo é definir prioridades e a partir daí concentrar-se no seu propósito. Com o poder da concentração você não dará chances para o desânimo ou a preguiça surgirem.

Ter atitude significa ter coragem e ousadia para vivenciar, sentir e conhecer novas experiências e sensações de prazer.

5. Acreditar

Você:

Procura estimular sua mente e seu cérebro com pensamentos e atitudes positivas? Sente-se animado diante de grandes desafios profissionais ou pessoais? Confia e acredita em todo o seu potencial?

Acreditar no potencial que tem faz com que a vida fique mais prazerosa. Confiar em si é desfrutar da liberdade e pensar positivo é importante para manter esta confiança.

O pensamento positivo atrai o que desejamos e exige também uma nova postura de atitude mental ao longo da nossa vida.

"Além dos pensamentos, devemos prestar atenção às palavras, expressões usuais e afirmações que fazemos distraidamente. Elas provocam certos sentimentos que, por sua vez, emitem um tipo de vibração que poderá nos aproximar ou afastar de nossos objetivos. Mesmo que, no início, você ache difícil mudar e controlar conscientemente os seus pensamentos, não desanime. Muito daquilo que pensamos é fruto de um hábito e, para mudar, é necessário criar novos hábitos" (Você e o Segredo da Lei da Atração, Teivs Thayland e Marianne Robin).

Convido você para vibrar e comemorar a cada conquista sua. Certamente o impulsionará para a realização de novas metas e objetivos, para o seu bem-estar, equilíbrio pessoal e profissional.

Referências

BARKER, Raymond Charles. *A arte de tomar decisões.* Tradução Claudia Gerpe. São Paulo: Editora Lafonte, 2014.

GIANNETTI, Eduardo. *Felicidade: diálogos sobre o bem-estar na civilização.* São Paulo: Companhia das Letras, 2002.

GODINHO, Thais. *Vida Organizada: como definir prioridades e transformar seus sonhos em objetivos.* São Paulo: Editora Gente, 2014.

THAYLAND, Teivs e Robin, Marianne. *Você e o segredo da lei da atração.* São Paulo: 4BM Editora, 2008.

22

Coaching
Uma ferramenta poderosa para uma vida com mais satisfação

Esta é uma contribuição para ilustrar o quanto
o processo de *coaching* é efetivo e essencial
no desenvolvimento de competências
comportamentais que proporcionam maior
satisfação em todas as áreas da vida

Fan Li Li

Fan Li Li

Sócia-diretora da FENA- Desenvolvimento de Pessoas, Consultora e *Coach* de processos de *Coaching* Executivo, *Coaching* de Vida, *Coaching* de Carreira e *Coaching* de Equipe. Ministra *Workshops* de Liderança, de Gestão de Pessoas e *Team Building*. Estudiosa do comportamento humano, profissional e de liderança. Possui 30 anos de experiência desenvolvida em empresas de grande porte nacionais e multinacionais como Itaú-Unibanco, Banco Francês e Brasileiro, American Express, General Electric e Citibank. Nos últimos 20 anos como executiva na liderança de equipes profissionais nas áreas Comercial, Produto, Atendimento, Telemarketing e Sistemas. É Formada e Certificada pelo ICI – Integrated Coaching Institute, Membro da ICF – International Coach Federation, com MBA em Marketing de Serviços pela Universidade de São Paulo (FEA/FIA – USP), Pós-Graduada pela Fundação Getulio Vargas de São Paulo (CEAG - FGV) e Graduada em Administração de Empresas com ênfase em Análise de Sistemas pela FASP.

Contatos
www.fena.com.br
fanlili@fena.com.br
(11) 3842-0364 / (11) 99625-7044

O impressionante avanço da tecnologia trouxe inúmeros meios para as pessoas ficarem conectadas o tempo todo e em qualquer lugar do mundo. Essa conectividade digital gera muitas vezes a falsa impressão de que temos muitos amigos e muitas pessoas que compartilham as nossas alegrias, tristezas, angústias e que nos compreendem muito através de "curtidas" e "comentários" em nossas fotos, frases, textos e pensamentos "postados" nas ferramentas de rede social. Porém nos momentos que precisamos dividir algumas situações problemáticas que enfrentamos no trabalho, em casa ou na vida em geral com um ombro amigo, descobrimos que não temos essa pessoa que possa esclarecer nossas dúvidas, oferecer um olhar imparcial ou, ao menos, nos ouvir sem julgamento e que sugira algumas soluções produtivas. E agora? Além de nos sentirmos perdidos e indecisos temos mais a sensação de solidão. Nessas horas é muito comum as pessoas não conseguirem organizar seus pensamentos, saberem o que realmente está lhes causando esse sentimento de insatisfação e de insegurança. Têm certeza de que a vida não está indo como gostariam, mas também têm dúvidas e medo de qual seria o caminho e aonde, de fato, querem chegar. Quem poderia ouvi-las, ajudá-las a refletir, a clarificar seus objetivos e a adquirir atitudes compatíveis com seus sonhos para obtenção de mais resultado e satisfação na vida?

O coaching é a resposta

Coaching é um processo que auxilia as pessoas que estão em busca de uma carreira de sucesso e uma vida ideal através de mudança de suas atitudes para gerar um resultado diferente do que tem sido até agora. O diferencial do *coaching* é que ele é um processo que tem início, meio e fim, com o objetivo de trazer autonomia de execução das habilidades e competências adquiridas pelo cliente no processo.

Coaching é um processo de capacitação de comportamentos que encanta e convence as pessoas que anseiam experimentar novas possibilidades de gerar mais abundância em todas as áreas de sua vida. Sua assertividade na identificação das necessidades individuais de desenvolvimento, expansão de potencialidades internas e prática de uma nova forma de pensar proporcionam uma mudança de atitude dos clientes em um curto espaço de tempo. É uma transformação evolutiva e espontânea de atitudes facilmente observada pelas pessoas que possuem uma convivência frequente com eles.

O profissional que conduz o processo de *coaching* é comumente denominado como *coach*. Recomenda-se que esse profissional tenha uma boa formação como *coach*, isto é, domine as ferramentas objetivas e estruturadas de *coaching* e possua o perfil requerido para a profissão. A experiência e a maturidade profissionais e pessoais adequadas do *coach* são imprescindíveis para ele poder compreender e ajudar seu cliente a identificar e desenvolver as competências e habilidades necessárias para o alcance de seu objetivo. Uma das características essenciais para o *coach* é ter sensibilidade às pessoas, capacidade de ouvir e compreender as questões trazidas pelo cliente sem nenhum julgamento, respeitando o sentimento do cliente. É buscar sempre clarificar com fatos e exemplos aquilo que ficou vago fazendo perguntas certas no momento oportuno. A meta é chegar à parte concreta do que o cliente está precisando desenvolver em direção ao objetivo almejado por ele.

O *coaching* possui diversas modalidades, os processos mais conhecidos e procurados são:

. **Coaching executivo:** focado em desenvolvimento de competências comportamentais requeridas no campo profissional e no de negócios para alcance de suas metas profissionais;

. **Coaching de vida:** direcionado para o desenvolvimento de comportamentos adequados visando o aumento de satisfação em área(s) de mais carência da vida do cliente, entre elas: relacionamentos familiar, social e conjugal, financeira, emocional, física, espiritual, intelectual, profissional e de lazer;

. **Coaching de carreira:** é um processo estruturado e assertivo para elaborar um planejamento de carreira alinhado aos valores e propósitos do cliente. É direcionado para as pessoas que têm dúvidas em relação à escolha de carreira ou que estejam insatisfeitas com seu momento profissional. O resultado desse processo fornece os melhores rumos a serem tomados na direção de realização dos objetivos principais de carreira de curto, médio e longo prazo.

. ***Coaching* de equipe:** é um processo realizado com membros de uma equipe cujo mapeamento e desenvolvimento de competências específicas em todos os participantes visa potencializar os melhores resultados através do trabalho da equipe.

O sucesso de qualquer uma das modalidades de *coaching* depende da dedicação e disciplina de *coach* e de seu cliente. Todos os dados utilizados durante as reuniões de *coaching* pertencem exclusivamente ao cliente. O *coach* tem como código de ética mantê-los em total confidencialidade.

Todo processo de *coaching* trabalha com um objetivo bem definido, isto é, saber exatamente aonde seu cliente quer chegar, qual é sua meta estratégica e o que precisa ser desenvolvido para que ele chegue lá. Saber o valor que está por trás das melhorias almejadas pelo cliente proporciona muito mais relevância na sua vontade de desenvolvê-las por ser a marca que ele gostaria de deixar para o mundo. Dentro do *coaching*, chamamos esse conceito de meta de competência. Uma vez definidas as metas, o *coach* ajuda o cliente a traçar seu plano de ação para desenvolvimento da competência escolhida. Muitos obstáculos são encontrados pelo cliente ao executar seu plano de ação. Quase que a totalidade de obstáculos é ligada às crenças irreais e às formas de pensar improdutivas. Para que o plano seja executado efetivamente é necessário derrubar esses obstáculos com ações específicas.

Um dos fatores que impede a pessoa praticar as atitudes produtivas requeridas pela situação de alta pressão, insatisfação e divergência de opinião em qualquer área da vida é a falta de equilíbrio emocional. Sabemos que o nível de maturidade pessoal e profissional é diretamente proporcional ao nível de inteligência emocional da pessoa. Para qualquer situação de estresse de qualquer faixa etária, o resultado de suas atitudes revela o uso adequado ou não de sua inteligência emocional. Portanto, em qualquer modalidade de *coaching*, é muito comum desenvolver os comportamentos relacionados à inteligência emocional paralelamente ao desenvolvimento da competência desejada pelo cliente para que nos momentos adversos da vida, ele tenha pensamentos produtivos que gerem ações assertivas para aquela situação.

Exemplo de aplicabilidade de *coaching*

Um exemplo de demanda bastante comum atualmente na modalidade de *coaching* de vida é desenvolver habilidades para melhor gestão da área física, já que um corpo físico que proporcione o bem-estar e condições saudáveis é almejado por grande maioria das pessoas.

Um dos meus clientes que escolheu desenvolver competências que faltavam nele para aumentar sua satisfação na área física pôs-se como a meta estratégica inicial de emagrecer oito quilos em seis meses. Nos últimos dois anos, aumentou seu peso em 15 quilos. O resultado de seu *check-up* recente mostrou uma piora nos índices de colesterol ruim e de glicose. A principal recomendação médica é ter uma alimentação balanceada aliada à prática de exercício físico e uma noite de sono no mínimo de sete horas. Conforme seu depoimento: já tentou emagrecer por diversas vezes seguindo orientações médicas sem fazer uso de medicamento de redução de peso. Começava bem, ficava animado com os primeiros avanços, porém nunca conseguia chegar ao seu objetivo final.

O que faltava efetivamente nele? Ele estava consciente de suas verdadeiras motivações para buscar uma vida mais saudável e um corpo no qual ele se sentia bem? Quais as competências comportamentais que faltavam nele para apoiá-lo na busca pela sua meta? O processo de *coaching* mostrou que ele precisava de uma consciência maior dos motivos da sua busca e aumento de suas potencialidades internas de disciplina, foco, determinação e controle das emoções que estejam alinhadas com sua meta.

É extremamente gratificante poder compartilhar com os leitores o resultado alcançado ao término do processo de *coaching* com esse cliente: na metade do processo ele havia emagrecido cinco quilos e ao final do processo, após seis meses, emagreceu dez quilos devido exclusivamente à introdução de um cardápio equilibrado diariamente, prática de atividade física e uma noite de sono bem dormida, sem ingestão de nenhum remédio de emagrecimento. Lembra que a meta estabelecida inicialmente era emagrecer oito quilos em seis meses? E há mais uma notícia boa: ele continua executando o plano de ação estabelecido no *coaching*, aplicando as competências comportamentais adquiridas rumo à redução de todo excesso de peso adquirido nos últimos dois anos, isto é, os 15 quilos!

A transformação que o processo de *coaching* trouxe para esse cliente não apenas o ajudou a cumpriu sua meta de ter uma vida mais saudável e um físico que aumente sua autoestima como também uma vitalidade que proporcionou mais satisfação pessoal e mais produtividade nas suas atividades profissionais.

Aprendizados adicionais

O que o processo de *coaching* mais encanta no cliente é que os novos comportamentos desenvolvidos por ele estarão internalizados e a utilização dessas competências será feita efetiva e espontaneamente de acordo com as exigências das situações. Isto é, situações tanto do âmbito pessoal ou do profissional. Dessa forma, o cliente não se torna um refém do processo de *coaching*, já que este fornece liberdade para ativar as habilidades e competências quando necessário.

No exemplo de *coaching* citado anteriormente, o cliente passou a utilizar as competências desenvolvidas como disciplina, foco, determinação e controle emocional não só na área física como também em todas as situações da vida que exigem o uso delas para otimizar resultados em qualquer área de sua vida. O cliente passa a pensar e atuar num modelo mental muito mais objetivo e produtivo.

Considerações finais

A alta demanda e o ritmo frenético da sociedade na qual vivemos hoje levam muitas pessoas a negligenciar algumas áreas importantes da vida. Muitas pessoas vivem movidas pelo piloto automático, isto é, pelos padrões avaliados como parâmetros de sucesso e felicidade mais aceitos pela sociedade. Parâmetros estes que nem sempre condizem com a vida que cada um gostaria de viver. Uma vida plenamente satisfeita começa com o acesso a mais informações para expandir o conhecimento de si próprio, buscar os propósitos da vida e criar significado e sentido nas escolhas e ações de sua caminhada.

Tenham certeza absoluta que todas as pessoas vieram ao mundo com todas as potencialidades necessárias para viver a melhor vida que possam ter. Sua escolha para experimentar mais abundância em todas as áreas da vida lhe impulsionará na expansão de suas potencialidades internas em habilidades produtivas para realização de seus sonhos. Coloque-se em primeiro lugar da sua lista de pessoas que tem importância em sua vida. Valorize o seu ser, cuide da sua "máquina" e busque sua felicidade. Lembre-se sempre que você só conseguirá transmitir aos outros aquilo que tem em abundância. E o *coaching* ajuda você a se conscientizar e desenvolver aquilo que precisa para conseguir o que quer para sua vida.

23

A vida é o caminho 13 passos para a realização plena

Qual o caminho e como é nossa jornada na conquista da realização em nossa vida? Quem somos e o que conhecemos de nosso potencial realizador? Este é um convite ao autoconhecimento e autodesenvolvimento por meio do *coaching* como ponte para uma vida de propósito e significado. A possibilidade do despertar do eu interior em harmonia com o eu superior; a evolução pessoal e construção de um legado. Realize-se!

Iolanda Cabral

Iolanda Cabral

Consultora, Palestrante e *Trainer* em Desenvolvimento Humano e Organizacional, *Master Coach* com especialização em Coaching Ericksoniano, Coaching de Presença e Transe Conversacional. Forte atuação nas áreas de Negócios, Liderança e Carreira. Pós-graduações em Gestão de Negócios e Gestão da Informação e Inteligência Competitiva. Carreira sólida e de sucesso em mais de 30 anos de atuação. Experiência ampla e plural com excepcional trajetória atuando em diversas áreas como *Ombudsman*/Ouvidoria, Relacionamento com Clientes, Educação Corporativa, Marketing & Eventos, Gestão de Desenvolvimento de Mercado, Comercial. Perfil colaborativo e empreendedor com foco em metas e resultados através das pessoas. Suas 4 chaves do sucesso são: Amor, Competência, Coragem e Gratidão.

Contatos

www.advice-ic.com.br
iocabral@advice-ic.com.br
iocabral.coaching@gmail.com
www.facebook.com/iocabral.coaching
Linkedin: Iolanda Cabral

Como consultora e *master coach trainer* tenho tido oportunidade de trabalhar com pessoas e organizações que me propiciam investigar o potencial humano em sua plenitude e assim cocriamos novos saberes.

A descoberta e idealização dos *13 passos para a realização plena* veio por meio de *insights* e da observação e aplicação das técnicas e ferramentas de *coaching* em minhas atividades profissionais.

Acredito que compartilhar saberes gera mais saber e alimenta a essência em si mesma que é a busca do ser humano pela evolução como indivíduo e a possibilidade de deixar um legado e marcar sua existência na vida com alguma contribuição que faça diferença na vida de alguém ou alguns.

A escolha de trabalhar na área de desenvolvimento humano e organizacional me faz despertar para a beleza de cada pessoa que cruza minha vida e o quanto cada ser é potencialmente excepcional e como a pluralidade nos torna especialmente ricos em recursos e possibilidades para sermos o que quisermos ser. Faz-me crer que podemos disparar e despertar o bom, o bem e o belo de cada um e desencadear um modelo coletivo de empoderamento em busca de resultados fantásticos. Por isso me tornei, e até me intitulo, uma jardineira da vida, onde cultivo e semeio o que há de melhor em cada um para que sejam ainda melhores e plenos na vida.

A vida segue por muitos caminhos e todos eles fantásticos! A questão é o quanto estamos atentos e aptos a percebê-los e, principalmente, "experienciá-los", isso mesmo – experimentar a vivência – e assim compreender o quanto somos enriquecidos.

Caminhos múltiplos, diversos, inquietos. Os passos algumas vezes ligeiros, sorrateiros que nos convidam e nos levam a perceber que ao expandirmos nosso olhar e permitirmos ousar, nos conscientizamos de quem realmente somos.

Eu declaro ao universo

Sou único, sou integral, sou parte, sou o todo!

Sou único – porque mesmo sendo parecido, não sou como você, nem como ninguém mais e não há um como eu;

Sou integral – porque sou a soma de todas as partes e da essência universal e elas me fazem quem sou e se tirar uma delas me torno incompleto;

Sou parte – porque sou uma pequena partícula do universo e sua magistral onipotência;

Sou o todo – porque sou luz e feita para brilhar em comunhão com o eu superior, onisciência e onipresença.

E assim, entendendo meu papel, o que sou e porquê, posso ser quem sou e realizar meu propósito.

Somos todos designados a deixar nossa marca no mundo. Qual será a sua? Quem ou o que será impactado por sua existência? Pais, filhos, amigos, sociedade, a ciência, ou o que? E como serão impactados, positiva ou negativamente?

Impactar positivamente algo ou alguém é o que queremos. Por que nem sempre é possível? Por que muitas vezes nossas melhores intenções marcam negativamente outras pessoas e, às vezes, pessoas que amamos imensamente, verdadeiramente?!

Possivelmente, porque percebemos, sentimos e experienciamos o mundo de formas diferentes. E não há nada de errado com isso. Lembre-se, o mapa não é território, ou seja, uma mesma situação nos afeta de forma diferente e reagimos a ela mediante o que, confortavelmente, são nossas crenças e valores.

O que são crenças? Crenças são as nossas verdades individuais. Nossas crenças nos limitam ou fortalecem e, geralmente são consolidadas na 1ª infância.

E valores, o que são? Valores são as nossas molas propulsoras, o que nos move.

Você sabia que toda vez que precisa tomar uma decisão, consciente ou inconscientemente, você consulta suas crenças e valores? E que assim, você reage à vida e define o seu futuro?

E aí eu lhe pergunto: o quanto você se conhece, verdadeiramente, suficientemente, para saber e reconhecer quais são as suas crenças e valores?

Suas crenças fortalecedoras, aquelas que te impulsionam e fazem você acreditar em você mesmo. A se desafiar, que o empoderam e fazem você exercitar seus talentos. Você as conhece? Reconhece? Tem clareza sobre elas, o que ou como fazer para ativá-las?

Há também as crenças limitadoras, tão ou talvez, em algumas situações, até mais importantes, pois elas é que te fazem parar, estagnar, diante de muitas situações do cotidiano. São as que fazem você ter dúvidas sobre você mesmo e sua capacidade, que te confrontam, te trazem inquietação e desequilíbrio: que te paralisam diante da vida.

Quais são as suas crenças limitadoras e porquê elas estão lá e se manifestam? O que fazer quando afloram? Como desmobilizá-las?

E seus valores, você os conhece? Entende pelo qual o movem, como o movem e sabe usá-los a seu favor?

Eu o convido a buscar e conhecer suas crenças e valores. Se você possui interesse em ter uma vida de realização, onde propósito e significado é que darão sentido à sua vida, você está pronto para esta grande e inquietante jornada pessoal. Aprenderá a conhecer, reconhecer e utilizar suas crenças e valores como molas propulsoras da dinâmica e dos movimentos da sua vida.

Somos parte do todo, do sistema universal e todo caminho se faz através da busca e da realização de um legado pessoal. Qual será o seu legado?

Convido você a trilhar esse caminho agora.

Vamos "destrinchar" o que entendo por *13 passos para uma realização plena:*

1. Conheça quem você é;
2. Defina objetivos;
3. Trace a rota;
4. Estabeleça as ações diárias;
5. Faça acontecer diariamente;
6. Siga o caminho;
7. Revise a trajetória;
8. Realinhe, se necessário;
9. Persista, prossiga;
10. Agradeça sempre;
11. Celebre pequenas alegrias;
12. Conquiste sua vitória;
13. Desafie-se continuamente!

É hora de colocar os *13 passos para a realização plena* em ação! Vamos às questões práticas.

Convido você a se permitir ir além e ousar. Convido você a agir. Convido você a iniciar sua jornada agora! Algumas pessoas costumam separar e dizer – Realização pessoal, profissional, amorosa, e assim sucessivamente. Como eu acredito na integralidade do ser, na unicidade do todo, gosto de desenvolver a ideia, de observar e trabalhar a questão da realização de forma bastante ampla, una e sistêmica.

Iolanda Cabral | 187

13 Passos para a realização plena

1. Conheça quem você é

Busque por um processo de autoconhecimento e autodesenvolvimento, pode ser um processo de *coaching* ou o que fizer mais sentido para você. O mais importante não é o "como" vai buscar e sim o "o quê" irá encontrar. Conheça suas crenças, valores e gatilhos emocionais. Crie âncoras positivas. Desenvolva seus pontos fortes! Seja a fonte de sua própria riqueza pessoal. Se compararmos a vida a uma regata, você é o velejador, precisa conhecer seu barco, os equipamentos e suprimentos. Só assim estará apto e poderá se preparar para ajustar as velas, conforme os ventos e as marés.

2. Defina objetivos

Saber o que não se quer é bom. Saber o que se quer é melhor ainda. Tenha clareza de seus objetivos. Seja honesto com seus propósitos e valores. Permita-se ousar e declarar o que quer conquistar. Seja específico, mensure sua meta, estabeleça os recursos necessários. Saiba acionar recursos externos, quando e se necessários. Defina prazos consistentes e congruentes. Grandes metas podem e devem ser divididas em objetivos menores, isso facilita e agiliza sua execução.

3. Trace a rota

Tenha o cenário mapeado, o plano detalhado e algumas contingências previstas. Somos perfeitamente imperfeitos e não existe certo ou errado, tempo cronometrado. O que existe são possibilidades e previsibilidades. Lembre-se de sempre se lembrar: o destino é mais importante que a velocidade.

4. Estabeleça as ações diárias

Um plano detalhado requer atividades claras e específicas que nos colocam mais próximos de nossos objetivos e metas. Ter as ações diárias mapeadas e definidas nos coloca na direção correta e nos permite medir progressos diários. Tenha seu plano escrito, com acesso fácil, escreva e reveja suas ações diárias.

5. Faça acontecer diariamente

Todos os dias você tem a chance de recomeçar e fazer suas ações acontecerem em prol de seus objetivos e metas. A execução das ações o impulsionam rumo a conquistas diárias e diminuem a distância entre o que deseja e a sua realização. Foco e ação são a essência da realização.

Realização = realiza a ação = faça acontecer!

6. Siga o caminho

Você tem a clareza dos objetivos e metas que deseja alcançar. Definiu um plano de ações, revê diariamente suas atitudes, mede progressos e conquistas. Você, melhor que ninguém, sabe quando, como, onde, quem, porquê, quanto e o que te impulsiona e o que te impede. Mantenha o foco e continue.

7. Revise a trajetória

Observe se está na trajetória desejada, se a rota segue o curso previsto. Caso identifique alterações, pergunte-se o que mudou e porquê. Investigue, observe. Expanda seu olhar e perceba se o que estabeleceu no início do processo está consistente com quem você é agora e suas novas percepções e possibilidades.

8. Realinhe, se necessário

Precisa de ajustes? Não se desespere... Mudanças acontecem, imprevistos também. Isso é ótimo, nos dá a capacidade de revermos os planos e tomar novas e sábias decisões. A dinâmica da vida é tão maravilhosa que somos capazes de nos reinventar e recomeçar todos os dias. A beleza da vida consiste em permissão para mudar, se assim desejarmos. As escolhas são como lemes, nos colocam na direção que definirmos e isso é muito bom, principalmente quando temos a consciência do que queremos e porquê.

9. Persista, prossiga

Somos feitos para persistir, temos em nossa genética a luta pela sobrevivência. A física quântica demonstra o quanto carregamos todo o conhecimento universal em nós e que acionamos menos de 1% de nossa capacidade cerebral. Observe seus instintos e impulsione seus desejos mais íntimos para obter a força interior que o fará manter o foco e a disciplina. Somos instintivamente guerreiros e temos na essência a fonte do nosso prazer em prosseguir e realizar. Você é o dono de seus sonhos e responsável por criar a sua realidade, portanto: invista, insista, persista e prossiga!

10. Agradeça sempre

Observe que todos os dias há algo para agradecer. Não precisa ser tudo perfeito para ser bom e maravilhoso. Muitas coisas boas acontecem todos os dias à nossa volta. O quanto estamos atentos a elas? O sol, a chuva, um céu azul, um sorriso, uma mesa farta, uma casa limpa, família, amigos... e tantas belezas em torno de nós. O que está aí que você ainda não vê? Seja grato, a gratidão move o mundo, que move as pessoas, que são o todo em um.

11. Celebre pequenas alegrias

Ao rever suas ações, observe que todos os dias temos algo que nos fez bem. Até mesmo aquilo que parece que nos fez mal, fez bem em nos proporcionar uma nova lição, uma aprendizagem sobre nós mesmos, alguém ou alguma coisa. Tudo é ganho. E tudo que te engrandece, te fortalece, então comemore a vida e agradeça suas infinitas oportunidades.

12. Conquiste sua vitória

Ao alcançar sua meta, viva a conquista plenamente. Sinta o efeito do prazer da conquista em seu corpo. Vibre, irradie, grite, compartilhe, comemore com pessoas que ama e são importantes para você! Você é merecedor de tudo que é bom. Viva em sintonia com sua melhor essência.

13. Desafie-se continuamente!

A fantástica jornada da vida te convida a ir além e declarar que quer muito mais, que quer ser muito melhor, que merece muito mais, que está pronto para agir e que tem muito a agradecer e compartilhar com o universo. Isso faz o movimento da vida girar abundantemente para você e para todos que cruzarem a sua vida porque terá percebido que como único, integral, parte e todo, você nada mais é do que a essência divina em si mesmo e do que há de mais puro no universo.

Ao final do ciclo 13 passos para uma realização plena, você poderá usufruir dessa extraordinária experiência e entender que a vida é o caminho. Vai escolher viver plenamente com propósito e significado; prosperidade e abundância!!

Faça a diferença todos os dias, seja verdadeiro com seus princípios e valores. Ouça sua voz interior e conecte-se com o eu superior. Você possui todos os recursos suficientemente necessários para atingir a realização plena em sua vida.

Seja luz e amor por onde quer que for!

24

Coachees são heróis - uma proposta da psicologia Junguiana

A vida é uma grande jornada em busca de autorrealização. No amor, no trabalho, na vida pessoal, familiar ou espiritual, buscamos sempre a melhor forma de bem viver e ser feliz. O processo de *coaching* pode, muitas vezes, ser uma ferramenta bastante eficaz para auxiliar a pessoa em sua busca de sentido e significado para a existência, possibilitando ao *coachee* oferecer muitos tesouros a si mesmo e a toda humanidade

Juliana Santos

Juliana Santos

Psicóloga, Especialista em Psicologia Clínica Junguiana. Aprimoranda em Psicopatologia e Psicologia Simbólica pelo Instituto Sedes Sapientiae e *Coach* formada pela Sociedade Brasileira de Coaching.

Contatos
www.psiqueemequilibrio.com.br
jpcoachepsi@gmail.com
Facebook: https://www.facebook.com/psiqueemequilibriopsicologiaclinica/?fref=ts
(11) 97263-8731

> *O labirinto é bem conhecido, só temos que seguir os passos do herói. E onde pensávamos encontrar algo abominável, encontraremos um deus. E onde pensávamos que teríamos de matar alguém, teremos de matar a nós mesmos. E quando pensávamos em viajar para fora, chegaremos bem no centro de nossa própria existência. E onde pensávamos estar sozinhos, estaremos em companhia do mundo inteiro.*
>
> Joseph Campbell

Existe um conceito central na psicologia Junguiana chamado Individuação. Este termo é utilizado para descrever o caminho de todo ser humano em busca de autorrealização, sempre através de uma relação dialética entre *self* e ego. Individuar-se significa tornar-se ou realizar-se si mesmo. É o caminho de crescimento psíquico de toda pessoa. É a melhor e mais completa realização das qualidades humanas. (JUNG, 1996)

O *Self* é considerado o centro da psique, um elemento de orientação íntima, que está em nosso inconsciente. Ele se apresenta como um regulador da totalidade humana, fazendo com que a pessoa se desenvolva e amadureça. O ego se constitui como centro da consciência, é a imagem que nos representa enquanto indivíduos no mundo concreto, visível. E seu desenvolvimento recebe fortes influências da família e da sociedade nas quais vivemos. Quando nascemos, *self* e ego estão juntos e misturados. Para nos adaptarmos ao mundo exterior, é necessário que o ego faça um caminho de diferenciação, isto é, ele terá de se afastar do *self* para inserir-se como pessoa na civilização.

Mas esse distanciamento não deve desconectá-lo do *self*. Num determinado momento o ego sentirá "saudade de casa". Esta "saudade" será percebida pela pessoa através de um estado de desarmonia interior, um sentimento de insatisfação com as condições atuais da vida, seja no trabalho, nos relacionamentos ou com a gente mesmo.

É a alma que está reclamando seu espaço. Então é hora de voltarmos e olharmos para nós mesmo e nos reconhecermos como somos, com nossos defeitos e qualidades, nossos "demônios" interiores, o que gostamos ou não de fazer. Este olhar atento nos revelará um mundo de possibilidades e isto se trata de uma reconstrução da identidade individual e universal, já que o desenvolvimento psíquico e espiritual foi e sempre será uma "inclinação" de toda humanidade.

Nem todas as pessoas fazem este caminho. Apesar de ser uma possibilidade humana inata, a Individuação necessita da participação ativa de um ego bem estruturado, capaz de tomar decisões e de se atentar cuidadosamente aos sinais vindos do inconsciente, pois é de lá que virão as pistas da jornada. Entretanto, quando o ego se recusa a trilhar sua aventura de autorrealização, a vida tende a se fixar num conflito insustentável, causando sofrimentos de qualquer ordem: física, psíquica ou espiritual.

Há um centro a partir do qual agimos. Um grande atleta só atinge a sua melhor forma se encontrar um lugar tranquilo dentro dele. Se ele se mantém apenas no nível da ação, certamente seu desempenho não será bom. Encontrar este centro regulador que fala conosco é não subjugar-se aos desejos, medos ou compromissos sociais, mas voltar-se para o seu caminho (CAMPBELL, 2007).

Acredito que os conceitos Junguianos brevemente discutidos aqui já nos permitam a percepção de que *coaching* e individuação podem estar intimamente conectados. O processo de *coaching* tem se difundido mundialmente por favorecer mudanças e transformações duradouras, tanto para a vida pessoal, quanto para o trabalho e a carreira, num curto espaço de tempo. Variando entre 10 e 12 sessões, o *coachee*, se comprometido com seu processo, poderá alcançar não só os resultados planejados, mas também dar passos largos em seu processo de Individuação.

Há quem diga que esta metodologia é superficial e ineficaz. E de fato pode sê-la, já que a situação social na qual vivemos nos aliena de nosso mundo interno. Estamos, na maior parte do tempo, voltados para "fora", seduzidos pelo acúmulo de informações, e deixamos em segundo plano o cuidado da alma. O homem intelectual poderá afastar-se de sua natureza e agir na sociedade e na vida em função de um sistema. (CAMPBELL, 2007).

Se os questionamentos que acompanham o processo de *coaching* não saem da alma, o material trabalhado poderá perder-se facilmente no turbilhão inconsciente, descaracterizando-se como um ato de autonomia. Portanto, as ferramentas apenas poderão cumprir o seu papel de facilitadoras, se o *coachee* estiver conectado e comprometido com o próprio processo de crescimento e desenvolvimento psicológico (CAMPBELL, 2007).

Este processo de crescimento não acontece apenas uma vez na vida, porque a Individuação é sempre a meta, mas nunca o fim. Por várias vezes seremos chamados pelo *"self"* a dar passos em direção a condições superiores de existência. Portanto, a lógica do *coaching* eficaz é um ciclo de ida e volta. No início, nos encontramos numa determinada postura, então algo dentro de nós nos faz ter uma atitude de responsabilidade e autonomia. Então partimos para uma jornada de descobertas, aprendizagens e confrontos e, ao final, encontramos a fonte da vida e alcançamos uma nova condição de existência, mais rica e mais madura.

Partida – realização – regresso. Morte – ressurreição. Esta é a dinâmica. Não há jornada sem renúncias ou sacrifícios. Para encontrar a recompensa, o *coachee* terá de agarrar-se ao seu objetivo e descer até a escuridão de seu ser para conhecer os próprios mistérios. E só lá é que poderá conhecer verdadeiramente a essência de sua alma e dar passos seguros e corajosos em direção às metas estabelecidas.

A nossa disposição para crescer ou mudar deve nos encorajar a reconhecer partes de nós que preferíamos não enxergar. Quando entramos em contato com aquilo que é diferente de nossa identidade consciente, trazemos à tona muitas qualidades de nosso caráter até então desconhecidas.

Individuar-se não é fácil. Por isso Campbell (2007) chama os que decidem assumir a própria jornada de heróis. Para ele, existe uma sequência típica nas ações heroicas que podem ser encontradas em histórias de todas as partes do mundo e em vários períodos da história.

Não, isto não é romantismo e nem exagero. Para a psicologia Junguiana, o herói é aquele que ao longo de sua vida consegue trilhar a própria jornada e desenvolver o que se é. Isto é, reconhecendo dentro de si uma necessidade imperativa de mudança, transformação e crescimento, parte para uma aventura que, ao final, lhe dará uma nova consciência, em função de tudo o que pôde descobrir e aprender ao longo de sua aventura pessoal. Assim, o *coaching*, como processo que foca no aumento de autoconsciência, satisfação e felicidade, pode ser uma ferramenta de extrema eficácia para os heróis que decidem trilhar a jornada da vida.

Mudar não é fácil. O nosso ego costuma se sentir o 'senhor dos senhores' diante dos elementos humanos naturais do nosso inconsciente, evitando a todo custo as desacomodações. Porém, quando sentimos um ímpeto de transformação e lhe viramos as costas, nos colocamos aquém de nosso potencial criativo.

A vivência do *coaching* pode ser considerada uma ação transgressora criativa, uma vez que os objetivos de mudança sempre desafiam uma ordem estabelecida. Porém, esta vivência transgressora baseia-se em sentimentos e convicções profundas de que o caminho a seguir é o que nos fará crescer, mesmo que isto seja difícil ou doloroso. A alma não convoca um herói que não esteja preparado para a sua aventura. As condições que o cercam combinam com sua prontidão. (GUERRA, 2003 & CAMPBELL, 2007)

É preciso ressaltar que o *coachee* herói traçará o seu caminho criativo acompanhado da função ética da alteridade. Isto é, ele terá de ser fiel a si mesmo e ao seu processo de desenvolvimento, sem porém esquecer-se do cuidado e da compaixão para com seus semelhantes (GUERRA, 2003). E salvando-se, salvará o mundo inteiro, já que não há dúvida de que a pessoa realizada e cheia de vitalidade consegue exercer força vitalizadora sobre o ambiente que a cerca.

A seguir, baseado na teoria de Joseph Campbell, proponho um caminho de sete passos aos *coachees* que ousarem seguir suas jornadas heroicas.

1. **Mundo cotidiano:** o mundo cotidiano é o contexto em que o *coachee* se encontra. Sua família, trabalho, sociedade, etc. Lição: esteja atento! O sistema não deve dominar a nossa natureza humana. Do contrário, devemos usá-lo para realizarmos nossos objetivos humanos.
2. **Chamado à jornada:** um incômodo psíquico se instala. É o momento em que a vida convoca o *coachee* para o desenvolvimento, mudanças e transformações. Lição: devemos nos perguntar "Qual a minha grande motivação interior?". Quando falamos conosco mesmos, a alma se sente ouvida e revela preciosos segredos.
3. **Trava ou recusa ao chamado:** nessa etapa, o *coachee* poderá resistir ao chamado ou protelar o início do caminho. Lição: o herói só é chamado para a jornada quando a vida o considera pronto. É o kairós, isto é, o tempo oportuno. Não o deixe passar!

4. **Encontro com o *coach*:** o *coach* será um grande aliado na jornada heroica. Como um guia, será alguém que, conhecendo seu cliente, poderá oferecer pistas, motivações e ajuda de qualidade. Lição: saiba escolher o seu *coach*. Um bom profissional é aquele que não isola suas metas a apenas um quesito da sua vida. Ainda que mantenha foco direto no objetivo do cliente, um bom *coach* deverá enxergar o *coachee* como um ser total.

5. **Mergulho no processo:** comprometendo-se de modo consciente com o caminho a fazer, o *coachee* abre um canal de comunicação com o santuário de seu coração. Assim começa a receber as pistas da alma. Aqui virão os testes, ameaças, medos, aliados e inimigos. As experiências de êxitos começam a surgir. Lição: seja persistente! Certamente não será fácil, mas valerá à pena. Quando pensar em desistir, pense em porque começou.

6. **Fixação e adaptação às transformações:** nessa etapa, o *coachee* deverá sentir que as transformações e aprendizados adquiridos na jornada passam a lhe trazer paz, satisfação e sentido à sua alma. Lição: é preciso sentir aquele lugar tranquilo dentro de nós. Depois de contemplar uma vez a luz e o poder da alma, o *coachee* poderá nunca mais afastar-se dela novamente.

7. **Retorno e partilha humana:** após a travessia da jornada, o *coachee* regressa ao seu cotidiano, revigorado pelos aprendizados. Sua consciência se alargou, está mais rica e madura. O "elixir" conquistado em sua aventura deverá ser utilizado para ajudar os outros. Afinal, a lei da jornada do herói é a ética da alteridade. Lição: ao salvarmos a nós mesmos, salvamos o mundo. Não há dúvida de que vitalidade exerce influência sobre os outros.

Com ferramentas específicas e metodologia focal, o *coaching* poderá sim ajudar muitos *coachees* protagonistas a alcançarem seus objetivos, desenvolvendo-os como pessoas e ajudando-os a serem, no mundo, força vitalizadora que ajuda os outros a também encontrarem os próprios caminhos.

Procure o seu *coach* e planeje o seu caminho.

Referências

JUNG, C.G. *O eu e o inconsciente*. Petrópolis: Vozes [1934], 1996.

GUERRA, M.H.R.M. *A cegueira de Ghandhari*. In: Jung & Corpo, São Paulo, ano 3, n.3, 2003.

CAMPBELL, J.*O herói de mil faces*. São Paulo, Pensamento, 2007.

25

Desenvolvimento comportamental e pessoal

Dicas e maneiras simples de como se desenvolver e se conhecer melhor, como ser humano e ser o autor de sua própria história. A vida não para. Por isso devemos seguir em frente, encarando e enfrentando os desafios com ousadia e perseverança. Ame a si mesmo e respeite os seus valores e princípios, pois é através deles que você evolui para um futuro promissor. Ame a vida e respeite o seu próximo como a si mesmo

Leonice Tenório

Leonice Tenório

Palestrante, formada pela Sociedade Brasileira de Coaching. *Professional & Personal Coaching*. Atuando em desenvolvimento de Capital Humano. Desenvolvendo Líderes e Equipes para harmonia e entrega de resultados.

Contatos
Site Fanpage Léo Coaching
www.leocoaching.com.br
leonicecoaching@gmail.com
(11) 96356-0085 / 2988-2132

"O significado da vida"

Vida é a essência que temos durante o período em que vivemos, desde o nascimento até a morte.

Pensando assim, passamos por um processo durante o tempo de vida que temos. Com isso, devemos ter muito carinho, cautela e atenção nas coisas que fazemos e praticamos, pois na vida temos muitos caminhos a seguir, porém é no dia a dia que conseguimos escrever e reescrever a nossa história.

Devemos buscar o equilíbrio em tudo que fazemos para termos resultados satisfatórios em nossas escolhas.

Mas é justamente na caminhada que podemos aprender a sermos melhores como pessoas em todos os sentidos da vida.

Como conseguimos não tem receita e o ingrediente vai depender de cada situação vivida, onde nós mesmos devemos saber o que é bom e o que não é.

E, com isso, vamos evoluindo primeiro como criança, onde temos nossos pais que cuidavam de nós. Depois, adolescentes, já queremos ser adultos, nos sentimos capazes e fortes o suficiente para enfrentarmos todos os obstáculos, mas temos o lado positivo e negativo neste período, porque é um momento em que, muitas vezes, nos sentimos autoconfiantes demais, e isso pode nos levar a caminhos bem difíceis como drogas, bebidas, jogatinas, etc.

Por outro lado, somos ousados e enfrentamos as situações adversas com mais confiança.

Mas o importante é o aprendizado. Em tudo e em todos os momentos aprendemos coisas. Deus sempre vai nos sinalizar onde as decisões tomadas vão nos levar.

Pensando e refletindo sempre, será uma boa forma de minimizar possíveis erros que podem ser graves, se não realizados da forma correta.

Como exemplo simples, ao atravessar a rua, se não pararmos e prestarmos atenção ao sinal, o que pode acontecer? Um desastre fatal, dependendo da situação no momento.

Então, se pararmos para pensar nesta vida, temos regras e deveres a serem cumpridos.

E no final de cada decisão teremos bons resultados ou não. Tudo estará ligado por nossas ações diárias.

Que você possa refletir e ter o discernimento de fazer escolhas assertivas para uma vida repleta de contentamento.

''Em busca da felicidade''

O que é felicidade? Já te perguntaram isso?

No meu entendimento, nos sentimos felizes em alguns momentos quando conseguimos realizar nossos sonhos ou compartilhar, com outras pessoas, momentos alegres.

Porque nem sempre estamos ou nos sentimos felizes, depende muito do estado emocional que nos encontramos.

Quando estamos felizes, sentimos uma sensação de leveza e paz espiritual, onde tudo parece contribuir e nada nos preocupa. Sorrimos à toa, encaramos a realidade com tranquilidade e confiança.

Para vivermos esse sentimento, devemos nos respeitar e ultrapassar esses limites, enriquecendo nossa alma, mente e espírito. Em muitas ocasiões que enfrentamos, não entendemos o que está acontecendo em nossa volta.

Mas não temos as respostas. Muitas vezes nos perguntamos como será nossa vida, nossos planos, nossos relacionamentos, nossa família. Enfim, o melhor a fazermos é trabalhar, cultivar bons pensamentos e viver cada dia, de uma maneira simples e alegre.

Lembrando que temos o livre-arbítrio para buscarmos a nossa felicidade. Depende de cada um essa conquista e aceitar o que não podemos mudar, pois tem fatalidades em nossas vidas que servem para o nosso aprendizado, para crescermos como seres humanos e sermos melhores para nós mesmos e para o próximo.

- Seja Autor de sua história;
- Procure todos os dias tomar sol pela manhã, pois já foi comprovado que este hábito nos deixa mais feliz e melhora o nosso humor;
- Faça alguma atividade física. Isso vai dar a você mais ânimo e disposição;
- Olhe ao seu redor e veja que existem pessoas com a situação pior que a sua. Não reclame;
- Seja agradecido. Deus fica feliz quando agradecemos por tudo o que ele tem feito em nossas vidas;

E, por fim, ame mais e respeite a natureza, os animais, as pessoas, independentemente de sexo, cor e religião, pois somos iguais como seres humanos e temos os mesmos problemas, conflitos e necessidades e estamos sempre em busca da felicidade.

Enquanto vivermos, podemos e devemos ter gestos de carinho e gentileza com os outros, sabendo ouvir, ajudar o próximo, visitar os amigos, ler bons livros, ouvir boas músicas, sair, viajar, curtir a natureza e viver em paz.

''Como se encontrar dentro de si mesmo''

Essa é boa, não é mesmo? Simples, você não acha? Será?

Pode até ser, mas para muitos não é bem assim.

Para nos encontrarmos, primeiro precisamos nos conhecer. E, para esse grau de intimidade de nós mesmos, é necessário fazermos mais de uma imersão no mais profundo de nosso interior. Para isso, é importante sabermos quem somos, do que gostamos e como nos sentimos em todas as situações possíveis.

Também sabermos bem claro para onde estamos indo, o que queremos, com quem e qual o propósito de tudo isso, mapear nossos pensamentos e tentar programar nossos passos, procurarmos ser mais assertivos nas nossas escolhas de vida, seja ela profissional pessoal ou cotidiana. No mais, entregarmos para Jesus, pois somente ele conhece o que realmente está em nosso coração e o que verdadeiramente pensamos, mesmo não dizendo e compartilhando com amigos íntimos. Mesmo que corramos atrás de nossos ideais, muitas vezes não conseguimos encontrar as respostas. Na verdade não teremos as respostas para todas as perguntas. Sabem por quê? Porque jamais saberemos até onde podemos ir, até onde vai a nossa capacidade, pois não a utilizamos na potência máxima, porque temos medo de arriscar, de errar, do que os outros vão pensar de nós e por aí vai. Por vezes, não queremos arriscar para não perder, ou melhor, nem nos damos esta oportunidade. Que pena, porque a vida é cheia de surpresas boas e expectativas para quem pensa grande e não tem medo de correr riscos, mas que sejam coerentes e calculados.

Na verdade, somos uma casa em processo de construção. E quando a casa estiver pronta, teremos que cuidar da manutenção pela vida inteira enquanto existirmos.

"Olhando para o futuro"

Que bom que podemos ter a oportunidade de olhar para o futuro e pelo menos ter a esperança de dias melhores. É nesta realidade que encontramos disposição para enfrentarmos todos os obstáculos que surgirem.

Com as dificuldades, podemos crescer e ter maturidade. Assim seremos pessoas melhores, pois a nossa essência é fortalecida em meio às tristezas, angústias e decepções que temos no decorrer da nossa vida.

E com essas experiências vividas na pele, podemos aconselhar melhor quem passa por um desses problemas, pois como passamos por eles, conhecemos de fato esses sentimentos que são tão importantes, pois são eles que nos fazem enxergar a vida de outra forma, com uma visão mais refinada ou aguçada.

Sem perder o foco e tempo, para irmos ao encontro do novo, do que nem ao menos sabemos que está por vir.

Mas com certeza e fé de que já conseguimos, porque temos que acreditar em nós mesmos sempre e não deixar que ninguém interfira em nossos sonhos, por mais que para o outro seja sonho intangível. Pois o vencedor e visionário vive e se coloca no lugar de quem já chegou lá e já consegue ouvir os aplausos, a plateia, os cumprimentos de amigos e familiares, que muitas vezes sonharão com você e te incentivarão com palavras de encorajamento, mesmo quando não vemos nada acontecer.

E então daremos o nosso testemunho de como é possível sonhar, e principalmente conquistar, e saborear o sabor da vitória. Pois o verdadeiro e prazeroso compartilhar das vitórias é, sem dúvida, os que vivemos e sentimos no nosso ser mais profundo. Torna-se uma história real, pois somos os protagonistas de nossas vidas, dos fracassos e sucessos e até mesmo das comédias e tragédias. E então podemos chorar ou sorrir quando nos lembrarmos dessas histórias vividas.

Para valer a pena, é necessário viver com intensidade, com amor, com o coração e toda energia que existe dentro de nós.

Então não fique preso ao passado. O ontem já foi e hoje é um novo dia. Vamos viver o presente do dia de hoje e pensar que nossas ações e atitudes serão refletidas lá no futuro. Continuar perseguindo os nossos sonhos e ideais de vida, porque isso é responsabilidade de cada um. Não podemos transferir para os outros o que é nosso, como desejo, vitória, frustrações, arrependimentos, alegrias e decepções. Mas o importante é admitir nossos erros e continuar olhando para o alto e para frente, firme nos nossos propósitos de vida.

Coaching para alavancar suas metas e objetivos.

Com o processo de *coaching*, você vai aprender a passar por um processo de mudança interior, vai se conhecer melhor. Vai saber quais são seus pontos fortes e aprender a minimizar os que precisa melhorar. A cada sessão você é desafiado a encontrar respostas e buscar novas soluções para chegar aos seus objetivos e metas. Em cada sessão procuramos, através de ferramentas validadas cientificamente, onde o cliente vai refletir em sua vida e sair da zona de conforto. A partir daí, vai direcionar e canalizar para o lugar certo, onde resultará em objetivos concretos. O processo te leva à consciência que não é o outro que precisa mudar, mas nós mesmos, aceitando a responsabilidade de que, para conquistar nossos sonhos, precisamos de foco, determinação, metas e disciplina.

O nosso comportamento é fundamental para mudanças concretas e assertivas, pois lidamos diretamente com este sentimento. Devemos reavaliar nossas crenças, valores, ética, posicionamento e postura adequada. Com isso, tenha em mente que não interessa o que os outros pensam, mas sim o que você tem feito de sua vida, o que tem aprendido com seus medos, fracassos e limitações, permitindo-se ser livre para alcançar lugares altos e voar sem limites.

Seja feliz, acredite em você, pense grande e permaneça sempre pronto para enfrentar os desafios que a vida fará você desvencilhar. Saiba que o melhor está por vir.

Deposite todas as suas limitações a Jesus Cristo, pois ele vai dar a você sempre novos horizontes e estratégias para chegar aonde nem imagina.

26

É prá lá que eu vou!!!

Esta história conta o desafio de uma *coachee* em desejar mudar sua vida. É narrada como se ela mesma estivesse contando sua trajetória. Foi um dos *cases* cujo resultado mais impactou minha vida como *coach*. É pra lá que eu vou mostra o duro, mas prazeroso caminho para uma mudança radical de vida, que, com certeza, foi iluminado e ganhou suporte por meio do processo de *coaching*

Luciane Denardi

Luciane Denardi

Positive Coach pela Sociedade Brasileira de Coaching, com MBA em RH. Graduada em Letras e Pedagogia, especialista em Interdisciplinaridade, pesquisou sobre Educação na Inglaterra, Japão e EUA. Idealizadora e mantenedora dos CEI Mundo Mágico e The Workshop Idiomas, hoje atua em Treinamentos através do Centro de Excelência Humana, sendo cadastrada como Instrutora no SENAI e SEBRAE.

Contatos
http://coaching-lumadenardi.webnode.pt/
lumadenardi@gmail.com

3

... 2... 1... E a minha vida nunca mais seria a mesma!

É aqui que acaba uma história. Para nunca mais se repetir. Para dar lugar a outra. Outra vida. Outras emoções. Outros pensamentos. Outro destino. Outro destino. Eu já tinha ouvido sobre isso antes... destino... algo sobre mudar o destino.

Ser capitão do meu destino! Bingo! É isso aí!

Para quem prefere voar, eu diria "O meu jatinho eu piloto!" Eu decido para onde ele vai voar, com que velocidade, quando pousa, quais manobras são feitas – o jatinho, aqui, é a minha própria vida. Oba! Isso me anima! E também assusta.

Bem, na verdade, estou dando o primeiro passo. Assumo o comando do meu destino. Mas, como? O que fazer agora? Para onde eu vou? Por onde recomeço?

Vamos dar uma olhada no cenário desse momento, a fim de entender a situação de que falamos. Depois de anos tentando "ajudar" a pessoa com quem compartilhei os últimos 15 anos da minha vida a adquirir novos comportamentos que fossem melhor pra nós todos – de acordo com a minha visão – seja através da psicologia, psiquiatria, treinamentos comportamentais, devo admitir que quem deve mudar sou eu.

Houve uma gota d água. Um determinado fato que me fez enxergar sem véu a minha realidade. Neste momento me vi obrigada a assumir a responsabilidade diante do que eu estava vivendo. De repente, o que eu não queria acreditar não deixava dúvidas. E entendi que a ingenuidade era o meu pecado – pelo menos o maior deles! Eu permanecia em estado de ignorância, talvez pelo fato de aquele fardo ser duro demais para mim. Ou, por ter sido treinada a vida inteira a olhar apenas o lado bom das coisas.

Eu acreditava que era eu quem mandava na minha vida. Acreditava mesmo que estava no poder. Que absurdo! Admitir que se é manipulado, submisso, exercendo um papel de coadjuvante da própria vida não é fácil. Nada fácil. Implica em passar por cima da própria honra, da crença de ser líder, do orgulho de ser quem se vê "quase" perfeito. Implica em admitir ter o ego ferido.

Não. Não sou essa pessoa que não manda na sua própria vida. Não! Eu ESTOU essa pessoa. Por força das circunstâncias, posso até querer justificar. Definitivamente, EU NÃO SOU ASSIM. Não sou um borra botas!

Justifico mais dizendo que fiz minha parte tentando fazer com que a pessoa com quem casei se salvasse de si mesma. Bem, acho engraçado me dar o direito de querer mudá-la, mas aceitar, de que forma, o seu jeito de ser, vendo e vivenciando consequências desastrosas em nosso dia a dia como resultado de comportamentos equivocados?

Qual seria o limite então, se compreendo — e deixo claramente verbalizado — o quanto eu mesma quero o respeito a mim, como também quero o respeito pelos seus próprios anseios e que quero imensamente que todos sejamos plenamente felizes?

Se você é conivente com as atitudes dos outros, não há o que fazer. Aguente as consequências. Quando se é conivente os papéis assumidos por cada um é justo. Onde há um generoso, vai haver um egoísta. Onde há um autoritário, vai haver um submisso. Onde há um carrasco, vai haver um mártir.

Já em outro caso – não sendo conivente – por mais que tente impor seus limites desejando ser respeitado, por mais que queira mudar esta situação, mas não consegue sozinho, então é momento de pedir ajuda. Aqui novamente falamos de terapia e treinamentos comportamentais. São sempre bem vindos. Todo processo que o leve a um autoconhecimento vai gerar resultado, desde que o indivíduo queira.

Em último caso, a Lei é o limite. Quando você não consegue — agora não é mais apenas impor limites — se defender, uma saída é recorrer a Justiça dos Homens. Acontece a necessidade de ter ajuda judicial quando um ser humano toma atitudes que não são justas, que não promovem o bem, e, em vez disso, agridem e colocam em risco os envolvidos. As mulheres tem a Lei Maria da Penha a seu dispor para ajudá-las. E os homens? Muitas vezes acabam por sucumbir às mazelas da mente humana, e se tornam escravos dos relacionamentos. Menos comum, mas há casos em que homens se tornam presas. Que não deixem de buscar socorro, de alguma forma!

Gente!!! O que se faz no auge de uma crise? Do que eu preciso neste momento?

Refletindo mais um pouco, assumi, então, a responsabilidade pela minha felicidade. Não era mesmo o caso do outro mudar. Definitivamente, era sim o MEU CASO. EU desejo mudanças. EU necessito me resgatar. Dessa forma, vou ao MEU encontro.

Atitudes. Decidir rapidamente. Analisar a situação, tomar as rédeas na mão e agir. Reconhecer os sentimentos, atinar as emoções! CONTROLAR AS EMOÇÕES!

— Você está brincando — um "eu crítico" lembra meu "eu crédulo" — acabou de atinar que destruíram a sua vida, acabaram com os seus planos, impediram você, através de ameaças, torturas emocionais e psicológicas a seguir com suas realizações, e você diz com a emoção sob controle? Quem conseguiria?

— Eu. Eu. EU!!! Eu consigo. EU consigo. EU CONSIGO! — meu "eu crédulo" fala com muita energia e convicção.

— É mesmo? Vai fazer milagre? — Ah! Esse meu "eu crítico" não se convence, mesmo.

Dominando meu pensamento que gira em torno de milhões de questionamentos, dúvidas e sentimentos indefinidos, consigo selecionar algumas perguntas que me dão algum norte. "O que preciso neste momento? O que realmente quero? Qual a nova realidade que desejo desenvolver para mim?"

Perdida em meio a tantos desafios, eu precisava de apoio, suporte, guia. Não havia mais nada em mim. Tudo estava desestruturado. Só conseguia identificar o incontestável desejo de recomeçar.

Foi quando me deparei com o *Coaching*. Percebi no profissional, o *Coach*, a possibilidade de me ajudar a planejar, a criar estratégias, me auxiliar para que eu não botasse os pés pelas mãos. Que não deixasse o medo me paralisar e nem que quisesse apenas fugir.

— *Coaching*. Vou procurar um *Coach*! – diz meu "eu cheio de confiança".

— Por que não conversar com os amigos, família, alguém de confiança? Não basta? Por que procurar ajuda de um *Coach* e acabar por se expor em tal situação tão humilhante e embaraçosa? — diz meu "outro eu", desconfiado e inseguro.

A coisa é séria. Apenas desabafos de um lado e consolo do outro não vão levar à solução nenhuma. Fazer-se de vítima não engrandece em nada. Massagear o ego não vai verdadeiramente me fortalecer nem me levar a ter escolhas assertivas.

É tanta coisa pra pensar. Há tanto o que decidir. Um casamento de tantos anos, filhos, famílias, amigos, sociedade... retorno ao mercado de trabalho.

Não há dúvidas sobre o divórcio. Foi um longo processo de destruição. Destruição da cumplicidade, do respeito, dos cuidados um pelo outro. Nem havia mais manifestações de carinho, nem de admiração, nem de bem-querer. Havia maus tratos por um lado e medo do outro. E, onde há medo, não há amor. O melhor era enfrentar a realidade do insucesso matrimonial e de tudo o que foi no rastro. Assumir a responsabilidade de impotência diante da situação de mudar o outro, e, enfim, abraçar a incumbência de ter nascido para ser feliz!

A felicidade está longe desse cenário. Felicidade é apenas um sonho nesse momento! Longe! Muito distante!

Luciane Denardi | 211

Quero voltar a sonhar. Quero voltar a construir, a realizar, a crescer! Pelo que eu estava entendendo, um profissional *Coach* é um realizador de sonhos! *Coaching* é um processo de realização, de alcançar metas.

E assim será.

Dúvidas e incertezas não faltam, com muito medo e sentindo a ameaça à flor da pele, dou início a uma nova caminhada, um novo processo.

Como todo processo, as coisas não acontecem da noite para o dia.

Conto essa história aqui para que pessoas que vivem a situação de abuso e opressão pensem incansavelmente antes de tomarem uma iniciativa. É necessário ter consciência da quantidade de pequenos detalhes que devem ser observados. De outra forma, muitas vezes por necessidade, a vítima acaba tendo que voltar para as garras do opressor. O que dá a ele mais força ainda, pois a vê enfraquecida pela tentativa frustrada de se livrar dele. Imagine você que ele não vai usar disso para humilhá-la ainda mais!

Em função de todos estes pequenos passos que precisaram ser dados, em momentos carregados de sentimentos e, muitas vezes, ressentimentos, é que o *Coaching* faz milagres.

Insisto na palavra milagre, pois só quem passa por dificuldades tremendas é que sabe o quão desafiador é enfrentá-las. Há momentos em que parece que nada mais vai adiantar. As forças se desgastam, os sentimentos enfraquecem, o dinheiro acaba, as pessoas deixam você viver o seu momento sem interferirem. Você vê todos seguindo suas vidas, enquanto vão se afastando...

Porém, o *Coach* está ali. Ajudando você a descobrir o estrategista que se esconde em algum lugar remoto dentro de você. Os objetivos vão sendo definidos, um a um. Vão se concretizando, também, as novas metas que você vai se pondo.

É uma situação cheia de melindres. Tenho que usar da minha inteligência se quero correr menos riscos. Num momento delicado como esse, ou você joga tudo para o alto e foge, ou usa a inteligência. Usar a inteligência requer controle emocional.

A minha *Coach* falou sobre Controle Emocional. Ela disse que toda a vez que um indivíduo consegue manter o controle sobre seus pensamentos, fica mais fácil entender os diferentes sentimentos e emoções que surgem em momentos do estresse. Quando consigo avaliar a emoção, quando consigo validá-la, compreendendo porque ela está ali, chego num estágio de aceitação do meu estado emocional. E não importa o quão desestruturado este estado emocional está. Eu só consigo lidar com ele — o estado emocional — e controlá-lo a partir deste momento. Do momento de uma verdadeira aceitação.

212 | Mapa da Vida

A partir daí, tomo decisões ciente das minhas emoções, mas não são estas emoções que me controlam. Não vou poder dizer que fiz tal coisa por causa desta ou daquela emoção — como "destruí aquilo porque estava com raiva" ou "fugi porque estava com medo".

Em vez disso, eu decido tomar esta ou aquela atitude porque sinto raiva quando isso acontece, e não quero mais gastar minha energia com isso de forma não produtiva. Eu decido fazer isso ou aquilo porque sinto um medo que me paralisa e não me deixa seguir adiante com os meus projetos. Então, essas situações têm que tomar outro rumo. Um rumo que tem como base as emoções. E não cego pelas emoções.

O resultado disso é maravilhoso. As mudanças promovidas realmente trazem resultados esplendorosos. Do tamanho do seu sonho!!!

Mudanças incríveis aconteceram, desde desenvolver a habilidade de impor limites no momento certo — o que vejo como um dos meus maiores aprendizados — até na minha saúde — tomei medicamento para hipertensão e arritmia cardíaca por dez anos, agora, com acompanhamento médico, atividade física, alimentação saudável e controlando o stress nos últimos três anos, acabei por ganhar alta. Sem falar de todas as outras mudanças e consequentes resultados que, com a sabedoria que a minha *Coach* me conduziu, aparecem constantemente em minha vida! É inenarrável! É de sentir na alma! É fantástico!!!

Por falar em alma, não posso deixar de falar sobre outra área que aflorou em mim. A espiritualidade que, se não apareceu no começo da jornada, aconteceu durante o processo. A grandeza do que falo não caberá aqui nestas poucas palavras, mas preciso deixar registrado a fortuna que tenho descoberto nesta área. E estou apenas no início da jornada!

É sempre assim? Fácil desse jeito?

Depende de como você encara os desafios. Devido as nossas crenças de que nem tudo são rosas, aparecem os percalços. São os sabotadores que vêm desviar a sua atenção do seu real propósito. Você começa a achar desculpas para os seus desânimos, fracassos, atitudes mal avaliadas e todas aquelas coisas que justificam o afastamento do seu objetivo maior.

Quando você dá sinais de querer se entregar, desistir, o *Coach* conduz você ao mais escuro cantinho seu e você começa a ver timidamente uma força, uma energia, um poder que o surpreende. Um poder que recarrega você. Esta energia vai tomando corpo. Crescendo. Empoderando você!

Às vezes de forma suave, outras vezes, de forma arrebatadora, novos fatos vão acontecendo. Você olha para trás e vê o quanto já está distante do início da jornada.

O quanto já construiu uma nova realidade para você e aos que estão ao seu lado.

Você compreende a sua missão, e abraçando-a, você se alinha com você mesmo. Conflitos se dissolvem. Certezas brotam em seu coração. E você se dá por conta que está aqui para e por um propósito maior. Muito maior do que você jamais ousou imaginar!

Então, você se alinha com este propósito, e quanto mais você se envolve com o seu propósito, mais feliz você se torna. E não é uma felicidade passageira. É, na verdade, um estado novo de SER, que não importa o que venha lhe acontecer na vida, você está preparado para enfrentar. Fortalecido, conhecedor de si mesmo, confiante. Capaz de continuar neste voo que um dia você tomou a decisão de se lançar.

É pra lá que eu vou, pra onde meu coração guia! Ah! E lá tem sol sim!

Três anos dia você tomou a decisão e se passaram desde então. Ainda faço sessões de *Coaching*, eventualmente. E tudo vai de vento em popa. A superação andou lado a lado comigo nestes últimos tempos. A gratidão mora em meu coração. Gratidão a Deus, à Energia, ao Universo, à Luz. E junto desta turma superpoderosa está minha incomensurável gratidão ao *Coaching*.

Meu desejo a você é de muita alegria neste dia!

27

> "A beleza do aprendizado é que ninguém pode roubá-lo de você."
> B. B. King

As constantes preocupações e a busca pelo sucesso nos desfocam da conquista que é viver. Este artigo trata de maneira simples a ampliação da visão necessária para passarmos pelas mudanças e transitarmos por uma vida mais leve, evitando as frustrações

Luis Carlos Rodrigues Serra

Luis Carlos Rodrigues Serra

Formação e Certificação Internacional em *Mentoring & Coaching* Holo-Sistemico ISOR. Palestrante. Consultor de RH T&D Treinamento e Desenvolvimento com Neurociência. Idealizador da metodologia e do programa Pink Day, em que trabalha com o desenvolvimento da autoestima feminina "metodologia aplicada em mais de 2000 mulheres". Tarô *Coaching*. Formação em Gestão de Recursos Humanos pela - Universidade Metodista Engenharia da Computação -Faculdade Leonardo da Vince.

Contatos
www.luiscoaching.com
luis@luiscoaching.com
facebook /luisocoaching/
(11) 2334-3164 / (11) 97250-0059

O ser humano está em busca da felicidade desde o início dos tempos. A felicidade já foi algo mais simples, já foi algo mais tangível. E isso se compreende se levarmos em consideração que há 3.500 anos, para você poder ser considerado bem-sucedido bastava que você soubesse apenas pescar seu alimento, remar uma canoa e acender uma fogueira. Deste modo você poderia se considerar facilmente uma pessoa feliz.

Assim, ser feliz antigamente poderia ser comparado a uma simples equação: Quanto mais hábil você fosse com as competências necessárias, mais feliz você seria. A busca da felicidade se resumia em ser o melhor pescador, o melhor caçador, o melhor fazedor de fogueiras, a melhor mãe, a melhor cozinheira, a melhor costureira...

Sabemos que até hoje não existe um mapa para a felicidade completa ou mesmo um manual prático que nos guie a encontrá-la. Se nos transportarmos de volta para os tempos modernos, hoje é necessário que consigamos compreender e aceitar que em um período muito curto de tempo você não basta mais.

Não importam suas qualidades, não importam seus conhecimentos adquiridos através de gerações, não importa seus anos de prática. Não interessa todo o conhecimento adquirido através da sua convivência familiar e moldado pelos seus valores conforme a sua experiência de vida. O que realmente importa para que possamos nos ajustar aos tempos modernos é que compreendamos que o valor hoje está em adquirir conhecimento diariamente e agregar cada vez mais novas habilidades. Não se trata mais apenas de aprender ou desenvolver uma ou duas competências com presteza. Assim, podemos dizer que antes era suficiente apenas pescar com destreza, hoje o suficiente é o equivalente a ser capaz de fazer pesca de caranguejo no mar de Bering, no Alasca, considerada uma das quatro pescas mais fatais do mundo, no seu primeiro contato com a água ou com a pescaria. Somos naturalmente cobrados a atingir o nosso extremo.

Nos últimos 50 anos, com o surgimento da necessidade de se desenvolver múltiplas competências, nós somos cada vez mais cobrados e acabamos por acelerar de tal forma que, muitas vezes, perdemos o prazer, perdemos a capacidade de nos deliciarmos com a vivência, com o aprendizado, e conseguimos apenas sentir o peso da cobrança.

O último século foi responsável por uma série de rápidas mudanças na vida das pessoas. Estas mudanças, no entanto, exigiram na sua adaptação um amadurecimento dos indivíduos que em 3 mil anos não havíamos obtido.

Até então, vivíamos em uma estrutura onde as macro competências eram o que estabelecia a ordem. De repente, de um momento para outro, as macro competências deixaram de ter valor e passamos a exigir as múltiplas competências. Já não importava mais se você era muito bom em algo, você passou a ter que ser muito bom em todas as coisas que vai fazer durante aquele dia e mais outras tantas.

Vamos imaginar um indivíduo trabalhando no início da revolução industrial. Se ele fosse contratado para apertar parafusos, essa seria a função que ele desempenharia por todo o tempo de permanência dele dentro da organização. Com o tempo ele se tornaria um dos melhores em apertar parafusos e assim seria. Hoje, para esse mesmo homem, a realidade já não seria mais a mesma. Ele será contratado para apertar os mesmos parafusos, mas em poucos dias, será exigido dele que aperte, lubrifique e que ainda ajuste a máquina. Em semanas, ele estará possivelmente tendo que explicar em uma apresentação o fluxo de fabricação do parafuso e provavelmente, tendo que explicar isso em dois idiomas diferentes para pessoas que não sabem o que é um parafuso.

A exigência de tal padrão de comportamento acaba por gerar uma expectativa tão grande, que conduz o indivíduo a uma sensação de incapacidade, de insatisfação. Há uma falta de tempo para se cometer erros, e erros, diga se de passagem, são parte comum no processo de aprendizagem. As imposições da vida moderna fizeram com que o homem esquecesse que somente aprendemos com o processo de experimentar, o aprendizado vem do testar a mesma coisa de maneiras diferentes, do se permitir errar ou acertar. Precisamos de repetições para criar e estabelecer novos caminhos neurais, esse processo é o que torna o indivíduo diferente e mais capaz. Afinal, "O único homem que está isento de erros, é aquele que não arrisca acertar. Albert Einstein". Hoje o sabor de se experimentar algo diferente se tornou proibitivo, já que a punição é algo que vem mais rápido do que a capacidade de se desenvolver uma nova competência.

Uma questão com a qual tenho me deparado cada vez mais, é que a cada dia somos muito cobrados por mais e mais competências, não basta apenas desenvolvê-las, temos que adquirir a excelência nela, com a maior rapidez. As competências nos são cobradas como se fossem uma habilidade nata e o fato de não possuí-las é considerado um desvio.

Se pensarmos em termos de evolução, há 100 anos, eram raras as pessoas que tinham acesso a uma máquina de escrever. Já em meados de 1950, fazer um curso de datilografia te garantiria um emprego ou até mesmo uma posição de destaque no mercado. Assim, ter o domínio da máquina de escrever te colocaria passos a frente da grande maioria. Com o advento do computador muita coisa mudou, hoje, a maioria dos jovens não sabe sequer o que é uma máquina de escrever ou muito provavelmente, nunca tenham visto uma máquina de escrever.

Um fenômeno muito interessante e associado a esta gigante revolução, é o desaparecimento de determinadas profissões. Se pensarmos em algumas profissões importantes do passado, muitas delas ao final da década de 70 a 90 se extinguiram.

A exemplo disso temos o operador de Telex, cuja única função era enviar e receber mensagens. Se imaginarmos que este profissional trabalhasse para uma multinacional, a única competência exigida a ele era que soubesse enviar e receber mensagens de Telex. Ele não necessitava sequer ter um bom conhecimento da língua portuguesa ou inglesa, pois ele só precisava copiar e enviar as mensagens. Essa era a única competência exigida a ele, e nem por isso ele poderia ser considerado desqualificado ou descartado.

No entanto, com o aparecimento de tecnologias como o fax, a necessidade de se ter um profissional destes deixou de existir. Do dia para a noite, este mesmo profissional já não precisava mais saber somente enviar e receber, e sim aprender como enviar um fax, como receber um fax, trocar o papel, e logo após, teve que aprender a usar um computador, dominar o pacote de programas básico, escrever respostas para e-mail, usar a impressora, programar um fax modem para fazer envios de acordo com horários preestabelecidos, aprender inglês, aprender a reduzir custos operacionais. O que era apenas a exigência do domínio de uma competência única passou a ser a exigência do domínio de diversas competências.

Antes, era exigido que este profissional tivesse apenas um pensamento linear, baseado somente na execução de uma única tarefa. Em poucos meses, foi necessária a adaptação para um pensamento global de forma gerencial. Este profissional se viu tendo a necessidade de se preocupar além da habilidade do desempenho da função com outras coisas como custo, otimização de tempo... Dessa forma, o indivíduo que não conseguiu se adaptar a este novo formato, mesmo não tendo perdido a macro competência exigida no momento de sua contratação acabou sendo demitido.

Há aproximadamente 2,5 milhões de anos surgiria a espécie Homo Sapiens, mas somente entre 1760 a 1840 se daria inicio a revolução industrial. Foi durante esta fase de revolução industrial que o homem começou a diversificar competências.

No final da década de sessenta, tivemos o inicio da "revolução digital", fase em que estas múltiplas competências anteriormente desenvolvidas, passaram a ser usadas e exigidas de modo simultâneo. O surgimento dos primeiros computadores trouxe consigo a possibilidade de realização de múltiplas atividades ao mesmo tempo. Passamos a acelerar nosso método de aprendizado, nossa forma de execução de tarefas. O que antes poderia levar meses, ou até mesmo anos, passamos a realizar em dias ou horas.

Há 100 anos o desenvolvimento de uma competência poderia levar de 20 a 25 anos. Hoje em 6 meses é possível se ter um titulo de *expert* numa determinada função. A exemplo disto, podemos citar um pedreiro, há anos atrás, este passava um bom tempo ajudando ao pai para aprender o oficio, após isso iria trabalhar uns 3 a 4 anos como servente de pedreiro e ai iria começar a trabalhar em algumas obras como segundo pedreiro. Hoje temos, por exemplo, cursos que te dão um diploma de pedreiro, o qual acaba sendo um grande diferencial tornando aos olhos do mundo tal profissional mais qualificado. Desta forma, a velocidade de aquisição dos conhecimentos nem sempre é tão ruim, mas faz com que percamos a experiência do aprendizado. Independentemente do aprendizado, da técnica, a habilidade para se desempenhar uma determinada função é algo que não vem com o diploma, pois o conhecimento requer pratica e tempo para o aprendizado.

Para poder ocupar uma posição diferenciada e conseguir administrar os novos conceitos exigidos o profissional tem que ser multiplicador de conhecimentos além de conhecer diversas funções.

De nada adianta enlouquecer com a simples ideia de que seu concorrente vai estar lá quando você falhar. Isso é uma realidade. E ao se dar conta desta possibilidade você pode optar por não viver o conformismo. Pouco importa sua obstinação ou não de ser melhor, pois a realidade é que queira ou não você vai ter que se aprimorar diariamente para não ser mais um "operador de Telex".

Há alguns anos desenvolvi uma metodologia baseada na minha própria experiência. Minha avó já a usava toda vez que eu chegava em casa com milhões de dúvidas. Ela sempre tinha um prato de sopa pronto para acalentar e acompanhar minhas noites de trabalho sem fim. Até hoje eu uso a sopa como uma maneira de lembrar que aprender uma competência pode ser tão prazeroso quanto era uma das sopas da minha avó.

Nesse ponto você deve estar se perguntando o que faz essa sopa no meio do texto? Explico: a SOPA nada mais é do que uma metodologia de organizar metas desenvolver sonhos e poder alcançar um alto desempenho de uma maneira simples. Este método nos permite ter o pensamento de maneira linear, bem como, visualizar as coisas e situações de uma maneira global, desenvolver a resiliência e o poder de autoadaptação – uma das maiores dádivas do ser humano, que o tem permitido sobreviver ás adversidades ao longo dos tempos.

São quatro passos simples:

Sonhe:

"Se você pensa que pode ou sonha que pode, comece. Ousadia tem genialidade, poder e mágica. Ouse fazer e o poder lhe será dado. Johann Goethe".

Tenha sempre um sonho novo. Ouse sonhar, ao sonhar você impulsiona sua vida. Os sonhos são o combustível para se conquistar o sucesso. Sonhe com suas conquistas, com um novo amor, com uma nova colocação, até mesmo com uma viagem, isso será o ponto de partida para uma serie de realizações.

Ordene seus sonhos:

Devemos aprender a pensar corretamente. Os pensamentos ordenados, quando voltados para o bem, são como forças saturadas de poder. O poder de criação, de transformação de nossas vidas, da vida de outras pessoas e de tudo que for possível em nosso entorno. Crie um plano de ação para realizar estes sonhos, pois sem uma ordem, seus desejos serão somente sonhos. Ao estabelecer uma ordem de execução, você conseguirá dar o pontapé inicial e transferir o sonho do impossível para o possível. Para dar início, estipule metas tangíveis e prazos, crie um plano B no qual se algo não ocorrer conforme o planejado você consiga seguir por outro caminho que te leve mais próximo do sonho desejado.

Pratique:

Somente teremos expertise se praticarmos, se pudermos errar, aprender e depois acertar. "Não se preocupe com a perfeição - você nunca irá consegui-la. Salvador Dalí" Tente, de várias formas, pratique para tornar o sonho possível.

Avalie:

Pare e avalie seu trajeto, seu desempenho. Não se sinta envergonhado em descobrir que você não tem ainda as competências necessárias, ou mesmo ao realizar que seu sonho ainda esta distante. Corrija-se se possível diariamente. Descubra aquilo que está te afastando de seu objetivo final. Volte um passo, pratique novamente. À medida que completar este ciclo, as coisas começarão a vir com facilidade. Permita-se alterar a rota. Isso é libertador.

Por fim, crie um ciclo positivo, onde você possa sonhar, desejar, ordenar, praticar e alcançar o novo. Aprenda com os erros e comemore a vitória. Tenha coragem. Coragem para tentar, para repetir, refazer ou até mesmo mudar. Acredite. Com esta metodologia tenho trabalhado o meu desenvolvimento e o desenvolvimento de algumas outras pessoas. Os resultados são incríveis. Ser consciente de que você ainda não sabe, mas esta caminhando para um saber, te da a leveza de entender que você é um ser que esta em constante evolução, você tem apenas que ser.

28

Crenças comportamentais, você pode desafiá-las

Você sabe o que é crença? Sabe os tipos de crenças mais comuns? Crenças podem nos possibilitar a conquistar algo como elas podem nos limitar por toda vida. Vou ajudá-lo a superar cada uma delas em prol dos seus objetivos

Luiz Vicente

Luiz Vicente

Coach com certificação internacional através da (BCI) Behavioral Coaching Institute (EUA); *Coach* Profissional pela Academia Brasileira de Coach; *Coach* Vocacional pelo Instituto Mauricio Sampaio; *Coach* Profissional com a metodologia de *coaching* comportamental evolutivo pelo Instituto Edson de Paula; Consultor e Analista de perfil comportamental pela Etalent com a metodologia DISC; *Practitioner* em PNL pela ACTIUS, Líder *Coaching* pelo Instituto Vox, Professor, Palestrante, Treinador comportamental credenciado pelo Instituto Edson de Paula no curso de Introdução ao *Coaching*. Possui formação em MBA em Marketing e Propaganda pela FAMA; graduado em Administração de Empresas pela FAFICA. Sócio-diretor da Superpromo, uma empresa na área de Live Marketing; Diretor-executivo na LV Coaching, que atua com treinamentos e palestras na área de *coaching*. Instituto de Formação de Treinadores (IFT), The Inner Game Essentials com Timothy Gallwey.

Contatos
www.lvcoach.com.br
contato@lvcoach.com.br
Facebook.com.br/lvcoach
(81) 3137-1905

Quando falamos de crenças, estamos falando de elementos que direcionam a nossa vida a partir de tomadas de posições que nós temos de forma que pode transformar nossa vida em algo positivo ou em algo negativo. São filtros que fazemos daquilo que ouvimos ou presenciamos e que inconscientemente usamos como regras no nosso dia a dia. Crença são suposições ou convicções feitas sobre o mundo pelas quais nem sempre são reais ou verdadeiras, mas são validadas de acordo com repetição de condutas dessas validações para nossa vida. Isso tanto pode ajudar nossa vida pessoal e profissional nos ajudando a crescer, como pode destruir uma perspectiva de vida, um sucesso, uma carreira profissional.

Ao longo de nossa história desde criança, somos influenciados pelas pessoas ao nosso redor e experiências vividas no nosso dia a dia. É dessa forma que as nossas primeiras crenças são construídas na nossa mente, mas nem sempre podemos comprovar que elas sejam realmente reais. Existem alguns pesquisadores que dividem as crenças em três tipos: as <u>crenças herdadas</u>, as <u>crenças vivenciadas</u> e as <u>crenças adotadas</u>. Vejamos a seguir cada uma delas.

<u>Crenças herdadas</u> são aquelas crenças que aprendemos com a nossa família. Fomos criados vivenciando elas. Eram nossos pais, tios e avós que acreditavam. Em consequência, fomos educados naquele ambiente compartilhando com eles cada uma delas. De tanto vê-los praticando, acreditando naquilo, que ao longo do tempo eu também acreditei. E com o passar dos anos elas ficam guardadas no meu inconsciente. Por exemplo, quem nunca ouviu mamãe ou papai dizer que manga com leite faz mal, que dinheiro não traz felicidade, que quem tem muito dinheiro não é honesto? Muitas vezes, de forma inconsciente, essas crenças nos limitam a conquistar algo no futuro, devido a elas terem sido instaladas na infância, criarem paradigmas e acabarem não sendo trabalhadas no nosso futuro para nos ajudar na vida pessoal e profissional.

A segunda crença são <u>aquelas adotadas</u> ao longo da vida. Não necessariamente ela veio de berço, ela não foi herdada. Essas são aquelas que não são nossas, mas que foram adotadas por ver alguém comentando no nosso dia a dia, alguém falando para outra pessoa ou vimos em algum filme ou em alguma novela. Os meios de comunicação são mestres em adotar crenças na nossa vida e nas pessoas ao nosso redor. A sociedade afirma como verdadeira (religião, política, normas). Temos algumas frases famosas que dizem "quando acordar tenho que colocar o pé direito", "não se pode passar por baixo de escada", "eu tenho que sair por último no serviço". Quando implantamos essa crença na nossa vida, ela se torna um fator limitador. Quando falamos em crenças, temos que desafiar a forma de pensar, temos que pensar "fora da caixinha". Mais adiante vamos falar como podemos trabalhar as crenças em prol dos nossos objetivos.

E tem aquelas <u>crenças vivenciadas</u>, que temos evidências que elas existem. Essas, mais do que as outras, nos limitam de prosperar por não desafiá-las. Restringe-nos, pois acreditamos como uma verdade absoluta e por isso não a desafiamos. Muitas vezes fazemos algo que deu errado e achamos que jamais vamos conseguir acertar. Alguns exemplos são "nenhum homem presta", "isso é muito difícil, você não vai conseguir". Lembro de uma professora, quando eu fazia a quarta série, que sempre falava, quando dizíamos que a prova de matemática estava muito difícil, que "difícil é colocar um prédio em cima do outro para chegar nas nuvens. Como nunca conseguiram, colocaram o nome edifício".

O legal, caro leitor, é que todas as crenças podem ser desafiadas. Não só podem como devem ser desafiadas. Quantas pessoas não falam por aí que o negócio só cresce com o olhar do dono? Muitos são ditos populares que nós assumimos. Eles, nas nossas vidas, de tal forma que nos conduzem a um determinado resultado. Que resultado é esse? Não podemos dizer que é um resultado positivo ou negativo, mas temos que fazer a seguinte reflexão: para onde suas crenças estão te levando? Para onde você está sendo impulsionado por acreditar nisso que você acredita?

Existem alguns pontos que podem ser trabalhados para saber se essa crença está lhe ajudando ou atrapalhando na sua vida pessoal ou profissional. Para isso, o processo de *coaching* é fundamental para superar as velhas crenças e desenvolver novas crenças para impulsionar o alcance das metas e objetivos na sua vida.

Vejamos um caso que aconteceu no meu escritório que se baseia em uma crença muito forte e aparente na vida de muitas pessoas ao nosso redor.

Há algum tempo atrás recebi em meu escritório uma cliente que se reclamava que tinha algo que estava a bloqueando de falar em público, mesmo ela dominando o conteúdo. Era uma jovem com menos de 25 anos, solteira, trabalhava numa empresa privada e estava há pouco tempo na faculdade.

Estava muito frustrada por não entender esse bloqueio que ela sentia toda vez que ia fazer as apresentações em grupo na sala de aula. Já tinha tentado melhorar esse impasse que estava aterrorizando a vida dela, mas nada que fizesse dava resultados. Pelo contrário, era como se cada vez fosse ficando pior. E isso estava a deixando desmotivada.

Procurou o meu auxílio por saber que eu trabalhava como *coach* profissional e informaram a ela que eu conseguiria ajudá-la. Logo na primeira sessão, percebi-a muito ansiosa, preocupada com que ia acontecer na sessão. Notando isso, ofereci água e café com biscoitos para deixá-la mais à vontade e quebrar aquele estado de nervosismo que ela estava demonstrando.

Depois de conversarmos um pouco mais sobre o seu problema, mesmo sendo em um grupo pequeno de pessoas que já está habituada a conviver, ela falou algumas coisas que acreditava atrapalhar nas horas de suas apresentações. Ela ficava imaginando que as pessoas não estavam gostando do assunto, que estavam fazendo cara feia pra ela, que podiam perguntar algo que ela não soubesse responder, entre outras coisas bastante comuns para pessoas que têm medo de falar em público. Mas o que me chamou a atenção foi ela ter falado que desde pequena tem esse problema. Por ela ser uma pessoa pouco comunicativa no seu trabalho, no seu dia a dia com os amigos e parentes, desde pequena ouvia seus pais dizer que ela só falasse aquilo que ela tivesse certeza, pois as pessoas poderiam julgar e questionar. Vi aí uma <u>crença herdada</u>

muito forte dentro do seu inconsciente. Perguntei se poderíamos trabalhar uma ferramenta sobre crenças na área comportamental. Ela, já bastante tranquila, aceitou.

A primeira coisa que pedi pra ela fazer foi falar sobre a última vez que ela teve que se apresentar diante de um público e quais as sensações que a limitavam de fazer uma boa apresentação. Em seguida perguntei quais as consequências emocionais e comportamentais que ela sentia naquele momento. Ela falou que sentia dificuldades para falar, dificuldade de se concentrar, nervosismo, frio na barriga, que ficava passando várias coisas negativas na cabeça e imaginava o que as outras pessoas estavam pensando sobre a apresentação dela. A minha ideia, naquele momento, era trazer aquele evento para nossa sessão e ver como ela reagiria, pois dentro do processo de *coaching* é fundamental estimular o cliente a ir para zona de esforço.

Diante de tudo que ela tinha me falado até aquele momento, continuei fazendo algumas perguntas para gerar reflexões mais abrangentes. Em seguida ela me respondeu: "só porque as pessoas esperam que eu me apresente bem, isso não quer dizer, necessariamente, que eu vou fazer. Caso eu não apresente bem, não tenho nada que me comprove que eles vão falar de mim. Não é útil eu pensar dessa forma, pois isso nada tem me ajudado".

Com isso ela já estava criando uma nova crença, pois, apesar dela preferir apresentar bem a palestra, isto não quer dizer que ela deva. Não há evidência que os colegas da faculdade irão falar mal caso ela não fizer uma boa apresentação. Pensando nessa linha, o que atrapalha na hora de falar na apresentação é esse nervosismo e ela entendeu que ela pode se preocupar sem deixar que o nervosismo atrapalhe a concentração.

Existem também as <u>crenças possibilitadoras</u>, ou seja, que agregam atitudes e consequências positivas. Por exemplo: "Eu acredito que nasci para ser um vencedor", "Eu posso ser melhor do que fui ontem", "Eu vou ser feliz".

Existem <u>crenças limitantes</u>, ou seja, que limitam as pessoas e conduzem a resultados negativos. Por exemplo: "Ninguém gosta de mim", "Tudo o que faço dá errado", "Eu não consigo".

Concluindo, diante de uma crença, seja ela qual for, é importante criar novos sentimentos, novas emoções. Peça à pessoa que desafie a nova crença, gerando assim uma oportunidade para si mesmo de ficar frente a frente novamente com a situação, antes problemática ou difícil. Esse é o primeiro passo. Pergunte à pessoa, como ela se sentiu quando aconteceu tal situação. O que ela estava falando para si quando esse sentimento foi gerado? Como ela desafiou a sua crença limitante? Como a sua nova crença está mais lógica e realística e quanto ela tem ajudado? Dessa forma, a crença pode ser mudada e podem ser criadas novas crenças que ajudarão você a alcançar seus objetivos de forma mais eficaz.

29

A condução de conversas produtivas entre o líder e sua equipe

Como o líder pode utilizar técnicas e ferramentas para potencializar os resultados e melhorar o relacionamento com seus colaboradores, pares, superiores e outros? Veja aqui como conduzir uma excelente e produtiva conversa!

Ma. Magda de Paula, PCC

Ma. Magda de Paula, PCC

Professional Certified Coach (PCC) pela ICF – International Coach Federation. *Master Executive Coach*, certificada internacionalmente por: Behavioral Coaching Institute – BCI, Global Coaching Community – GCC, European Coaching Association – ECA – International Association of Coaching – IAC. Psicóloga-PUC/GO. *Trainer* do Instituto Brasileiro de Coaching – IBC para formações de *Executive Coaching e Leader Coach*. Mestre em Gestão da Qualidade-UNICAMP/SP. Lead Assessor ISO 9001/ ISO 14001. Atuação desde 1990: Estratégia, Processos e Pessoas. Diretora Executiva da EXPLAIN Consultoria.

Contatos
www.explainconsultoria.com
magda@explainconsultoria.com
(63) 3092-3696

O desafio da liderança

Diálogo interno de um líder recém-promovido: "Uau, fui promovido, agora sou o chefe do meu setor! Muitos colegas queriam esta posição, mas eu fui o escolhido! Amanhã será o meu primeiro dia!!! Mas... E agora... O que vou fazer a partir de amanhã???... Como vou tratar os caras que eram meus colegas?...O que é ser um líder realmente???... Nossa, eu não havia pensado nisso antes e agora não sei o que fazer!... Já sei! Vou comprar uma roupa nova! É isso! Vou também cortar o cabelo... Acho que também vou chegar mais sério... isso! Assim não dou espaço para eles me perguntarem nada, pois ainda nem sei direito o que fazer... e pronto!".

Esse é um diálogo interno comum aos novos líderes os quais não obtiveram o devido preparo para assumir os desafios do comando de uma equipe. Quantos líderes ao assumirem seu novo cargo não sabem exatamente o que fazer, pois geralmente atuavam como excelentes técnicos, altamente comprometidos e com uma entrega de resultados excelente. Mas estes requisitos não significam, que necessariamente eles possuam habilidades para gestão e coordenação de equipes. E o resultado disso é a repetição do padrão: perde-se um excelente técnico e ganha-se um péssimo líder.

Ainda é pequeno o número de organizações que investem em programas para identificação e desenvolvimento de líderes potenciais, de forma a garantir o devido preparo para o crescimento da empresa e resposta rápida frente às oscilações de mercado e rotatividade de pessoas. Isso mesmo, esse é o grande diferencial: preparo adequado e qualificação contínua, visando preparar líderes para o crescimento e a continuidade do negócio.

Sendo assim, trazendo um pouco de minha experiência de 20 anos no desenvolvimento de líderes, pelo território nacional, pude ter o contato com vários perfis de líderes, desde Encarregados de Setor, Gerentes, Executivos a CEO's de grandes corporações. Assim como pude constatar conceitos até então teóricos, associados a práticas de sucesso, as quais fizeram grande diferença no desenvol-

Ma. Magda de Paula, PCC | 233

vimento das pessoas e dos negócios. Entre os conceitos de liderança os quais pude ter contato, considero este o mais representativo do papel de um líder:

"Líder é aquele que consegue fazer com que as pessoas queiram fazer o que elas devem fazer".

Leia novamente e reflita sobre este conceito. O ponto fundamental é a capacidade de influência e mobilização da equipe por parte do líder, rumo aos objetivos e estratégias da organização.

A capacidade de influenciar e mobilizar as pessoas é obtida por meio de competências específicas, as quais podem e devem ser desenvolvidas pelos líderes. A literatura de competências de um líder é bastante farta no mercado, sendo fonte de trabalhos altamente estruturados de avaliação de desempenho de lideranças.

Entre as várias competências as quais considero como sendo primordiais para o sucesso de um líder, vamos focar aqui em três principais, cuja aplicação é altamente impulsionadora de resultados, conforme apresentado a seguir:

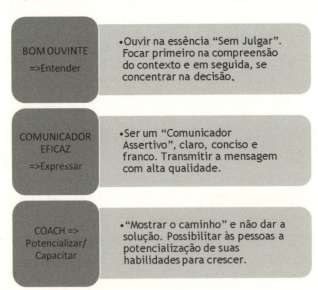

Essas três competências abrangem a forma de atuação de um líder junto à sua equipe, empresa, parceiros e demais pessoas com quem convive, sendo que, a sua prática, garante o direcionamento adequado das pessoas.

No quadro a seguir podemos identificar o estado atual de muitos líderes, de acordo com as três competências destacadas acima, os quais no seu dia a dia, não conseguem priorizar e dedicar tempo e foco para o desenvolvimento de sua equipe. Geralmente estas pessoas estão voltadas para os resultados, sem avaliar o que é necessário para obtê-lo, apresentando uma visão de curto prazo. Após entendermos o estado atual dos chefes no uso destas competências, mapeamos o estado desejado, de forma a desenvolvermos o líder de alta performance que sabe conduzir conversas produtivas.

COMPE-TÊNCIA	ESTADO ATUAL= LÍDER (A melhorar)	ESTADO DESEJADO= LÍDER DE ALTA PERFORMANCE (O ideal)
Bom Ouvinte	Grande fluxo de informações e pessoas, onde cada um pede atenção para si. Demanda alta por parte dos setores e Colaboradores exigindo sua atenção constante.	Ouvir na essência, por inteiro, com um estado de atenção 100% focado na pessoa que está à sua frente, de forma a compreender o contexto, buscar e prover dados e informações para uma tomada de decisão mais segura.
Comunicador Eficaz	Passa a mensagem de forma superficial e rápida. Não se preocupa com a forma de dizer, pois as pessoas são obrigadas a ouvi-lo de qualquer forma, pois ele é o chefe, e são pagas para isso.	Conhecer a quem você irá passar a comunicação. Apresentar um item de cada vez e a cada novo item, checar o entendimento e a assimilação. Corrigir os erros no momento em que surgirem.
Coach/ Orientador	Direciona as ações. Determina o que o Colaborador deve fazer. Define as metas e objetivos e repassa para a equipe. Cobra intensa e diretamente os resultados.	Utiliza técnicas assertivas para apoiar o Colaborador no entendimento de suas responsabilidades, de forma a garantir que o mesmo assuma suas tarefas e potencialize seu desenvolvimento profissional. Define metas desafiadoras e compartilhadas.

O líder de alta performance

O líder tem como papel principal na empresa gerar os resultados esperados. Sendo assim, o líder ao utilizar em sua atuação as técnicas para conduzir conversas produtivas, potencializa o alcance dos resultados e ainda ganha um ambiente de trabalho produtivo e integrado, promovido pela responsabilização, proximidade e reconhecimento maior junto à sua equipe.

O líder que utiliza as técnicas e ferramentas para conduzir conversas produtivas, ou seja, a sua forma de abordagem às pessoas, sejam funcionários, clientes internos ou externos, obtém melhores resultados com a sua equipe.

Vamos conhecer agora os grandes diferenciais desta forma de atuação.

Conversas produtivas

O líder utiliza ferramentas e técnicas assertivas para conduzir conversas produtivas, que possam influenciar no desempenho e melhoria de resultados de sua equipe.

Vamos conhecer agora as características de uma conversa produtiva, a qual é conduzida pelo líder com as pessoas envolvidas em seu trabalho:

Uma conversa privativa – É isso mesmo, o líder não conduz uma conversa com seu colaborador na frente de outras, principalmente ao tratar de assuntos polêmicos ou pontos de melhoria os quais se referem somente a ele. É mais adequado escolher um local onde possam conversar de forma tranquila, em particular e, preferencialmente, sem interrupções.

Temas pontuais – O líder sempre trabalha com os temas pontuais, emergentes, que surgem no dia a dia, advindos de uma reunião, monitoramento das atividades, processos de melhoria, novos desafios e outros. Ou seja, o líder aborda junto à pessoa os temas os quais se referem diretamente ao seu trabalho, visando identificar o que o está impactando, positiva ou negativamente, sendo o apoio fundamental para auxiliá-lo a seguir em frente. Dessa forma, o líder pode fazer uma ou duas conversas acerca de um mesmo tema, como forma de acompanhar e garantir que as ações propostas foram efetuadas e que o resultado foi alcançado.

Confidencialidade – O líder não comenta com os demais colaboradores as dificuldades e temas tratados com as pessoas em suas conversas com sua equipe. Esse é um dos grandes alavancadores de resultados da atuação do líder. Atuando desta maneira ele conquista a confiança e respeito das pessoas, elos estes fundamentais para o crescimento de todos.

Tratamento imediato – O líder ao identificar um ponto de melhoria ou alavancagem a ser tratado com seu colaborador, deve fazê-lo o quanto antes. Quando tratar-se de uma situação de erro por parte do colaborador, esta regra é mais imprescindível ainda, visto que, se o líder não se posiciona e manifesta frente ao erro, o colaborador considera que o mesmo não ocorreu, ou começa a duvidar da capacidade de seu superior como líder. Por isso atue imediatamente após a identificação do ponto de melhoria. Mas existe ainda um cuidado imprescindível, o qual pode fazer grande diferença para o resultado da conversa: caso você esteja muito nervoso com o que aconteceu, não converse de imediato. Espere o dia

236 | Mapa da Vida

seguinte, de forma a poder obter maior controle de suas emoções e focar na solução do problema e não no alívio da sua raiva.

Local e hora adequados – geralmente os colaboradores não se sentem à vontade quando o chefe os chamam até a sua sala para conversar, geralmente há uma crença muito forte que se manifesta na mente da pessoa: "Será que eu fiz alguma coisa errada?". Sendo assim, você pode e deve variar o local desta conversa, lembrando ainda de ser privativo, como falamos anteriormente, e até mesmo variar o horário da conversa. Por exemplo: não mantenha um padrão de sempre conversar às 17 horas. Quando fazemos isso os colaboradores logo percebem e você também entra em uma rotina de conduzir suas conversas do mesmo jeito, o que inclusive pode desanimá-lo a fazê-la.

Convite antecipado e assunto definido – Ao chamar uma pessoa para uma conversa, o líder não impõe, ele convida, e ao convidar ele já informa o assunto, de maneira a evitar a resistência e receio por parte do colaborador. Esse convite já possui um dos princípios de uma conversa produtiva: é positivo e utiliza perguntas para promover o engajamento e não a imposição. Veja a aplicação da técnica no exemplo a seguir: "Olá José, bom dia! Gostaria de conversar com você sobre a nossa última reunião, pensei em irmos na minha sala daqui a uns 10 minutos, pode ser?". O fato de o líder deixar claro o assunto, ajuda a pessoa a se preparar melhor para uma conversa produtiva. E é um convite, não uma imposição. Você talvez possa perguntar: "mas e se ele disser não?". Por essa razão o convite é fundamental, pois se ele está ocupado com alguma coisa, ou desenvolvendo algo, ele não estará por inteiro na conversa. Esse pode ser um indicador da responsabilidade do colaborador em entregar seus resultados. É o momento de o líder negociar e acertar o melhor horário para ambos.

Objetivo da conversa definido – Tenha claro qual é o seu objetivo com essa conversa, defina o que você quer obter como resultado. Isso irá lhe proporcionar o direcionamento correto do assunto e a manutenção do foco durante a conversa. Para facilitar liste por meio de tópicos os objetivos da conversa, e lembre-se: redija seu objetivo com um verbo, pois desta maneira será garantido que será uma ação. Veja alguns exemplos:

- **Obter** maior engajamento frente ao projeto;

• **Aprender** a lidar com momentos de conflitos, entre outros.

Ainda na preparação, certifique-se que você possui todas as informações para esta conversa. Se necessário, adie, até obter os dados necessários.

A estrutura de uma conversa produtiva, conforme apresentado acima, apresenta posicionamentos específicos a serem utilizados pelo líder os quais contribuem para o resultado a ser obtido. Para conduzir uma excelente e produtiva conversa o líder segue as seguintes etapas:

1. Receba bem o seu colaborador. Estabeleça uma conexão positiva.
2. Relate o tema o qual irão conversar. Este tema pode estar relacionado a um acontecimento recente ou a novos desafios.
3. Utilize perguntas para promover a reflexão por parte do colaborador.
4. Procure praticar a escuta ativa, de forma a entender como o colaborador pensa.
5. Reflita se o posicionamento do colaborador está de acordo com as diretrizes da empresa: missão, visão e valores. A conversa para ser produtiva sempre deve ser conduzida com foco nas diretrizes da empresa. Elas irão apoiar o desenvolvimento das pessoas desde que elas consigam percebê-las no dia a dia da empresa, sendo esse o papel do líder.
6. Estabeleça ações de mudança. Defina forma de monitoramento e prazo.
7. Parabenize o colaborador pelo resultado, incentive-o a fazer sempre o melhor.

Conte-me e eu esqueço.
Mostre-me e eu apenas me lembro.
Envolva-me e eu compreendo.
Confúcio

Referências

GOLDVARG, Damian & GOLDVARG, *Norma Perel. Competências de Coaching aplicadas.* Ediciones Granica SA - 2011.

30

Vista a sua essência!

Uma boa imagem causa uma boa impressão ao outro. Mas, e a impressão que a sua imagem causa a você mesma? Meu convite é que busque sua essência e reconstrua a sua imagem a partir das suas escolhas. Meu desejo é que, diariamente, ao abrir seu armário você se redescubra. Ao abrir suas gavetas você eleve sua autoestima e, ao olhar no espelho, você simplesmente sorria e se torne o protagonista da sua própria vida

Mara Débora

Mara Débora

Designer Gráfico formada pela UEMG. *Coach* e Consultora de Imagem formada pela France Image Coaching. Blogueira do Autoestima na Gaveta. Criadora do Guarda-Roupa Sustentável. Colaboradora da revista Em Forma, com textos sobre bem-estar e beleza.

Contatos
mdconsultoriadeimagem@gmail.com
(12) 99185-7789

Autoestima x guarda-roupa - Vista sua essência!

Ao abrir as portas do nosso guarda-roupa nos deparamos com muitas possibilidades. Roupas de todas as cores e estilos, texturas e modelagens. São tantas opções que ficamos indecisos. Muitas vezes, inseguros. Nosso primeiro instinto é olhar para o espelho em busca de uma resposta: "O que usar?", mas no fundo, a pergunta que nos fazemos é "Quem sou eu? Do que quero me vestir?". Sem nos dar conta, o que realmente buscamos em nosso guarda-roupa é algo que possa elevar nossa autoestima.

Então, a partir de agora, abra seu guarda-roupa como se estivesse abrindo sua alma. Pense porque escolheu cada uma das peças? Por qual momento da sua vida você estava passando? E o principal e decisivo: em qual momento você está agora?

Abra cada gaveta como se abrisse seu coração e se surpreenda com as revelações. Busque por uma memória perdida, um encontro, um reencontro. Tem sempre uma lembrança esquecida no fundo da gaveta ou caída atrás do armário. Este momento é só seu.

Aproveite para esvaziar definitivamente algumas gavetas: sentimentos não correspondidos, mágoas do passado, intolerância. Despendure tudo aquilo que não te trouxer mais alegria. Você pode encontrar nos cabides peças de quando era bem mais jovem, mais gordo, mais magro, mais confiante, mais tímido. Peças que você nem sabe o porquê estão penduradas há tanto tempo. Pergunte-se: "O que tem de mim dependurado nestes cabides?" Se hesitar na resposta, desprenda-se de cada uma delas.

Experimente! Vista cada peça e se veja com ela. Ela combina com o seu eu atual? Qual imagem você quer passar? Será que é a mesma de quando a adquiriu? Mudou alguma coisa? Como se sente ao vesti-la? Como se vê com ela?

O nosso guarda-roupa é a guarda de nossa autoestima. Vesti-la, nos faz protagonistas de nossa vida, modelo da nossa passarela. Ao usá-la diariamente, ditamos nossa moda, criamos nosso estilo e abrimos as portas de nosso próprio destino.

> *Da gaveta retiro o pudor que me cobre. Da calceira, a energia que movimenta meu caminho. Despenduro do cabide a coragem para enfrentar novos desafios. Nos pés calço minha sensualidade. Assim me visto de mim mesma. Mas quem eu sou? Eu sou o momento e me visto de acordo com o agora. Posso buscar nas roupas uma alegria para encobrir minha tristeza ou a sobriedade para dar vazão ao meu mais íntimo sentimento. Posso buscar a coragem, dizendo com peças (íntimas, bem íntimas) aquilo que não será dito com palavras. Se precisar impor minha opinião, subo no salto e uso tecidos de qualidade para expressar a autenticidade das minhas considerações. Porém, para mostrar minha criatividade, desfilo meus acessórios, apresentando a ambiguidade no caos harmonioso do contraste das cores.*

Ao resgatar a autoestima de cada gaveta, se vista. Você pode se vestir por inteiro, usar apenas como um detalhe, borrifar na pele, ou até tatuar pra não sair jamais. Cubra-se e descubra-se. Descubra-se por inteiro, por dentro e por fora. E, a reação mais importante que você deve ter é: goste da sua imagem refletida no espelho. Mire-se e sorria. Este é o reflexo da sua própria imagem, do seu próprio ser. Vestimo-nos de nós mesmos.

Abra as gavetas

Ao me conhecer, eu me reconheço e sei que posso me expressar através das minhas escolhas. Ao me vestir, escolho a imagem que me representa. Vestidos com a nossa autoestima, traçamos as rotas de nossa vida – como ir e aonde chegar. Porém, com a autoestima elevada, traçamos rotas mais autênticas e fiéis aos nossos princípios e valores.

E, para manter-se nesta rota, te convido a abrir três gavetas: a da mente, para a busca do autoconhecimento; a do corpo, para a busca pelo reconhecimento e as do armário, para o encontro com as possibilidades.

Abrindo as gavetas da mente

> *Vista-se de você mesma!*

Quantas vezes nos olhamos no espelho e conseguimos enxergar quem realmente somos? Quantas são as vezes que realmente gostamos do que vemos? O segredo para alcançar o sucesso pessoal está em olhar para o espelho e gostar da imagem ali refletida. Será que sua vestimenta representa exatamente como você é?

E como você se vê? Como o outro te vê? A imagem que o outro tem de nós é um recorte, é o momento, e é, com certeza, a imagem que nós mesmos construímos para nós.

Novamente se coloque diante do espelho e reflita sobre qual imagem você gostaria que as pessoas tivessem de você? Uma boa pergunta para ser fazer é: *O que desejo ser? Quem desejo ser?*

Há uma frase atribuída a Rumi, um pensador persa do século XII que diz "Ontem eu era inteligente, então eu queria mudar o mundo. Hoje eu sou sábio, então eu estou mudando a mim mesmo". Seja sábio e prepare-se para a mudança:

> *Pareça ser aquilo que deseja ser!*

Duas clientes me relataram problemas bem parecidos. A primeira relatou sua dificuldade em cultivar a amizade dos casais com quem o marido se relacionava antes de se casar com ela. Eles a achavam um tanto metida e esnobe. A segunda relatou que na empresa em que trabalhava também era vista como metida e que achavam que não tinha competência necessária para o cargo que ocupava.

Analisando o estilo de cada uma, constatei que o estilo sensual era muito forte e evidenciado, nas duas. Este estilo, quando muito acentuado, sobrepõe ou mascara o verdadeiro jeito de ser, podendo afastar as pessoas, pois projeta arrogância, pretensão e futilidade.

A primeira era meiga, simples e tímida. A segunda, competente e esforçada. Mas o que os outros viam era apenas as curvas realçadas de seus corpos.

Com isto, tiravam suas próprias conclusões. A minha consultoria consistiu em aumentar o estilo secundário de cada uma, casual para a primeira e elegante para a segunda. Desta forma, desconstruímos um estilo e reconstruímos outro, trazendo à tona a essência de ambas.

Em outro caso, um engenheiro recém-formado, contratado por uma grande empresa, não conseguia ser visto como desejava. O tênis abotinado, o jeans e camisa polo denotavam típica vestimenta de universitário, projetando exatamente a imagem de um técnico. Como transmitir o anseio de ser um engenheiro, se a mensagem enviada é "ainda sou um técnico recém-formado?". Ao propor uma simples mudança no vestuário – calça, camisa e sapatos social – ele se apropriou de sua formação e se sentiu seguro para passar a imagem de um engenheiro promissor, evidenciando sua competência e exprimindo com segurança suas opiniões.

Faça uma nova reflexão: *Como quero ser visto?* Anote. Peça a uma pessoa próxima que escreva, ou descreva, como ela te vê. Peça que seja realmente honesta, sem que isto gere algum conflito entre vocês. Compare com sua lista. Se a impressão que ela tem de você for muito diferente da sua, a mensagem projetada por sua imagem não é mesma que você imagina.

Vestir-se como deseja ser visto é uma das chaves para o sucesso profissional.

Abrindo as gavetas do corpo

Nascer bonito é genética. Estar belo é escolha!

Ser bonito é um presente de Deus. O melhor da família paterna com o melhor da materna. Mas estar bonito é uma escolha. Quantas vezes olhamos no espelho e, não gostando do que vemos, deixamos para lá e pensamos: "Ah, vou assim mesmo". Se vai assim mesmo, será assim mesmo que as pessoas irão te ver.

Busque sempre algo que deixe sua imagem mais bela. Para isto identifique seu estilo e abuse dele. Suas escolhas passarão a ser mais assertivas e você se vestirá com mais segurança.

Se o que busca é conforto e casualidade, sua opção será por roupas com tecidos macios, leves e cores neutras. Seu estilo é o Casual. Se for determinado e autêntico, seu estilo é o Clássico: roupas de qualidade, bem cortadas, combinadas e de cores sóbrias. Se você gosta de marcar presença com sofisticação, suas escolhas são baseadas na qualidade e no requinte e o seu estilo é o Elegante. Se você é sensível, feminina ou fino (no caso masculino), seu estilo é o Romântico. Porém, se gosta de roupas justas, que mostram as curvas (ou músculos), seu estilo é o Sensual. Se gosta de se fazer notado, mas de um jeito mais impositivo, seu estilo é o Dramático. E, por fim, se é imaginativo, anticonvencional e gosta de criar suas roupas, misturando os estilos, seu estilo é o Criativo.

E sabe como você descobrirá que escolheu estar mais bonito? Quando olhar no espelho e sorrir para imagem refletida.

Mas saiba que há outras maneiras de estar belo.

Sorriso contagiante: Quando sorrimos, todo o nosso corpo sorri junto. A felicidade invade nosso corpo e com isso sorrimos mais, num círculo deliciosamente viciante.

Brilho nos olhos: Lembrar-se de algum momento agradável traz luminosidade ao olhar. Ressignifique - livre-se das bolas de ferro emocionais que teima em arrastar. Induza seu cérebro a valorizar aquilo de bom que você já tem, já faz, já conquistou.

Postura elegante: Você se já viu de lado ou de costas, sentado ou andando? Quem tem postura correta não tem problemas em se vestir, pois terá sempre uma aparência elegante.

Palavras positivas: Entoe a palavra certa, na hora certa e no tom certo. Encante com seu tom de voz suave e equilibrado.

Com simples atitudes você se transforma e transforma o entorno. Beleza contagia.

> *Seja amiga dos seus pontos fortes e amante dos seus pontos fracos.*

Olhe-se no espelho e se pergunte mais uma vez: "O que gosto em mim? O que eu não gosto?". Relacione todos os itens. O que você gosta em você supera o que não gosta? Se a resposta for positiva, parabéns! Se não, é melhor mudar seu conceito sobre si. Assuma-se de corpo inteiro. Aproprie-se de tudo: cabelos, pele, corpo, expressão. Eles são a assinatura do seu ser.

E sabe a sua listinha do que não gosta? Memorize e guarde-a a sete chaves. Ninguém precisa saber. Se receber um elogio, agradeça. A maioria das pessoas não percebe nossos defeitos. É aquilo em que colocamos atenção que se fortalece.

> *Conheça seus pontos fortes, mas seja íntima dos seus pontos fracos.*

Valorize seus pontos fortes: Ao olhar-se no espelho, veja se cada parte do corpo que você gosta está realçada. A imagem está harmônica, com as formas definidas? Sua roupa valorizou sua silhueta ou apenas cumpriu a função de te cobrir?

Camufle seus pontos fracos: Agora, o maior segredo de todos: a roupa tem o grande poder de ilusão de ótica. Com a roupa certa você pode emagrecer, alongar, rejuvenescer. Porém, com a roupa errada, você pode engordar, achatar e parecer mais velha. Cada peça de roupa é adequada para cada tipo de corpo.

Por isso, identifique seu tipo físico. São eles: Ampulheta, o mais harmonioso e equilibrado; o Oito, o corpo violão; o Triângulo, ombros mais estreitos que o quadril; o Triângulo Invertido, ombros mais largos que o quadril; o Retângulo, ombros, cintura e quadril proporcionais, e o Oval, cintura maior que ombros e quadril.

Como disse, para cada tipo físico existe uma peça de roupa mais adequada e a sua função, neste caso, é camuflar os pontos negativos. Por exemplo: blusas de golas e ombros amplos são ideais para o tipo físico Triângulo. Já as calças com bolsos laterais ficam ótimas em quem é do tipo físico Triangulo Invertido. Blusas acinturadas ficam excelentes nos tipos Retângulo e Oval. O tipo Oito deve evitar roupas justas ou largas demais. E para o tipo Ampulheta, a maioria das roupas são adequadas. Os tipos físicos Ampulheta e Oito identificados apenas para as mulheres

Abrindo as gavetas do armário

> *Gavetas não guardam coisas, guardam possibilidades!*

Ok! Você acordou e se sente bonito. Abre o guarda-roupa e a única coisa que consegue dizer é: "Eu não tenho roupa". Se isto é o que você mais fala diante de seu armário superlotado é porque não sabe a diferença entre "querência" e "precisância".

Querer comprar uma roupa a todo momento pode indicar uma certa fragilidade e insegurança com sua imagem perante os outros. É o querer estar na moda sem se importar com a moda sustentável, que hoje está muito mais em moda. É não entender que o que já possui é suficiente e eficiente. É ser influenciado pelo "must have" dos editoriais e se tornar "*fashion victim*". Esta compulsão pode ser uma busca por uma imagem não definida, não identificada. Pior, uma imagem que não representa você. A "precisância" demonstra um conhecimento pessoal e um controle sobre seus investimentos, estilo e personalidade.

Quando se distingue o querer do precisar, se sabe exatamente o que falta no armário e na composição da autoimagem. E quando você sai para comprar, busca por aquele item que irá compor o seu guarda-roupa e não encher as gavetas e inchar ainda mais o orçamento ao final do mês.

> *Ao invés de olhar vitrines, olhe para seu armário.*
> *Antes de abrir a carteira, abra as gavetas.*

Quando se compra apenas o necessário para moldar o seu estilo, você não só economiza como controla a ansiedade e insegurança diante de seu armário e diante da sua própria imagem.

Agora é o momento de buscar a essência do seu próprio ser. Olhar-se no espelho e (re)construir a sua própria imagem. Quem sou eu? O que eu quero parecer? O que é belo para mim? E a resposta aparece no reflexo, na essência visível de nós mesmos.

246 | Mapa da Vida

31

Integrando corpo, alma e espírito

Entenda por que pensamos uma coisa, falamos outra e sentimos de maneira diferente. Como ser humano, buscamos incessantemente o sentido da vida, e por vezes esquecemos que o seu funcionamento impera em três dimensões. Entender essa dinâmica a partir de nós mesmos é o caminho para uma vida de excelência pautada não somente em realizações, mas em plenitude

Mara Emerick

Mara Emerick

Empreendedora, escritora, sonhadora e profissional do desenvolvimento humano. Atua como consultora motivacional e analista comportamental com formação pelo Instituto Brasileiro de Coaching. Diretora há mais de dez anos da Imprisul Artes Gráficas em São Paulo. Membro da GCC- Global Coaching Community. Atende a grupos e pessoas na área pessoal e profissional. Empresária reconhecida no setor gráfico e publicitário. Diretora há mais de 10 anos da Imprisul Artes Gráficas. Ganhadora do prêmio empreendedor top of Business 2015. Idealizadora do sejamaisvoce, um programa de desenvolvimento humano voltado para o autoconhecimento.

Contatos
www.sejamaisvoce.com.br
central@imprisul.com.br
Skype: contato_central
(11) 98179-2702

Desde sempre, sabemos que o ser humano é formado de três partes que lhe dão vida e formam sua estrutura. Sua vida foi projetada para funcionar paralelamente em três dimensões: corpo, alma e espírito. Essa tricotomia carrega em si um conjunto de forças indispensáveis ao desenvolvimento humano e ao alcance da plenitude na vida. A não observância desse fenômeno natural em cada um de nós pode trazer desequilíbrios capazes de causar as mais diversas doenças físicas e emocionais.

Estudos buscam compreender o funcionamento de uma e outra dimensão através da ciência enquanto nós buscamos por algo que não sabemos o que venha a ser. Essa resposta não será encontrada em partes distintas do nosso ser, pois a vida não acontece isoladamente, mas, paralelamente nas três dimensões. Reconhecer o papel de cada uma delas é fundamental para encontrar respostas e o sentido da vida, que tem por destino alcançar seu objetivo sem perder a integralidade. Individualmente elas não se sustentam nem se definem, pois, nossa estrutura foi feita para se desenvolver simultaneamente.

O corpo, a alma e o espírito formam uma grande unidade e estão intimamente ligados, de modo que normalmente consideramos uma só pessoa, porém há diferenças marcantes entre cada ser.

QUEM SÃO

Corpo - ser que se expressa por meio do mundo físico manifestado pelo ego como "eu social".

Alma - ser que se expressa por meio de sua essência manifestada pela emoção como "eu mesmo".

Espírito - ser que se expressa pela sua divindade manifestada pela intuição como "eu maior".

O "eu social"; Também chamado aqui de ego tem uma visão de mundo baseado no que lhe foi ensinado a partir dos pais, da sociedade, da escola e de outros modelos que formam e estabelecem os padrões a serem seguidos. Uma criança ao nascer não tem a menor ideia de mundo nem de suas próprias funções humanas, até que lhe digam o que pode ou não fazer. A partir daí começam as regras e limitações quanto ao que é certo ou errado, bom ou ruim, profano ou sagrado. É neste padrão que a criança desenvolve suas habilidades, crenças e valores de forma a estar pronta para conviver e ser aceita na sociedade.

Crescidos, e agora já na fase adulta nos deparamos com nosso "eu social", o ego manifestado em nós pelo padrão dominante. Por fim, nos tornamos em grande parte, aquilo que fizeram de nós e, embora tenhamos certa desconfiança a respeito de quem somos de fato, temos dificuldade em nos arriscar a ser diferentes já que nos habituamos às regras dos modelos preestabelecidos. A partir dessa dinâmica, procuramos todas as formas de ser aceitos, amados e compreendidos.

É do "eu social" que vem a crença de que não somos bons o suficiente. Esta crença é um dos motivos de sermos cada vez mais o que não somos, pois vivemos numa incessante busca de sermos aprovados. O ciclo vai se repetindo sempre. Um fato interessante é que, enquanto este ego se desenvolve para atender a demanda social, muitas vezes reprime as ações dos outros "eus" que vão sendo ignorados e até esquecidos.

O "eu mesmo"; nessa dimensão está a alma, a nossa essência, a melhor pessoa dentro de nós movida pelo *self*. Aquilo que somos na mais pura, verdadeira e livre maneira de ser. É difícil dar uma definição minuciosa de alma, pois ela tem sua origem no universo abstrato. Ela é quem faz a ponte entre o mundo físico e espiritual.

A alma é o centro das nossas emoções. É ela quem emite os sentimentos que temos e pode ser considerada nossa criança interior. Dela parte toda autenticidade de quem somos. Diferentemente do 'eu social' que pode ser modelado, a alma apenas é.

A alma é um elo entre o corpo e o espírito. Ela recebe comandos do corpo e também orientação do espírito, mas não decide nada. Ela não tem esse poder, pois não tem medida de juízo. A alma não raciocina, não é dela essa função. Por conta disso, tem uma grande probabilidade de ser corrompida, manipulada e até escravizada. Já o ego codifica as sensações que recebe da alma, converte em informações e libera as determinações a serem seguidas. A alma se aprisiona fácil, gerando na vida humana a grande dificuldade de ser livre. Uma condição possível somente com a fluidez do espírito e a quietude do ego.

"Eu maior"; Esse é o espírito, o canal de comunicação com Deus. Esta dimensão acontece também no universo abstrato. Deus propriamente dito não se faz conhecer por inteiro pelo homem, mas colocou porção do seu espírito para que pudéssemos ter conhecimento Dele em nós. Quando se diz que fomos formados à imagem e semelhança de Deus, refere-se a alguns atributos divinos pelos quais nos guiamos. O espírito faz por nós o que o fabricante faz pelo seu produto. Cria uma linha de comunicação com seu usuário. É como se tivéssemos um SAC – serviço de atendimento ao consumidor. Na dimensão do espírito é onde encontramos a nossa origem, a fonte da vida, a transcendência e os recursos capazes de desenvolver com excelência as outras duas dimensões citadas acima.

É do "eu maior" aquela voz que às vezes pergunta dentro de nós: "o que você faria diferente em sua vida se tivesse uma segunda chance?". Através do "eu maior" falamos com "nosso gênio da lâmpada" sobre os anseios mais profundos. Somente esse poder superior a nós é capaz de nos restabelecer, nos purificar e restaurar nossa essência.

Essa não é uma dimensão fácil de compreender, pois segundo a teologia "As coisas do espírito se reconhecem por meio do espírito". A mente por si só, não tem capacidade de compreender essa dimensão, pois, a mente produz conhecimento e o espírito sabedoria. É por meio do "eu maior" que temos a orientação mais clara quanto à percepção de estar dentro ou fora do eixo da integralidade. Apesar da grande dificuldade humana em identificar o "eu maior", ele é presente e muito atuante. Ele nos dá direções conforme relato bíblico que diz: "uma voz atrás de você lhe dirá: "este é o caminho, siga-o"

EXPLANAÇÃO

O que está fora de você não é você, é o mundo externo. O que temos sido até aqui pode ser na verdade o reflexo daquilo que acreditamos ser. O ser humano é único dentro de suas três dimensões e nenhum modelo externo é perfeito pra ele. Por isso não devemos questionar ou julgar o comportamento do outro quando não o compreendemos, e sim, tentar compreender a nós mesmos. Neste artigo desejo contribuir com uma nova perspectiva, ajudando os leitores a identificarem sua luz e ressignificarem sua sombra por meio de toda intenção positiva em suas ações. No estudo de si mesmo é possível fazer um *reframe* dos conflitos internos, encontrar os verdadeiros valores, modificar as crenças limitantes e reconhecer as dependências que se formaram ao longo do tempo. Meu desejo é que esse material traga mudanças significativas e expansão da mente para um estado de atenção focada de forma a harmonizar todo nosso ser. Essa harmonia é possível quando fazemos a busca pela divindade que há em nós. Essa experiência acontece internamente no local sagrado que é o seu "eu maior".

Basta se permitir viver a experiência profunda e extraordinária que transcende todo o seu ser. Neste experimento não há conflito entre pensamentos, sentimentos e ações. Há um estado de *flow*, quando corpo, alma e espírito, fluem em perfeita harmonia co-criando e multiplicando forças.

COMO FUNCIONAM

Saber como funciona cada parte de si e identificar qual dos três "eus" fala, quer ou sente algo, é o primeiro passo para vencer uma barreira limitante. Outra coisa importante é saber qual seu lado dominante do cérebro para conduzi-lo de forma favorável à integralidade. O cérebro é dividido em dois hemisférios. O esquerdo controla os pensamentos analíticos e é onde se instala o "eu social". O hemisfério direito coordena os pensamentos criativos, onde vive o "eu mesmo". Entre os dois hemisférios fica o "eu maior", o ponto de equilíbrio necessário à integração do todo. Quando vivemos de forma desintegrada, acontece de um "eu" sabotar o outro e causar confusões dentro e fora de nós. Essa desordem inconsciente nos afeta negativamente e gera conflitos, impedindo de nos desenvolver e de nos fazer entender pelo outro. É o caso da sombra. A parte ruim escondida no inconsciente que nos recusamos a aceitar em nós mesmos. Ela toma frente à nossa luz causando incoerência e autossabotando nossas vidas, nos mantendo longe daquilo que mais desejamos alcançar. Entender o funcionamento das três dimensões faz a mente se renovar e ter informações corretas a respeito de si, do outro e de Deus.

ORIGEM E MISSÃO

Quando nascemos tivemos como base, a formação do ser integral. Com o desenvolver do nosso lado humano, muitos de nós fomos ficando longe desse estado inicial e fora do centro que nos direciona ao cumprimento de um propósito. Não podemos esquecer que uma dimensão por si mesma não se sustenta. Em algum momento as forças se esgotam levando o "eu" desintegrado a um colapso. Grande parte disso vem do comando ineficaz da mente, onde predomina o ego por meio do "eu social" exacerbado. Não são poucos os que se perdem de si mesmos e muitas vezes entram em depressão. Isso acontece porque ao invés de interagir nos três níveis de consciência que promovem o equilíbrio, se vive na manifestação individual. É nessa fase que recuamos e somente o "eu maior", o Deus em nós, é capaz de nos livrar do caos e nos levar a conexão com nossa verdadeira origem e missão de vida. Aprecio a declaração de Pierre Teilhard de Chardin quando diz "Não somos humanos vivendo uma experiência espiritual, somos seres espirituais vivendo uma experiência humana." Existe em nossa vida um propósito de existência a ser revelado pelo "eu maior" e temos referencia disso nos escritos bíblicos de Jó 42:2, quando em contato com seu "eu maior", ele diz "nenhum dos teus planos podem ser frustrados".

Na imagem acima, vemos as três dimensões da nossa formação e sua evolução. Note na terceira figura que o eu social se destaca invadindo o espaço das outras dimensões.

LIMITAÇÕES

Entendemos como limitação toda ação ou efeito que tem o poder de limitar, restringir, fixar. Num sentido mais amplo da palavra, limite está relacionado a uma linha que separa ou divide um território. No âmbito emocional as regras as quais nos prendemos podem afetar todas as esferas da nossa vida. Entre algumas das limitações que nos cercam, encontramos o medo que, embora natural, causa paralisação de ações e ideias por conta de crenças limitantes que imperam dentro de nós.

Por outro lado, temos como coadjuvante do medo, o extremismo, uma das coisas que mais desintegra o nosso ser. O extremismo é capaz de nos fazer invadir o outro lado do território (outra dimensão) e ficar por lá mesmo. Para isso não acontecer é importante sempre buscar o equilíbrio que fica no centro da gangorra dos oito ou oitenta. Esta é uma das razões de termos tantas frustrações. Violamos a nós mesmos nos causando todo tipo de sofrimento. Claro que não desejamos isso, mas, por conta das crenças limitantes que carregamos, o fazemos.

Algumas limitações devem ser respeitadas e para isso é que existem, porém devem ser avaliadas se estão dentro de valores e princípios próprios da integralidade.

Alinhar as três dimensões faz a vida fluir no seu próprio ritmo e ajuda a vencer barreiras que limitam nossa evolução.

COACHING E INTEGRALIDADE

Sempre que você tiver dificuldades de entender algo ou alguém pense em qual dimensão aquilo pode estar acontecendo. Tente ver a situação de fora. Por um ângulo diferente como fazem os *coaches*, os profissionais do autoconhecimento que aplicam o *coaching*. O método nos ajuda a fazer perguntas tão importantes que as próprias respostas nos surpreendem. Esse processo de perguntas tem um efeito poderosíssimo na identificação do que te fez chegar onde está. Você vai se surpreender com as descobertas que fará a seu respeito. São coisas que nem você sabia, porque estavam no seu inconsciente.

Tudo que você precisa para encontrar suas respostas é se ouvir na essência. Agora, siga em frente na busca da sua integralidade.

32

Uma abordagem concreta e moderna sobre competitividade, produtividade e planejamento estratégico

Este artigo apresenta uma abordagem que tem como foco competitividade e produtividade, assunto esse que tem sido alvo de debates na área do conhecimento, sendo um tema de extrema importância para as organizações

Mara Pinheiro

Mara Pinheiro

Administradora de Empresas pela UNISINOS, Especialista em Gestão empresarial pela FGV, com formação em dinâmica dos grupos pela SBDG, e *Coach Executive, Personal* e *Professional*, com certificação internacional pelo BCI, *Advanced Practitioner* pelo INEXH – Instituto Nacional de Excelência Humana. Desenvolve projetos como consultora em Gestão Organizacional, nos setores público e privado, atendendo empresas de médio e grande porte. Atuando também como *Coach* e como facilitadora em desenvolvimento de equipes, especialista na metodologia Deal (Desenvolvimento de Equipes ao Ar Livre), Projeto Líderes de Alta Performance Dicon. Diretora da Dicon Consultoria Organizacional, empresa de consultoria especializada em Gestão Organizacional, Recursos Humanos e Eventos Corporativos.

Contatos
www.diconconsultoria.com.br
mara@diconconsultoria.com.br
coaching@diconconsultoria.com.br
facebook.com/diconconsultoria
twitter: @diconconsult
(51) 9246-5771

O mundo corporativo vem apresentando um cenário de transformação, considerando as vigentes mudanças de mercado. E com isso uma necessidade latente de repensar valores organizacionais, que visam atingir o crescimento favorável e ascendente nos negócios e que promovam resultados promissores. Com esta realidade, percebe-se um movimento em direção ao desenvolvimento de novas ideias e estratégias, envolvendo todo escopo organizacional, na busca de perspectivas que possam concretizar ações e fortalecer as equipes de trabalho e lideranças, a fim de enfrentarem novos desafios.

Preparar a gestão organizacional é estratégico e um diferencial competitivo, frente às novas demandas de mercado e mudanças na economia global. As lideranças precisam estar envolvidas nos processos e decisões para que seja construída uma cultura de comprometimento e engajamento, promovendo um ambiente corporativo que agregue valor aos negócios.

Diante desse contexto, considera-se que o tema desenvolvimento é um assunto essencial e atual, pois os processos de *mentoring* e as ferramentas de *coaching* aliam estratégia e diferenciais competitivos, contribuindo para alavancar equipes e lideranças para alta performance, oportunizando desenvolver competências individuais e direcioná-las para o alcance de resultados de excelência.

O mentoring contribuindo eficazmente na estrutura e direcionamento de uma equipe para a excelência:

Inicia-se a abordagem pela contextualização do papel principal do mentor, que é encontrar um sentido que dá suporte e encorajamento para que o indivíduo gerencie seu próprio aprendizado, maximize seu potencial, desenvolva seus *skills*, aprimore sua performance e se torne o melhor que possa ser.

São pessoas que, direta ou indiretamente, passam visões, sonhos, ideais, princípios, valores, atitudes, conhecimentos e sabedoria.

Portanto, o mentor é aquele no qual se pode espelhar, que inspira, que compartilha sua sabedoria, experiência e conhecimento com aqueles menos experientes. De alguma forma, todos nós tivemos ou temos mentores, próximos ou distantes, reais ou idealizados, percebidos ou não. Grandes líderes já revelaram que tiveram mentores que os inspiraram a serem o seu melhor e a buscar a excelência.

O processo pode ser iniciado em um bem elaborado R&S – ou seja, a pessoa certa no lugar certo, o time certo e a competência para identificar talentos e desenvolvê-los. Neste contexto, entra a capacidade dos profissionais de RH para se posicionar, contribuir, mostrar conhecimento e ser reconhecido pelas lideranças como fundamental nas decisões estratégicas, pois as pessoas são fundamentais para o alcance da excelência.

O *mentoring*, através de sua habilidade em direcionar individualmente ou a uma equipe, influencia eficazmente nos processos de alinhamento, conhecimento aplicado, capacidade de realização e de transformação, no impacto estratégico dos líderes com excelência de performance, para a construção do futuro das organizações.

O coaching nos processos organizacionais contribuindo para o desenvolvimento de líderes para alta performance:

O *coaching* utiliza valiosas técnicas, ferramentas e metodologias que promovem o crescimento pessoal e profissional.

O líder que passa por esse processo tende a ter maior autoconhecimento, o que contribui para que seja mais produtivo e confiante em suas escolhas, adquirindo coragem e atenção redobrada em tudo que faz. Com isso, ele está constantemente desenvolvendo novas perspectivas de sucesso e tendo melhoria de performance.

Portanto, o desenvolvimento de novas perspectivas é uma constante na vida diária. E um líder mais confiante motiva sua equipe de forma mais efetiva, gerando com isso maior comprometimento e produtividade. O *coaching* pode ajudar o líder a desenvolver uma comunicação assertiva, para exercer uma liderança mais bem-sucedida. Mais que um treinamento, ele dá autonomia ao "*coachee*" para que trace seu próprio caminho em busca dos objetivos.

258 | Mapa da Vida

Destaca-se que o papel mais importante de um líder na equipe é passar a visão, manter o olho no placar, buscar resultados, fazer *coaching* com os seus liderados, dar *feedbacks* construtivos, manter um clima de aprendizagem coletiva e de cooperação interna, reconhecendo e reforçando os comportamentos adequados, desempenho superior, comunicação de excelência e escuta ativa, para que a equipe se sinta comprometida e confiante na busca da autossuperação.

Diante disso, as organizações modernas e que visam crescimento e rentabilidade de seus negócios desenvolvem suas lideranças para que atuem como *coach* e mentores. *Coach* para focar a melhoria contínua de performance e Mentores para estimular o autodesenvolvimento e o aprendizado contínuo dos liderados. Portanto, vem daí a necessidade emergente de um plano de desenvolvimento e performance para equipes e lideranças, com programas de treinamento para desenvolver habilidades, considerando as necessidades específicas, apostando em metodologias modernas, dinâmicas e inovadoras para saírem do lugar comum.

Identificando, ampliando e potencializando habilidades através da Metodologia DEAL (Desenvolvimento de Equipes ao ar livre):

Diante de todas as mudanças, as organizações revisam constantemente seus processos para manterem-se produtivas e competitivas, e o capital humano intelectual é um fator de extrema relevância, pois são as pessoas que fazem o dia a dia das organizações, desenvolvendo novas ideias, produtos e serviços, e o bem-estar delas, deve ser considerado como ativo, e trabalhado de forma construtiva e agregadora, a fim de comprometer e engajá-las nos propósitos almejados.

A metodologia DEAL (Desenvolvimento de equipes ao ar livre) é desenvolvida com a proposta de identificar habilidades já existentes e ampliá-las, potencializar capacidades, possibilitando compreender o perfil individual e das equipes e reorganizar direções, desenvolvendo-os na sua totalidade, descobrindo potenciais até antes nunca identificados e aperfeiçoá-los, assim como quebrar paradigmas, resolução de problemas, além de desenvolver a criatividade e inovação. Neste contexto, a metodologia vivencial abrange um vasto campo de possibilidades, trabalho em equipe, administração de conflitos, superação de desafios, entre outros, de acordo com as necessidades específicas demandadas por cada organização. Este processo de aprendizagem organizacional vem crescendo com propósito inovador, valendo-se de atividades dinâmicas e focadas no desenvolvimento de performance individual e de equipe, considerando as demandas apresentadas pela área de RH e lideranças, traçando, em conjunto com estes, um plano de desenvolvimento e avaliação de resultados.

Este processo de desenvolvimento, bem aplicado, com avaliação de resultados constante e contribuindo para o PDI – Plano de Desenvolvimento Individual de cada treinando, levando em conta o público e os objetivos específicos das organizações e o seu planejamento estratégico, pode atingir resultados excelentes e de relevante valor agregado, pois favorece a identificação de talentos potenciais e comportamentos muitas vezes não percebidos, por não serem estimulados. Porém, através de um método lúdico, estabelecer a experimentação, a vontade e a ousadia para superação de limites, levando a resultados de excelência. E ganham todos, a pessoa, o profissional, a equipe e a organização.

Alinhando o planejamento estratégico organizacional com o planejamento estratégico pessoal:

Considera-se oportuno elucidar que, o planejamento estratégico das organizações deve ser de alguma forma alinhada ao planejamento estratégico pessoal, para que a harmonia entre os mesmos produza melhores resultados, integrando as aspirações pessoais com as organizacionais de forma sinérgica e equilibrada.

O planejamento estratégico oportuniza as organizações, um preparo mais assertivo, para assim, conseguir prever alternativas mais estratégicas para se manter competitiva no mercado.

Neste sentido, é importante considerar que são indispensáveis ferramentas de gestão diferentes. Uma delas é a preparação e a execução bem elaborada do Planejamento Estratégico Organizacional, que tem como meta principal, entre outras questões, foco e estratégias para se manterem competitivas no mercado. Essa ferramenta contribui apontando as diretrizes e criando compromisso de execução fornecendo instrumental para a cobrança. Vale destacar que, quando utilizado adequadamente, o

Planejamento Estratégico impulsiona toda empresa na busca da melhor performance. Mas como alinhar tudo e ter resultados de excelência, fazer as pessoas, que são a chave do sucesso de qualquer organização, se comprometerem a ponto de serem um diferencial competitivo?

Nossa vivência no mercado, junto aos nossos clientes, nos aponta que a Metodologia Dicon, embasada nos conceitos e ferramentas acima comentados, oferece resultados significativos de crescimento na performance individual e da equipe para o alcance das metas organizacionais, estabelecendo uma sinergia entre as pessoas e a organização além de:

- Aliar expectativas pessoais e objetivos profissionais para atingir metas e os resultados organizacionais propostos;
- Reorganizar as posições estratégicas, potencializando talentos individuais em sintonia com os objetivos organizacionais, visando a alta performance e resultados de excelência;
- Metas claras, através de uma comunicação direcionada e assertiva;
- *Feedback* e avaliação dos resultados individuais e da equipe.

Referências

ARAÚJO, Ane. *Coach: um parceiro para o seu sucesso*. São Paulo: Gente, 1999.

BERNHOEFT, Rosa. *Mentoring: abrindo horizontes, superando limites, construindo caminhos*. Rio de Janeiro: Editora Gente, 1994.

DAVIS, Keith e NEWSTROM, John W. *Comportamento humano no trabalho: uma abordagem organizacional*. São Paulo: Pioneira TL, 1992.

GORDON, Ian. *Marketing de Relacionamento: estratégias, técnicas e tecnologias para conquistar clientes e mantê-los para sempre*. Tradução de Mauro Pinheiro. São Paulo: Futura, 1998.

RABAGLIO, Maria Odete. *Ferramentas de avaliação de performance com foco em competências*. Rio de Janeiro: Qualitymark, 2004.

ROBINSON, Ken. *Libertando o poder criativo: as teorias sobre imaginação, criatividade e inovações que despertam os talentos reprimidos / Sir Ken Robinson*; [tradução Rosemarie Ziegelmaier], SP : HSM Editora, 2012.

ROBBINS, Anthony. *Poder sem limites: o caminho do sucesso pela programação neurolinguística / Anthony Robbins*; tradução: Muriel Alves Brazil. 13 ed. – Rio de Janeiro: BestSeller, 2011.

SENGE, Peter M. *A quinta disciplina: arte e prática da organização que aprendem*. São Paulo: Editora: Best-Seller, 2000.

ZABOT, João Batista M.; SILVA, Luiz C. M. *Gestão do conhecimento: aprendizagem e tecnologia: construindo a inteligência*. São Paulo: Atlas, 2002.

33

Avaliação de comportamentos e atitudes
O segredo do sucesso

Muitas pessoas estão perdidas em suas
próprias vidas e não aceitam o fato de estarem
indo ao lado oposto daquilo que desejam

Marcela Silva

Marcela Silva

Professional Coach, pela Academia Brasileira de Coaching (Abracoaching), licenciada pelo BCI-Behavioral Coaching Institute. Graduada em Gestão Comercial pelo Instituto de Pesquisa e Ensino Paulista (IPEP), experiência consolidada em gestão de pessoas, com foco estratégico comercial, em diferentes segmentos do mercado. Palestrante motivacional.

Contatos
adm_marcelasilva@yahoo.com.br
(19) 99522-0618

> *E quem disse que a estrada seria sempre reta? Mais cedo ou mais tarde entenderá o sentido de cada curva vencida. O importante é não parar de caminhar...*
>
> Lavínia Lins

Atualmente com uma participação muito grande no mercado, o *coach*, (nome dado ao profissional de *coaching*), tem feito parte constantemente do nosso dia a dia, ele trabalha com ferramentas de encorajamento sobre comportamentos e atitudes, (comportamento é a ação), (atitude é a intenção). O profissional oferece apoio em um contexto ou situação específica em que o cliente está vivendo, seu trabalho consiste em desenvolver novas estratégias para soluções de problemas.

Apesar do profissional de *coaching,* às vezes, ensinar algo para os seus clientes, o profissional de *coach* não tem a função de ensinar, ensinar é transmitir conhecimento para outra pessoa, o *coach* apoia e desenvolve seu cliente, e apesar da palavra *coaching* ter o significado de origem (treinador), o profissional de *coaching* também não treina seus clientes, treinamento é o processo pelo qual se ajuda uma pessoa a desenvolver ou enriquecer suas habilidades no uso do conhecimento por meio da prática. E o que é *mentoring*?

É o processo pelo o qual o profissional ajuda a uma pessoa a compreender seu potencial e como este potencial pode ser aplicado para desenvolver seu crescimento pessoal ou profissional. Este artigo tem como objetivo apresentar ferramentas utilizadas no *coaching* e *mentoring* trazendo enriquecimento e desenvolvimento de comportamentos e atitudes do leitor, com um pouco de ensinamentos e treinamentos. O conhecimento de cada pessoa é avaliado pelas decisões ou ações pelas quais ela se guia, o conhecimento é o que está mais próximo da ação. No nosso dia a dia as nossas opiniões devem ser cautelosas, porque existem muitos fatores relacionados ao comportamento de uma pessoa e que a leva a tomar determinadas atitudes. O que nos afeta não são os comportamentos das pessoas e sim a percepção que temos sobre eles, cada pessoa tem uma capacidade diferenciada de lidar com o escopo ou complexidade de uma situação ou contexto em que está se vivendo, apenas a própria pessoa pode avaliar se está preparada para lidar com as incertezas de suas ações, apenas ela consegue avaliar o grau de complexidade e desenvolver ações para não ser surpreendido no meio do caminho. Neste contexto em que ouvimos muito se dizer um ditado popular muito conhecido "Se conselho fosse bom, não se dava, se vendia", porque somente a pessoa pode avaliar se o que está adquirindo de informações está relacionado aos fatores que a levam a ter determinadas ações.

Muitas pessoas estão perdidas em suas próprias vidas e não aceitam o fato de estarem indo ao lado oposto daquilo que desejam, tendo atitudes e comportamentos que ferem seus próprios valores, para serem aceitos em determinados grupos sociais, ou padrões de vida impostos pela sociedade, estão completamente perdidos, iludidos pelo (hoje) o momento, muitos usam de situações para se esconder, como o caso da situação econômica do nosso pais nos dias de hoje, "É por causa da crise", que levou a ter determinados comportamentos e atitudes, a palavra crise, é uma palavra formada pela junção de outras duas palavras (Perigo + Oportunidade), se você acredita que existe o perigo, então esta é a oportunidade de reavaliar todas as suas ações.

Os anos passam, em uma velocidade quase despercebida, principalmente quando não temos nada definido, precisamos traçar uma reta e seguir. Muito se diz sobre maturidade, maturidade tem a ver com os traços de personalidade e que podem afetar decisivamente a inclusão de uma pessoa em um grupo social, pare de pensar que o mundo "gira ao entorno do seu umbigo", e somente a sua opinião é a correta, somente você tem razão", "dono da verdade", tenha autocontrole, resistência ao *stress*, evite comportamentos negativos principalmente quando for provocado, aprenda a lidar com a hostilidade, e situações de stress, dê *feedback* positivos, isso alivia a tensão, sinta –se confiante em situações desafiadoras, e aprenda a lidar com os erros, nunca duvide da sua capacidade, mas também nunca se comporte como uma "Estrela" no que fizer, lembre-se todos nós precisamos uns dos outros, por menores que for o ato, desenvolva habilidades para considerar pontos de vista diferentes, aceite as mudanças com naturalidade, faça o exercício de "troca", sempre que discordar de determinadas atitudes do outro, coloque-se no lugar dele e tente compreender com as informações que você tem o que o levou a ter determinadas atitudes antes de julgá-lo, assim será mais fácil se relacionar com maturidade entre os grupos sociais, e se sairá melhor com atitudes como agressividade, egocentrismo e outros traços mais difíceis de ser desenvolvidos em uma pessoa. E você leitor, como avalia seu grau de maturidade? Suas ações têm afetado de alguma forma o seu dia a dia? A ferramenta abaixo é muito satisfatória para avaliar se suas ações o têm afetado em algo no seu dia a dia, é excelente também para tomadas de decisões basta mudar o contexto. Perdas e Ganhos. Faça uma lista com várias ações com as perguntas abaixo, após avalie a quantidade de perdas e a quantidade de ganhos deste comportamento:

O que eu ganho por ter esta atitude (escreva a atitude ou comportamento)?
O que eu perco por ter esta atitude (escreva a atitude ou comportamento)?

Você poderá também utilizar esta ferramenta, para ajudar a desenvolver melhor suas atitudes, exemplo definir mudar de emprego, trocar de veiculo, etc. Desenvolva o seu relacionamento de comunicação em uma mão de "duas vias", tenha um bom relacionamento com a equipe de trabalho e com os gestores da empresa em que trabalha, com os colegas da faculdade e com os professores, com os filhos dos vizinhos e com os pais dos vizinhos, com os irmãos da igreja, mas também com o ministério da igreja. Não tenha melindres desnecessários, não se exclua de grupos sociais, apenas porque pensam de maneira diferente da sua, somente convivendo com diferentes pensamentos, que são formados por crenças, valores, experiências, verdades, diferentes das suas, que você vai desenvolver seus comportamentos e atitudes, o ato de conhecer a si mesmo, autoconhecimento é uma arte e, provavelmente, um dos principais motivos do crescimento pessoal.

Podemos conhecer um pouco de nós mesmos de diferentes maneiras a mais comum e mais desconfortável, é usando a observação de terceiros e recebendo o *feedback* dos mesmos. Conhecer a nós mesmos é fundamental para identificar nossos limites e nossas diferenças entre as outras pessoas, aceitar as qualidades das outras pessoas e também as suas limitações de maneira que não venha a nos ferir, é para de pensar "Que a grama do vizinho sempre é mais verde". Em algumas situações ou contextos nos damos muito bem, em outras não.

O segundo casamento nunca será igual ao primeiro, são pessoas diferentes, atitudes e comportamentos diferentes. Do mesmo modo, eu posso me dar bem fazendo apresentações para públicos pequenos, e não ser tão eficiente com públicos ou auditórios enormes. O que me falta? Provavelmente estratégias (competências para tal) Uma ótima ferramenta que você pode utilizar para que você conheça um pouco mais de você é fazer as três perguntas abaixo pelo menos a três pessoas diferentes, que não seja seu pai, mãe, esposa ou filhos. O que acha de passar um e-mail no trabalho aos colaboradores ou aos colegas da faculdade, para os que você tem menos afinidade, mas que sejam pessoas sérias, de credibilidade, você verá o quanto é significativo às respostas e o quanto verá o seu desenvolvimento.

1) Quais são as minhas três principais qualidades/talentos?
2) O que eu agrego a você, quando estamos juntos ou pelo fato de nos conhecermos?
3) Qual é a qualidade que eu tenho e pareço não valorizar e que eu deveria ter orgulho em compartilhar?

Depois de se surpreender com as respostas que irá receber, aplique em seu dia a dia o que achar importante e verá grandes resultados. Desde nossa infância carregamos muitas crenças limitantes, impostas até mesmo por nossos pais, pessoas mais próximas, algumas frases mais conhecidas são "Você é burro", "Você não consegue", "...outras são impostas por nós mesmos," "Não tenho dinheiro","Não tenho mais idade","Não consigo..."etc.

Essas e outras crenças limitantes são um dos fatores responsáveis que impedem as pessoas de se relacionar em vários grupos sociais, fazendo com que a própria pessoa se diminua e se exclua de varias coisas, verdades dos outros, impostas e aceitas por quem ouve,e a pessoa passa a acreditar que o mundo em que vive a discrimina.

Se você não tem assunto para conversar em determinados grupos sociais, escute, observe, avalie, pergunte, tente compreender os contextos e aos poucos de maneira agradável, você acaba criando uma mentalidade de igualdade. Lembra lá do início? Você precisa saber "De onde você está vindo e para onde você quer ir", assim precisa ser em todos os seus relacionamentos, o esposo com a esposa, os filhos com os pais, os gestores com os seus liderados. Confie na sua capacidade, não se sobrecarregue, nem se subestime no que for fazer, se monitore, mas sem se perseguir, não se cobre por todos os atos, se julgue mas se encoraje ao mesmo tempo, tenha coerência para sustentar suas crenças e avaliar a importância do seu objetivo, se o seu objetivo se tornar uma obrigação, desconfiança,policiamento constante,os resultados serão de frustração, você chegara em um processo de negligência em suas ações, se sentirá desprotegido, com incertezas sobre erros e acertos, pontos fortes e pontos fracos, vai passar a gastar energia fazendo suposições, achando ou imaginando o resultado esperado, vai dar voltas e voltas sem saber onde está, ou onde se perdeu, neste estágio as pessoas a sua volta não vão perceber o que está acontecendo com você e suas ações serão ignoradas, então nas comunicações tenha flexibilidade e melhore os comportamentos que achar necessário. Tenha sempre planejamentos de ações, vários um para cada área da sua vida, planejamento pessoal é aquele que define objetivos dentro de si. A ferramenta abaixo é de grande importância para quem deseja se planejar. Descreva seu estado atual e em seguida seu estado desejado.

Estado atual:	Estado desejado:
Onde estou?	O que eu quero?
Por que estou?	Como eu quero?

Em seguida, após esta definição faça uma lista com os objetivos definidos como está no modelo abaixo:

Estado Desejado	Prazo

Curto prazo: Até 2 anos   Médio prazo: Entre 2 a 5 anos   Longo prazo: Acima de 5 anos

Ao definir seus objetivos, pense no melhor que já fez no passado e centuplique para fazê-lo agora, defina seus objetivos e redefina quantas vezes sentir necessidade de mudar, mas tenha um planejamento definido. A altura dos seus objetivos não pode assustá-lo, embora possa causar espanto a alguns, saiba que vai tropeçar frequentemente antes de alcançá-los, mas quando conquistar vai perceber o quanto a caminhada valeu a pena, e trouxe diferentes comportamentos, e se tropeçar, levante, pois todos nós devemos tropeçar muitas vezes até alcançar nossos objetivos. Supere hoje todas as ações de ontem, tudo se torna insignificante, impossível e de nada vale a pena se não houver uma ação. A procrastinação atrasa, dela nasce o medo, e apenas os corações corajosos reconhecem o próprio medo, e o vence. Seja como um vagalume que acende sua luz apenas quando voa, apenas quando está em ação, torne-se um vagalume mesmo durante o dia, seu fulgor será visto, apesar do sol. Não evite as tarefas de hoje deixando-as para amanhã, o amanhã jamais chega. Aja agora, mesmo que suas ações possam não trazer felicidade ou êxito, pois é melhor agir e fracassar do que não agir e atrapalhar-se. A felicidade pode vir com a ação e se não vier, o recomeço com certeza virá. Desenvolva sua insegurança, seja organizado, saia da procrastinação. Que ações você está tendo hoje e que são indispensáveis? Então deixe-as para quando tiver tempo. O que está fazendo hoje que poderia ser delegado a outra pessoa? Então delegue! Quais ações está fazendo hoje que só podem ser feitas por você? Então as priorize! No *coaching* temos o CHA, você o conhece?

C	Conhecimentos
H	Habilidades
A	Atitudes

Conhecimento é ter o saber que corresponde a 25% de nossas ações. Habilidades é o saber fazer, que corresponde a 15% de nossas ações. Atitudes é o querer fazer, que corresponde a 60% de nossas ações. Eu tive um professor que dizia: "Eu tenho conhecimento para jogar futebol, conheço as regras do jogo e seu fundamento, eu gosto de jogar futebol, e jogo sempre que posso, mas infelizmente não tenho habilidade nenhuma para este esporte", e neste caso independentemente da habilidade, ele faz o mais importante, tem atitude.

34

Sua carreira define seus sonhos e sua vida

Podemos caminhar de forma mais segura em direção a nossos sonhos com o apoio do *coaching* e da escuta ativa do *coach*. Este artigo apresenta três momentos importantes da vida profissional que podem contar com o apoio do *coaching* para que os objetivos sejam atingidos: o momento de escolha do rumo de carreira, a satisfação no exercício da carreira e o desenvolvimento de competências executivas

Miriam Gold

Miriam Gold

Executive e *Career Coach* com certificação internacional pelo BCI – Behavioral Coaching Institute, atuando também em Desenvolvimento de Competências e **Outplacement**, tanto para pessoas físicas como jurídicas. Professora formada pela Universidade Federal do Rio de Janeiro, com Especialização em Literatura Brasileira, tem Formação em Psicanálise, Pós-graduação em Linguística Textual, MBA em Educação e Qualidade na Empresa e Especialização em Literatura, Gestão de Pessoas e Gestão de Competências. Desenvolve treinamentos e *coaching* em empresas públicas e privadas, como Endesa, Petrobras, Icatu, Accenture, Sul América, Petros, Embratel, Mongeral, Gerdau, Previ-Rio, Conselho Regional de Administração, entre outras. Apresenta palestras em todo o território nacional e é autora do livro Redação Empresarial, 4ª edição, e de Português Instrumental para o Curso de Direito, publicados pela Editora Pearson. É Sócia-Presidente da Mgold Assessoria.

Contatos
www.mgoldassessoria.com.br
mgold.contato@gmail.com
(21) 99811-4233

Você tem um sonho? Como você pode fazer para chegar a seu sonho e achar o seu tesouro? Onde encontrar este mapa que te levará ao tesouro sonhado?

Quando nascemos não temos o mapa da nossa vida: ele é construído inicialmente à nossa revelia, composto por nosso contexto, nossas emoções, nossa realidade e, principalmente, pelas oportunidades que a vida faz surgir à nossa frente. Assim como todos os mapas, o da vida só pode ser visto e entendido a posterior, ou seja, depois que a experiência e a vivência desenharam os rios, as planícies, os lagos, as montanhas íngremes e o mar em nossos corações e mentes.

Aliás, este é um dos aspectos mais intrigantes da vida humana: não há como viver a vida após um ensaio geral; o ensaio já é a própria vida. Assim, o mapa de nossas vidas se confunde sempre com a vida vivida.

Uma das descobertas mais importantes dos estudos que constituíram a base teórica do processo de *coaching* (a psicologia, a psicanálise, a psicolinguística e os estudos sobre o funcionamento das redes neuronais) é que o ser humano é dotado de uma plasticidade psicológica e neuronal que lhe permite encontrar vários meios diferentes, éticos e eficazes, para atingir seus objetivos.

Na verdade, todos nós podemos, se assim o quisermos, esboçar um projeto para chegar ao tesouro que buscamos. Podemos desenhar nosso mapa do tesouro a partir da matéria-prima das emoções e pensamentos já vivenciados, de nossas forças e fraquezas, de nossa vivência e medos, superando os obstáculos reais e imaginários de forma consistente, responsável e ética.

Não é uma tarefa fácil e é extremamente difícil de ser realizada sem um acompanhamento profissional. Para esboçar este projeto do nosso mapa da vida precisaremos de força de vontade e de algumas ferramentas específicas – que o bom *coach* aplicará – de maneira a possibilitar o desenho preciso do caminho da transformação dos sonhos em realidade.

Por meio de *coaching*, é possível gerar um mapa para atingir os sonhos, desenhando estratégias para as metas de curto, médio e longo prazos, capazes de serem transformadas em realidade por meio da eliminação de mecanismos internos de boicote.

O *coaching* é um processo para desenvolver novas atitudes positivas de uma pessoa, levando-a a buscar novos entendimentos, percepções e alternativas. A especificidade do processo de *coaching* é que o olhar e as ações remeterão sempre ao futuro, e não ao passado, como a psicologia e a psicanálise. Com as ferramentas e técnicas do processo, pode-se então construir o mapa do tesouro, mantendo o foco na transformação de seus sonhos em realidade.

O *coaching* é uma metodologia científica, apoiada em técnicas e ferramentas, que aponta para novas possibilidades de ação, ampliando realizações e conquistas. Ele pode ser focado em aumento de desempenho, autoconfiança, transformação ou aprendizado, potencializando resultados positivos nas diversas áreas da vida.

Escolhemos analisar neste artigo três aspectos da vida profissional que podem contar com o apoio de um *coach*: o momento de escolha do rumo de carreira, a satisfação no exercício da carreira, e o desenvolvimento de competências executivas.

Tomemos como exemplo inicial um dos mais importantes momentos da vida adulta: a escolha do rumo de carreira. Sabemos que a escolha de cada indivíduo depende de diversos fatores, de acordo com diferentes particularidades e motivações: desejo de liberdade e autonomia, desejo de galgar postos de liderança, de maior ou menor necessidade de "ganhar a vida", de segurança, de produzir algo inédito, de empreender, de contribuir para o desenvolvimento da pesquisa científica, e outros.

Nesse momento nos perguntamos quais são as nossas opções, identificamos nossos sonhos de futuro profissional, mas raramente pensamos de forma objetiva. A insegurança aumenta, já que a aposta no futuro está relacionada a um amplo leque de expectativas que envolvem maior realização, melhor retorno financeiro, fama, reconhecimento, poder, amizades, prazer, vínculos familiares, entre outros.

Entretanto, para que a meta – seja ela qual for – seja alcançada e a pessoa seja feliz na carreira que escolheu, ela tem que olhar para além das ilusões e construções racionais e entender seus padrões mais profundos de satisfação.

O apoio das ferramentas e técnicas do *coaching* e a escuta ativa do *coach*, fazendo as perguntas adequadas e a análise linguística das respostas, faz com que haja a elaboração mental e emocional necessária para a construção de bases sólidas na formulação de um plano de carreira em que as características individuais – tais como os principais motivadores, talentos, e necessidades – alinhem-se às possibilidades do mercado de trabalho, à empregabilidade, à qualidade de vida e à ascensão profissional.

A relação entre nossos valores e o rumo de carreira é determinante para a satisfação ou insatisfação pessoal. Quantas pessoas você conhece que se declaram infelizes profissionalmente, mas não sabem o que querem? Ou que sabem o que querem, mas não sabem como chegar lá?

Lembro-me de um dos meus primeiros assessorados de *coaching* de rumo de carreira, um rapaz de 17 anos, que estava preocupado em ter uma escolha consistente e não desperdiçar tempo nem dinheiro. Em determinado momento do processo, ele se viu entre duas opções: arquitetura ou engenharia. Trabalhamos um pouco mais e ele concluiu que não via sua vida interagindo com engenheiros, mas sim com arquitetos. Foi um processo curto, de seis encontros, com um belo resultado.

Outra situação marcante foi de uma das minhas assessoradas em *coaching* de rumo de carreira que chorava a cada encontro. Ela enfrentava um momento difícil pois, embora fosse proprietária de seu negócio e ele estivesse indo bem, este não lhe trazia satisfação profissional. Ela era engenheira, com um passado em empresa multinacional conceituada, tinha 32 anos, e era bastante inteligente. Buscava algo diferente, com uma participação na qual realmente fizesse a diferença e atuasse em uma área mais alinhada com seus valores. Quando definiu sua direção, conseguiu fazer parte de uma grande consultoria multinacional, ganhando um belo salário.

Veja alguns exemplos de questões trabalhadas no *coaching* de rumo de carreira:

- Dúvidas na escolha da profissão
- Indecisão diante de alternativas de carreira
- Planejamento de carreira

Vamos tratar agora de outro aspecto da vida adulta: o *coaching* de carreira para pessoas que já estão atuando profissionalmente. Como o *coaching* de carreira é uma metodologia que trabalha os sonhos da vida profissional de maneira realista e consistente, ele pode – e deve – ser exercido quando já se está atuando e se deseja crescer profissionalmente, manter seu emprego ou trocá-lo.

Uma das grandes vantagens do *coaching* de carreira é sua ajuda para que a pessoa passe a ter controle sobre sua própria vida, evitando desperdício de tempo, dinheiro, conhecimentos e energia com ações que não trazem os resultados esperados.

Geralmente somos levados a pensar em nossas carreiras quando algo desagradável acontece: uma promoção que não vem, uma mudança de chefia que impacta negativamente sobre nossa atuação, ou uma reestruturação e o desligamento.

Hoje é imprescindível que a própria pessoa gerencie sua carreira, traçando um caminho consistente com seus valores, competências e metas. Não há mais garantia de estabilidade, mesmo que a pessoa seja um excelente funcionário. O alto desempenho, válido até a década de 90, foi substituído por critérios envolvendo habilidades comportamentais, como liderança, habilidade política e relacionamento.

Atendo muitos profissionais que são desligados de suas empresas e começam a fazer o processo de recolocação. Este processo é mais conhecido como transição de carreira ou *outplacement* e envolve não só um *coaching* inicial de levantamento de informações e competências, mas também todo um plano de ação que conta com estratégias de visibilidade, ações de *networking* e preparação para entrevistas.

Uma grande parte destes profissionais desligados são executivos com ótimas contribuições à empresa, muito focados em resultados, mas como características que requerem melhor preparação na área de liderança, marketing profissional e relacionamento interpessoal.

Se eles tivessem tido a oportunidade de fazer um *coaching* para desenvolver seus pontos fracos poderiam não ter sido surpreendidos pela demissão.

Pense. Analise. Quais são os seus sonhos profissionais? Crescer na empresa? Mudar seu foco? Aumentar suas vendas? Administrar melhor seu tempo?

Como você pode ampliar suas realizações profissionais? Melhorando o relacionamento no trabalho? Conquistando maior liderança? Administrando melhor os conflitos? Tronando seus resultados mais visíveis?

É hora de se perguntar quando foi a última vez que você parou para pensar e analisar seriamente seu rumo de vida e carreira. Quando você procurou um especialista para ajudá-lo a refletir profundamente sobre suas necessidades, seus interesses, seu ritmo de trabalho, oportunidades, pontos positivos, pontos negativos, e, por fim, sobre sua realização e felicidade?

Com o dia a dia tão corrido, em que não sobra tempo para nada, tendemos a seguir adiante sem aprofundarmos a reflexão. Como ainda conseguir reservar uma hora por semana para verificar se estamos no rumo certo?

A carreira é um meio privilegiado com o qual podemos usufruir a vida da melhor forma possível. Quando escolhemos ser felizes e realizados, e não vítimas da situação, escolhemos criar um ambiente de satisfação que reverbera à nossa volta. Quando você escolhe ser feliz, você escolhe agir.

Ao contar com o apoio de um *coach* de carreira, a pessoa consegue definir exatamente qual seu objetivo a médio prazo, fazer a identificação do percurso a ser realizado para a obtenção de sua meta, identificar suas forças e implementá-las, identificar seus pontos fracos e conseguir superá-los, e construir todo o rol de ações que pavimentarão o caminho de seu sucesso.

Lembre-se: você é o único responsável por sua vida e por sua carreira profissional.

Leia a seguir sete preciosas dicas de carreira para você ter sucesso:

1. Tenha metas claras e uma visão aguçada de como chegar lá.
2. Melhore a administração do seu tempo.
3. Mantenha ativa sua rede de contatos fora da empresa.
4. Fortaleça sua autoconfiança e autoestima.
5. Melhore constantemente as habilidades de comunicação.
6. Busque parceria com pares e subordinados.
7. Equilibre vida pessoal e trabalho.

Por fim, como propusemos no início do artigo, vamos abordar o *coaching* para desenvolvimento de competências executivas, também chamado de *coaching* executivo. A principal diferença deste processo com relação ao anterior, que também tratava do desenvolvimento da carreira, é que o *coaching* executivo é contratado pela empresa, e não pela pessoa física.

Deste modo, o *coach* buscará atender dois interesses: o da empresa e o da pessoa física. Saber aliar os dois interesses é pré-condição para que o processo tenha êxito.

No mundo contemporâneo, com a competitividade crescente e a crise econômica, o mundo corporativo tem optado por reter os talentos e enxugar seu quadro de pessoal. Performar melhor, apresentar rapidamente resultados e estar motivado na vida profissional é uma necessidade imperiosa.

Como o *coaching* executivo pode contribuir para o alcance de um diferencial significativo?

A partir do momento que se concluiu que sem uma boa performance comportamental não há um fluxo adequado dos processos, assim como não há trabalho em equipe nem liderança positiva e motivacional, o *coaching* executivo surge como a melhor ferramenta para o Desenvolvimento das Lideranças, para a preparação de Times sinérgicos e alinhados, para o Desenvolvimento de Talentos e preparo de sucessões e para o engajamento dos colaboradores nos valores da empresa, trazendo resultados quantitativos e qualitativos mais rapidamente.

O *coaching* estimula a análise, a construção e a realização de um comportamento positivo alinhado à missão, visão e valores da organização. Desta forma, a empresa obtém não só o retorno de seu investimento, mas o melhor retorno sobre o capital investido e a efetividade das ações a longo prazo.

De acordo com diversas pesquisas, as empresas que dão mais lucro e registram maior produtividade são aquelas que oferecem o *coaching* executivo: "Um gerente que recebe esse tipo de capacitação consegue aumentar em até 86% sua produtividade" (Revista Exame, 26/02/2014, *Coaching faz aumentar a produtividade*).

Como se vê, o *coaching* não é mais um modismo, destinado a passar com o tempo. Seus resultados trazem uma ampla gama de benefícios e permitem com que os sonhos sejam construídos de forma sustentável, possibilitando que tanto pessoas como organizações atinjam seus tesouros.

Sucesso!

35

A vida é o caminho 8 Passos para a realização plena

Qual o caminho e como é nossa jornada na conquista da realização em nossa vida? Quem somos e o que conhecemos de nosso potencial realizador? Este é um convite ao autoconhecimento e autodesenvolvimento por meio do *coaching* como ponte para uma vida de propósito e significado. A possibilidade do despertar do Eu Interior em harmonia com o Eu Superior; a evolução pessoal e construção de um legado. Realize-se!

Mônica Petrocelli

Mônica Petrocelli

Possui mais de 20 anos de experiência em consultoria de Empresas. Consultora de Gestão de Mudanças-certificada pelo HUCMBok; Gestão da Qualidade; *Coach* pela Sociedade Brasileira de Coaching; Pós-Graduada em Gestão Estratégica pela UCM; Pós-Graduada em Ciência do Yoga pelo-IBMR. Estudante de filosofia Védica desde 1997, estudou na Índia entre 2003 e 2005. Desenvolveu sua carreira em consultoria empresarial nas áreas de gestão de mudanças estratégicas e culturais, redesenho de processos e tecnologia da informação. Atua no desenvolvimento individual, de organizações, de líderes e equipes, em *coaching* e no desenvolvimento e humanização de processos de transformações organizacionais e culturais.

Contatos
www.petrocelli.com.br
monicapetrocelli@darshans.com.br
(21) 98875-4871

Exercemos diversos papéis na vida, o papel de filho, de pai ou mãe, irmão, profissional e vários outros. Mas qual é o papel que realmente o faz feliz, que lhe dá prazer de viver, aquele pelo qual acordaria todos os dias dando um pulo da cama, como uma criança para quem se promete um lindo passeio?

Para iniciar o processo de reconhecimento de si mesmo, pense nas coisas que gostava de fazer quando criança, sem as influências da família, da escola, dos amigos, do trabalho, da sociedade, do status, do cargo que ocupa. Identifique o que realmente ama fazer, aquilo que o faz feliz só de pensar. Ilusão é achar que só existem momentos alegres ou tristes e que a felicidade é passageira. Tom e Vinícius que me perdoem, mas a felicidade não é "como a gota de orvalho numa pétala de flor, que brilha tranquila depois de leve oscila e cai como uma lágrima de amor. A felicidade é a gota é o orvalho é o brilho é a oscilação é a lágrima é o amor... é estar um pouco sozinho". Tudo isso é felicidade e está em toda parte, dentro, fora, em cima, embaixo, em todo lugar. E para encontrá-la é preciso que você assuma um compromisso com você mesmo. O compromisso de ser feliz, porque a felicidade está na jornada, não no destino.

Você encontra a felicidade na jornada quando se conhece melhor. Vamos colocar a mão na massa? Pegue papel e caneta, reflita e responda as perguntas abaixo. Leia a pergunta e escreva a primeira resposta que vier na sua mente, sem filtro, depois você terá oportunidade de melhorar as respostas, mas nesse momento não filtre nada, não racionalize; depois, você poderá retomar suas respostas, complementá-las e aprimorá-las:

1ª O que você ama fazer?
2ª O que você faz e que lhe traz felicidade?
3ª Você é feliz com o que você faz na maior parte do tempo?
4ª O que você quer ser e ter?
5ª O que você quer deixar como legado?

Você começa a se conhecer quando toma consciência do que você ama fazer e quando você consegue se ocupar disso na maior parte do tempo. E quando você passa a maior parte do tempo fazendo o que realmente ama fazer, automaticamente faz o melhor para si mesmo e para o mundo. A primeira pessoa beneficiada quando você faz o seu melhor é você mesmo, e isso se reflete em tudo o que está a sua volta. Quando você faz algo que ama fazer, faz o melhor porque isso traz realização, traz um sentimento que vai além da sensação de dever cumprido, do dinheiro que você ganha ou qualquer outra coisa. Portanto, não adie mais a sua felicidade, não espere ter o casamento dos sonhos, o carro do ano, um milhão na conta, afinal ter o casamento dos sonhos, o carro do ano, um milhão na conta, talvez não seja tão difícil, mas manter o casamento dos sonhos, o carro do ano e um milhão na conta não te trará a mesma sensação que você sentiu durante a busca de cada uma destas coisas. Pode até ser que um dia você acorde e perceba que nada disso o mantém feliz. A vida é longa, você verá que suas verdades mudam com o tempo e, ao perceber essa mudança você pode sentir-se incoerente, sentir raiva, medo, impotência, portanto olhe para você mesmo como um aprendiz, que erra, mas aprende. Que acerta e continua aprendendo, dignificando seu sofrimento, e dignificar o sofrimento significa aprender algo com ele, vivenciar cada segundo da sua jornada acreditando em você mesmo. Seu caminho é único, é seu!

Quando você está no controle da própria vida, age com segurança, fazendo e dando o seu melhor a cada momento. É importante ter em mente a ética com você mesmo e com os outros, agir de acordo com seus valores, suas forças, suas virtudes e, consequentemente, isso irá gerar um ambiente harmonioso em torno de você. Não permita que a sua felicidade dependa de nada que não esteja sob a sua responsabilidade. Ser feliz é responsabilidade sua, não é da sua mãe, do seu pai, do seu filho, do marido ou da esposa: esse pacote é seu. Caminhe e seja feliz durante a sua jornada, no final tudo dará certo, e se você achar que não deu certo é porque o fim não chegou, como já dizia o Professor Hermógenes, mas até aqui você caminhou feliz e, no mínimo, terá tido um grande aprendizado. Nunca pare de caminhar, não desista, lembre-se de que o fim da jornada da vida não é você quem determina.

Que visão você tem sobre a sua vida? Tenha uma visão clara do que você quer ter e ser e em quanto tempo você deseja chegar lá. Cada um de nós deve assumir o papel de protagonista da história da própria vida.

Para algumas pessoas, desde que inventaram o "tá ruim", nunca mais ficou bom, o vitimismo tomou conta e assola milhares de pessoas que se tornam dependentes de "esmolas" para viver. Essas "esmolas" se transformam em dependência de elogios, de recompensas por desempenho e por aí vai. Se agem e são elogiadas vão ao céu, algumas não funcionam se não receberem um elogio, por outro lado, se recebem uma crítica descem ao inferno rapidamente, e ficam assim, oscilando, ora achando que são a melhor pessoa do mundo, a azeitona da empada, o *Ó do Bobó* e ora se sentindo menosprezadas, o pior dos seres humanos, e sua vida segue dependente do *feedback* que recebem, sem refletir ou apurar o que foi dito. Lembre-se de que só você pode fazer a sua história. É fato de que não é toda pessoa que sabe fazer uma crítica ou dar *feedback*, mas a questão aqui é como você os recebe, e isso é o que importa. Ao receber uma crítica, faça uma análise, se a pessoa tem razão, agradeça pela oportunidade que ela lhe dá de melhorar, se ela não tiver razão, agradeça pela oportunidade de não precisar mais acreditar nela.

Ao criar dependências, seja de que natureza for, incluindo a dependência de elogios, você bloqueia aquelas que poderiam ser suas melhores ações, compromete o seu autoconhecimento, passa a ter uma visão distorcida de quem você é, desvia da missão da sua vida, perde a automotivação e tudo isso refletirá na vida das pessoas que convivem com você, seja em casa ou no ambiente de trabalho.

É preciso mudar essa forma de pensamento, o vitimismo, o "coitadismo" e entrar em ação para encontrar o que você ama fazer, buscando ser excelente no que você ama fazer. É realmente muito bom acordar empolgado com as atividades que nos esperam ao longo do dia. Se a felicidade está na jornada, então faça com que sua jornada seja feliz. Esse poder está em suas mãos. O poder de decidir o que vamos fazer agora é o único poder real que temos, todos os outros são consequências das decisões que tomarmos agora.

Descubra qual é a sua missão. Todos nós temos algo que nos chama internamente, que nos motiva para, naturalmente, sermos nós mesmos, sem nos preocuparmos com o que os outros vão pensar, ou com que críticas vamos receber. Por outro lado, existe uma força externa que nos trava dizendo que você não vai conseguir ou que isso é loucura e, assim, vamos criando obstáculos, paradigmas, vamos nos frustrando e, frustrados, vamos buscar fora de nós aquilo que só podemos encontrar em nós mesmos.

No tempo em que vivi na Índia, percebi o quanto podemos adquirir uma mente livre, quando observamos as leis do Dharma (papel) e do Karma (ação). Essas leis colocam, quase que automaticamente, nossos papéis e ações sob nossa responsabilidade. A mente cria muitas limitações atreladas a culpas: culpa por fazer algo, culpa por não fazer algo etc. Podemos abrandar o peso da mente se passarmos a agir de acordo com a nossa natureza e caminharmos a fim de descobrir e realizar a nossa missão. Contudo precisamos superar obstáculos que a mente impõe. Segundo Patanjali, autor do Yoga Sutra, existem cinco obstáculos que precisamos vencer, que são:

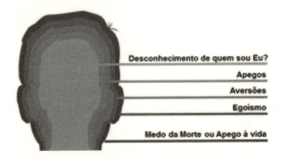

Estes obstáculos nos impedem de ver quem somos verdadeiramente e, para superá-los, é necessário tomar as rédeas da própria vida, assumir total responsabilidade pelos resultados de nossas ações sem buscar culpados, nos comprometermos com o processo de autoconhecimento compreendendo que erros e acertos fazem parte e são consequências das nossas escolhas. Para nos comprometermos conscientemente com este processo, é fundamental conhecer a natureza, as leis, as regras e os limites da responsabilidade a ser assumida. Nosso ritmo e estilo de vida nos afastaram da nossa natureza, transformando o que era simples em problemas aparentemente insolúveis. Reencontrar essa natureza própria parece ser sempre dificultado pela falta de tempo e por outros impedimentos que, em realidade, muitas vezes são paradigmas que podem ser quebrados. Os caminhos para reconhecimento e administração das ferramentas internas estão permanentemente à nossa disposição, mas passam despercebidos. Todavia, transferimos a responsabilidade da nossa saúde para os médicos, o que de fato é relevante dentro de uma cultura onde "não ter tempo" transformou-se em um grande jargão.

O que ocorre com um homem que negligencia a si mesmo? As respostas são basicamente duas: tornam-se "frios e calculistas" ou propensos à tirania das emoções e, tanto num caso como no outro, os resultados refletirão negativamente, de modo que, mesmo um resultado numericamente positivo terá, mais cedo ou mais tarde, um reflexo negativo.

Homens frios e calculistas certamente terão pouca vitalidade e serão praticamente ineptos para questões humanas de maior alcance. Os que se submeterem à tirania das emoções serão temas de tratados sobre o desequilíbrio e saberão, poucas vezes, dar por si em sua jornada de vida, a não ser que haja um profundo esforço que os conduza ao equilíbrio, o mesmo valendo para os frios e calculistas.

O que ocorre com uma família ou com uma empresa que possua em seu seio indivíduos dessa natureza? Deverá manifestar em seu todo as características de suas partes, e isso refletir-se-á em todos a sua volta. Relacionando esta situação aos termos técnicos acerca do cérebro, o sistema límbico estará em conflito com o neocórtex. Traduzindo, produzirá o velho conflito razão x paixão. Ao invés desses sistemas atuarem como partes de um todo, atuarão como faculdades independentes. Conforme ocorre num sistema cerebral bem educado, onde a razão não apenas se funde com a emoção, mas a põe em seu lugar, dar-se-á exatamente o contrário num sistema pouco treinado. O resultado será o desequilíbrio em seu todo, baixa autoestima e pouca consciência de si, com um sistema de motivação falho, com baixo valor moral. Uma liderança assim exercida tenderá à unilateralidade. O que afirmamos aqui não são meras especulações. Basta, para nos certificarmos disso, que lancemos um olhar para o que vem ocorrendo no mundo.

O *coaching*, associado ao yoga, auxilia no resgate natural da responsabilidade com você mesmo e a assumir o compromisso com a sua missão de vida, abrindo caminhos para descobrir a sua identidade, o que você ama fazer e no engajamento necessário para você ser excelente no que ama fazer.

Agora pegue o papel onde você respondeu às perguntas feitas no início do artigo e, depois de tudo o que você leu aqui, faça uma reflexão e responda às perguntas abaixo, reavaliando suas respostas anteriores, complementando-as e aprimorando-as:

1ª Quem é você? (Essa é a sua identidade)
2ª O que você quer ser e ter? (Essa é a sua visão)
3ª O que você quer deixar como legado? (Essa é a sua missão e a sua obra)

Qual é o caminho do sucesso ou do fracasso nas suas atividades? Os dados indicam que o sucesso, em alguns casos, está relacionado a uma escolha sábia do objetivo certo, da definição de metas e de ações planejadas para se obter os resultados esperados. Podemos relacionar oito passos para transpor esses obstáculos e escolhermos um caminho saudável que nos dará elementos para que empreguemos a dose necessária de emoção em todos os papéis que assumimos na vida e nas decisões que tomamos, mas isso ficará para o próximo artigo.

Referências

BEAR, F. Mark, Connors, W. Barry, Paradiso, A. Michael. *Neurociências Desvendando o Sistema Nervoso*. São Paulo: ArTmed Editora, 2002.

DAMÁSIO, Antonio R. *O Erro de Descartes – Emoção, razão e o cérebro humano*. Tradução: Dora Vicente e Georgina Segurado. São Paulo: Companhia das Letras, 2001.

EINSTEIN, Albert. *Como vejo o mundo*. Rio de Janeiro: Nova Fronteira, 1981.

_____, Albert. *Escritos da Maturidade*. Rio de Janeiro: Nova Fronteira, 1994.

GOLEMAN, Daniel. *Inteligência Emocional*. Tradução de Marcos Santarrita. Rio de Janeiro: Editora Objetiva, 1995.

HAWLEY, Jack. *O Redespertar Espiritual no Trabalho*. Tradução de Alves Calado. Rio de Janeiro: Record, 1993.

HERMÓGENES, José. *Iniciação ao Yoga*. Rio de Janeiro: Nova Era, 1994.

Thakura, Srila Bhaktivinoda. *Jaiva-Dharma*. Mathura/India: Gaudiya Vedanta Publications, 2002.

TAIMINI, I.K. *A Ciência do Yoga*. Brasília: Editora Teosófica, 1996.

ZABEU, Paulo. *5 Regras para vencer seus limites*. São Paulo: Green Forest do Brasil, 2001.

ZIMMER, Henrich. *Filosofias da Índia*. Tradução de Nilton Almeida Silva e Cláudia Giovani. São Paulo, Palas Athena, 2000.

36

O ambiente muda com o homem e por meio dele

Os ambientes corporativos estão doentes. Embora haja disposição em alcançar objetivos as pessoas não calibram o tipo de energia colocada em suas atividades, perdendo-se em crenças e valores que não as fazem felizes. Embora tenham em suas jornadas de trabalho o horário mais produtivo de seu dia, é lá que estão perdendo a saúde e sua conexão com o divino. O que é possível fazer para mudar este cenário?

Neila Cristina Franco

Neila Cristina Franco

Graduação em Administração de Empresas Graduação em Gestão Empresarial e Tecnologia da Informação *Personal* e Profissional *Coach* pelo Instituto Edson de Paula Oradora Profissional pelo Instituto Reinaldo Polito Help Desk Manager pelo Help Desk Institute. Itil Foundation pela Venco - Consultoria e Serviços. Consultora há mais de 23 anos nas áreas de tecnologia da informação e negócios, exerce função de liderança em equipes multidisciplinares em empresas de médio e grande porte; garante a sustentação da operação de TI; efetua e influencia a avaliação de maturidade dos ambientes corporativos; implanta e revisa processos operacionais; forma lideranças para plano de sucessão, bem como age como interlocutora com áreas de negócio para o melhor desempenho dos serviços. Na formação de liderança aplica ferramentas de Coaching Comportamental Evolutivo® do Instituto Edson de Paula e ministro treinamentos e palestras voltadas à formação de pessoas. Atua em nível Brasil e reside em São Paulo/SP.

Contatos
www.neilacristinafranco.com.br
contato@neilacristinafranco.com.br
neilacristinafranco.blogspot.com
http://br.linkedin.com/in/neilacristinafranco

Vamos ao significado: "Obrigado - do latim obligare, "ligar por todos os lados, ligar moralmente")... "fico-lhe obrigado", ou seja, "passo, a partir deste momento, a ser seu devedor". Sergio Rodrigues, Blog "Sobre palavras".

Sou de uma época onde o agradecimento era sinal de boa educação. Minha mãe pacientemente ensinou aos seis filhos a dizer obrigado ou obrigada como uma das primeiras lições da convivência social, garantindo que o significado milenar fosse perpetuado no reconhecimento daqueles que deram ou fizeram algo por nós.

Nas relações de amizade que construímos repetimos o que minha mãe ensinou para que todo o ciclo fosse agradecido. Estabelecemos relações verdadeiras, amigos fiéis dentro e fora de casa, e ainda bons exemplos a seguir. Só quem precisou de um amigo do lado para aguentar o tranco da vida sabe o valor do que estou dizendo.

Mais tarde, sedenta por conhecimento e reconhecimento, iniciei minha carreira profissional reunindo-me com outros grupos, a quem passei a influenciar e ser influenciada. Nestes núcleos havia pessoas com valores e crenças bem diferentes dos meus. Meus pais me ensinaram a respeitar as diferenças, mas nunca abrir mão dos meus princípios. Compartilhei com meu pai muitas situações destes ambientes, dos quais ele também era refém, e sempre ouvi bons conselhos, que me permitiram passar por eles sem me corromper. Lembro-me de uma situação onde um colega propôs faltarmos numa ponte de feriado sem avisar a chefia, assim ele daria bronca, mas não poderia mandar a todos embora. Ao compartilhar meu pai aconselhou-me a procurar o líder e perguntar se não poderíamos emendar o feriado. Fiz o recomendado e o chefe concedeu a ponte à todos. Ninguém precisou ficar ansioso, receoso ou mentir. Muitos assumiam estratégias ou quebra de valores para ter vantagem ferindo a ética.

Nestes ambientes, até hoje, percebo que muitas são as diferenças de valores. Estas diferenças levam a duas principais condutas: competição e vaidade.

Não vejo na competição um problema, porque acredito que com ética e reconhecimento, seja possível conviver em harmonia e alcançar os objetivos, ganhando todos de forma colaborativa. Porém, se faltar respeito, ela ganhará um peso tão negativo quanto a outra.

A vaidade, esta sim é daninha, e causa aos mais jovens ou aos mais suscetíveis moralmente, uma influência que os tornará humanos perversos e a convivência diária um calabouço de sentimentos negativos levando a infelicidade e frustração.

Alguns empresários buscam palestras e *workshops* para causar a reflexão e motivar uma mudança de comportamento. Recentemente ouvi numa palestra de Edson de Paula as seguintes perguntas: "O que te motiva? Onde está a sua felicidade?". Esta pergunta atordoa homens e mulheres, mas o que me foi mais marcante foi ser dirigida à um grupo exclusivamente feminino. Olhei para os lados e todas estavam lá com olhos marejados buscando as respostas. Ali eu mesma comecei minha jornada em busca da minha missão.

Nós mulheres reivindicamos o valor de um trabalho remunerado, ao estudo, a continuidade e ainda ao direito de nos perpetuarmos em carreiras que antes só o mundo masculino se apossava. Levamos pra dentro destes ambientes o olhar da mulher, as aptidões para fazer várias coisas ao mesmo tempo em que só o cérebro feminino possui, algumas vezes fomos mais eficientes que eles, mas estamos caindo na mesma armadilha que os sucumbiu: estamos esquecendo das pessoas.

Aqui me proponho a falar das relações humanas nos ambientes corporativos sob a ótica da mulher, formadora e líder participativa que sou, apoiada em ferramentas desenvolvidas pelo Instituto Edson de Paula e em como é possível passar por eles deixando uma marca, influenciando positivamente as pessoas e tornar-se um ser humano completo no alcance de objetivos pessoais e profissionais.

Vamos agora conhecer algumas das ferramentas que ajudam nas reflexões que podem resultar numa mudança efetiva de comportamento nestes ambientes.

Problemática 1 - Quem está formando as pessoas nos ambientes corporativos?

Muito já se falou de liderança. Defendia-se uma escola autoritária e de pouco relacionamento com os subordinados. A proximidade era sinal de liberdade excessiva e de pouca subordinação. A centralização das tarefas no chefe era considerada a única forma de garantir qualidade. Este comportamento gerou subordinados imaturos, despreparados e desmotivados, além de uma performance ruim das empresas pois não havia cadência entre as etapas das atividades; as metas eram desconhecidas pelas equipes, portanto inatingíveis. Do outro lado, líderes autoritários, inseguros, sobrecarregados e estressados pelo acúmulo de funções.

Estudos recentes têm evidenciado que é preciso mudar. A delegação de atividades, retorno sobre o desempenho individual, o compartilhamento das metas e a formação técnica e comportamental são essenciais para ter grupos produtivos. A prática deste novo modelo exige que existam profissionais e líderes com capacidade formadora.

É preciso que este líder conheça à si e equipe. Que busque a contratação de pessoas éticas e com habilidades de relacionamento, que possibilitem a construção de equipes íntegras e colaborativas. Que caso já existam e fujam deste padrão de comportamento, que tenha poder de influência para transformá-las. Que desenvolva visão estratégica para construir planos para alcance de metas. Que esteja disposto a ser um exemplo e se alegrar pelas conquistas.

Nem sempre o formador é um líder nomeado por cargo e privilégios. Alguns são maus exemplos, inclusive. O formador nato é aquele que se apresenta à missão, que assume a responsabilidade de ensinar, explicar e principalmente de ser exemplo.

Como você se comporta? Quais são suas limitações? Você sabe quais são as competências de quem está ao seu lado? Você é uma referência de comportamento?

Minha sugestão é que você faça uma entrevista individual com cada um deles. Liste algumas informações necessárias para conhecê-lo melhor. Quais são seus sentimentos, memórias e sonhos abandonados, valores, desejos profissionais e pessoais, etc. Com isto será possível a identificação de potenciais, competências individuais; valores; momentos marcantes, preocupações e finalmente objetivos pessoais e profissionais. Agora aplique esta entrevista a você mesmo e faça a leitura de si próprio.

Quando me senti conhecida e reconhecida através destas abordagens me senti compreendida e respeitada em meus desejos e ambições. Foram conversas longas e respeitosas, onde o meu treinador buscou quebrar a estranheza inicial e clarear ideias por meio da reflexão.

O *coaching* não é uma receita de bolo. O cliente precisa estar aberto e desejar passar pelo processo. Entregar-se as reflexões e questionar-se sempre. Tornei-me mais solidária com os outros, mais ouvinte, mais participativa e comprometida com as metas corporativas tal qual o sou com as minhas metas pessoais. Sabendo da vida e dos desejos do outro me pareceu mais fácil ceder e compreender. Por exemplo: É mais fácil ceder a uma troca de escala quando você sabe que naquele dia o outro pode ter uma realização pessoal: ao ver um filho receber seu diploma; o amor se renovar num jantar de aniversário de casamento; o nascimento do filho querido e etc. Difícil?! Claro que sim.

Antes de conhecermos o outro há muita suposição e às vezes julgamentos covardes. Muitas vezes endureci o corpo e o coração porque achava que o outro não merecia. Quem sou eu para julgar?!

Dica: procure por meio dessa entrevista individual também perceber a forma como cada indivíduo estabelece seu diálogo e comunicação: se são mais abertos, mais introspectivos, mais detalhistas. Isto ajudará a entender como a conexão com os outros se dá e onde podem haver oportunidades de indicar uma melhoria para que a relação com os outros seja mais satisfatória.

Hoje existem três tipos de estilo de comunicação: visual, auditivo e sinestésico. Para cada estilo há uma forma de comunicação e de transferência de conhecimento. Sabendo que uma pessoa é auditiva você saberá que é através do que você diz que a convencerá. Se for sinestésica que deverá haver muita sustentação escrita sob o risco dela não confiar integralmente em você. Normalmente as pessoas são compostas por características de dois estilos.

Todos nós assumimos um estilo de comportamento para a convivência. Para saber mais sobre este tema busque a bibliografia(') indicativa ao final do artigo.

Conhecedor do estilo de cada um, você poderá orientá-lo nas habilidades para alcançar o coração do outro, reduzindo distâncias.

A partir de uma melhor relação entre as pessoas do grupo será possível trazê-las a construir metas e fechar uma forma para persegui-las.

Problemática 2 - Como construir metas e persegui-las?

Fala-se muito em metas, mas pouco se compartilha sobre elas, seja no plano corporativo ou metas pessoais.

Na minha própria experiência construí a meta através do método SMART. Sugiro que você o utilize para construir a sua. Segundo o método você deve seguir a definição de cinco pontos para ter sucesso em seu alcance:

S – Significa: definir uma meta bem clara e objetiva.
M – Significa: mensurável – Possível de medir. Definir como vai ser medido e no acompanhamento se ela está sendo perseguida.
A – Significa: alcançável – Estabelecer etapas que comprovem serem possíveis, com responsáveis e etc.

R – Significa: relevante – Definir o que se ganha com a meta (em qualidade, valor($) ou outrem)
T – Significa: tempo – Definir no tempo quando ela será alcançada.

Depois que defini o que era a meta, encadeei as atividades necessárias ao meu objetivo no tempo. Meu plano agora tinha submetas que permitiram satisfações intermediárias, com indicadores que possibilitaram medi-la a cada até que o objetivo final fosse alcançado. É neste ponto que é possível enxergar diferença entre desejar e construir um objetivo. A meta está estruturada e monitorada.

Quando assumi um cronograma para o meu plano, isto me possibilitou acompanhá-lo. Veja que fui estabelecendo metas intermediárias cujo projeto tinha conclusão em 05/2015.

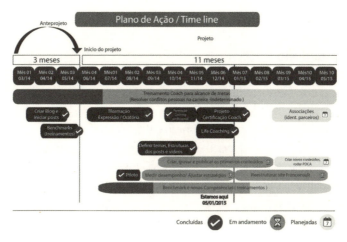

Fonte: arquivos pessoais.

Assim como eu, as pessoas precisam ter metas estabelecidas porque o desafio está em cumpri-las. Sem um norte perdem-se em rotinas diárias e nada é realizado.

Quero aqui fazer um link com os programas de bonificação ou gratificação nas empresas.

Estas iniciativas buscam o reconhecimento do desempenho às diversas escalas de metas propostas. Mas e daí?!

Isto pode não alcançar o seu coração simplesmente por você não enxergar "vantagem" ou "valor" naquele esforço extra que terá de ser feito para alcançar as submetas, metas ou ainda ultrapassá-las.

Dica: e se para cada meta corporativa houver algo de mesma grandeza sob os seus desejos pessoais? Fará mais sentido?! Certamente que sim! Veja abaixo um modelo para apoiar esta associação.

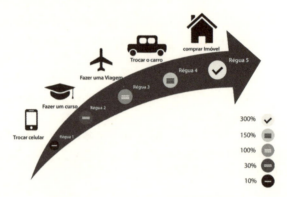

Fonte: arquivos pessoais.

Conclusão

É sabido que o ser humano é insaciável com relação a expectativas e questionamentos. Certezas de ontem são reconstruídas porque o tempo não para para afirmá-las definitivamente.

O ambiente muda com o homem e através dele. É preciso cuidar da nossa essência. O caminho depende da nossa atitude. Ser grato pela evolução do ambiente e alcance das metas e premiações significa reconhecer que foi preciso mudar a si mesmo, que fossemos mais participativos, mais solidários e respeitosos uns com os outros. Significa que tomamos consciência desta responsabilidade e tenhamos respondido satisfatoriamente as questões abaixo:

- ✓ Há quanto tempo você não elogia um posicionamento ético no ambiente de trabalho?
- ✓ Há quanto tempo você não cumprimenta uma demonstração de solidariedade quando tudo pendia para terminar somente nos seus ombros?
- ✓ Há quanto tempo você não agradece e retribui pela oportunidade de ter um bom emprego, convênio médico e dignidade de pagar suas contas?

Por fim:
Humanize-se;
Sensibilize-se;
Reconheça;
Agradeça

37

Aplicações de fotografias em *coaching* e *mentoring*

A fotografia e suas composições, na forma de documentários ou narrativas, têm grande poder de instigar debates e diálogos nas mais diversas áreas e campos de estudo. Trata-se de uma metodologia capaz de promover interação, diálogos, debates e cooperação entre pessoas e profissionais, rumo a equipes de alto desempenho

Niro Nash

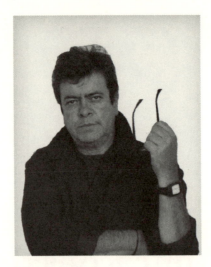

Niro Nash

Niro Nash, codinome de Niraldo José do Nascimento, é doutor em Ciência da Informação pela Universidade de Brasília na linha de Gestão da Informação, com pesquisas em acervos, interpretação fotográfica e intertextualidade. Fotógrafo amador e autodidata, tem profundo interesse por imagens, suas subjetividades, potencialidades e suas aplicações. Alinhou sua experiência imagética no desenvolvimento de modelos gráficos contextuais e simulação de sistemas computadorizados. Professor de graduação e pós-graduação, na área de gestão de projetos e do conhecimento, dinâmica de sistemas, comportamento organizacional e outras.

Contato
niro.nash@gmail.com

Afotografia não é apenas um registro em qualquer suporte[1], é uma ação sobre a vida e nossa existência, com vários desdobramentos. Trata-se de um processo que se inicia com o olhar do fotógrafo, seus objetivos, escolhas e decisões, intermediado por um instrumento tecnológico que captura parte de uma determinada realidade.

Logo após o "clique", o que foi registrado não representa, necessariamente, a realidade. Será sempre um "passado" que deixou de existir porque o tempo, inevitavelmente, passa. Roland Barthes, filósofo francês (1915-1980), indagado sobre a fotografia, respondeu laconicamente: "Foi...", reafirmando essa característica pictórica. Transformado em objeto que podemos observar, apresenta múltiplos sentidos, significados e aplicações, que podem ser analisados e discutidos, donde provém seu enorme valor.

É sobre esse valor e suas aplicações que vamos escrever, mas, antes de tudo, é importante termos alguns parâmetros para orientar nossos estudos e práticas.

Parâmetros fotográficos

Os parâmetros incluem alguns conhecimentos sobre a fotografia, não exatamente técnicos, mas dos papéis e funções que desempenhou historicamente, desde que foi oficialmente descoberta e depois patenteada oficialmente pelos franceses Niépce e Daguerre em 1839[2], caindo em domínio público e rapidamente disseminando-se por todo o mundo.

Os papéis que representou, inicialmente, estavam ligados principalmente à arte, fotografias de pessoas (retratos) e espaços urbanos. Objeto de muitas controvérsias desde seu nascimento, durante um período imaginou-se que ela iria ocupar definitivamente o lugar das belas-artes, devido à precisão e qualidade das imagens. Esse equívoco foi abolido graças a muitos especialistas que prova-

1 Entenda-se suporte como qualquer tipo de material, tangível ou não, no qual uma imagem pode ser estampada para apreciação, seja o clássico papel fotográfico, vidro, camisetas, canecas e, no caso do intangível, uma simples projeção em uma tela ou semelhante.

2 A fotografia, na verdade, nasceu das experiências de pesquisadores de diferentes países. Recomendamos ao leitor, a leitura do texto "Pequena história da fotografia" de Walter Benjamim (ver bibliografia) e assistir o vídeo "História da fotografia" em https://www.youtube.com/watch?v=GyNa1OdJJcg

ram serem áreas distintas, embora, durante certo tempo, muitos artistas tenham trocado a pintura pela fotografia, e esta, por sua vez, tenha contribuído de forma muito significativa para a pintura.

Posteriormente, a fotografia veio ocupar lugar de destaque na pesquisa histórica (os historiadores foram importantíssimos em sua disseminação), no fotojornalismo, na publicidade, na documentação e em vários ramos da ciência, da biologia à astronomia, entre outros tantos, como a foto-denúncia, a fotografia como prova, etc. Com o advento das câmeras digitais, o mundo experimenta, hoje, uma verdadeira "inundação" de imagens. Portanto, devemos estar sempre atentos ao nosso "foco", de modo a atingirmos os objetivos estabelecidos: aplicações da fotografia ao *coaching* e ao *mentoring*.

Para que possamos fazer esse alinhamento, é importante recordar e termos em mente, ainda que de forma resumida, os conceitos desses termos. De acordo com o Capítulo Brasileiro da International Coach Federation, "*Coaching* é uma parceria entre o *coach* (profissional treinado para entregar o processo de *coaching*) e o *coachee* (pessoa que passará pelo processo de *coaching*), em um processo estimulante e criativo que o inspira a maximizar o seu potencial pessoal e profissional, na busca do alcance dos seus objetivos e metas, por meio do desenvolvimento de novos e mais efetivos comportamentos".

Para o citado instituto, *mentoring* visa "[...] a construção de habilidades que irão desenvolver os membros de uma equipe nas áreas mais relevantes para eles. [...] particularmente útil para CEOs, diretores e gerentes. Seja para ajudá-los a planejar e desenvolver sua captação de recursos ou para chegar ao mundo das celebridades, os principais colaboradores na construção de redes".

Muito além do conhecimento técnico, concluí empiricamente que ver e analisar fotografias, estimula a criatividade e a inovação[3]. Apenas um mínimo de conhecimento técnico é necessário para conduzir nossos projetos, mas a criatividade é fundamental. Durante os cinco anos que cursei Economia na PUC-MG, chegava uma hora antes do início das aulas, via e analisava montes de fotografias, "devorando" milhares em livros e revistas, de dezenas de prateleiras.

Da mesma forma que ler é essencial para escrever, ver fotos é fundamental para criar. Cheguei a essa conclusão ao fotografar um antigo poste de rua na cidade de Ouro Preto. Analisando a foto, me recordou outra foto que havia visto de um poste de Paris. Infelizmente não as tenho mais, mas recordo que eram

---

3 Recomendo assistir o vídeo "Sensibilizando o olhar para a fotografia" em https://www.youtube.com/watch?v=4pyPYRaI7ew

diferentes no enquadramento, cores, tonalidades, etc., mas próximas dentro de um contexto amplo. Empírico porque, estudando um pouco sobre neurologia, as milhares de fotos que vi não ficaram "gravadas" individualmente em meu inconsciente. Misturaram-se, fundiram, estabeleceram conexões, formaram outros sentidos e modificaram meu olhar.

E o olhar é o ato principal que antecede o ato fotográfico. Portanto, é preciso ser estimulado, de forma a criar sua própria linguagem, embora "olhar", "linguagem" e "imagem" sejam termos carregados de subjetividades.

Vamos discutir brevemente sobre o olhar e criatividade, partindo do pressuposto que uma única imagem pode expressar histórias de anos e se traduzir em milhares de páginas escritas. Nesse ponto, nos aproximamos da intertextualidade.

Como não aprecio linearidades, vou iniciar pelo fim, ou seja, barreiras que impedem o olhar. Freeman Patterson, famoso fotógrafo internacional, professor e escritor, em seu livro *Photography and the art of seeing*, define as seguintes barreiras ao olhar: estar concentrado em si mesmo e não no ambiente em que está inserido; uma intensa quantidade de estímulos externos e a principal, a suposta familiaridade com que olhamos as coisas. O autor cita Monet, que teria afirmado que, para olharmos e vermos, devemos esquecer o nome de todas as coisas. Tenho isso como verdade, um bebê ou um analfabeto apenas vê as coisas, não as nomeia.

Faça uma experiência. Por exemplo, se você acha que conhece o lugar ou cidade onde mora, dê um passeio como se fosse um ambiente totalmente estranho, como se estivesse ali pela primeira vez. Não dê nome a nada, apenas procure olhar, observar formas, tamanhos, cores, luzes e sombras, texturas. Garanto que vai se surpreender com essa experiência[4]. Como escreveu Fernando Pessoa:

"O essencial é saber ver,
Saber ver sem estar a pensar,
Saber ver quando se vê,
E nem pensar quando se vê
Nem ver quando se pensa.
Mas isso (tristes de nós que trazemos a alma vestida!),
Isso exige um estudo profundo,
Uma aprendizagem de desaprender".

---

4 Pontualmente sobre esse assunto, assista o vídeo "Entrevista com professor Júlio Alcântara - A visão e o olhar (Fotografia)" em https://www.youtube.com/watch?v=1CE5wAbKrm8

Resumindo, duas coisas são muito importantes. Além de um conhecimento técnico básico na captura de imagens, primeiro temos que educar o olhar a todo momento, quer seja vendo fotografias ou observando um ambiente com estranheza. Segundo, estar atento às barreiras que impedem a criatividade.

Desenvolvendo projetos para *coaching* e *mentoring*

O projeto que propomos é dividido nas fases a seguir. Sugiro a aplicação da técnica 5 W 1 H:

What?	O que será feito?
When?	Quando será feito?
Where?	Onde será feito?
Why?	Por que será feito?
Who?	Quem o fará?
How?	Como será feito?

1. **Pesquisa:** buscar teorias e práticas que fundamentem e justifiquem o projeto;
2. **Planejamento:** escolher o tema, analisar e estabelecer objetivos, pesquisar o contexto e avaliar sua aplicação;
3. **Documentação e descrição:** resumir e reunir todas as teorias e práticas que se alinham aos objetivos do projeto;
4. **Desenvolvimento do projeto:** com base no planejamento, estabelecer data, duração, metodologias de trabalho e avaliação;
5. **Aplicação do projeto:** tratando-se de um tema novo, recomendo realizar um teste-piloto, com público conhecido e reduzido de pessoas antes de aplicá-lo na prática. Dessa experiência, registrar comentários e críticas mais importantes de modo que, durante a realização efetiva do projeto, já se tenha respostas para dúvidas que surgirem e redirecionamentos necessários;
6. **Documentação da experiência:** o *feedback* dos participantes é fundamental e deve ser documentado, bem como todas as informações (incluindo fotografias, textos, rascunhos, etc.). Esse material constitui-se em um importante acervo de gestão de conhecimentos.

Exemplo resumido de como realizar um projeto

Vamos supor que o tema seja "Como crescer em sua carreira" a ser aplicado a vinte funcionários de uma empresa. A seguir definimos o projeto.

1. **Planejamento:** despertar discussões sobre crescimento profissional a partir de fotografias, conduzidas por dois profissionais experientes, de modo a promover o *empowerment*, intraempreendedorismo, espírito de equipe e colaboração;
2. **Pesquisa:** busca de teorias que representem o estado da arte no desenvolvimento de carreiras;
3. **Documentação e descrição:** preparação de apostilas, apresentações, dinâmicas de grupo e outros materiais com base em fotografias;
4. **Desenvolvimento do projeto:** realização no próximo mês, com duração de vinte dias. Preparação: vinte horas para o item 2 e 12 horas para o item 3. O projeto terá oito horas de aulas preparatórias, quarenta horas para os participantes fazerem pesquisas e tirarem fotos, além de oito horas de debates, em quatro encontros de duas horas cada;
5. **Aplicação do projeto:** os participantes deverão realizar pelo menos três fotografias cada, buscando o máximo de criatividade e inovação. É altamente recomendado o uso de metáforas imagéticas, ao contrário de se fotografar o óbvio. Por exemplo, fotografar animais[5] em situações de empreendedorismo, solução de problemas e/ou cooperação, ao invés de pessoas trabalhando. Cada foto realizada deverá ser documentada, constando, no mínimo: título, autor, local e data em que foi tirada. O conteúdo das fotos e como ele se relaciona com o *coaching* e *mentoring* deverá ser discutido nos encontros presenciais, de forma que contribuam para atingir os objetivos, ou seja, a elaboração de um mapa de crescimento na carreira.

Conclusão

A fotografia, em si, é uma linguagem (intertextualidade), uma forma de comunicação, interação, cooperação, inovação, etc. Além disso, há diversas composições, que denominamos hibridismos, que podem ser aplicadas nas áreas de

---

5 Assistam ao vídeo "Cachorro Prison Break Dog" em https://www.youtube.com/watch?v=3s5dQ-8jhN2g e visitem o blog "Descobrir a Terra", com fotografias que podem gerar insights e inovações, em http://descobrir-a-terra.blogs.sapo.pt/tag/factores+bioticos

coaching e *mentoring*, como documentários, *storytelling*, narrativas, contos, fotoescritas, fotopoemas e outros. Será um prazer interagir trocando ideias, recebendo críticas e sugestões, relatos de experiências e tudo que venha contribuir para nosso crescimento pessoal e profissional com a utilização de imagens.

Referências

BENÍTEZ, Antonia Salvador et al. *Imaginando: uso y aplicación de la fotografía en los procesos de aprendizaje.* Juan Miguel Sánchez Vigil (Editor). Vicerrectorado de Evaluación de la Calidad. Universidad Complutense de Madrid, 2012. Disponível em <http://apalopez.info/GPAF/IMAGINANDO_texto_color.pdf> Acesso em mar. 2013.

FOX, Anna; CARUANA, Natasha. *Por trás da imagem: pesquisa e prática em fotografia.* São Paulo: Gustavo Gili, 2013.

ICF Brasil. International Coach Federation. Disponível em <http://icfbrasil.org/>. Acesso em jan. 2015.

PATTERSON, Freeman. *Photography and the art of seeing.* Great Britain: David & Charles, 1989.

PENN, Gemma. Análise semiótica de imagens paradas in Pesquisa qualitativa com texto: imagem e som: um manual prático. Martin W. Bauer, George Gaskell (editores). Petrópolis, RJ: Vozes, 2002.

PESSOA, Fernando. *Alberto Caieiro: poemas completos.* São Paulo: Nobel, 2008.

SAMAIN, Etienne. *Um retorno à Câmara Clara: Roland Barthes e a antropologia visual in SAMAIN, Etienne.* O fotográfico. São Paulo: Hucitec, 1998.

SHORT, Maria. *Contexto e narrativa em fotografia.* São Paulo: Gustavo Gili, 2013.

38

O modelo é uma trilha e não um trilho

Cada processo de *coaching* é único. Cada cliente traz consigo um contexto peculiar. Dessa forma, nem sempre as ferramentas convencionais serão suficientes O *coach* precisa ter uma visão holística do processo

Osíris Lins Caldas Neto

Osíris Lins Caldas Neto

Consultor Empresarial, Palestrante, Sócio Gestor da L.CALDAS – empresa que atua há 10 anos na área de consultoria e assessoria em gestão empresarial, Economista formado pela Universidade Católica de Pernambuco, Pós-Graduado em "Gestão da Capacidade Humana nas Organizações" pela UPE, Professional Coach, formado pela Academia Brasileira de Coach, com certificação Internacional pelo BCI (USA) Presidente da ACIC – Associação Comercial e Empresarial de Caruaru – 2013/2014 – 2015/2016, Diretor Financeiro da FACEP – Federação das Associações Comerciais e Empresariais de Pernambuco – 2013/2014, Secretário Executivo da Prefeitura de Caruaru – 2009/2010, Presidente do Rotary Club Caruaru Maurício de Nassau – 2006/2007, Secretário da Micro e Pequena Empresa do Estado de Pernambuco - 2014.

Contatos
osiris@lcaldas.com.br
lcaldas@lcaldas.com.br
(81) 99973-7960
(81) 3721-8457

O *coaching* consiste em conduzir indivíduos a serem mais e melhores. No entanto, ao iniciar esse processo, é preciso cautela para não reduzir a pessoa envolvida a um modelo pré-formatado, à medida que, ao enquadrar uma pessoa em um formato "engessado", corre-se o risco de limitar o seu potencial de autodesenvolvimento. Diante disso, é necessário que o *coach* tenha a sensibilidade de enxergar o contexto apresentado pelo *coachee* como um todo, primando pela responsabilidade de que as decisões tomadas, a partir de então, influenciarão o curso da vida deste.

Ao receber um cliente para *coaching*, tem-se em mãos um universo de possibilidades e de trabalho para desenvolver, além do objetivo desejado. As percepções iniciais do *coachee* muitas vezes vêm acompanhadas de muitas incertezas implícitas, questões pessoais, emocionais, espirituais e profissionais. Dentro desse universo, é fundamental estimular todas as áreas para que o *coachee* possa avaliar sua condição atual e perceber se, antes de atingir o objetivo informado, não precisaria resolver ou ajustar pontos de sua vida que poderão auxiliar ou sabotar o alcance desse objetivo.

Após identificar o estado desejado, deve-se esclarecer o que é o *coaching* – uma vez que a maioria dos clientes desconhece o modelo, ferramentas e técnicas, ou até podem apresentar uma ideia distorcida sobre o processo –, estabelecer o acordo de confiança e confidencialidade, bem como ratificar o comprometimento de *coach* e *coachee* para com o projeto.

Iniciado o processo, é primordial o uso das ferramentas ou técnicas e observar. A partir delas, ver quais as áreas da vida do *coachee* estão necessitando evoluir e assim tratar ponto a ponto para que tarefas e ferramentas se harmonizem e, de fato, transformem positivamente a vida do *coachee*, atentando ao que se falou anteriormente acerca da responsabilidade do *coach* no processo, tendo em vista que cada cliente apresentará um contexto próprio e demandará do *coach*, além do uso das ferramentas, um olhar individualizado.

A partir deste momento, inicia-se o sentido do título deste artigo: "O modelo é uma Trilha e não um Trilho" ou como ensina o amigo e mestre Edson De Paula: "Temos um mapa e não o mapa". Isto faz uma diferença enorme.

Dentro do conceito "O modelo é uma trilha e não um trilho" observa-se a relação entre um pai e um filho: o pai é o modelo com sua experiência, entretanto o filho escolhe pegar atalhos. Prefere aventurar-se no mapa da vida. Ou seja, mesmo com referências e modelos, cada indivíduo constrói o seu próprio caminho.

Diante da infinidade de possibilidades trazidas por cada cliente, o *coach* será chamado a desviar-se do modelo e buscar estratégias que se adequem melhor a cada situação.

Tome-se como exemplo um indivíduo, sócio de uma empresa, cujo objetivo é tornar-se diretor-financeiro.

Apresenta como obstáculos:

- O fato de não ter função específica definida;
- Desacreditado para a função pelos demais sócios.

Para ilustrar mais esse case, a empresa está passando por transformação em sua gestão e o resultado financeiro foi negativo nos últimos dez meses.

No exemplo utilizado, durante o *coaching*, além das ferramentas tradicionais, iniciou-se um trabalho de avaliação dos processos e procedimentos operacionais da empresa em questão, onde pode ser confrontado o conhecimento técnico do *coachee* quanto à área pretendida. Várias inconsistências foram encontradas quanto à administração, dentre elas a falta de análise dos relatórios, de forma a não permitir ações que norteassem os trabalhos e metas.

Ademais, a estratégia também estava comprometida, uma vez que o departamento financeiro não participava das reuniões de planejamento, provocando assim um completo desalinhamento entre objetivos macros e orçamento.

Face ao exposto, o *coachee* foi questionado sobre o modelo de gestão atual e teve como tarefa aprofundar-se quanto ao setor financeiro da organização, de forma que pudesse avaliar a repercussão desse modelo no resultado dos diversos setores. A partir daí, pode-se entender como as decisões gerais estavam totalmente desalinhadas com o fluxo financeiro, comprometendo os projetos das diversas áreas e principalmente o resultado da empresa como um todo.

Surgem então novas indagações por parte do *coachee*: "Será que tenho reais condições de assumir o cargo que almejo?" e "Será que eu conhecia o meu estado atual?". Neste momento, foram trabalhadas ferramentas de apoio, ancorando a positividade do momento gerada pelo autoconhecimento.

Evidenciou-se como objetivo intermediário a necessidade do *coachee* buscar novas capacitações e reciclagens para se inserir no universo profissional que se apresentava, bem como poder sugerir melhorias à sua empresa.

Este novo processo foi mais rápido, mas não menos delicado, uma vez que o *coachee* buscava no *coach* respostas e até certo ponto de forma ansiosa.

Diante disso, iniciou-se um trabalho de reenquadramento sobre o que é o processo de *coaching*, com a aplicação de ferramentas de concentração e reflexão e por fim auxiliando o novo autoconhecimento.

Vencido o objetivo intermediário, o *coachee*, mais seguro do seu potencial, alcançou o estado desejado – Diretoria Financeira –, atrelando este resultado ao sucesso do processo de *coaching* ao qual se submeteu.

Nossa responsabilidade perpassa as fronteiras de nossos escritórios e podem levar nossos clientes a ultrapassar limites e barreiras inimagináveis. Entretanto, vale lembrar a importância de nos concentrarmos no nosso objetivo e de também "morder a língua" para tudo aquilo que não seja escopo do *coaching*.

> *"Não sabendo que era impossível, ele foi lá e fez".*
>
> Jean Cocteau

39

Trabalho e felicidade.
É possível?

Atualmente, as pessoas buscam cada vez mais a satisfação no trabalho e, paradoxalmente, é comum encontramos pessoas insatisfeitas. Um trabalho com propósito, alinhado com os valores pessoais é essencial para uma vida com mais sentido. Neste artigo apresento um caminho possível para a realização profissional e como o *coaching* pode contribuir neste processo

Patrícia Almeida

Patrícia Almeida

Coach, consultora de carreira e desenvolvimento humano. Trabalha com processos individuais e de grupo. Atuou por mais de 15 anos em empresas renomadas em áreas de negócio. Forte atuação como líder com foco em gestão e desenvolvimento de pessoas. Mestre em Administração, especialista em Gestão de Pessoas, certificada no instrumento MBTI (instrumento de identificação de tipos psicológicos) é Membro da ICF - International Coaching Federation.

Contatos
www.ychoose.com.br
patricia_salmeida@hotmail.com
(11) 3476-0228
(11) 94196-5587

Decidi abordar este tema porque o trabalho é a área de nossas vidas que exige muita dedicação e na qual passamos a maior parte de nosso tempo. Apesar de sua importância, a grande maioria das pessoas se sente insatisfeita com suas atividades. Investir tanto tempo e esforço em um trabalho onde não identificamos um propósito e que não nos faz crescer como pessoa, resulta numa conta alta que uma hora teremos que pagar. Se entendermos que tempo é vida, o trabalho pode ser uma fonte de vida quando nos possibilita crescimento pessoal e realização. Por outro lado, quando o único estímulo é a remuneração, passa a ser um desperdício de nosso bem mais precioso e que não teremos a chance de recuperar. Interessante uma abordagem sobre a relação do trabalho, realização pessoal e propósito de vida:

> "As experiências de expressão e realização pessoal costumam ser vivenciadas quando o indivíduo se envolve intensamente com um empreendimento, tem sentimento intenso de estar vivo e completo, quando engajado em determinadas atividades e percebe que consegue expressar seu verdadeiro eu. A expressão pessoal e a autorrealização se referem essencialmente à experiência individual de realização dos próprios potenciais, na forma de desenvolvimento de habilidades e talentos e de avanço de propósitos de vida."[1]

Um dia conversando sobre trabalho com uma amiga, me surpreendi com seu comentário, ela é arquiteta e disse: "eu não me vejo fazendo outra coisa, amo o que faço e acordo às segundas feiras feliz em realizar meus projetos". Como é bom ouvir este tipo de depoimento, mas temos que admitir que não é comum. O habitual é encontrarmos pessoas, desmotivadas, queixando-se e encarando o trabalho como um martírio.

Mas afinal, por que as pessoas andam tão insatisfeitas? Não existe uma explicação única, existem fatores e situações que precisam ser avaliadas, alguns dos quais podemos destacar:

1 WATERMAN, A. S. (1993). *Two conceptions of happiness: contrasts of personal expressiveness and hedonic enjoyment.* Journal of Personality and Social Psychology, 64(4), 678-691.

1) **A profissão está desconectada ao perfil e valores pessoais** – quando desconhecemos nossas potencialidades, competências e verdadeiros valores, podemos escolher uma profissão na direção oposta à nossa natureza e nosso perfil, não permitindo encontrar o que verdadeiramente nos move e o propósito do nosso trabalho. Temos que identificar nossos fatores motivacionais, nossas "âncoras de carreira"[2] que são valores com os quais não abrimos mão ou se abrirmos, poderá nos levar à desmotivação. O sucesso em toda profissão exige muita dedicação e empenho e somente atingimos um alto nível de qualidade quando utilizamos nossos pontos fortes e assim nos destacamos e alcançamos o reconhecimento. Portanto, o segredo do sucesso e satisfação é encontrar e aplicar as potencialidades e não colocar todo o foco em desenvolver os pontos fracos.

2) **Modelo de trabalho em desacordo com os valores** - muitas vezes a pessoa gosta e se identifica com o trabalho, mas o ambiente ou a área de atuação não lhe é favorável. Um médico, por exemplo, não necessariamente precisa clinicar, ele pode trabalhar na área científica, na indústria farmacêutica, ser um empreendedor na área clínica ou um executivo de empresa de convênio médico. Conheci uma pessoa que trabalhava na área financeira, passou por diversas empresas em busca de satisfação profissional e levou anos até perceber que a área de consultoria seria sua verdadeira paixão. Trabalhar de forma mais dinâmica, com diferentes clientes, ambientes e culturas, ter projetos como modelo de trabalho com começo, meio e fim bem definidos, tudo isso a fez perceber que o problema não era a área e sim o formato de trabalho.

3) **Incompatibilidade com os valores da empresa** - uma pessoa que gosta, por exemplo, de trabalhar num ambiente colaborativo e se vê trabalhando numa empresa que estimula demasiadamente a competitividade, tende a sentir-se insatisfeito pela falta de conexão com seus próprios valores, gerando assim alto nível de estresse.

4) **Problema de relacionamento com colegas ou superiores** - esta é uma questão muito comum e fácil de resolver quando se tem a consciência do problema, agindo rapidamente para sua solução que pode ser uma transferência de departamento ou até de empresa se for o caso.

---

2 SCHEIN, Edgar H. *Career anchors: discovering your real values.* Ed. Rev. San Diego, California: University Associates, 1990.

5) Falta de reconhecimento - este pode ser um reflexo dos fatores anteriores. Falta de dedicação necessária por não gostar da profissão, falta de adaptação ao modelo de trabalho, incompatibilidade de valores ou problema de relacionamento.

Estes são alguns dos grandes dilemas que muitas pessoas encontram e que impedem levar uma vida profissional mais plena.

E qual é o caminho?

Considerando os fatores de insatisfação identificados acima, podemos perceber que existem três pontos principais que devem ser trabalhados:

1) Autoconhecimento
2) Visão analítica da situação e das possibilidades
3) Ação

O tempo sempre será uma escola que nos permite aprender com os erros e acertos e que nos exige paciência, sabedoria para entender o que a vida está nos apresentando e determinação. Um bom exemplo é o caso apresentado acima da consultora financeira que levou anos entre idas e vindas até encontrar seu caminho. Mas existem certamente outros caminhos para acelerar este processo para que não desperdicemos nossas vidas neste movimento de tentativa e erro.

É neste momento que o *coaching* pode contribuir notavelmente. O *coaching* é um processo que abrange, em sua essência, estas três etapas. Autoconhecimento por meio da descoberta de seus principais valores e forças internas extraindo o potencial que todos temos guardado e, muitas vezes, está inconsciente. Quanto mais atendo clientes de *coaching* mais me certifico que todo ser humano tem um potencial incrível que ainda desconhece.

O *coaching* é um processo libertador em que através destas descobertas o cliente (ou *coachee*) passa por uma transformação, encontrando seu caminho, suas respostas, tomando as rédeas de sua vida rumo a uma realização pessoal e uma vida cheia de propósito. Digo libertador porque não há uma resposta formatada, mas sim o caminho personalizado para aquele ser humano que é único. E não existem conclusões prontas. O cliente encontra sua própria resposta, seu caminho para aquela situação.

Neste processo a pessoa também toma consciência de que toda escolha exige renúncia e que é possível avaliar as diversas possibilidades com critério e método para uma decisão racional e inteligente.

Patrícia Almeida | 313

E finalmente, mas não menos importante, o *coaching* trabalha com a ação o tempo todo, ela é crucial para o sucesso e alcance de qualquer objetivo. Autoconhecimento sem ação gera mais frustração. "O que somos e o que fazemos está fortemente conectado, aprendemos sobre nós mesmos pela experiência, agindo em vez de pensar".[3]

Vale lembrar aqui que o sucesso do processo está no cliente querer e comprometer-se com o caminho e quando esta consciência ocorre, o resultado é enriquecedor. Vamos entender melhor agora cada etapa.

Autoconhecimento

A primeira reflexão que devemos fazer é sobre o significado de sucesso profissional que pode ser diferente para cada um. Existe um estereótipo que por vezes nos deparamos tentando nos encaixar naquele formato.

Cada ser humano tem sua personalidade, preferências, valores e história de vida que faz dele um ser único com potencialidades e forças internas próprias. Assim, o sucesso pode ser muito diferente de pessoa para pessoa e o primeiro passo para encontrar seu o verdadeiro significado é o autoconhecimento que contribui não somente com as questões profissionais, mas também com melhores relacionamentos, autoestima e motivação.

Atualmente, com tantas opções de cursos, profissões e áreas de atuação, a busca pelo melhor caminho pode se tornar angustiante diante de inúmeras possibilidades. O autoconhecimento reduz esta gama de alternativas permitindo segregar aquelas que possuem vínculo com nossa identidade.

Neste movimento de introspecção passamos a entender o momento atual, o que nos move e o motivo da insatisfação, se é o trabalho em si, a empresa ou a área.

Um equívoco comum que pode ocorrer na fase da escolha da profissão ou mais tarde, na idade adulta, quando se encontra num momento de desmotivação, é idealizar um trabalho e confundi-lo com *hobby*. Nem sempre é possível a estabilização financeira tentando fazer do *hobby* um trabalho, poucas pessoas conseguem aliar estas duas coisas. Isto não quer dizer que o trabalho precisa ser um fardo e que é necessário se manter numa atividade onde se sinta desmotivado a maior parte do tempo. Mesmo atuando numa atividade que nos sentimos realizados, sempre haverá a necessidade da execução de um trabalho que não agrada. O importante

---

3 IBARRA, Herminia. *Identidade de Carreira: a experiência é a chave para reinventá-la.* São Paulo: Editora Gente, 2009.

é que os momentos de satisfação e prazer superem os desafios da execução desses trabalhos mais tediosos.

Algumas perguntas poderão ajudar nesta etapa:

Quem sou eu?
Qual é a minha história de vida?
Quais são as coisas mais importantes na minha vida?
Quais são minhas habilidades e competências?
O que eu gosto e sei fazer?

Responder com clareza as estas perguntas não é algo rápido nem fácil. Portanto, é importante separar um momento para reflexão e, se possível, para escrever. Sim, escrever nos ajuda a ordenar os pensamentos e nos permite atenção aos detalhes.

Avaliando as opções

Após a etapa de introspecção, é possível eliminar muitas opções que estão em desacordo com nosso objetivo. Mesmo assim, ainda existem escolhas a serem feitas e um processo de avaliação é necessário. Como por exemplo, avaliação de cursos, mudar de empresa, buscar novas áreas dentro da mesma empresa. Muitas opções nos cercam e precisamos de certa metodologia para nos auxiliar.

Atendi uma pessoa que estava num momento de transição de carreira. Ela sabia que queria uma atividade que pudesse ajudar as pessoas. Avaliou diversas possibilidades e em duas sessões de *coaching* percebeu que o que realmente a faria feliz seria uma atividade que poderia levar alegria para as pessoas e não resolver seus problemas. Esta compreensão eliminou diversas opções que até então estavam sendo consideradas como as áreas de enfermagem e psicologia por exemplo. A escolha final foi completamente diferente, resolveu cursar design de interiores e está muito contente com a opção.

Algumas sugestões para ajudar neste momento de escolha:

Quais são os pontos fortes e negativos de cada alternativa?

Comparando os pontos fortes de cada uma, quais são os mais importantes para mim?

Comparando os pontos negativos de cada uma, quais são os que mais impactam minha vida?

O objetivo aqui é fazer escolhas, considerando que deixaremos sempre algo para traz. Não podemos ter tudo.

Ação

Depois de avaliar as possibilidades e encontrar o melhor caminho, traçamos uma linha de ação para seguir em frente. Elaborar um plano com metas nos ajuda a não nos perder no mundo das possibilidades, estagnar e paralisar. Muitas vezes temos tudo "na cabeça", mas não agimos porque nosso pensamento é caótico e precisamos de um plano que de alguma forma ordene nossas ideias e nos ajude a entrar em ação.

Buscar informações, conversar com pessoas que possam auxiliar, aumentar a rede de relacionamentos, pesquisar, experimentar. Tudo isso deve fazer parte do plano e é a fase que realmente provocará a mudança e a transformação.

"O desenvolvimento adulto é um processo que exige tanto questionamento quanto compromisso"[4]. Uma pessoa que não questiona não consegue traçar as metas e as ações necessárias para a realização do objetivo.

Por isso, mais algumas perguntas para este processo:

Onde quero chegar?
Que tipo de caminho quero percorrer?
Quem poderá me ajudar?
O que posso fazer para chegar lá?
Quais são os passos que devo dar?

Estas três etapas representam um processo de reflexão, escolha e ação que podem parecer complexas, mas é possível. Por vezes não conseguimos sozinhos e existem profissionais capazes de facilitar este processo como um competente profissional de *coaching*. O papel do *coach* aqui não será de indicar os caminhos, mas sim funcionar como um espelho que permita o cliente encontrar dentro de si suas respostas e entender que não existe certo ou errado. O *coaching* ajudará a criar e viver uma vida com propósito e inspiração. O mais importante é perceber que a vida é nosso bem maior e não podemos admitir seu desperdício como se fosse algo banal e sem importância. A vida é muito curta para ser deixada para depois. É nosso dever nos apropriar de quem somos, de nossas potencialidades, exercer nosso papel e ocupar nosso lugar nessa grande engrenagem da vida.

---

4 ERIKSON, Erik H. *Identity and the life cycle.* Psychological Issues 1, 59-100.

40

Autoliderança e a busca de significado no trabalho

Na busca para encontrar um novo caminho ou uma nova alternativa de realização profissional e pessoal, nos deparamos com a seguinte reflexão: Devo buscar um trabalho que traga significado (para mim)? Ou devo buscar e encontrar significado no meu trabalho? Se considerarmos que o nosso momento presente faz parte de uma jornada maior, é sensato afirmar que quem cria significado às coisas somos nós!

Paulo Arakawa

Paulo Arakawa

Possui formação em *Coaching* e *Mentoring* pelo Instituto Holos; Professor de Pós-Graduação em Gestão de Projetos e Governança de TI; Gestor Executivo nas áreas de Projetos e Tecnologia da Informação; Atua há mais de 20 anos liderando Equipes, tendo passagens como Diretor e Gerente de Tecnologia em diversas empresas dos setores de Prestação de Serviços, Financeiro, Tecnologia, Indústria, Consultoria e Projetos Empresariais; Formado em Administração, com especializações em Análise de Sistemas e Gerenciamento de Projetos; Pesquisa e desenvolve trabalhos com o Tema "Espiritualidade no Trabalho".

Contatos
pauloarakawa.blogspot.com
paulo.arakawa@gmail.com
(11) 99879-4677

Salvo raras exceções, a maioria das pessoas associa a palavra "Trabalho" a algo penoso e de difícil realização, conforme era convencionado o termo latino *"labor"* ou, em outros casos, como tortura, oriundo do termo *"tripalium"*, um instrumento de tortura da antiguidade. Mesmo nos dias atuais, pessoas que são condenadas por algum crime, muitas vezes são "castigadas" com o chamado "trabalho forçado", o que remete a uma conotação também negativa.

Com este histórico nada favorável, passamos a ter certa dificuldade em apresentar um discurso que nos auxilie a comprovar a importância, a beleza e a busca do verdadeiro significado do trabalho.

Podemos sim dar significado ao trabalho, quando temos a convicção e a consciência que a experiência que vivenciamos no momento presente, seja ela qual for, faz parte de uma jornada maior, fascinante e motivadora.

Valorizamos muito pouco o que estas experiências nos agregam como seres humanos e enfim perdemos a oportunidade de nos transformar em pessoas melhores. E, por consequência, profissionais melhores.

Diante destas experiências (positivas e negativas) faça uma reflexão: Quais são os aprendizados que devo incorporar à minha vida neste momento?

Saiba que nossa vida será o resultado de escolhas conscientes ou inconscientes e atitudes tomadas em todas as situações que se apresentam.

Sabemos que não é uma tarefa simples e que nosso estado emocional muitas vezes não permite um entendimento claro e uma visão ampla do nosso momento.

Temos que investir em desenvolver a nossa competência de autoliderança como ponto de partida para encontrarmos respostas mais profundas.

> *"Uma jornada de mil léguas começa com um simples passo."*
> Lao Tzu

Autoliderança é a capacidade do indivíduo de liderar a si mesmo, suas emoções e pensamentos, de definir um caminho coerente a percorrer de acordo com seus valores essenciais, de fazer suas próprias escolhas agindo de forma plena e consciente e de se libertar dos condicionamentos externos que prejudicam sua jornada.

É muito importante você refletir sobre a visão referencial em relação ao trabalho, conforme ilustrado nos gráficos abaixo:

A consciência da sua Visão Referencial em relação ao Trabalho ou Empresa contribui para iniciar o Processo de Autoliderança da sua Vida.

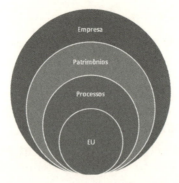

- Faço parte de uma Empresa e seus Processos;
- Foco minha carreira e coloco outros segmentos da minha vida em Segundo Plano;
- Sofro forte dependência do reconhecimento e oportunidades proporcionadas pela empresa

- Tenho um Plano Maior e estou no comando da minha Vida, inclusive do Trabalho;
- Vivo, valorizo e compartilho o Trabalho com outros segmentos importantes da Minha Vida;
- Invisto em abrir outras frentes de atuação independente da minha experiência atual.

Cabe ao homem condicionar o trabalho à sua existência e não o oposto. Sendo assim, o trabalho não é a atividade "fim" da vida. Trabalhar não é a finalidade, mas um dos meios pelo qual o homem alcança significado existencial.

Nos dias atuais, a condição do apego aos bens materiais instalou no ser humano uma crise de ética e de sentido. O homem, na modernidade busca a sua satisfação no Ter, ficando em segundo plano o Ser. Cuidar do Ser é abrir-se na busca de sentido, numa perspectiva de realização existencial, o que necessita de uma base de visão integrada.

Considerações a serem avaliadas pelas empresas e pelos funcionários com o objetivo de convergir os interesses na busca de significado no trabalho:

Lado Empresa

- Ajudar as pessoas a expressarem seus talentos, paixões e valores, através de ações que despertem o senso de propósito;
- Desenvolver objetivos inspiradores que façam sentido a todos e incentivar os funcionários a descobrir de que forma seus objetivos pessoais podem contribuir ou estar alinhados com o da Empresa;
- Promover uma cultura de confiança e responsabilidade, que viabilize a redução de controles, penalizações e hierarquia rígida;
- Criar processos justos e monitorar para que estejam coerentes com a prática.

Lado Funcionário

- Entender que existe um significado maior naquilo que faz, por mais simples que possa ser sua atividade;
- Valorizar o trabalho, pois, além de ser fonte de renda, é uma oportunidade real de vivenciar relações que geram desenvolvimento profissional, pessoal e existencial;
- Engajar seus esforços e elevar o grau de comprometimento para que os objetivos empresariais sejam alcançados;
- Respeitar as relações interpessoais no ambiente de trabalho para propiciar um ambiente harmonioso e produtivo.

Concluímos que, quando o trabalho consegue cumprir sua função e ao mesmo tempo é provido de significado para o funcionário, há um sentimento de reconhecimento e prazer, o que traz resultados para ambas as partes:

- Aos profissionais, favorecendo a busca de um maior conhecimento dos seus próprios desejos e necessidades e um maior engajamento com as atividades;
- As empresas, que podem buscar um maior ajuste entre os objetivos organizacionais e as expectativas dos indivíduos, resultando em sinergia, integração e desempenho.

> *"Imagine que viver seja um malabarismo, mantendo no ar as cinco bolas: trabalho, família, saúde, amigos e espírito. O trabalho é uma bola de borracha, se deixá-la cair ela bate no chão e volta. Mas as outras são feitas de vidro: se deixar que caiam, nunca mais serão as mesmas."*
>
> Brian Dyson

A vida moderna nos coloca em constante questionamento sobre a necessidade das pessoas equilibrarem de forma consciente a Vida Pessoal e Profissional, o que nos remete às seguintes considerações:

- Não existe separação entre vida pessoal e profissional. Uma vida tem várias dimensões, sendo que uma delas é a profissional;
- Uma carreira não traz apenas o retorno material, mas a possibilidade de compartilhar experiências com o outro, gerando aprendizados e crescimento pessoal;
- Muitas vezes, temos a preocupação de nos manter na zona de conforto, priorizando estabilidade e segurança. Valorizamos assim a "Visão Mono" ao invés de uma "Visão Pluri".

Visão Mono	Visão Pluri
• Limita	• Amplia
• Acomoda	• Expande
• Adapta-se	• Integra-se
• É Coadjuvante	• É Protagonista
• É Vítima	• É Responsável

Práticas para desenvolver a autoliderança e a busca de significado no trabalho:

Coaching - É um processo conduzido por um profissional especializado (*coach*), baseado em sessões com diálogos individuais estruturados, que auxilia e direciona o cliente (*coachee*) a produzir resultados extraordinários em sua vida. Ensina o cliente a transformar intenções em ações que geram resultados, ajudando-o a desenvolver suas habilidades, competências e potencialidades. Com este apoio, encontrará alternativas para proporcionar mudança de vida, enfrentando os obstáculos com uma visão mais ampla.

Autoconhecimento – Quando temos consciência dos nossos padrões de comportamentos, limitações e medos, temos condições de minimizar e controlar os impactos emocionais negativos como excesso de ansiedade, baixa autoestima e desequilíbrio emocional. Assim como a partir do reconhecimento do nosso potencial, podemos canalizá-los para resultados importantes.

Orientações de profissionais da área de psicologia, treinamentos especializados e livros reconhecidos contribuem para aprimoramento e evolução desta prática.

Mudar Postura de Competição por Cooperação – É importante nos sentirmos engajados no ambiente de trabalho, buscarmos nossa ascensão profissional, porém, ao ficarmos ansiosos em acelerar este processo, podemos assumir uma postura competitiva, o que proporciona um ambiente hostil e pouco colaborativo. Nossa missão na vida não é superar os outros, mas a nós mesmos.

Estabelecer Metas e ter um Plano Maior- A adoção de metas e a percepção que elas caminham em direção ao seu cumprimento, proporcionam uma sensação positiva de confiança. As metas conferem propósito e significado a tudo que planejamos realizar à medida que percebemos que temos controle sobre os resultados que almejamos alcançar na vida.

Se você tem metas dentro da empresa e é sistematicamente exigido pelos resultados, por que não estabelecer suas metas pessoais e acompanhá-las da mesma maneira?

Importante também definir Missão, Visão e Valores Pessoais como base para desenvolvimento dos seus Objetivos.

Avaliar seu Sentimento e sua Intenção – Avaliar profundamente o sentimento e a intenção que predomina internamente ao realizar as atividades do dia a dia, pois o nível de Sentimento e Intenção faz muita diferença na percepção do outro.

Estar "Presente" – Vivenciar cada atividade sem as preocupações de acontecimentos passados ou ansiedade e expectativas em relação ao futuro. A Prática da Meditação pode auxiliar a alcançar este estágio de consciência.

Conexão com o "Eu Superior" ou "Ser Existencial" – Certa vez, um grande Mestre ao ser consultado sobre quais eram os dois momentos mais importantes vida, respondeu surpreendentemente:
– Os dois momentos mais importantes não são quando nascemos

e quando morremos. O primeiro está correto, é quando você nasce, mas o outro é quando você descobre porque nasceu.

Esta reflexão nos traz uma grande inquietação, pois muitos terão respostas superficiais para esta indagação. O que de fato fazemos para encontrar uma resposta profunda para esta questão?

Acredito que todas as respostas estão armazenadas dentro de nós, no entanto a vida moderna cheia de compromissos e novidades tecnológicas, transformam o nosso dia a dia em uma rotina veloz e superficial, o que favorece o distanciamento do que é realmente essencial.

Estudos do conceito sobre a Inteligência Espiritual (Danah Zohar e Ian Marshall) trazem luz ao assunto, ao esclarecer que esta é a Inteligência com que acessamos nossos valores mais fundamentais e procuramos um propósito em nossa existência e qual o papel que desempenham em nossas vidas e processos de pensamento.

> *"Há um pavio dentro de você esperando para tornar-se a luz de sua Alma. Quando essa chama interior brilhar com força, você vai sentir o maravilhoso despertar da vida."*
> Bradford Keeney

Para concluir, deixo um pequeno trecho do ensinamento da fábula as "3 perguntas", contado por Tolstoi e interpretado pelo Mestre Zen Thich Nhat Hanh.

Sugiro você ler a íntegra, mas, para sintetizar e ilustrar o nosso tema, as "3 perguntas" nos dá uma direção extraordinária do que realmente importa e nos lança a uma profunda reflexão:

1. Qual o tempo mais oportuno para se fazer as coisas?
Só existe um tempo importante e esse tempo é o Agora. O Presente é o único momento sobre o qual temos domínio.
2. Quais as pessoas mais importantes com quem trabalhar?
Saiba que a pessoa mais importante é sempre a pessoa que está à sua frente.
3. Qual é a coisa mais importante a ser feita?
A coisa mais importante a ser feita é fazer essa pessoa feliz!

Referências

HANH, Thich Nhat. *Para viver em Paz*. Editora Vozes.

SANTAREM, Robson Goudard. *Autoliderança, uma jornada espiritual*. Editora Senac Rio.

ZOHAR, Danah e MARSHALL, Ian. *Capital Espiritual*. Editora Best-Seller.

CIROCCO, Grace. *Dê o passo, a ponte estará lá*. Editora Fundamento.

KRZNARIC, Roman. *Como encontrar o trabalho da sua vida*. Editora Objetiva.

WHITMORE, John. *Coaching para performance*.Editora Qualitymark.

41

A fantástica energia do universo a favor de suas metas

O universo é próspero e potencialmente abundante. Em cada dimensão dele, a prosperidade e a abundância se manifestam de diferentes formas, reconhecemos com mais facilidade quando o são na forma de bens materiais. Temos uma forte interconectividade com o universo e é pelo estado de espírito que nos sintonizamos com essa energia maior. Sintonize-se!

Ramaiane Micaele

Ramaiane Micaele

Master Coach certificada pelo Instituto Brasileiro de Coaching, chancelada internacionalmente pelas Instituições European Coaching Association (ECA), Behavioral Coaching Institute (BCI), International Association of Coaching (IAC) e Global Coaching Community (GCC). Psicóloga graduada pela Pontifícia Universidade Católica do Paraná, com especialização em Análise Comportamental, Ferramenta DISC e *Coaching* Ericksoniano. Formada em Management of Change and Strategic Planning e Human Resources Management pela Trinity International University em Chicago-USA. Possui experiência como Psicoterapeuta e 11 anos de experiência em Recursos Humanos da área corporativa e consultorias de Recrutamento & Seleção com forte atuação em *Executive Searching, Assessment* de Liderança, Treinamento e Desenvolvimento Organizacional. Atua em Curitiba/PR.

Contatos
www.ramaianecoaching.com.br
www.facebook.com/ramaiane.coaching
ramaiane.coach@gmail.com
(41) 9694-4532

Você já ouviu falar na roda da abundância?

A roda da abundância é uma poderosíssima ferramenta de quebra de paradigmas e foco no positivo, que nos dá um rumo a seguir, que direciona as energias para aquilo que realmente tem sentido em nossa vida, guia nossas atitudes para nosso crescimento e nos traz um senso de gratidão e reconhecimento de nós mesmos e dos outros. Um ciclo infinito onde todo nosso ser converge para um único objetivo, ser feliz e que tudo o que desejamos possa abundar em nossa vida.

A roda da abundância tem dois lados muito fortes: o dar e o receber, e nós temos que exercer os dois lados para ter abundância. Pois para aprender a lidar com a matéria é preciso saber colocar a roda da abundância em movimento. A habilidade de gerar riqueza é proporcional à velocidade com que a roda da abundância gira em nossa vida, e dois fatores determinam essa velocidade: o acelerador e o freio de mão.

Cada quadrante da roda da abundância corresponde a uma atitude: declarar, solicitar, arriscar e agradecer. A prática contínua dessas formas de ação gera um padrão de energia que nos sintoniza com a abundância universal e permite que essa energia flua até nós.

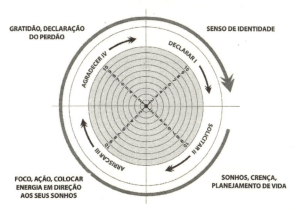

O primeiro quadrante é o declarar, tem a ver com o nosso senso de identidade, no sentido de sentir-se merecedor do que se quer e deseja para si, pois somente conseguimos atingir nossos objetivos e metas pessoais e profissionais quando verdadeiramente respiramos nosso merecimento e isso envolve verificar todas as nossas crenças e valores. O declarar somente funcionará quando aquela "vozinha" que surge em nossa mente se calar, enquanto você declarar e uma voz em sua mente lhe disser o contrário verifique qual crença limitante o está impedindo de avançar.

Devemos usar a autoridade que temos sobre a nossa vida para criar a nossa realidade. O universo reconhece e respeita o livre-arbítrio humano, que reflete a autoridade de cada um para decidir sobre a própria vida. Por isso a importância de nos questionarmos: Quem sou eu? O que faço neste mundo? Nesta empresa? Neste grupo do qual participo? E este é o primeiro passo para colocar a roda para girar. Reconhecer quem somos, nos entendermos, conhecermos nosso propósito de vida. Junto disto é importante que tenhamos certeza daquilo que queremos. Nossas convicções são muito importantes se desejamos atingir um objetivo. Eu considero o verbo desejar muito mais intenso e profundo do que o querer, pois quando desejo, quero com o coração, quero com toda minha energia e com certeza, para eu desejar algo, esse algo precisa estar alinhado com meus valores, missão e propósito de vida.

Tenha consciência de que somos muito mais do que pensamos ser e podemos ser ainda maior do que isso, podemos influenciar nosso ambiente, às pessoas, podemos influenciar o futuro, podemos inclusive influenciar o próprio espaço. Nós não nos separamos do que nos cercam, somos parte de um, conectado a tudo isso, é a interconectividade com o universo.

Declare ao universo que você é merecedor da vitória. Quando passa a ter certeza da sua autoridade sobre si mesmo, você aprende a declarar, e quando aprende isso, descobre o segredo das afirmações: usar a própria autoridade sobre si mesmo para se autoinfluenciar.

Declare por escrito detalhadamente o que você quer, pois quando escrevemos potencializamos nossos pedidos em nossa mente, estipule prazo com data específica. Leia esta declaração em voz alta no mínimo três vezes ao dia com sentimento de merecimento.

O segundo quadrante é solicitar, que se refere a forma como você solicita o que você quer para sua vida é a forma como você percebe seu sonho, sua meta, seu estado desejado. Está ligado com suas crenças, sonhos e planejamento de vida.

Não pense que tudo o que desejamos vai cair do céu, claro que não! Mas considere a lei da ressonância e de que nossos pensamentos influenciam o campo quântico, explicada pela física quântica.

E para que isto aconteça temos que nos planejar. Quando pretendemos alcançar um objetivo? O que faz parte dele? Existem metas desdobráveis para que possamos alcançar este objetivo maior? Quem são as pessoas que se relacionam a isto? E de quais recursos vou necessitar?

Pedir é fundamental. Se não pedimos, como esperamos receber alguma coisa? Isso é verdadeiro em relação a tudo na vida. Você quer comer um sanduíche. Então, você vai a uma lanchonete, aproxima-se do balcão e fica lá, parado. Depois de alguns minutos, reclama da demora com o balconista. Sabe o que ele vai lhe dizer? — Desculpe-me, mas você não pediu nada. Mas se você chegar à lanchonete e pedir um sanduíche igual ao que foi servido na mesa ao lado da sua, estará correndo o risco de receber algo de que não gosta.

Pedir é importante, mas saber como pedir é mais importante ainda, pois vai recebê-lo da forma como pediu, desde que tenha sido claro ao fazer o pedido.

O terceiro passo é arriscar que significa foco, ação, colocar energia em direção aos seus sonhos. O agir é um aspecto fundamental em qualquer projeto que você queira realizar em sua vida, o que acontece é que muitas pessoas solicitam e até declaram fortemente, mas não agem e ficam esperando as coisas acontecerem, dessa maneira fica quase impossível de conseguir algo. Outras saem fazendo tudo e por esquecerem-se de declarar o que querem perdem o foco, trabalham muito, mas sem um foco ficam como um navio sem rumo e se não sabem para onde querem ir qualquer lugar um pouco melhor se torna zona de conforto.

Agir é trabalhar em direção ao que você deseja, é ter foco no objetivo, é verificar se o que você está fazendo é congruente com as declarações e tiver persistência no alcançar as metas, é estar atento as oportunidades, é fazer certo e se por acaso errar é levantar a cabeça assumir as responsabilidades rever onde errou e seguir acreditando. Agir é o que Stephen Covey fala em seu livro *Os 7 hábitos das pessoas altamente eficazes*, é ser proativo, responsabilizando-se, tendo consciência do que está criando em sua vida e pensando sempre no ganha-ganha, pois isso traz a mentalidade da abundância.

Depois de termos consciência de quem somos, definir aquilo que desejamos e gritar para o mundo ouvir aquilo que almejamos, certamente temos que caminhar rumo à meta. Por isso reforço tanto o termo "foco", confesso que adoro essa palavra, pois sem foco não chegamos a lugar algum. Como diz o velho provérbio: 'Se não sabe aonde quer chegar, qualquer caminho serve".

Quando falo no verbo arriscar, me refiro em vencer o medo, pois coragem não significa a ausência do medo, e sim a sabedoria em enfrentá-lo. Arriscar é ousar e, antes de mais nada, confiar! Confiar no universo e em si mesmo.

Um exemplo magnífico que me vem à mente quando me refiro a Arriscar é o que o José Roberto Marques, **master coach** e presidente do Instituto Brasileiro de Coaching, sempre utiliza:

> Imagine que nós dois subimos ao último andar de um prédio de 50 andares. Lá no alto, eu coloco uma tábua de dois palmos de largura da janela do andar em que nos encontramos à janela do prédio em frente. Eu lhe peço que passe de um prédio para o outro.
> Você se arriscaria?
> Agora, imagine a mesma situação. Porém, na janela do prédio em frente encontra-se um sequestrador com uma arma apontada para a cabeça da sua mãe, dizendo que só a deixará viva se você lhe entregar o dinheiro do resgate pela janela.
> — O que você faria?

É nesse "um passo" que se encontra o risco. Quem se aventura a dar esse passo pode ter tudo ou nada. Ninguém se arrisca em troca de nada. Os riscos dependem sempre do que você tiver a ganhar, e isso é muito relativo, pois depende dos princípios e valores de cada ser humano.

Cada vez que confiamos, nos arriscamos e nos saímos vitoriosos, ganhamos algo além do que estava envolvido no risco, ganhamos mais autoconfiança que nos impulsiona cada vez mais para frente, levando-nos a vencer obstáculos e ousar mais e mais. O que estamos fazendo hoje, agora, neste exato momento, para que estejamos cada vez mais próximos da nossa vitória? Estamos em nossa zona de conforto ou estamos nos permitindo arriscar e ir a um patamar mais alto?

A conquista só será alcançada se realmente estivermos dispostos a pagar o preço necessário. E, muitas vezes, será também necessário o abandono de muitos paradigmas, atitudes e pensamentos limitadores – ou seja, ter autoconhecimento e sair da zona de conforto, mas muitas pessoas resistem, porque de fato dá trabalho.

E por último, particularmente acredito ser o mais importante, é agradecer. O termo agradecer é muito mais do que simplesmente dizer obrigado, é sentir-se grato pelos erros e acertos até a conquista da meta, do estado desejado e ter gratidão pela experiência e por sua história.

Gratidão principalmente pelas bênçãos diárias, por mais que estejamos na correria do dia a dia, como muitas vezes chamo de "ligar o piloto automático", não percebemos quantas coisas boas acontecem em nossa vida, quantas dádivas o universo nos dá, quando falo universo, me refiro a tudo a nossa volta, pessoas que encontramos em nosso caminho, acontecimentos em nossas vidas, mensagens na TV ou no rádio, ou até mesmo a energia de tudo isso. Para aqueles céticos, não estou falando de religião ou espiritualidade, estou falando de física, a energia está em todo lugar e é composta por átomos, não temos como negar a existência de tudo isso.

Quando você começa a se sentir grato pela sua vida, pelo seu dia, pelos erros e acertos, automaticamente sua fisiologia muda a sua disposição para cumprir cada etapa de sua meta e as coisas passam a fluir em harmonia. Fique mais atento e a roda da abundância começa a girar cada vez mais rápido, mas para isso acontecer o segredo é levar todos os quatro níveis em equilíbrio, na mesma proporção e intensidade, e manter o foco.

O Universo conspira ao nosso favor independente do que desejamos. Ex: se eu achar que sou um fracassado e não mereço sucesso profissional, de fato não terei sucesso profissional! Pois eu sou o que penso, mas se eu desejo ter uma promoção em meu trabalho, criarei minha trilha de desenvolvimento, seguirei à risca todas as minhas ações propostas e sei que sou capaz e merecedor dessa promoção...com certeza ela virá. Não basta pedir, é necessário desejar (isso transcende o nosso racional) e TBC, é claro, "tirar a bunda da cadeira" e fazer as coisas acontecerem. Afinal de contas, nunca vi ninguém ter sucesso ficando no sofá da sala com o controle da TV na mão, trocando de canal.

Quando alguém quer fazer alguma coisa, simplesmente vai lá e faz acontecer. Para mim, essa é uma evidência forte do verbo desejar.

Se você quer mais daquilo de que gosta, agradeça mais por aquilo que tem. E aprecie aquilo que você tem para obter aquilo que quer!

Quando a roda da abundância é impulsionada pelos atos de declarar (declarações têm o poder de mudar a realidade se feitas com autoridade), solicitar (só recebe quem solicita) e arriscar (quem arrisca, confia, e é retribuído por isso), ela está girando a seu favor. E, quando a roda gira a seu favor, você não precisa mais fazer tanto esforço, pois o movimento se torna natural. Dê um retorno ao universo: agradeça. Diga que "gostou do presente" e manifeste gratidão por tudo o que você quer e tem recebido, e por tudo o que você não deseja e não tem recebido. Agradeça às pessoas a sua volta também, pois auxiliam no seu desenvolvimento e evolução diária. Nós não somos seres isolados no mundo. Dependemos, durante boa parte do tempo, da interação com outras pessoas. Quantas pessoas estiveram envolvidas, direta ou indiretamente em suas conquistas? E quantas delas você agradeceu por fazer parte da sua história e por serem fundamentais para que alcançasse sua meta?

Tudo no universo se comunica, essa é a lei da ressonância, como diz o autor Nale Walsch em seu livro *Conversations with God,* "a consciência individual é muito poderosa, você está criando sua realidade o tempo todo", então seja o agente de mudança em sua vida e faça isso agora! O passado já acabou e você não tem mais controle sobre ele, o futuro é o que você constrói no aqui e agora, então, resta-lhe apenas o agora, o presente. Esse é o único momento que existe, então faça!

Pare de recriar as mesmas realidades condicionado no seu cotidiano, a realidade interna cria o mundo externo. Então se quer mudar algo em sua avida ou atingir uma meta, simplesmente faça as coisas acontecerem e sintonize-se com vibrações positivas. Mantenha bons pensamentos e sentimentos, pois o cérebro não sabe a diferença entre pensamentos/lembranças e o que ele está vendo, use a psicologia positiva em sua vida, a positividade auxiliará seus neurotransmissores cerebrais fazerem novas sinapses. Seja feliz, rumo a sua meta, faça a roda da abundância de sua vida girar com fluidez. Permita-se ir além e com certeza a energia do universo conspirará a seu favor. Sintonize-se!

42

A arte da superação é um exercício de pensar e sentir e sempre viver!

"Viver é o caminho e no decorrer dos dias e anos, idealizamos o futuro e assim, através das décadas, traduzimos a essência da vida de uma pessoa."

Raquel Kussama

Raquel Kussama

Coordenadora do NJE CIESP – Indaiatuba. Participante do COSAG - FIESP. Membro do Comitê Científico do CRIARH-Recife. Graduada em Serviço Social, com especialização em Recursos Humanos e cursos em Antropologia e Desenvolvimento Organizacional. Atua há 30 anos em empresas nacionais e multinacionais de pequeno, médio e grande porte na aplicação do conceito de Estratégias de Pessoas & Negócios e na implantação de processos e ferramentas de RH. Premiada pela Certificação em Gestão de Pessoas, pela FIESP em 2004, quando Coordenadora do DHO/CIESP Campinas. Foi Vice-Presidente da APARH - Campinas. Diretora da LEXDUS Projetos em Gestão de Pessoas e Recursos Humanos e Grupo RK - Gestão Empresarial e Intermediação de Negócios.

Contatos
www.raquelkussama.com.br
redesocial@raquelkussama.com.br

Chega o dia que a vida clama por mudança: E agora?

O desejo é:

- Algo que queremos.
- Algo que almejamos.
- Algo que toca o coração.
- Algo que fica no pensamento: eu quero, mas e se, um dia terei, um dia poderei ter, se eu fosse.

O desejo é um sonho projetado, idealizado, e na maioria das vezes, fica no subjetivo ou no campo das desculpas. O desejo é aquilo mais profundo que temos, necessário ao ser humano para a concretização de sonhos. Sendo o desejo, interno, muitas vezes há o medo de colocar para fora.

O desejo quando se transforma em meta, abre um caminho. Estar vivendo e concretizando metas, realimenta a alma e dá um sentido maior a vida. Meta é o ponto de chegada, e para ir, é preciso sair e caminhar.

O caminho:

- Contém as fases que precisamos percorrer para que o sonho vire real.
- É o planejamento das etapas, é o plano de ação para que a meta seja efetivada.
- É a união de dois pontos, a estrutura e o resultado.

É o processo de realização para transformar a estrutura em resultado, por isso, o planejamento e plano de ação são necessários.

Estrutura por sua vez, na empresa pode ser administração, financeiro, recursos humanos, produção, logística, etc., já na pessoa pode ser talento, limites, habilidades ou competências.

Resultado na empresa é a produtividade e rentabilidade, na pessoa é a felicidade.

No planejamento, é preciso considerar prazos, recursos, investimentos, tempo de dedicação para a criação e implementação. O plano de ação são as etapas e as formas de aplicações dos recursos.

Pessoalmente, temos que pensar sempre que eu posso, eu quero, eu conquisto. Em cada conquista, um estímulo a mais. Mudar e transformar são ações que as pessoas se colocam quando querem algo novo, quando acreditam na sua força interior para o grande salto. Acreditar na mudança independe da idade, é um processo de autoaprendizado que o faz acreditar e que traz a conquista.

O sucesso depende de cada um, é fruto da imaginação individual. Assim o mais importante é criar o próprio ideal, o próprio sonho, a própria meta e o próprio padrão de sucesso. O segredo é correr atrás do que se acredita. Quando acreditamos naquilo que podemos fazer ou naquilo que almejamos fazer, nós começamos a transformar o sonho em meta. O grande passo é quando sonho vira meta.

Então, quando pensamos no que queremos, no que podemos fazer, temos que escrever a meta a curto, médio e longo prazo.

Curto prazo é ter perto da mão para conquistar, um êxito rápido. A médio prazo há um grau de dificuldade já que temos algumas ferramentas na mão, mas temos que aprender ou vencer algum desafio. E a longo prazo, sabemos o que queremos muito, mas temos que aprender, temos que ter uma formação. Para alcançar essa grande vitória, vão ter outras pequenas barreiras para conseguir atingir esse grande objetivo.

Temos que lembrar que o ser humano tem limite, então, toda vez que estamos criando metas, temos que ser muito sinceros para perceber aquilo que é possível e estarmos preparados para enfrentar a frustração.

O caminho é alimentado pela motivação interna e pela facilidade de adaptação do processo de mudança.

O processo de mudança [1], seja positivo ou negativo, ocorre em quatro fases.

A primeira é a negação, fechamos os olhos para a necessidade de mudar, fugimos do olhar a realidade. A segunda, a autojustificação, é

---

1 Filme: Dias de Mudança, SIAMAR, 2010.

quando responsabilizamos o outro. A culpa é do outro, de algum fato externo, de algum impedimento. A dificuldade aqui é olhar o próprio limite. Essas duas fases impedem o ser humano na prontidão à mudança. A terceira fase é a exploração, onde começamos a olhar possibilidades, a reconhecer variáveis de uma situação – o branco tem diversas tonalidades. Tem presente a emoção e a ação. E a última fase é a resolução, a implantação, a virada para mudar efetivamente. É o momento mais difícil e que há possibilidade do retrocesso no processo.

Todas as fases são importantes, mas a abertura à mudança ocorre quando as fases de negação e autojustificação são pequenas e a exploração e resolução são grandes.

Estar aberto à mudança significa ser vibrante, estar automotivado, transmitindo força e persuasão. Pessoas determinadas trabalham bem em equipe, pois incentivam e acreditam no outro.

Pessoas resistentes tendem a enxergar o lado negativo, criando conflitos e desmotivação, como forma de autoproteção, para manter o poder hierárquico ou de influência com amigos ou colegas de trabalho. São pessoas que ao longo da vida acabam sozinhas, pelo seu próprio isolamento, em razão do descrédito somado ao alto valor em si próprio.

Algumas pessoas resistentes à mudança ficam no grupo dos depressivos, pois ficam sem coragem de enfrentar o outro com argumentos sólidos, e caem no vazio de si próprio. Estas pessoas criam o bloqueio pelo novo, pelo medo de aprender e de enfrentar situações novas.

A motivação interna é necessária no percurso da mudança, mas, em algumas situações, mais do que uma mudança é preciso uma transformação.

A transformação vem acompanhada pela dor interior, pois é o momento de ruptura com valores e com ações aprendidas. Nesta fase é necessária a superação. É preciso além da automotivação, a ajuda de colegas, amigos, líderes, que motivem e apontem novos caminhos, novas formas de pensar e sentir. O apoio no processo de transformação é necessário, mas uma pessoa só recebe ajuda, quando tem humildade e o desejo da mudança. São os familiares e amigos muito próximos capazes desse feito.

O indivíduo nessa etapa é frágil, e há a fragilidade na influência, positiva ou negativa. É raro um processo de transformação sem uma ajuda espiritual (independente da religião), pois exige o acreditar em algo além do real. O invisível é presente. A transformação é metafísica, é um salto quântico.

No profissional é preciso agrupar as fortalezas das competências técnica, comportamental, emocional, humana, para realizar a transcendência. Transcender é ser capaz de transformar conceitos enraizados, de trazer para fora forças e fraquezas para potencializar ou abandonar. Quando nós unimos a razão com a emoção, conseguimos realizar grandes mudanças na nossa vida, pois sonhos são da alma e metas são racionais.

Concretizar a meta é respeito a missão de vida. Missão é a inspiração interna, é aquilo que temos no fundo da alma, talvez uma imagem, uma metáfora:

Os raios solares despertam a ardência do amor, a ternura do carinho, o carinho pelo amor. É mais um início de vida, em que as orações completam a proteção divina, que trazem a serenidade no enfrentamento do cotidiano e a serenidade nas tomadas de decisões.

A música suave inspira aos sonhos, aos projetos, a realização da matéria recheada do propósito da espiritualidade. O banho da limpeza da alma e do corpo, retirando as impurezas e fixando a essência do aroma do amor, da paz, da saúde mental e emocional. São as águas (às vezes com lágrimas pelas perdas necessárias) que nos fazem transcender.

Superar é lutar pelas conquistas necessárias ao crescimento humano, pela busca da essência do fraterno, pela busca incessante da evolução de nossos irmãos próximos ou distantes. São pessoas especiais e poucas as escolhidas para a missão de povoar a terra pelo amor, pela fraternidade.

Assim começa o dia baseado no amor, na prosperidade e no receber e dar para que todos sejam melhores pessoas com a essência do amor presente nas ações muitas vezes de forma racional.

O racional se faz necessário no processo de construção, mas a essência, os alicerces serão sempre o amor, a fraternidade, o compartilhar.

Ter significa ser o melhor e dar o melhor ao outro. Ser é ter a essência do amor em abundância para poder compartilhar com o outro.

O processo de crescimento do ser humano é a evolução, é o encontro e desencontro que nos levam a um só lugar, a essência do amor incondicional.

Amor incondicional é o respeito, é o respeito e carinho pelos limites da pessoa a que queremos o bem e o entendimento do afastamento da perda da convivência, mas da eterna moradia no coração.

Amar é flutuar e enxergar no escuro, na distância física, na ausência do toque, mas no sentir profundamente presente.

A suavidade da música, o ritmo pesado da vida é que nos trazem a missão de vida.

Cada um tem a sua própria missão de vida e vivê-la é tarefa de cada um. Outros podem colaborar, mas nunca viver pelo outro. A missão é individual e deve ser o processo de construção de todos os dias, desde o nascimento até a morte.

Nascer é o primeiro ato de superação, pois é preciso romper a placenta, perder a proteção da barriga, ou fácil alimento.

Viver é o processo de evolução que a cada dia temos um novo aprendizado, a cada dia uma perda, a cada dia uma nova ideia.

Morrer, a transformação ou oculto da próxima etapa. Temos que estar abertos ao novo e aprender com as novas experiências.

São as experiências que nos tornam fortes e fortalecidos. São as experiências que devemos compartilhar para dar a oportunidade de sermos melhores.

Quando o ato de dar implica no ato de receber estamos prontos a viver o amor na essência.

A partir da missão pessoal mudamos o papel na sociedade, na família, no trabalho.

O ambiente organizacional possui projetos específicos que precisam estar integrados para que as ações planejadas sejam executadas. O líder faz a diferença quando consegue influenciar aos membros da equipe para que os objetivos e metas sejam alcançados. Este ouve e interpreta, e ainda, se usar a capacidade de intuição poderá realizar planejamentos focados na necessidade imediata, e, até os de longo prazo.

Sendo catalisador é o elo de ligação de sistemas, fluxos em que profissionais estão inseridos. Sendo elo de ligação torna-se o responsável para que as ideias saiam do mundo dos sonhos, e se transformem em realização e consequentemente resultado organizacional.

O desenvolvimento humano organizacional é resultante da ação dos profissionais que juntos fazem a diferença, no movimento para o sucesso da empresa. Isto traz a felicidade das pessoas, pois geram novas expectativas e crescimento profissional.

Enfim, mudanças são necessárias a todos, com apoio pessoal e através dos líderes organizacionais, essas são possíveis com maior facilidade. Mas a mudança em determinada fase da vida é necessária.

Comemorar o sucesso, a conquista tem que fazer parte do processo. As pessoas precisam criar o hábito de reconhecer o esforço, a dedicação realizada na trajetória entre o sonho e a vitória. No processo há o caminho, as mudanças, a transformação. O caminho é o lugar onde vão existir curvas, retas, ladeiras e subidas. Em cada fase da conquista da meta vamos ter bons momentos e momentos ruins, como também momentos calmos em que nada acontece. As mudanças exigem revisões, adaptações, e a transformação, mesmo com a dor da ruptura.

Acredito que pelo autodesafio as pessoas merecem reconhecer e comemorar. Sonhos e metas são alcançados com persistência, determinação e superação. Comemorar é ter uma ação positiva, é uma parada para brindar a conquista, pois novas virão.

43

A busca constante pelo sucesso profissional

O sucesso que todos almejam é um sonho
a ser conquistado, por isso valorize suas
competências, busque desenvolver os pontos
em que tem alguma carência e vá em busca do
tão esperado sucesso, que muitos buscam e
poucos a encontram plenamente

Raylane Nunes

Raylane Nunes

Coach com certificação Internacional em *Coaching, Mentoring & Holomentoring*, foco em Professional, *Self & Life Professional Coaching*, Sistema ISOR®.

Contatos
raylane.nunes.coach@gmail.com
(86) 9446-3878
(86) 9931-9262

No mundo globalizado em que vivemos é necessário ter um amplo conhecimento e evidenciá-lo constantemente para vislumbrar novos horizontes. Nesse sentido, o sucesso significa ter bom êxito, um resultado positivo em algo, conseguir chegar ao fim de uma empreitada. O sucesso que se almeja é essencial na vida dos seres humanos, porque sempre estamos em busca de algo que nos complete, tanto pessoal como profissionalmente. A vida é feita de escolhas. Ou "você quer ou você não quer". As oportunidades surgem constantemente e a cada dia que passa é exigida formação profissional. Devemos estar preparados, sempre aprimorando nossos conhecimentos, este, por sinal, deve ser constantemente.

Todos os dias nos deparamos com diversas situações, podendo estas serem positivas ou negativas, levando-nos a ser pessoas insatisfeitas, porque queremos sempre resultados satisfatórios, que, no entanto, nem sempre acontece. Mediante isso, deveríamos nos questionar: "tenho atingido meus objetivos de maneira satisfatória? Estou realmente tomando o rumo que eu gostaria?". Estes questionamentos é que fazem a diferença, fazendo-nos diferentes dos outros. Pois cada um tem sua subjetividade, sendo este o primeiro passo pra se chegar à mudança. Hoje não basta apenas dominar a parte técnica da posição. A exigência das companhias vai além disso, pois elas avaliam também as competências comportamentais, que influenciam no desenvolvimento do trabalho de uma equipe. Mas há comportamentos e atitudes apreciados no mercado de trabalho e que cada vez mais serão valorizados pelo mesmo.

Muitos buscam o sucesso, mas poucos insistem para adquiri-lo, uns por receio e outros por não acreditarem em si próprios, desistindo antes mesmo de tentar. Lembre-se que tudo que recebemos são consequências de nossos atos, ou seja, é reciprocidade. Cabe a nós fazermos a diferença, buscando algo que nos proporcione satisfação e bem-estar. Não adianta estar ganhando bem financeiramente e ter uma vida de frustrações. Vale ressaltar que, mesmo diante de um bom salário, a busca por uma satisfação como um todo é ampla quando o sucesso não atingiu o topo, pois sempre é exigido mais e mais para se autorrealizar como um profissional.

Acompanhar as tendências do mercado na área de atuação é um compromisso do profissional que deseja agregar conhecimento e manter-se competitivo. É também uma forma de diferenciar-se de outros candidatos na busca por uma vaga de emprego. Com isso, a necessidade de inovação hoje é constante. Não dá para imaginar um profissional, independentemente de sua formação, que não busque capacitar-se por meio de um curso específico. Isto fez com que o simples fato de se colocar e posicionar no mercado passasse a ser algo ainda mais desafiador e não simplesmente uma questão de empenho ou sorte do profissional. Sem sombra de dúvida é uma questão de qualificação profissional.

As oportunidades surgem constantemente e a cada dia que passa é exigida formação pessoal. O mercado tem revelado precisar de trabalhadores com qualificações específicas, de nível técnico ou superior, que estão em falta no país. Não há como negar que o mercado de trabalho torna-se cada vez mais competitivo.

Nesse sentido, existem vários outros fatores que podem interferir na escolha de uma profissão ou na obtenção de um bom emprego. Sorte, vocação, talento, boa formação escolar, estar atento à demanda e às circunstâncias do mundo atual são imprescindíveis. É preciso estar sempre em busca de se qualificar e se tornar um profissional atuante no mercado de trabalho, dispondo de tempo para constantemente se qualificar e correr atrás dos seus objetivos, principalmente o tão esperado sucesso.

Atualmente há muitos conflitos pertinentes a busca do sucesso, onde a busca constante leva a um questionamento.

Quais as condições necessárias para se atingir o sucesso profissional?

Esse questionamento faz parte da vida das pessoas que buscam viver bem, que buscam crescer financeiramente e profissionalmente. Embora os conflitos e o estresse afetem a qualidade de vida das pessoas. Estamos sempre à procura de uma motivação para continuar vivendo.

Em pleno século XXI, várias pessoas se encontram insatisfeitas, estando à procura de um número de profissionais cada vez maior como psicólogos, terapeutas e *coaches*. Número este que só aumenta com o decorrer do tempo. É preocupante por se tratarem de indivíduos que deveriam estar em satisfação consigo mesmos. Mas não conseguem manter o controle dos seus pensamentos e acabam se tornando pessoas depressivas, individualistas e outros fatores negativos. Felizmente estes profissionais contribuem muito para o bem-estar da saúde mental, proporcionando melhor qualidade de vida a estas pessoas.

O profissional que busca destaque e ascensão em sua carreira com certeza em algum momento de sua trajetória irá alcançar o sucesso profissional, pois é a busca constante de muitas pessoas. Mas este é um caminho cheio de desafios e obstáculos, que é preciso ser percorrido com muita determinação e foco. Profissionais que desejam atingir o patamar do sucesso e serem bem-sucedidos em suas carreiras de uma forma rápida e assertiva, podem buscar apoio no método que mais cresce no mundo, o *Coaching*.

O *coaching* é um processo de aceleração de resultados que visa o desenvolvimento de habilidades, competências emocionais e psicológicas e comportamentos com foco no alcance de realizações no presente e no futuro. Assim, empresas e profissionais têm buscado, no processo do *coaching*, apoio para o seu crescimento e desenvolvimento. A busca constante pelo sucesso leva o indivíduo a focalizar o seu ideal de vida, sendo ágil, criativo, eficiente e dinâmico para ir ao encontro ao objetivo proposto. É necessária força de vontade e coragem em todos os momentos para nunca desistir e ir em frente com seu ideal.

O *coaching* é a maior e melhor metodologia de desenvolvimento e capacitação humana do país. Trata-se de um processo de grande eficácia para aqueles que buscam alcançar objetivos profissionais de uma forma acelerada e eficiente.

O *coaching* conquistou o Brasil e tem sido a grande ferramenta de mudança na vida das pessoas. Por meio de uma assessoria integral, que vê e entende o ser humano como um todo, trabalha para potencializar o nível de resultados positivos a serem alcançados em diversas esferas. Vai além da mera realização, busca o equilíbrio para o bem-estar e a felicidade também estarem presentes no seu cotidiano.

O principal objetivo deste método é levar o profissional a sair de seu estado atual e levá-lo a seu estado desejado. É transformar problemas em solução. Para isso, são trabalhados o desenvolvimento de novas competências e o aprimoramento de habilidades para obter grandes resultados em sua área de atuação.

É importante lembrar que o *coaching* não é direcionado apenas aos profissionais com cargos de chefia e gerência. Pelo contrário, ele é indicado a qualquer pessoa que deseja potencializar sua carreira e acelerar seus resultados, independentemente do cargo em que está exercendo ou deseja exercer.

Devemos acreditar no nosso potencial e procurar soluções para melhorar nossas forças, mesmo diante das adversidades.

A conquista do sucesso é consequência de atos bem feitos. O sucesso só é conquistado se o profissional tiver planejamento, comprometimento e muita persistência. O sucesso é algo que não se ganha, ele é conquistado quando a sinceridade, humildade e perseverança moram dentro de nós.

A interpretação de sucesso vai muito além de simples palavras e histórias. Ninguém ganha sucesso. Ele é conquistado. E essa conquista é fruto de uma busca constante. A busca pelo sucesso deve vir de dentro da pessoa. Então, se você quiser conquistar o sucesso, busque-o primeiro dentro de você, para depois mostrá-lo ao mundo.

Melhoria contínua, no entanto, requer aprendizado constante. E isso demanda tempo do profissional. É preciso dedicar um período para decidir exatamente o que se pretende aprender, outro para buscar o conhecimento em si e, finalmente, mais tempo para praticar o que foi aprendido.

O mundo vem sofrendo várias transformações no desenvolvimento do trabalho, em todos os âmbitos. Atualmente somente o conhecimento adquirido no curso de formação universitária não garante a colocação de um profissional. Até mesmo o fato de ter trabalhado por muitos anos em uma mesma empresa, que era considerado um fator importante, não é mais levado em consideração no momento da inserção profissional. A busca incessante pelo sucesso se faz necessária em todos os momentos para qualificação e atuação no mercado tão competitivo.

Para se ter sucesso é necessário fazer uma profunda viagem para dentro de si, conhecer os limites e potencialidades que cada um possui, para, a partir daí, identificar aonde se quer chegar e criar os estímulos necessários para percorrer o caminho que levará a uma vida bem-sucedida, seja ela no âmbito pessoal, social, familiar ou profissional.

É valorizar cada elemento da sua vida, desde os mais simples até os maiores feitos. O fato de acordar toda manhã e perceber os sinais de vitalidade que percorrem toda a extensão corpo, mesmo em meio aos mais diferentes desafios e situações, já é uma grande realização e podemos considerar a força da vida como um sucesso.

É necessário estar sensível e valorizar esses simples êxitos para ousar projetar realizações maiores. Sem perceber essas sutilezas, esses pequenos, mas valorosos sinais de sucesso, é difícil ir em busca de novas realizações, pois ficaremos sempre preocupados em alcançar o sucesso e não conseguiremos nos envolver e aproveitar as pequenas vitórias diárias.

Em suma, estaremos obcecados por um objetivo que é ter o sucesso, mas não conseguiremos percebê-lo quando este momento chegar.

É interessante perceber que o sucesso assume várias facetas de acordo com as percepções de cada ser humano. Ele também é mutável, pois assume um significado diferente em cada momento da vida. O que era sucesso para mim há cinco anos já não tem o mesmo sentido hoje e, certamente, não terá nos próximos cinco anos futuros.

Mas uma coisa não muda, a busca pelo sucesso deve nos impulsionar a querer sempre sermos pessoas melhores, não só melhorando a nossa qualidade de vida, mas, também, a das pessoas que estão ao nosso redor.

Um sucesso, que é baseado em cima do sofrimento e do rebaixamento do outro, não garante uma felicidade plena. Somos mais bem-sucedidos quando temos a oportunidade de compartilhar o nosso bem-estar com a nossa rede de relacionamentos. Com isso, ter sucesso é também estar conectado a pessoas, é ter amigos e saber valorizar as coisas simples. O que parece muito piegas é o que faz a diferença na vida de muitas pessoas.

O sentido de ter sucesso está intimamente relacionado à ideia de ter dinheiro e bens materiais. E isso não é errado. Contudo, basear o sucesso apenas nesses elementos não é suficiente se não tiver um equilíbrio na saúde ou se não tiver condições físicas e psicológicas para aproveitar aquilo que foi conquistado. O que é simplesmente matéria pode nos ser tirado e todo sucesso que imaginávamos ter, acabar por se transformar no oposto, ou seja, um grande fracasso.

Profissionais de sucesso não se cansam ou se conformam com o que já sabem, estão em constante busca de conhecimentos por meio de teoria e prática. Ter sede por obter qualificação (conhecimento) nos dois campos (teoria e prática), dedicação, persistência, perseverança, otimismo, entre outras qualificações positivas, irá ajudar e compor (definir) quão qualificado você está para determinada vaga de trabalho.

Através das abordagens apresentadas, percebe-se que o mercado de trabalho sofre contínuas mudanças e, por isso, é importante acompanhar todas elas para estarmos profissionalmente aptos a concorrer a uma vaga de trabalho. Essas mudanças ocorrem principalmente no fator tecnológico, que a cada dia exige dos profissionais novos conhecimentos e competências para acompanhar os avanços da tecnologia.

Dicas sobre como buscar o sucesso profissional

O sucesso profissional é alcançado com muita persistência e trabalho constante. Ainda que não exista uma fórmula para todos, você pode seguir alguns passos importantes capazes de ajudá-lo na conquista, inclusive já comentados anteriormente no texto. Vamos recapitulá-los de maneira breve.

1. Faça uma profunda viagem para dentro de si. O autoconhecimento é fundamental para o êxito naquilo que se propõe.
2. Dedique-se a aprender cada dia mais, o aprendizado contínuo o levará mais longe.
3. Acompanhe as tendências de mercado em sua área de atuação para manter a competitividade.

Referências

FRANKL, V. *Psicoterapia e sentido da vida*. São Paulo, Ed. Quadrante, 1989.

Master Coaches - *Técnicas e relatos de mestres do coaching* / Coordenação editorial: André Percia, Douglas de Matteu, José Roberto Marques e Mauricio Sita – São Paulo: Editora Ser Mais - 1ª edição – 2012.

44

Coaching no fazer pedagógico

A abordagem *coaching*, quando utilizada pelo educador, apoia o aluno na construção dos seus conhecimentos. Esta metodologia assemelha-se, em alguns pontos, a outras linhas de ensino-aprendizagem desenvolvidas desde o método socrático. Este artigo remete a um estudo descritivo bibliográfico e contextualizado com a formação e as experiências da autora como docente

Regina Coeli Rodrigues

Regina Coeli Rodrigues

Educadora *Coach* com mais de 15 anos de atuação. Proprietária da Regina Rodrigues Desenvolvimento Humano. Consultora empresarial em Recursos Humanos. Palestrante e instrutora de treinamentos gerenciais e profissionais. Graduada em Gestão de Recursos Humanos pela Faculdade de Administração e Negócios de Sergipe (FANESE), Gestão Empresarial e *Coaching* na Fundação Escola de Sociologia e Política do Estado de São Paulo (FESPSP). Formação em *Coaching* pela Sociedade Latino Americana de Coaching (SLAC), com certificação reconhecida pela International Association of Coaching Institutes (ICI – Europa) em: *Life Coach, Executive Coach* e *Master Coach. Advanced Executive Coach* através da John Seymour Association (Inglaterra) e *Leader Coach* pela Corporate Coach U (EUA). Analista em A*ssessment, Assess* e *Six Seconds. Master* em Programação Neurolinguística. É membro da SLAC e da Associação Brasileira de Consultores Empresariais e Profissionais Liberais (ABRACEM).

Contatos
www.reginarodrigues.com
reginarodrigues.rh@gmail.com
(79) 99199-9897 / (79) 3023-7104

Quando comecei a escrever este artigo, não imaginei que me encontraria como uma leitora da minha produção, levando à profunda reflexão sobre minha atuação pedagógica. Escrevo para os educadores sobre como o *coaching*, no fazer pedagógico, demonstra-se eficiente no desenvolvimento dos alunos em qualquer segmento da educação.

Quando penso em educadores, lembro-me daqueles que colaboraram com a minha formação acadêmica. Poucos se preocupavam não apenas em transmitir os conteúdos de sua matéria, mas também me levaram a refletir, promovendo discussões interessantes. Estavam sempre abertos ao diálogo, preocupados em oferecer condições para que a minha aprendizagem acontecesse de forma eficiente. Instigavam-me na busca de conhecimentos aprender a conhecer, desenvolvendo minhas competências para aplicar os conhecimentos adquiridos - aprender a fazer; despertaram em mim o respeito ao pluralismo cultural – aprender a conviver; ensinaram-me a difícil arte de me conhecer e conquistar autonomia – aprender a ser; eram avessos à imposição do saber, alheio às reflexões do indivíduo e, mesmo com tamanha doação, demonstravam ser educadores felizes pelo que faziam e mantendo a própria saúde.

Recordo-me das leituras feitas sobre a vida de Sócrates, que destacavam a preocupação com os métodos utilizados para a aprendizagem e o entendimento do sujeito por ele mesmo, propondo o diálogo como forma de aprender e o humanismo centralizado no preceito "conhece-te a ti mesmo" para encontrar o caminho da verdade.

No livro *A pedagogia: teorias e práticas da Antiguidade aos nossos dias*, os autores Gauthier; Tardif (2010, p. 50) descrevem o método de Sócrates, a maiêutica ou parturição das ideias: "[...] discutir com o outro, deixá-lo expressar suas próprias ideias, fazendo-lhe, ao mesmo tempo, perguntas sobre o sentido e a definição das noções que utiliza [...]". Os mesmos autores também realçam:

> A educação socrática comporta a ideia de um processo de aprendizagem concreto, através do qual o aprendiz forja o seu próprio pensamento, constrói e fundamenta suas próprias convicções por meio de interações verbais com o educador.

A reflexão sobre a importância do educando ser corresponsável pela construção do seu saber e desenvolvimento pode ser observada no trecho da obra Pedagogia do oprimido, de Freire (1985, p. 76):

> A pedagogia tem de ser forjada com ele (o oprimido) e não para ele, enquanto homens ou povos, na luta incessante de recuperação de sua humanidade. Pedagogia que faça da opressão e de suas causas objeto da reflexão dos oprimidos, de que resultará o seu engajamento necessário na luta por sua libertação, em que essa pedagogia se fará e refará [...]

Depreende-se, nas ideias de Sócrates e de Paulo Freire, a importância do educando forjar, ou seja, construir sua consciência através do diálogo com o seu educador. Este utilizará questionamentos que instiguem o seu educando na busca por respostas e, com bases nelas, o aluno possa escolher os melhores caminhos para alcançar seus objetivos na vida.

O *coach*, sujeito que aplica e conduz o *coaching*, é, por essência, um profissional da pergunta e da escuta ativa. Através de questionamentos adequados, o *coachee* (o cliente que procura o *coach*) é levado a se conhecer, a procurar respostas dentro dele, a desenvolver suas competências ou criar novas, melhorar a própria performance no que se propõe a fazer. Ou seja, o *coachee* se desenvolve a partir de novas aprendizagens, saindo do seu estado atual e alcançando o estado desejado. Não seria dessa forma que os profissionais de educação deveriam atuar? O conhecimento baseado na memorização é frágil e pode se perder com o tempo, enquanto que o conhecimento baseado no raciocínio é forte e se consolida.

Sobre o cerne da aprendizagem e atuação do educador, Charlot (2008, p. 20) diz:

> [...] o mais importante é entender que a aprendizagem nasce do questionamento e leva a sistemas constituídos. É essa viagem intelectual que importa. Ela implica em que o docente não seja apenas professor de conteúdos, isto é, de respostas, mas também, e em primeiro lugar, professor de questionamento.

Whitmore (2010, p. 2), em seu livro *Coaching para performance*, defende a essência do *coaching* como sendo "[...] liberar o potencial de uma pessoa para maximizar sua performance, ajudá-la a aprender em vez de ensiná-la." Esta essência se aproxima de alguma outra? Sim, do humanismo socrático. Pois, para Sócrates, a meta não seria o conteúdo em pauta, mas o próprio interlocutor que, através do diálogo, seria levado a tomar consciência de sua real situação, depois que se reconhecesse cheio de pseudoverdades e conceitos mal formulados. A maiêutica é clássica. O que é antigo pode desaparecer com o tempo, mas o clássico permanece.

O *coach*, assim como um educador, enxerga nas pessoas o seu futuro potencial e não a sua antiga performance. Da mesma forma que encontramos gerentes atuando como líderes *coach*, os docentes podem, também, utilizar uma abordagem *coach* com os seus alunos. Para isso, o educador deve merecer a confiança dos educandos através da linguagem utilizada e da relação que esta desencadeia. Segundo Lages; O'Connor (2012, p. 55-56), "[...] um relacionamento de respeito mútuo e influência é o *rapport* [...] e [...] pode ser construído todo o tempo." Quando o *rapport* persiste com o tempo, ele se desenvolve para a confiança. Após a instalação de um ambiente de segurança, é que o educador conseguirá apoiar seus alunos no alcance de suas metas.

Para ser eficaz, o educador *coach*, além de estabelecer *rapport*, deverá apresentar, segundo Pérez (2009, p. 24-30), algumas competências, a saber: ter visão global da conjuntura, vivência pessoal e profissional, humildade, curiosidade, flexibilidade, segurança em si próprio, paciência, coerência, convicção, proatividade, inteligência emocional e domínio de ferramentas internas e externas que são utilizadas no processo de *coaching*.

Além dessas competências, existem ferramentas, a exemplo do *rapport*, que o educador *coach* pode utilizar para apoiar os alunos a se movimentarem em direção aos seus objetivos, pensando de forma diferente do que estão habituados e, desta forma, gerando mudanças que facilitaram o processo de aprendizagem.

Santos (2012, p. 71-84), em seu livro *coaching* educacional: ideias e estratégias para professores, pais e gestores que querem aumentar seu poder de persuasão e conhecimento, cita essas ferramentas, a saber: *brainstorming, brainwritting*, mapa mental, escuta ativa, PNI (positivo, negativo e interessante), *feedback*, espelhamento, sistemas representacionais, 5S, ciclo PDCA, entrevistas e apresentações, protocolo de sintonia, reunião de avaliação colaborativa, construção coletiva de um pacto, jogos, narrativas, matriz SWOT e *empowerment*.

O educador *coach* irá atuar no sentido de levar seu aluno ao alcance de três objetivos básicos: a consciência, o que implica na aquisição de um conhecimento através da observação e da reflexão do que se vê, ouve ou sente; a autoconfiança, com a qual o aluno irá perceber-se dono de capacidades e recursos suficientes para conquistar o que deseja; a responsabilidade, que leva o aluno a assumir as consequências das próprias ações.

A situação característica, para o educador dar início a um processo de *coaching* com seu aluno, ou turma, acontece quando um aluno procura o professor para solicitar ajuda ou para expor alguma insatisfação em relação ao seu aprendizado. O que o aluno está querendo é sair do estado atual de insatisfação e conseguir realizar algo, sentir-se satisfeito, ou seja, ir para um estado desejado. Neste momento, o educador terá a oportunidade de estabelecer *rapport* com o aluno, com escuta ativa e perguntas adequadas, ou seja, utilizando as habilidades de um bom *coach*, apoiando o aluno na definição de sua meta e plano de ação.

É importante ressaltar que não é necessário que o professor conheça cada um dos seus alunos, mas que perceba as características da turma como um todo. A partir dessas características percebidas, o educador trabalhará de forma eficiente os valores, princípios, crenças, conceitos e atitudes.

Dessa forma, o aluno ganhará consciência de suas limitações, transitará para os limites de sua zona de conforto, experienciando insegurança, frustração, medo, insatisfação. Neste momento, é indispensável a presença do educador *coach*, apoiando o aluno nesse deslocamento para fora da zona de conforto. Este passa a experimentar novos métodos de aprendizagem, ferramentas e recursos que o ajudam a alcançar seus objetivos, recuperando e potencializando, assim, a autoconfiança e a responsabilidade.

Neste momento, o aluno percebe que suas ações estão trazendo resultados positivos, aproximando-o de sua meta, paulatinamente. Esse processo lento e gradual de aquisição de novos conhecimentos, que levam o indivíduo a abandonar antigos comportamentos, atitudes, e adquirir novos, de acordo com suas competências, chama-se desenvolvimento. Sendo persistente nesse processo e tendo alcançado a meta, o aluno e o educador poderão decidir por concluir as atividades de *coaching*.

Conforme Pérez (2009, p.104),

> [...] o processo de aprender a aprender e a capacidade para estabelecer sonhos e desejos nunca terão fim. O *coaching* está aberto a todos aqueles que admitem que a mudança é útil e que consideram que mais vale ser ator que vítima.

Conclui-se que o *coaching* assemelha-se, na sua essência, com alguns aspectos propostos por grandes pensadores da pedagogia. Quando aplicado na educação, o *coaching* provoca a curiosidade no outro, o conhecimento do sujeito por ele mesmo, possibilitando, ao *coachee*, a superação de obstáculos internos e externos. Utilizando uma abordagem *coach* no fazer pedagógico, atuando como um profissional da pergunta, o educador consegue alavancar o desenvolvimento e a aprendizagem dos seus alunos de maneira eficiente e eficaz.

Referências

CHARLOT, Bernard. *O professor na sociedade contemporânea: um trabalhador da contradição*. Revista da Faeeba: educação e contemporaneidade, Salvador, v. 17, n. 30, p. 17-31, jul./dez. 2008.

FRANCO, Maria Amélia do Rosário Santoro. *Pedagogia e prática docente*. São Paulo: Cortez, 2012.

FREIRE, Paulo. Pedagogia do oprimido. Rio de Janeiro: Paz e Terra, 1985.

GAUTHIER, Clermont; TARDIF, Maurice. *A pedagogia: teorias e práticas da Antiguidade aos nossos dias*. Petrópolis: Vozes, 2010.

LAGES, Andrea; O'CONNOR, Joseph. *Coaching com PNL: o guia prático para alcançar o melhor em você e em outros*. 2. ed. Rio de Janeiro: Qualitymark, 2012.

PÉREZ, Juan F. B. *Coaching para docentes: motivar para o sucesso*. Porto: Porto, 2009.

SANTOS, Graça. *Coaching educacional: ideias e estratégias para professores, pais e gestores que querem aumentar seu poder de persuasão e conhecimento*. São Paulo: Leader, 2012.

WHITMORE, John. *Coaching para performance: aprimorando pessoas, desempenhos e resultados*. Tradução de Tatiana de Sá. Rio de Janeiro: Qualitymark, 2010.

45

Uma vida
em camadas

"A vida é o que te acontece enquanto você está preocupado fazendo planos." A frase, atribuída a John Lennon, pode dar a impressão que a vida escorre por entre nossos dedos enquanto estamos ocupados com as coisas dela própria. Sim, se estivermos desatentos, indiferentes. Não, se a encararmos como produto de nossas escolhas, feitos e significados. A vida é feita de camadas sobrepostas e interligadas

Reinaldo Paiva

Reinaldo Paiva

Psicólogo, Administrador, Consultor Empresarial nas áreas de Gestão de Pessoas, Treinamento e Desenvolvimento Humano e Organizacional, especializado em Neurociências, Terapias Cognitivas, *Coaching* e Educação de adultos. Pós-graduado em Gestão de Negócio, Programação Neurolinguística, Consultoria Empresarial. Experiência como Gerente de RH, *Change Management* em projetos de implantação de novos processos, Consultor de empresas, Psicoterapeuta cognitivo, Palestrante, Facilitador de grupos e *Coach* executivo. Membro associado do Instituto Brasileiro de Coaching (IBC) e do Global Coaching Community, habilitado em *Professional & Self Coaching*, Neurocoaching e *Behavioral Analyst*.

Contatos
www.ahimsaconsultoria.com.br
reinaldo_paiva@terra.com.br
(41) 8823-8181

"Há muito tempo que eu saí de casa.
Há muito tempo que eu estou na estrada.
Há muito tempo que eu estou na vida.
Foi assim que eu quis e assim eu sou feliz.
Principalmente por poder voltar a todos os lugares onde já cheguei.
Pois lá deixei um prato de comida,
Um abraço amigo, um canto para dormir e sonhar.
E eu aprendi que se depende sempre
De tanta, muita, diferente gente.
Toda pessoa sempre é as marcas,
Das lições diárias de outras tantas pessoas.
É tão bonito quando a gente entende
Que a gente é tanta gente onde quer que a gente vá.
É tão bonito quando a gente sente
Que nunca está sozinho por mais que pense estar.
É tão bonito quando a gente pisa firme
Nessas linhas que estão nas palmas de nossas mãos.
É tão bonito quando a gente vai à vida
Nos caminhos onde bate bem mais forte o coração."

Luiz Gonzaga do Nascimento Jr. - 1982

Sempre que penso na minha vida, nas coisas que fiz, nos meus projetos, naquilo que ainda pretendo realizar, viver, esta música – Caminhos do coração - me vem à cabeça, como uma espécie de hino. Eu seguramente colocaria as mesmas palavras em meu epitáfio, como uma fidedigna representação daquilo que sinto ser minha vida. Pelo menos na minha própria versão dessa vida. Consigo ver, no texto, o elenco de alguns elementos materiais básicos necessários à sobrevivência: as vivências sociais, emoções, relações e sentimentos reais indispensáveis ao convívio humano, bem como as razões e escolhas existenciais que dão sentido individual à vida. Todos os ingredientes de uma boa vida.

Quero convidar você a percorrer comigo uma jornada por algumas dimensões, ou camadas, que considero fundamentais para entendermos e cuidarmos da vida que recebemos.

Entretanto, antes vale destacar que, seguindo os passos das primeiras estrofes da música de Gonzaguinha, para se ter uma existência digna de ser vivida é necessário em primeiro lugar torná-la sua. É preciso sim, quando a idade e a obtida maturidade permitir, metafórica e concretamente, sair da guarda de quem te deu a vida, do ninho, quem sabe de casa, da cidade natal, do bairro, das mesmas companhias, do seio dos comuns, ou (com bom humor) "do armário", como é comum se dizer hoje. É preciso <u>querer</u> cuidar-se plenamente, <u>decidir-se</u> por onde andar, caminhar, trabalhar, amar, estar por conta própria. Este é o primeiro passo, pois viver é mais do que simplesmente estar vivo.

E assim seguindo, laboriosa e prazerosamente, ir respondendo por essas escolhas e pelos rumos tomados. Isso é mais ou menos como abrir essa nossa jornada com as perguntas: <u>De onde vim? Quem sou? E agora?</u>

Estou de acordo com <u>Freud</u>, quando disse certa vez: "aquilo que herdaste de teus pais, torna-o teu e siga em frente da melhor maneira possível. Faça-se."

Então, antes de continuar a leitura, dedique alguns minutos a responder a pergunta:

<u>Quem é você?</u>

Observe os termos que utilizou para se definir. Reflita a respeito. O que eles realmente significam para você? Quais você gostaria de retirar de seu descritivo? Que outros, se pudesse, acrescentaria?

O Austríaco <u>Rudolf Steiner</u>, (1861-1925), conferencista, escritor e fundador da Ciência Antroposófica, nos apresentou, entre outros conceitos e estudos, um modelo de compreensão da entidade humana e de seu funcionamento. Para Steiner, as "obras produzidas por alguém carregam consigo as características de seus criadores". Portanto, a vida apresenta as qualidades das mesmas dimensões que nos definem. Dizendo de outro modo, podemos enxergar a nossa vida a partir das mesmas dimensões que nos formam e nos caracterizam. Ao fazermos isso, podemos ver com mais clareza o que temos, o que somos, o que queremos e o que poderemos ser.

A entidade humana, seu funcionamento e a vida

A parte mais tangível, material, palpável, concreta de nosso ser é o corpo físico. Primeira dimensão da existência, este habitáculo é composto dos mesmos elementos encontrados no universo. Somos "poeira de estrelas", como já disseram. Elementos químicos, células, órgãos, tecidos, sistemas, ossos, músculos, líquidos combinados de uma maneira específica, dão estrutura e forma exterior a quem somos. Nossa primeira e única casa, morada eterna.

Por analogia, podemos também enxergar a vida pelo ponto de vista da dimensão material. Viver neste mundo pressupõe a obtenção, uso e guarda de recursos físicos e materiais. Precisamos de alimentos, água, abrigo, morada, entre outros bens. Nesse nível está tudo o que é observável, quantificável, palpável, percebido, experimentado. Aqui lidamos com o binômio presença X ausência. Ter ou não ter. Utilidade X Futilidade. Resolver problemas desse nível na vida requer que utilizemos habilidades técnicas, conhecimentos específicos das necessidades e possibilidades bem como da real utilidade das coisas.

Antes de continuarmos, faça uma lista dos bens, coisas, recursos, objetos, de seu patrimônio. Não tenha pressa, liste amplamente suas conquistas materiais, os recursos que utiliza para sobreviver.

Agora observe. Você tem as coisas mínimas, indispensáveis à sua vida? Existem bens que ainda precisam entrar para a sua lista? Os que estão são adequados às suas necessidades atuais e futuras? Há excessos, sobras? Todos os seus bens são realmente necessários e utilizados? Há espaço para diminuições, doações, trocas? Você precisa realmente de tudo isso para viver? Pondere então a respeito.

A segunda dimensão da entidade humana é o que Steiner chamou de corpo etérico ou vital, os processos complexos do metabolismo e das funções ativas no corpo que mantém o organismo vivo. Neste nível da existência, temos o ânimo, a vitalidade, a energia, a vontade, por assim dizer. Esta dimensão não é palpável, mas é sentida e observada, por exemplo, quando os nossos processos vitais estão funcionando, sem a participação da consciência, enquanto dormimos. Sem esta dimensão, estaríamos mortos. Aqui a escassez e excesso se manifestam, trazendo saúde ou gerando doença. Nesse nível, equilíbrio é a boa via.

Seguindo a mesma lógica anterior, é possível olhar para sua vida sob o ponto de vista dessa mesma dimensão energética. Pondere a respeito. Você está saudável? Tem levado uma vida equilibrada? Tem se alimentado regular e adequadamente? Seu dia a dia tem alguma regularidade, previsão, controle? Como está a sua disposição? E sua vontade? Seu prazer e energia? Você se sente bem? Há espaço em sua vida para cuidar de você?

Problemas nessa dimensão precisam ser resolvidos com o uso de habilidades administrativas. Você literalmente precisa decidir administrar melhor sua rotina, tarefas, atividades, alimentação, bens, sono, prazer e seu dinheiro para ter uma vida saudável e boa.

A próxima dimensão do ser humano é aquela que reúne o que a ciência tradicional chama de perfil psicológico, nossas emoções, sentimentos, anseios mais profundos, desejos, instintos, simpatias e antipatias, as esperanças e medos, as expectativas, aquilo que nos move e anima. A índole. Este conjunto de elementos intangíveis, mas expressados e percebidos quando interagimos com os outros nas relações diárias é chamado de corpo astral para a Antroposofia. Houve uma época em que era comum dizermos do "astral" de alguém, exemplo de referência a esse nível.

A vida também pode ser vista pela luz da alma. A esse nível da existência dá-se o nome de dimensão psicológica ou relacional. O ser humano se faz humano na presença de seus semelhantes. Não sobrevivemos sozinhos. Portanto, nossas relações nos definem. Podemos encarar a vida sob o ponto de vista dos relacionamentos que construímos e mantemos, das interações que realizamos ou findamos e de quem então nos tornamos.

Quero aqui então falar do amor, pois, como em Coríntios 13, "ainda que eu falasse a língua dos homens, que falasse a língua dos anjos, sem amor eu nada seria". Os gregos clássicos falam em seis variedades de amor: *Eros* - o desejo sexual passional; *Philia* – o gosto comprometido e compartilhado ou amor entre amigos; *Ludus* – disposição brincalhona e bem-humorada experimentada entre pessoas próximas (lazer comum); *Pragma* – amor maduro e responsável desenvolvido normalmente entre aqueles que convivem há muito tempo juntos; *Ágape* – ou *caritas*, doação altruísta ao outro; e finalmente *Philautia* – ou amor próprio, autoestima, senso de valor.

Então eu o convido a pensar sobre suas relações. Você sente atração e prazer por alguém? Tem desfrutado da sexualidade? Tem amigos de verdade (não apenas aqueles das redes sociais)? Encontra-se com eles e se divertem? Jogam, brincam, se animam com frequência? Você consegue também ceder, em nome de alegrar o outro? Prefere ser feliz ou ter razão? Faz algum ato caridoso, tem sido generoso, faz alguma contribuição voluntária? Como anda sua autoestima? Você gosta minimamente de você? Respeita-se, se cuida, se desenvolve? Como andam as suas relações pessoais, familiares, profissionais, sociais? Tem tido prazer, alegria, satisfação e felicidade com elas? Ou há tempos esses sentimentos não aparecem? O lema aqui deveria ser "a vida é bela".

Para resolvermos problemas ou questões nesse nível é necessário utilizarmos e desenvolvermos habilidades interpessoais ou sociais.

Então, antes de prosseguir, faça uma lista das principais pessoas com as quais se relaciona. Use as variedades de amor descritas anteriormente para associar às pessoas escolhidas. Há espaço para você melhorar as suas interações e relacionamentos? Existem relações que precisam ser terminadas, retomadas? Faça-a sem demora, pois nunca sabemos até quando nós ou o outro estará por perto. Nesta dimensão, qualidade é o que importa.

A última dimensão da entidade humana constitui a sua individualidade, o seu <u>eu</u>, aquilo que dá sentido, razão e propósito para a vida. Aqui falamos da <u>esfera espiritual ou existencial</u>. No nível mais intangível de todos, temos o que é mais essencial, nossa filosofia de vida, a vocação, nossos valores, propósitos, princípios, visão e projeto existencial. Missão de vida. Aquilo que nos faz acordar pela manhã e prosseguir. Aquilo pelo que existimos. O que nos define (a identidade) e o que vamos deixar nesse mundo (legado).

A vida pode ser encarada pela lente do que dá sentido, do existencial, propósito ou legado. Esta é a <u>dimensão essencial</u> da vida.

Qual a sua vocação? Quais são os seus propósitos? O que define a sua existência? O que faz você fazer o que tem feito todos os dias? Aonde você quer chegar? Que marca quer deixar no mundo ou nas pessoas à sua volta? O que quer ser? Essas perguntas se parecem com as famosas "quem sou eu? De onde vim? Para onde vou?".

Para onde você vai? O que vai deixar de legado? Em algum momento todos nós precisaremos responder a essas questões. Nessa dimensão, a verdade deve ser a lei. Para equacionar as respostas a essa dimensão, precisamos refletir e pensar, habilidades racionais.

Você pode decidir registrar todas as suas reflexões das <u>quatro dimensões da vida</u> num único lugar. Para tanto, pegue um papel ou abra uma planilha eletrônica e monte a estrutura abaixo. Guarde este documento com carinho, compartilhe com alguém conhecido se quiser, revisite-o de tempos em tempos. Monitore a sua existência.

O que tenho? Meus recursos.	
O que faço comigo? Como utilizo as coisas?	
Minhas relações? O amor na minha vida.	
Meu propósito? Missão? Objetivos? Legado?	

Chegamos ao fim dessa jornada. Quero terminar com Eclesiastes: "Existe um tempo certo para cada coisa, momento oportuno para cada propósito debaixo do Sol. Tempo de nascer, tempo de morrer, tempo de plantar, tempo de colher." A vida passa por fases também. Mas isso é outra história.

Por hora, vale a certeza de que uma <u>vida plena</u> pode ser <u>boa, bela e verdadeira</u>. Você decide. Está em suas mãos. Faça valer a pena. Eu te desejo uma vida ampla, abundante e feliz.

Referências

BURKHARD, Gudrum. *Tomar a vida nas próprias mãos*. Ed. Antroposófica, São Paulo, 1ª edição. 2000.

MOGGI, Jair; BURKHARD, Daniel. *O Espírito transformador*. Editora Antroposófica, São Paulo, 5ª edição. 2008.

KRZNARIC, Roman. Sobre a arte de viver. Ed. Zahar, Rio de Janeiro, 2011.

46

"Conhece-te a ti mesmo"... dizem os sábios

Uma interpretação de ensinamentos milenares, em paralelo ao *coaching* e *mentoring*, relatando experiência do uso de ferramentas de apoio que provocam reflexão profunda do estado atual, ações congruentes com o sentir, pensar e querer, levando o cliente a um estado de expansão e conquista de sua integralidade

Renata Frank

Renata Frank

Empresária, *Master Coach*, Consultora, Palestrante, Treinadora, Colunista e Escritora, é fundadora e diretora da VirtuArte Informática atuando desde 1997 na área de Qualidade, Excelência em Gestão e Melhoria Contínua de Processos de TI. Também fundou e dirige a Integralidade Desenvolvimento Humano & Corporativo exercendo sua missão de vida: apoiar cada ser humano na busca da melhoria contínua e no encontro de sua integralidade. Formada em Análise de Sistemas e especialista em Melhoria de Processos e Qualidade de TI, possui MBA em Gestão Empresarial e *Coaching*. É membro da Sociedade Latino Americana de Coaching como *Master Coach* reconhecida pela IAC, Certified *Practitioner* PNL pela Master Solution Institute com reconhecimento da ABNLP, integrante do Time de Conhecimento do Mural do Coach e Trainer do Programa Atuação Coaching. Acumula mais de dez mil horas em consultorias, treinamentos, palestras, *workshops*, *mentoring* e *coaching*. Coautora do Livro "A Arte da Guerra – Desperte o Sun Tzu que está dentro de você" pela Editora Ser Mais.

Contatos
www.renatafrank.com.br | contato@renatafrank.com.br
www.integralidade.com.br | renata@integralidade.com.br

Ao pensar em mapa da vida não imagino outro assunto que seja mais atual, com maior oportunidade de inovação, e ao mesmo tempo tão tradicional, do que falar sobre a busca pelo autoconhecimento.

Mesmo sendo um assunto já tratado por tantos outros profissionais, autores, filósofos e pensadores, sempre haverá espaço para uma análise de ferramentas, seus benefícios e sua aplicação apoiando processos de desenvolvimento e autoconhecimento, enquanto existir no ser humano a necessidade de se tornar integral, isto é, agir em harmonia com seus pensamentos (razão), sentimentos (sentir) e desejos (vontade).

Posso citar algumas práticas das quais já tive experiência positiva de crescimento pessoal e profissional: meditação, psicoterapia, psicanálise, programação neurolinguística (PNL), *mentoring* e *coaching*, lembrando que existem outras não citadas que também são comprovadamente eficazes.

Em virtude do meu objetivo de descrever como aplico algumas ferramentas de apoio em processos de desenvolvimento humano, que geram resultados satisfatórios e de autoconhecimento, vou me limitar a relatar minha experiência como profissional de *coaching* e *mentoring*, e não como *coachee* ou *mentee*.

Definições importantes de processos e papéis envolvidos

Coaching: processo de transformação e parceria entre o *coach* (profissional) e o *coachee* (cliente), com foco no alcance de metas pessoais e/ou profissionais, no qual o cliente tem apoio profissional embasado em uma metodologia de perguntas cientificamente comprovadas e aprovadas para a descoberta e crescimento.

Mentoring: processo de transferência de conhecimento e experiência, onde o *mentor*, um indivíduo com mais experiência e vivência em determinado assunto ou ofício, compartilha seus conhecimentos e vivências com o *mentee*, através de orientação, aconselhamento ou assessoria, visando o desenvolvimento de habilidades e competências.

Os sábios já nos diziam...

> "Advirto-te, sejas quem fores...
> Tu! Que desejas sondar os arcanos da Natureza, se não encontras dentro de ti aquilo que procuras... tampouco o poderás encontrar fora.
> Se ignoras as excelências da tua própria casa, como poderás encontrar outras excelências?
> Em ti se encontra oculto o tesouro dos tesouros!
> Homem!... Conhece-te a ti mesmo e conhecerás o Universo e os Deuses..."
>
> — Inscrição no Oráculo de Delfos,
> atribuída aos Sete Sábios (c. 650a.C.-550 a.C.)

Na entrada do Oráculo de Delfos, dedicado principalmente ao Deus Apolo, uma mensagem aos consulentes que buscavam respostas às suas aflições e expectativas, através de profecias que eram traduzidas pelas sacerdotisas em transe, e consideradas verdades absolutas, já alertava para o poder e valor do autoconhecimento.

Apesar de a mensagem ser entendida de várias formas, de acordo com o modelo de mundo individual, como *coach* interpreto esta mensagem comparando com os resultados que um processo de *coaching* pode proporcionar.

É importante acrescentar detalhes ao conceito de *coaching* apresentado logo acima, evidenciando que consiste basicamente em um processo de desenvolvimento e autoconhecimento do *coachee*, onde o *coach* provoca reflexões e questionamentos que fazem com que o *coachee* encontre novas respostas interiores e ações alternativas às usualmente executadas, levando-o a uma mudança do estado atual para o estado desejado de forma mais consistente e veloz.

Como a resposta é dada pelo *coachee*, e nunca pelo *coach*, fica estabelecido o processo de autoconhecimento no momento que o *coachee* se torna consciente de suas habilidades, as desenvolve e coloca em prática em prol de alcançar um resultado esperado. É papel do *coach* conduzir este processo utilizando tanto perguntas poderosas, como ferramentas de apoio que provoquem ações harmônicas entre o pensar, sentir e querer do *coachee*.

O ensinamento presente no Oráculo de Delfos diz que autoconhecimento é o empoderamento do ser em sua integralidade, pois promove a conscientização sobre suas habilidades e competências, permitindo encontrar alternativas para superá-las ou desenvolvê-las. Também promove habilidade de reconhecer as competências do outro, possibilitando agir com empatia e comunicação efetiva em um ambiente social.

Um outro grande pensador, Sun Tzu de A Arte da Guerra, diz:

> *Conheces teu inimigo e conhece-te a ti mesmo; se tiveres cem combates a travar, cem vezes serás vitorioso. Se ignoras teu inimigo e conheces a ti mesmo, tuas chances de perder e de ganhar serão idênticas. Se ignoras ao mesmo tempo teu inimigo e a ti mesmo, só contarás teus combates por tuas derrotas.*

Neste pensamento do estrategista de guerra, o autoconhecimento é chave para as conquistas e realizações.

Aplicando o ensinamento ao dia a dia pessoal e profissional, onde é possível estabelecer um paralelo com a guerra no que se refere à necessidade de tomada de decisão ou realização de ações para "avançar terreno", conhecer a si mesmo é vantagem competitiva. Essencialmente, conhecendo a si mesmo é possível direcionar emoções, expectativas, pensamentos em ações que geram desempenho e desenvolvimento pessoal e profissional.

Aplicando ferramentas de apoio ao autoconhecimento

Para apoiar meu cliente nesta jornada em busca de autoconhecimento, tanto para o processo de *coaching*, como para o processo de *mentoring*, sempre inicializo as atividades elaborando o mapeamento de perfil comportamental, utilizando uma ferramenta objetiva e criteriosa de avaliação (ou *assessment*).

O mapeamento é realizado utilizando sistemas de avaliação consolidados no mercado, que tem como base a metodologia DISC, postulada no início dos anos 20 pelo psicólogo americano Willian Moulton Marston em seu livro "*Emotions of Normal People*" (1928), e amplamente adotada em processos de gestão de pessoas.

Após extensas pesquisas realizadas sobre as teorias de perfil comportamental até então existentes nos campos da medicina e psicologia, Marston incluiu instrumentos estatísticos e conhecimentos de biofísica, possibilitando que o método seja aplicado em determinado ambiente e situação, incluindo ambientes corporativos.

DISC é a combinação das iniciais de Dominância, Influência, Estabilidade e Conformidade, que representam as quatro dimensões do comportamento humano. O método considera comportamentos observáveis, não tratando da personalidade do avaliado.

Dominância: muito ativo ao lidar com problemas e desafios, com comportamento competitivo, decidido, direto, orientado para resultados.

Influência: influencia os outros através de conversas e atividades e tende a ser emocional, com comportamento confiante, inspirador, otimista, popular, sociável, confia nos outros.

Estabilidade: aprecia um ritmo constante, segurança e não gosta de mudanças súbitas, com comportamento agradável, bom ouvinte, paciente, sincero, constante, membro de equipe, estável.

Conformidade: valoriza aderir a regras, regulamentos e estrutura, com comportamento preciso, analítico, perfeccionista, cuidadoso e minucioso.

É importante que fique claro que todos somos DISC, isto é, temos comportamento que se encaixam nas quatro dimensões em determinada situação. Porém, temos comportamentos predominantes que se encaixam em uma ou mais dimensões e são reflexo de respostas comportamentais internas e externas. A resposta interna refere-se à percepção do seu poder pessoal exercido no ambiente, e a externa refere-se à percepção do poder do ambiente exercido sobre si.

Esta metodologia de avaliação é situacional, de acordo com o momento que estamos vivendo e, por este motivo, é uma avaliação dinâmica e que provoca profunda reflexão sobre o estado atual do cliente em relação aos comportamentos e resultados atuais.

Utilizada por milhares de pessoas no mundo através de sistemas de informação distintos que traduzem a metodologia em algoritmos, utilizo uma plataforma adequada ao perfil nacional, com assertividade comprovada acima de 97%.

A partir do mapeamento do perfil comportamental do meu cliente, consigo apoiá-lo de forma mais objetiva e criteriosa, auxiliando-o no estabelecimento de padrões e direcionamentos claros de desenvolvimento de competências necessárias para o alcance da sua meta alvo do processo de *coaching* ou *mentoring*.

Ao realizar a devolutiva do mapeamento realizado pela técnica, não é incomum escutar dos meus clientes que a análise é espelho da situação percebida atual, onde pontos cegos foram evidenciados possibilitando maior entendimento do estado atual, e maior facilidade na tomada de decisão sobre as ações necessárias para seu desenvolvimento.

O benefício desta ferramenta em particular é o direcionamento do cliente para o autoconhecimento, sem uso de rotulagem de perfil ou caráter.

Utilizo outras ferramentas impulsionadoras do autoconhecimento do *coachee* ou *mentee* identificadas como necessárias ao longo do processo. Não existe uma "receita de bolo" ou sequência correta para quando e qual ferramenta utilizar, pois cada processo é único. Cabe a mim, como *coach* ou mentora experiente, a tomada de decisão em relação ao melhor aproveitamento destas ferramentas na condução do processo de desenvolvimento do meu cliente.

Em comum, todas as ferramentas que utilizo provocam reflexão profunda do comportamento, mobilizando o pensar, o sentir e o querer do cliente para ações congruentes com sua essência. Tão importante quanto provocar reflexão, as ferramentas proporcionam o acompanhamento mensurável dos resultados, evitando a subjetividade da análise na evolução dos processos.

Mas o caminho não é somente de flores...

> *O despertar somente é possível para aqueles que o buscam e o querem, para aqueles que estão prontos para lutar consigo mesmos e trabalhar em si mesmos por um longo tempo, e de maneira persistente, a fim de alcançá-lo*
>
> (G I Gurdjief)

A jornada do autoconhecimento, da descoberta de seus princípios, valores, propósito e até missão de vida não é algo simples de ser realizado por si só. Aqui cabe citar a neurociência para explicar que o cérebro faz interpretações de acordo com as experiências e modelo mental individual e, por este motivo, torna importante ter apoio na condução desta viagem.

A PNL propõe um princípio: "Mapa não é território!" E a explicação é simples: um mapa é uma representação de um território.

Um modelo mental (ou mapa mental) é a forma como o ser humano entende e tenta explicar o funcionamento do mundo real, através da sua representação da realidade externa, hipotética, bem como do que já está registrado na sua memória, tendo um papel importante na geração do conhecimento. Por ser uma representação da realidade, se não estiver livre dos filtros e distorções na transformação da informação percebida, pode não proporcionar resultado satisfatório, ou até mesmo impedir a realização das metas.

Ter o apoio de um profissional, seja um *coach*, um mentor, um programador neurolinguista ou um terapeuta, com experiência comprovada, é importante, permite acelerar a transformação procurada, bem como gerar velocidade em alcançar resultados.

Estabeleça o seu mapa da vida buscando autoconhecimento, gerando aprendizado e estabelecendo ações congruentes com sua essência. Busque nos processos de desenvolvimento humano e uso de ferramentas de apoio expandir o seu modelo mental, gerando mapas cada vez mais precisos de seu território, permitindo a conquista de mais espaço e autoconhecimento.

47

A curva do sucesso: Prazer x realidade num universo em cinco versões

Existem variáveis extremamente importantes e fundamentais para o sucesso e para o desenvolvimento maduro e adequado de uma pessoa, que influenciam diretamente em nossos resultados. Falaremos aqui sobre o poder do prazer, da realidade, da energia e do tempo em nossas vidas e de como cada utilizado de forma adequada pode trazer grandes resultados na vida

Roberta Galvani de Carvalho

Roberta Galvani de Carvalho

Master Coach, certificada pelo BCI - Behavioral Coaching Institute, membro da Sociedade Brasileira de Coaching, Especialista em Saúde pelo IAHCS, com MBA em Gestão Empresarial pela FGV, Administradora de Empresas pela FAE, Fundadora, Executiva, Consultora Estratégica e Organizacional da Galvani Carvalho Ltda desde 2008. Analista Comportamental Internacional em Liderança Alpha, DISC e Motivadores pela Success Tools. Foi Professora Universitária durante 10 anos no Tocantins. Colunista da Revista Cenarium do Tocantins desde 2012. Com experiência profissional de 22 anos no mercado. Desde 2013, coordena e desenvolve o curso de individuação Feminina – com ferramentas de *Coaching*, abordagens da Psicologia Comportamental, Positiva e Junguiana especificamente para mulheres. Apresentadora do Canal Transforme-se.

Contatos
www.galvanicarvalho.com.br
roberta@galvanicarvalho.com.br
(63) 9973-1389 / 3216-1151

O Ser Humano historicamente caminha em busca de suas indagações, nas mais variadas filosofias, das mais variadas formas, através das ciências, das religiões, perguntas e respostas que possam dar rumo a suas ideologias, certas e incertas, comprovadas ou não. Homens e mulheres percorrem o caminho para compreender suas dúvidas, escolhas, ilusões, perdas, ganhos, encontros e desencontros.

Não é raro nos dias de hoje conversas e desabafos de pessoas, profissionais, clientes, fornecedores, amigos, parceiros, parentes e concorrentes a respeito de como a vida anda corrida e sobrecarregada, de como as pessoas são diferentes e andam confusas em suas escolhas, pessoais, profissionais e sexuais, de como os resultados esperados demoram a chegar ou chegam totalmente diferente do esperado, de como a vida anda efêmera e os impulsos cada dia mais tomam conta da vida de crianças e adultos, homens ou mulheres.

Importante lembrar que o fator tempo, determinante de grande parte do nosso sucesso, é variável fundamental para todos nós. E que todos nós temos a mesma quantidade fracionada desta variável, tão valiosa para fazer a vida dar certo, para relacionamentos darem certo, para a qualidade de vida dar certo, para o financeiro dar certo e, por fim, para a nossa tão sonhada realização profissional.

Desde que nascemos, prazer e realidade estão presentes em nosso dia a dia, principalmente em cada momento de decisão e escolha. Somos submetidos a uma queda diária de prazer enquanto nossa realidade aumenta proporcionalmente a essa queda.

Nas variáveis da vida envolvemos tempo e energia para lidar com o movimento livre da diminuição do prazer e o aumento da realidade, assim conseguimos dar significado e desenvolvimento às nossas vidas.

As curvas da queda do prazer e do aumento da realidade sofrem um processo natural pelo qual todo indivíduo pode passar. Ainda que não deseje, sabe que tem que passar, para crescer e pagar o preço pelas suas escolhas, pelo tão famoso exemplo de amor: livre arbítrio.

Segundo Felisberto de Carvalho Neto, médico psiquiatra e psicanalista, defensor da teoria do prazer x realidade, quanto mais se adia a realidade em detrimento do prazer, usando dos mais variados recursos e artifícios para tornar a vida fácil, mais tornamos o ser frágil para a vida e sua evolução. Com baixa resistência à frustração, nenhum ser poderá, de forma sadia, enfrentar sua história de vida, resgatando de forma também natural seu prazer merecido em ter vivido com coragem e determinação sua missão de vida.

É muito comum prazer e realidade se confundirem, visto que cada indivíduo tentará criar seu mundo e sua própria realidade de vida para se engajar na sociedade e obter ganhos diante de suas escolhas. Para termos uma definição clara de prazer e realidade no que estamos falando, é importante notarmos que sempre que a pessoa escolher e buscar o caminho da facilidade estará regida pelo princípio do prazer.

Em 1911, Freud escreveu "Formulações sobre os dois princípios de funcionamento mental", que parece elucidar de maneira clara alguns aspectos importantes do desenvolvimento e funcionamento mental. Para ele, neurose é como uma tentativa da pessoa de sair da vida real, por não suportá-la, total ou em parte, escolhendo assim o que lhe parece ser mais fácil.

> A melhor forma de melhorar o padrão de vida de uma pessoa é melhorar seu padrão de pensamento
> (U.S. Andersen)

Respeitar o princípio de realidade consiste em dar conta das exigências do mundo real e das consequências dos próprios atos.

Observe os gráficos a seguir que nos orientam para o desenvolvimento dos princípios:

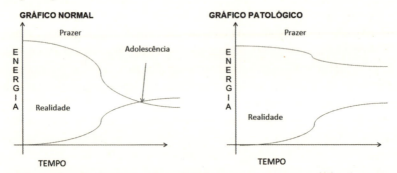

Exemplos de distorção de realidade: uma pessoa que sofre de anorexia, embora magra, não se enxerga assim; o deprimido, embora com qualidades, se enxerga empobrecido; o fóbico, embora sem nenhum risco aparente, enxerga enormes perigos e assim por diante.

O princípio do prazer-desprazer tem como propósito dominante alcançar prazer e evitar qualquer evento que desperte desprazer.

O princípio da realidade tem como propósito obter prazer através da realidade, fazendo uma alteração real na mesma, para que no final tenha prazer.

Enquanto o princípio do prazer desconsidera a realidade e age de maneira impulsiva (um bom exemplo disto são as paixões), o princípio da realidade leva em conta a mesma.

Freud ainda fala que, em função da realidade externa, a consciência aprendeu então a abranger qualidades sensoriais, em acréscimo às qualidades de prazer e desprazer, que até então lhe havia exclusivamente interessado. Em outras palavras, a realidade exige que o ser humano desenvolva a capacidade de tolerar a frustração, de não satisfazer-se imediatamente através de ações impulsivas, o que implica em maior consciência.

> *Se há algo que podemos mudar numa pessoa é a consciência que esta tem de si mesma.*
>
> (Abraham Maslow)

O tempo e escolhas: quem escolhe quem e o que...

A todo instante fazemos escolhas, em milésimos de segundos. Em nossas vidas pensamos e tomamos decisões, algumas mais rápidas, outras menos. Todas as nossas relações interpessoais e intrapessoais são feitas de escolhas e, como toda escolha traz ganhos e perdas, muitas vezes fugimos da decisão, não nos comprometemos com nossos objetivos e metas e nos tornamos frágeis diante das dificuldades. Não controlamos nosso tempo, ele é quem nos tem diante do destino que surge para quem não se posiciona.

Como otimizar recursos e delegar sem abdicar, sem culpa, e obter os melhores resultados:

Comece por você, antes dos outros e das coisas que você tem que fazer.

A sociedade exige de nós muitos papéis, muitos arquétipos e, às vezes, muitas personas. Nem sempre nos permitimos ser quem realmente somos, por medo de sermos passados pra trás, medo de sermos rejeitados, por segurança e estabilidade ou até mesmo por medo de sermos criticados pelo que fazemos, por sermos diferentes ou não sermos bons o suficiente.

Conhecer-se pode ajudar a definir o que realmente importa, o que motiva você, como você funciona, o que você tem como missão e o que realmente faz sentido pra sua vida e à sua volta.

> *"O tempo rende muito bem quando bem aproveitado".*
>
> (Goethe)

Pense em todos os seus papeis, as funções sociais, que você desempenha no seu dia a dia e os anote: Mãe, Filha, Esposa, Mulher, Dona de Casa, Profissional, Artesã. Defina sua missão em cada um desses papéis. Pense em todas as tarefas que você precisa, em cada um desses papéis, cumprir diariamente. Reflita por um momento antes de responder:

- O que merece ser considerado "importante", dentre todas as coisas que você faz?
- E o que merece ser visto como "urgente"?
- O que é circunstancial"?

A <u>administração do tempo</u> é justamente isso, definir aquilo que é importante, aquilo que é urgente, aquilo que são ambas as coisas ou aquilo que é coisa nenhuma.

1. Estabeleça os objetivos com clareza;
2. Faça uma lista diária e priorize as atividades;
3. Delegue;
4. Saiba tomar decisões;
5. Saiba dizer não;
6. Seja breve ao telefone;
7. Faça reuniões produtivas;
8. Evite o perfeccionismo;
9. Saiba como usar sua energia trabalhando a seu favor;
10. Organize-se;
11. Saiba o que fazer com os papéis (vale também para e-mails). Transferir. Agir. Arquivar;
12. Pratique a relação 80/20. Ao invés de fazer 80 ações que geram 20% de seus resultados e de sua felicidade, faça 20 ações que gere 80% de resultados e mais felicidade pra você.

A energia na vida

Quanto mais energia colocada com lógica, mais tempo e mais resultados positivos.

Tiramos de nossas vidas o melhor que podemos e exigimos de todos o melhor também.

Podemos assim dizer que, quando estamos em <u>zona de performance</u>, parte de nossas vidas exige de nós muita energia. Com esforço diário, esta zona traz sentimentos de intensa alegria, realização, emoções positivas, conquistas, dedicação e disciplina. Nestes momentos, muita energia é gasta e colhemos resultados favoráveis.

Por este motivo necessitamos nos colocar diariamente em <u>zona de recuperação</u>, onde descansamos, respiramos, repomos nossas forças e energias. Situações que acontecem quando dormimos, namoramos, fazemos atividade física, meditação. Fazemos nada, brincamos, nos alimentamos de forma sadia, ouvimos música ou fazemos atividades que nos dão prazer de alguma forma.

Viver nestas duas zonas de atuação seria o ideal pra todos nós. O que acontece é que queremos mais e mais conhecimento, dinheiro, viagens, conforto, segurança, prazer, status. Tudo de forma rápida, então não nos permitimos parar e não permitimos que os que estão a nossa volta parem também. Somos críticos conosco e com os outros e estabelecemos crenças que nos limitam no decorrer da vida. Por exemplo, "Não tenho tempo, não posso parar, se eu não estiver nada acontece, não tenho como fazer, não consigo, não posso me dar ao luxo, não consigo, perdi o controle". Este tipo de pensamento leva a pessoa a fechar parte de sua percepção, a vida fica mais difícil e mais dura. O estresse, a ansiedade, o sofrimento, o cansaço, benéficos em pequenas doses, começam a fazer parte da vida da pessoa de forma mais intensa. Daí a falta de ânimo, de vontade de viver, o mau humor, a agressividade, que colocam a pessoa em <u>zona de sobrevivência</u>, mais do que o próprio corpo suporta, deixando a pessoa mais negativa do que realmente é. Aparecem sentimentos como tristeza, inveja, raiva, ciúmes, solidão, falta de ânimo, competitividade desleal, desordem mental, desconexão social, ausência de libido e outras perdas.

A tendência de quem muito vive em zona de performance e sobrevivência é esgotar as forças, a energia vital, podendo apresentar uma sobrecarga de sentimentos negativos, falta de foco e cair em <u>zona de *burnout* (desistência)</u>, baixa autoestima, depressão, desistência dos sonhos, da saúde, da carreira, de relacionamentos, da família, um abandono da própria vida. É hora de procurar ajuda certa. Cuide do corpo, da mente e da alma, existem profissionais e amigos que podem ajudá-la.

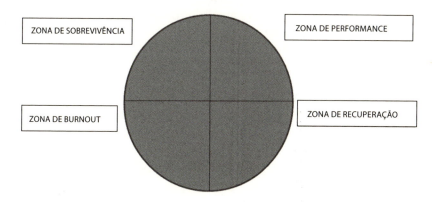

Para melhorar a energia vital e trazer mais sucesso e principalmente força para realidade da vida:

1. **Movimente o corpo.**
   - Caminhe, saia pra dançar, tome sol, nade, ande de bicicleta, veja a natureza;
   - Cozinhe, sinta o gosto e o cheiro das coisas boas da vida, reúna pessoas que gosta;
   - Tome um banho diferente: frio, quente, de banheira, de rio, de cachoeira.

2. **Valorize a mente.**
   - Tenha bom humor, divirta-se, brinque mais, ria mais, cuide do seu sono;
   - Leia um livro e veja filmes que despertem coisas boas em você;
   - Ame mais e conte pras pessoas amadas.

3. **Respeite a <u>alma</u>.**
   - Tenha fé em você, na vida, nas pessoas, em <u>Deus</u>, fé no que virá;
   - Cultive a esperança, a gratidão e a generosidade;
   - Faça de sua vida uma oração diária. <u>Tudo será melhor</u>.

Prazer e realidade estão presentes em nossas escolhas que determinam o quanto de energia e tempo demandaremos pra conquistar nossas metas.

Presentes em nosso Universo, cinco versões de como conquistar um Ego mais forte e eficaz diante dos problemas, diante das dificuldades e para mais soluções.

1. **Sobreviva, como a grande maioria.**

Conheça em você, em seu ambiente e além de você as forças com que poderá contar para esta caminhada natural da vida. Enfrente os desafios.

2. **Entre no jogo, como muitos.**

Estabeleça uma conexão com o universo à sua volta e todas as pessoas que poderão lhe auxiliar em cada jogada. Quando você deseja de verdade uma coisa, o universo inteiro deseja com você.

3. **Ganhe o jogo, como alguns.**

Deseje ganhar, aja pra isso. Conheça-se, conheça o mundo à sua volta, entenda sua lógica e coloque energia para tudo. Transforme-se a seu favor. Acima de tudo, <u>tenha fé</u> e saiba perder com classe, quando for o caso.

4. **Sem culpa, como poucos.**

Muito comum entre as mulheres, principalmente <u>mães</u>. A culpa é companheira de homens e mulheres que trabalham duro em suas vidas, mas possuem crenças limitantes que diminuem seus esforços e minam sua energia vital, tornando-as pessoas infelizes.

5. **Divirta-se como quase ninguém.**

Seja leve, não leve a vida tão a sério sempre. Tenha claro pra você <u>o que te faz feliz</u>, lembrando que felicidade não é meta, é estado de espírito.

48

A espiritualidade no mapa da vida

A espiritualidade como ferramenta de automotivação e definição de objetivos no processo de *coaching*. Sucesso, felicidade e um significado para a vida. Saiba como a espiritualidade pode ser uma ferramenta de grande potencial para o alcance destes objetivos

Rodrigo Rodrigues Del Papa

Rodrigo Rodrigues Del Papa

Bacharel em Direito com ênfase na área Empresarial pela UNIVALE, Universidade Vale do Rio Doce em Minas Gerais, atua com gerenciamento de equipes, Gestão de Pessoas, organização de eventos, treinamentos e palestras desde 1995. Foi Professor, Coordenador dos cursos de Direito e Administração, na Faculdade de Ciências Sociais em Guarantã do Norte/MT e um dos fundadores do Curso de Direito na FACIDER – Faculdade de Colíder em Mato Grosso. *Personal & Professional Coach* com habilitação pela Sociedade Brasileira de Coaching, estudioso do comportamento e das relações humanas.

Contatos
blogdodelpapa.blogspot.com.br
rrdelpapa@gmail.com
(66) 9912-8569

magine que você vai sair em uma longa jornada. Como gostaria que fosse o caminho? Uma estrada mal pavimentada, cheia de buracos, altos pedágios, ladeada de pântanos fétidos, sem nenhum local para descansar ou fazer uma refeição decente, tráfego intenso, motoristas mal educados, congestionamentos, poluição, barulho, *stress*? Ou uma trilha em um bosque florido e perfumado pela brisa da manhã ao som do gorjear dos pássaros, com bela cachoeira, belezas para admirar e locais agradáveis com pessoas receptivas, educadas e amigáveis que o recebem com carinho, uma bela refeição e um cantinho acolhedor para descansar? Uma estrada tão bela e agradável, com tantos passatempos, curiosidades, descobertas que você nem percebe o quão longa é a jornada?

Fácil a escolha? Eu já fiz a minha e quero convidá-lo a conhecer como pode traçar o seu caminho pelo mapa da vida, para que caminhe por uma estrada agradável. Então, venha comigo!

Se você chegou até aqui, é porque aceitou meu convite. Portanto, posso contar um segredo sobre o mapa da vida, o qual se conhece o ponto de chegada, todavia não se consegue defini-lo. Milhões de pessoas alcançam seu destino, entretanto não o reconhecem quando encontram, pois estão tão obcecadas e ocupadas em "sobreviver" que se esquecem de "viver".

Mas o melhor sobre o mapa da vida é que esta é a única estrada que a escolha só depende de nós mesmos, bem como a definição do tipo de caminho que será percorrido.

"Como eu sei o destino da minha vida, se ainda estou naquela eterna dúvida cruel do ser humano: 'caso ou compro uma bicicleta?'"

Não é preciso ser nenhum adivinho ou ter "bola de cristal" para descobrir qual é o destino perseguido por qualquer ser humano: fama, sucesso, estabilidade financeira, saúde. Em resumo, felicidade.

A busca pela felicidade vem movendo a humanidade há eras. O "sabor" do sentimento nos convence do grau de importância de cada conquista. E, a cada vitória alcançada, surge uma nova necessidade.

Entretanto, a felicidade não pode ser alcançada através de conquistas materiais e realização de objetivos profissionais mensuráveis materialmente. A cada objetivo ou sonho realizado, nossa mente hedonista é apresentada a milhares de novos "objetos de desejo" e "sonhos de consumo".

Não me entendam mal, não há nada de errado em querer um carro novo, uma casa maior ou uma viagem de férias. Eu seria um hipócrita se negasse isso. O que quero demonstrar é que a felicidade alcançada através da aquisição de bens ou conquistas materiais é passageira. Após a sensação de euforia pela vitória, o prazer esvai rapidamente.

Na verdade, o que acontece é que o ser humano subestima sua capacidade de adaptação. É comprovado, através de pesquisas, que o ser humano tem um nível médio de felicidade. Após picos tende a voltar à média, ou seja, se alguém ganha "uma bolada" na loteria e fica muito feliz, depois de um ano, mesmo ainda sendo milionário, tende a voltar a ter o mesmo nível de felicidade que tinha antes de ter ganhado o prêmio.

Ainda bem que a capacidade de adaptação e média de felicidade atua também para acontecimentos negativos. A pesquisa demonstrou que, após grandes tragédias, o indivíduo sobrevivente tende a retornar ao mesmo nível de felicidade anterior ao fato, ao se recuperar do trauma.

Adotando os estudos de Martin Seligman, a felicidade se sustenta em três "pilares" básicos:

1) Prazer
2) Engajamento
3) Significado

O prazer pode ser definido como a euforia da vitória, da conquista, a satisfação imediata por um objetivo alcançado do ponto de vista material. É o pilar mais fácil de ser alcançado, todavia o mais fugaz, volátil e transitório. Por ser passageiro, torna-se frágil.

Entretanto, sua fugacidade não diminui sua importância, pois estamos falando de pilares de sustentação, em que a estabilidade da estrutura depende da existência de cada um dos três pontos de sustentação. Ademais, inexistiria felicidade sem euforia ou prazer. Contudo, sua curta duração faz com que seja rapidamente absorvida e esquecida pelo indivíduo, que volta ao seu *status quo* e sai em busca de novos objetivos.

Já o engajamento é um pouco mais sólido. Trata-se na realidade de um elevado grau de dedicação e comprometimento, em um nível ainda mais profundo. Esse sentimento foi identificado como "estado de fluxo" ou *"flow"*, definido pelo professor Mihaly Csizketimihaly como aquela sensação de "perda da noção do tempo".

O estado *flow*, segundo pesquisas, é semelhante ao estado de nirvana ou profunda meditação. Pode ser atingido quando realizamos atividades nas quais nos desafiamos e expandimos nossos limites para alcançar objetivos e metas traçadas.

Seria algo como a materialização daquele antigo adágio: "Escolha um trabalho que você ame e não terá que trabalhar um único dia em sua vida." Entretanto, não vou me aprofundar nesse tema uma vez que *flow* merece ser abordado em novo estudo.

Por fim, a "cereja do bolo" nessa receita de felicidade é o "significado", aquela sensação de que nossa vida faz parte de "algo mais", que transcende a existência do indivíduo. O significado transcendente da existência humana sempre foi um campo de atuação das religiões e, na grande maioria das vezes, tabu ou território proibido na sociedade ocidental.

Fundamentado nos estudos de Martin Seligman sobre a vida plena e o alcance da felicidade, é justamente no sentimento de pertencer a algo mais que reside à sustentabilidade da plenitude da vida, ou ao menos é o que torna suportável os momentos de ausência de prazer ou frustrações comuns à vida de qualquer ser humano.

Nossa sociedade ocidental tenta, sem sucesso, dimensionar em conquistas materiais o terceiro pilar da felicidade. Todavia, sua satisfação não pode ser mensurada em capital. Na verdade, somente existe em nível transcendente da materialidade.

No alcance, na definição ou na satisfação da sensação de pertencer a algo mais, que transcende a existência do indivíduo, é que encontramos na espiritualidade uma ferramenta de potencial inimaginável.

Por anos, principalmente na nossa filosofia sócio-ocidental, espiritualidade foi atrelada à religião, por isso a carga preconceituosa de dogmas que pregam a separação entre o religioso, o sagrado e o profano no ambiente lógico-profissional.

Entretanto, nas últimas décadas, a espiritualidade e a religião vêm sendo campo de pesquisa visitado pelos estudiosos, inclusive na área de saúde e qualidade de vida.

Pesquisas apontam que a espiritualidade e a religiosidade são estados conscienciais diferentes e independem um do outro. Os dogmas filosóficos e religiosos podem ser considerados como uma espada de dois gumes: de um lado, podem estimular ou influenciar positivamente a espiritualidade; de outro, podem se tornar um fator de limitação do sublime potencial humano, a espiritualidade.

Quanto à separação da espiritualidade e da religiosidade, o prof. Jidu Krishnamurti afirma que o indivíduo não pode se considerar livre se analisa o universo através do filtro de dogmas de uma religião. Para que o ser humano pudesse ter um pensamento livre, deveria se libertar de quaisquer dogmas religiosos ou filosóficos, uma vez que o monopólio de "verdades absolutas" causa uma visão "monocular" da vida, exprimindo a divisão entre espiritualidade e religião.

Ademais, afirma o Dr. Victor Frankl, criador do ideal da proatividade, que a liberdade espiritual é a que não se pode subtrair do indivíduo, é a que permite, até o último suspiro, configurar a vida, assumindo a responsabilidade pelo destino do ser.

A importância da ferramenta, ou fator, espiritualidade humana, já foi reconhecida inclusive pela Organização Mundial de Saúde, ao considerá-la como índice de formação do nível de qualidade de vida do ser humano.

Ademais, a ciência já considera como conhecimento heurístico a existência de uma energia, entidade ou espírito que movimenta a máquina biológica. Basta uma pequena busca para comprovar as inúmeras pesquisas que procuram provar ou negar a hipótese da existência de um ser que transcende a matéria.

Todavia, deixando as pesquisas aos pesquisadores, que discutam a existência ou não dessa energia, entidade, espírito, alma ou qualquer outro nome que for dado, a medicina já reconhece que o estado consciencial de espiritualidade interfere diretamente na saúde do indivíduo, assumindo o papel de protagonista principal da cura de inúmeras doenças, principalmente daquelas que interferem diretamente no sistema lógico-sentimental, como depressão, ansiedade e outras conhecidas nos dias atuais.

Uma vez demonstrada a importância da espiritualidade como uma ferramenta para melhorar a qualidade de vida ou potencializar atitudes e comportamentos positivos e equilibrados, o processo de *coaching* não pode simplesmente negligenciá-la, por ainda entender que a espiritualidade está acorrentada a uma religião.

Afinal de contas, se trabalharmos no processo de *coaching* para a definição de um "mapa da vida" ou planejamento de objetivos, devemos utilizar as ferramentas disponíveis. A espiritualidade já demonstrou sua funcionalidade, bem como sua separação em relação à religião, o que a torna uma ferramenta que deve ser utilizada, haja vista a sua potencialidade de manter o equilíbrio lógico-emocional do indivíduo.

A separação da espiritualidade e da religião é de fundamental importância para podermos trabalhar com a ferramenta no processo de *coaching*, uma vez que pontos de vistas religiosos não devem ser discutidos no procedimento, a menos que seja intenção do cliente. Todavia, sabemos que o tema é recorrente motivador de guerras e disputas. Afinal, "Futebol, política e religião não se discutem".

O *coach*, ao trabalhar com a potencialização da espiritualidade, deve deixar claro que se trata de uma ferramenta divorciada de dogmas religiosos. O profissional deve ter cuidado para não impor, criticar ou tentar modificar as crenças religiosas do *coachee*.

A espiritualidade, durante o processo, deve ser conduzida ao campo do autoconhecimento, autocontrole, nunca para o campo esotérico-religioso, pois evitará divergências que podem conduzir ao abandono do processo pelo *coachee*.

Sendo o *coaching* um processo de otimização e potencialização de forças positivas voltadas ao alcance de objetivos, a espiritualidade deve surgir como um estado consciencial que auxilia e facilita o processo.

Afinal de contas, encontrar um significado para a vida é muito mais do que alcançar sucesso, fama, dinheiro, construir um patrimônio ou qualquer outro objetivo mensurável em capital. É descobrir-se como parte de um projeto maior, algo que transcende a existência material do ser humano, é deixar um legado que fará parte da história de outros indivíduos.

Nesse descobrimento é que o *coach* deve se utilizar da ferramenta espiritualidade, ajudando o *coachee* a descobrir o "real" significado transcendente.

A espiritualidade centrada no autoconhecimento desvenda o âmago do ser, sem acorrentá-lo ou atrelá-lo a dogmas ou filosofias religiosas. Sua função primordial deve ser a definição de foco, devendo para isso o *coach* trabalhar com a fundamentação e a construção de valores nobres e fortes da sociedade, como: respeito, educação, gentileza, perseverança, disciplina, fé, caridade, urbanidade, amor, fraternidade entre outros tantos. Os obstáculos ou demais objetivos são passos de um objetivo maior.

O foco central do desenvolvimento pessoal da espiritualidade é fortalecer a "fé" do *coachee*, não necessariamente em termos religiosos, mas como ferramenta de automotivação, da qual somos dotados para vencer desafios e obstáculos rumo ao objetivo que nos propusemos.

Quando o *coachee* consegue tomar consciência do "significado", as indecisões e correções do caminho são encaradas com maior facilidade, pois o foco, fundamentado na existência de um significado transcendente à matéria, aflora a automotivação que o guia pelo caminho traçado no mapa da vida.

Portanto, a espiritualidade é uma ferramenta que possibilita exercitar e fortalecer "o poder de resistência humana" que, segundo o Dr. Victor Frankl, é a capacidade do ser humano de impor seu caráter, apesar de qualquer circunstância externa e assumir a responsabilidade diante de sua própria vida, tendo sempre uma resposta 'ativa' e não 'reativa' para enfrentar os percalços da vida e experimentar a sensação da verdadeira felicidade.

Por fim, ao traçar o nosso "mapa da vida", não podemos desconsiderar a espiritualidade, tão menosprezada e discriminada pela filosofia-social hedonista/materialista da sociedade ocidental. O prazer é fugaz e efêmero frente à liberdade e à felicidade plena de quando encontramos um "real significado" para a nossa existência individual.

Quer saber ou discutir mais sobre o tema? Entre em contato conosco: e-mail (rrdelpapa@gmail.com).

49

Entre em ação e transforme a sua vida!

Em 2012 vivenciei uma experiência transformadora ao me tornar *coach* profissional pela SBCOACHING. Um acontecimento que me respondeu dúvidas que me angustiavam há anos. Essa decisão não só revolucionou a minha vida pessoal como também auxiliou a mudança efetiva da minha carreira. O *coaching* me encorajou a traçar minhas metas e propósitos e, assim, atingi-los de forma plena, eficaz e prazerosa

Rosana Falbo

Rosana Falbo

Psicóloga formada pela PUC-SP, especialista em análise transacional e neurolinguística. *Coach* profissional, formada pela Sociedade Brasileira de Coaching, desde o ano de 2012. Professora de MBA em Administração de Projetos e Executivos na FIA-USP e do curso de especialização de dirigentes de vendas da UNICAMP. Vasta experiência no âmbito corporativo de grandes empresas brasileiras como Banco Real, Grupo Ticket, Ripasa e Grupo Abril. Realiza sessões de *coaching* e treinamentos em diversas áreas e setores e segmentos como liderança, administração de conflitos, desenvolvimento de equipes, times de alta performance, marketing pessoal e altos executivos.

Contatos
www.consultrainer.com.br
rosana@consultrainer.com.br
98657-0828

Você sabe, de fato, como funciona o processo de *coaching*? Por onde começa e até que ponto esse método pode ser aplicado na vida pessoal e profissional de uma pessoa?

Por falta de informação sobre as características, técnicas e especificações sobre este processo, muitas pessoas confundem o *coaching* com autoajuda, terapia, consultoria entre outros procedimentos que são totalmente diferentes da realidade.

Diferentemente de tudo isso, o *coaching* prevê a atuação de um profissional altamente qualificado (o *coach*) para motivar e conduzir o seu cliente (o *coachee*) ao alcance de seus objetivos.

O *coaching* é uma assessoria pessoal e profissional que visa potencializar o nível de resultados positivos nas diversas áreas da vida de uma pessoa, um grupo ou de uma empresa.

O verdadeiro papel do *coach* é abrir os olhos do seu *coachee* para o verdadeiro mundo ao seu redor. Eliminando as crenças que possam atrapalham a vida profissional e a carreira de inúmeros colaboradores, além de altos executivos, líderes e empreendedores.

A maior contribuição do *coaching* é auxiliar o cliente na descoberta do seu poder de controlar e transformar sua própria vida. E a fonte para esse controle está acessível a qualquer pessoa, em qualquer hora e lugar. Essa fonte chama-se informação. É a partir dela que você poderá entrar em ação de forma eficaz e produzir inúmeros resultados, independentemente dos desafios ou obstáculos impostos por uma determinada situação.

Há inúmeras vertentes que podem ser trabalhadas pelo *coach* junto ao cliente. E você, muito provavelmente, já deve ter ouvido falar, ou até mesmo já deve ter comentado a respeito de alguns casos como estes:

- Dificuldades em administração do tempo;
- Desejo de elevar o desempenho e a produtividade;
- Desmotivação para iniciar ou continuar os estudos;
- Falta de confiabilidade para garantir os melhores resultados;
- Não engajamento de chefe x funcionário, entre outras situações.

O *coach* é a pessoa mais bem preparada para a resolução desses e de inúmeros outros casos que tanto afligem os profissionais das grandes organizações. Porém, para que isso seja possível, é necessário contratar um *coach* profissional devidamente formado e certificado no mercado de trabalho para evitar frustrações futuras frente a procedimentos mal feitos ou inacabados.

Os três princípios de *coaching*

1. O poder do foco

A maioria das pessoas tem muita dificuldade de colocar e manter o foco no que, de fato, interessa. Mas, afinal, o que nos interessa? A resposta é simples: o que irá nos permitir atingir nossos objetivos da forma mais breve possível!

Para que uma meta seja factível ela deve ser positiva, desafiadora, mensurável e evidente, como por exemplo, almejar uma aposentadoria plena e satisfatória ou um relacionamento familiar saudável e de crescimento. Somente após visualizar o futuro que deseja, será possível traçar ações para conquistá-lo.

É preciso pensar muito bem antes de elaborar uma meta, um plano ou objetivo. Definir todas as etapas de forma desafiadora e planejar todos os seus sonhos visualizando sempre a porta em direção ao futuro. Além de estipular uma data para a realização daquele desejo e procurar, ao máximo, não burlar a si próprio.

Dar prazos para a realização de seus desejos é uma das etapas mais importantes na corrida rumo ao sucesso.

Você sabia que mais de 90% das pessoas não sabem o que realmente desejam para suas vidas? É isso mesmo, grande parte da população procrastina seus objetivos e metas por até dois, três ou cinco anos, e acabam não os realizando.

Lembre-se: manter o foco e mensurar também os fracassos em meio às alegrias fortalecerá a sua jornada e a sua posição frente ao projeto como um todo. Para que os seus objetivos sejam realmente atingidos e que você possa colher os frutos desse investimento, é preciso determinação em cada projeto.

2. O poder da ação

Tomar decisões não costuma ser uma tarefa nada fácil. É cada vez mais comum conhecermos pessoas e empresas que possuem dificuldade em fazer escolhas.

Há dois fatores que podem impedir as tomadas de decisão: acomodação e crenças limitantes. Mas o que realmente significa cada uma delas e o que fazer para vencê-las?

> **Acomodação:** você mantém uma longa lista de tarefas diariamente? Fica irritado, sente-se pressionado ou com medo de ser visto como preguiçoso? Ou ainda sente-se impotente diante das escolhas que tem que fazer?

Cuidado! Você pode estar protelando suas ações!

Na vida pessoal ou profissional é preciso esforços contínuos para encarar ou superar qualquer desafio. Para emagrecer, por exemplo, nada acontece de um dia para o outro. É necessário atitude, coragem e disciplina. O que pode até mesmo levar anos.

Almejar o sucesso absoluto na vida pessoal e profissional não basta, é preciso não se acomodar nas atividades do dia a dia e não perder a responsabilidade e o poder da própria vida.

Para evitar a inércia e a acomodação em qualquer cenário, é interessante prestar atenção nos primeiros sinais que evidenciam a estagnação, situação capaz de influenciar negativamente não apenas os rumos do ofício, como também do relacionamento com os familiares e amigos. Uma dica importante é sempre recuperar o propósito da decisão. Por que isso é importante para mim? O que eu ganho se conseguir isso?

> **Lembre-se:** o seu sucesso depende somente de você!

Crenças limitantes: pessoas realizadoras são aquelas que ousam e questionam suas convicções. Você já parou para pensar quais as crenças que carrega dentro de si?

Pergunte-se:

- O que não estou fazendo hoje e que se fizesse faria diferença em minha vida?
- Quais os meus maiores obstáculos pessoais e profissionais?
- Meu relacionamento com meus filhos pode ficar melhor?
- Quais julgamentos eu faço que limitam minha carreira?

Questões como estas são ouvidas e trabalhadas em todo o mundo, todos os dias e a cada minuto. O que nos leva a crer na alta demanda por *coaches* no mercado atual. Um cenário cada mais competitivo, com profissionais cada vez mais desmotivados e descrentes, porém, esperançosos ao final de cada sessão.

Ao procurar um *coach* você conhecerá ferramentas e estratégias específicas e mensuráveis, indutoras de mudanças que o fará perceber que é possível fazer, ser e ter tudo o que sempre quis. Você irá desabrochar para uma nova etapa de vida e com o seu desenvolvimento conquistará os seus maiores objetivos.

Conhecer o trabalho de um *coach* é chegar ao fim da insegurança no escritório, é aprender a organizar suas atividades em muito menos tempo, planejá-las dentro do tempo certo, descobrir como delegar tarefas, conduzir os melhores relacionamentos familiares e conjugais, além de superar os próprios medos e conflitos pessoais.

Ingressar no universo do *coaching* é se dedicar 100% em prol de uma vida mais confortável e absolutamente mais rentável. É investir em seu autodesenvolvimento e atingir seus objetivos pessoais e profissionais, tornando-se o líder que sempre quis ser. Ao investir em seu próprio desenvolvimento, você irá conquistar novos recursos para superar limites e obstáculos e adquirir novas competências e tudo o que você necessita para chegar ao topo de sua carreira!

3. Melhoria contínua

O segredo do sucesso é ter sempre em mente que a cada dia você terá que ser melhor do que hoje.

Primeiramente, acredite na superação! Encare seus riscos e tente, ao máximo, superar os medos e os desafios que a vida lhe propuser ao longo dos anos.

Não tenha medo das mudanças e das dúvidas de toda a vida. O ser humano está devidamente preparado para cada obstáculo, e é exatamente por isso que ele está todo o tempo em constante evolução. Saiba que você é hoje fruto das suas decisões do passado, das suas decisões do presente, e que certamente marcarão para sempre o seu futuro.

Há três tipos de pessoas: as que pensam e nada fazem, as que fazem e nada pensam e as que pensam e realmente fazem. Por isso, entre em ação e escolha ser o perfil realizador, capaz de atingir todo e qualquer objetivo, em qualquer cenário. A diferença é aprender a ter poder de controlar e mudar sua própria vida, este poder sim faz a diferença na qualidade de vida humana.

A hora de transformar a sua vida é agora

Confira uma sessão rápida de *coaching* para você iniciar o quanto antes o seu processo de mudança!

1. **O que você faria se pudesse mudar algo em sua vida?**
   Estabeleça metas e desejos de mudança para você mesmo.
2. **O que você deseja conquistar em longo prazo?**
   Levante a sua principal necessidade, seja pessoal ou profissional.
3. **Esse objetivo é atingível/viável?**
   Identifique as possibilidades do seu desejo antes de planejá-lo.
4. **O que impediu você até o momento de realizá-lo?**
   Pare e pense na razão de ainda não ter concretizado a sua meta.
5. **O que fazer para eliminar as interferências externas?**
   Elimine os obstáculos que o impedem de realizar seus desejos.
6. **Qual o primeiro passo para atingir o que deseja?**
   Inicie o seu projeto de transformação!
7. **O que você pode fazer para chegar mais depressa?**
   Elimine os pontos fracos e delimite os pontos fortes que irá seguir.
8. **Quais são as habilidades que gostaria de aprimorar?**
   Para realizar seu desejo é preciso de algo mais? Pare e pense.
9. **O que fazer nos próximos 30 dias para ser mais feliz?**
   Delimite um período para iniciar o seu projeto de mudança.
10. **O que você não está fazendo e que se fizesse faria diferença?**
    O segredo para o sucesso está em suas próprias ações!

Reflita sobre suas respostas e dê um rumo diferente em sua vida.

50

Escolha profissional
Coaching na construção
de seu futuro

A transição do jovem para a fase adulta em sua "Escolha Profissional" é composta de muitas interrogações. Estas são dúvidas legítimas, naturais e bem-vindas. E elas não param por aqui. Esta incerteza é um desafio inexorável da nossa existência. Assim, tratamos aqui de um importante processo decisório: a escolha "do que fazer" é o primeiro passo na construção de seu futuro profissional

Silmar Strübbe

Silmar Strübbe

Por mais de 20 anos atuou como Gestor na área de Recursos Humanos em empresas Nacionais e Multinacionais, entre elas a São Paulo Alpargatas e o Grupo Segurador Banco do Brasil & Mapfre. Tem larga experiência em Gestão Estratégica, Desenvolvimento Organizacional, Recrutamento e Seleção, Administração de Pessoal e Benefícios. Como docente, atua na Área de Gestão de Pessoas no SENAC/SP e nas Escolas Argos de Formação Profissional/SP. Portanto, selecionou, contratou, treinou e orientou a carreira de muitos profissionais que hoje trabalham em suas escolhas vocacionais. Realiza programas de Orientação Vocacional e de Carreira para inúmeros clientes, buscando sempre aliar as suas habilidades e talentos aos objetivos almejados. Assim, construiu uma metodologia própria que engloba geração de comprometimento, identificação de aptidões e habilidades, técnicas de confecção de currículo, desenvoltura em entrevistas de trabalho e uso das redes de relacionamento para fortalecer o marketing pessoal e acelerar o sucesso profissional.

Contatos
www.silmarstrubbe.com.br
contato@silmarstrubbe.com.br

Muitas interrogações pairam na cabeça dos jovens que estão prestes a iniciar a experiência acadêmica ou estrear em suas carreiras. Qual caminho seguir? Como crescer e ter sucesso na profissão? Ou ainda, como conciliar êxito no trabalho e harmonia na vida pessoal? Estas são dúvidas legítimas, naturais e bem-vindas; e elas não param por aqui. Lidar com incertezas é um desafio inexorável da nossa existência. Mas para o adolescente ou o adulto jovem as dúvidas vocacionais ou de carreira, se não são tratadas com o zelo necessário, podem causar um estrago enorme em suas vidas. E assim é porque alternativas sábias e adequadas não surgem do acaso nem caem do céu. Tratamos aqui de um importante processo decisório: a escolha "do que fazer" é o primeiro passo na construção de um futuro profissional.

No final do Ensino Médio é comum ver pais e filhos travarem uma verdadeira batalha em torno da escolha de uma futura profissão. A preocupação com uma carreira de sucesso parece levar uns e outros para as extremidades de um ringue. De um lado – com anos de experiência e maturidade, cheios de temores e expectativas – estão os pais; do outro lado – com pouca vivência e muita impulsividade, em pleno desenvolvimento biológico e cognitivo, cheios de hormônios latentes – estão os filhos. Todos tomados de esperanças e de desespero diante do futuro que lhes espera.

É óbvio que não podemos generalizar a situação acima descrita. Estaríamos sendo desonestos com os que, quase por obra divina, não passaram ou não estão passando pelos problemas da escolha profissional. Mas esses são casos raros, assim como um ponto fora da curva.

Para um grande percentual de pessoas esse momento da escolha é marcado por falta de planejamento, pouca pesquisa e muita intuição. Inúmeros jovens até evitam lidar com o problema, adiando conversas sobre o tema. Quando isso acontece, o improviso domina a cena, e a decisão tomada no calor do último momento, quer sobre um curso superior ou uma universidade, termina por criar picos de absenteísmo. Em alguns casos, por certo menos graves, os alunos escolhem um curso do ensino superior que melhor possa se ajustar ao seu perfil comportamental - se é uma pessoa extrovertida, mais comunicativa, opta fazer publicidade e propaganda. Já outros decidem por fazer uma correlação das matérias nas quais se saíram melhor – se o aluno foi bom em matemática se decide por contabilidade...

Tampouco é incomum em nossa época que os pais exerçam interferência e grande pressão para que os filhos decidam rápido o seu futuro. Alguns chegam mesmo a verbalizar abertamente sua vontade - "filho de médico não tem escolha, tem que ser médico e ponto final!". No polo oposto estão os pais que lavam as mãos, que aparentam nem se importar com o drama dos filhos, e tratam o assunto como se fosse perfumaria. Mas se essas estratégias chegam a causar um bom resultado é pura casualidade. Com absoluta frequência o que a imposição e a omissão produzem é um jovem desmotivado e/ou um profissional infeliz.

Tudo parece concorrer para reforçar a urgência de se dedicar a esse público, a esse cenário e a esse momento de dúvida e de indecisão toda a atenção possível.

É nesse contexto que se insere o "*coach* vocacional e de carreira", como processo de apoio e definição de futuro claro. Entendemos como necessário e urgente atuar de forma profilática diante de todas estas questões com ferramentas de *coaching*, para que assim possa definir seu propósito de vida através da escolha profissional. Acolhido e aprovado em âmbito mundial, o processo de *coaching* tem demonstrado insuspeita efetividade – o que explica e justifica sua crescente aceitação em praticamente todas as esferas da atividade humana.

No ambiente pedagógico, o *coaching* não se reduz a um procedimento que favorece escolhas apropriadas. Pensá-lo desta maneira constitui um reducionismo frente ao leque de desafios desse período de transição na vida dos jovens. O processo do *coaching* pode mais – almeja conduzi-los à percepção dos seus diferentes papéis na sociedade, e no desenho de uma existência plena, pautada não apenas em conquistas profissionais e financeiras, mas nos vetores que complementam nosso bem-estar: relacionamentos interpessoais gratificantes, saúde, qualidade de vida e responsabilidade social. E, por fim, vale salientar que a construção e a apropriação desses aprendizados, bem como sua transformação em conhecimento, não devem ser mediadas por neófitos, mesmo com sublimes intenções, mas por profissionais qualificados para a tarefa.

Coaching é um processo de aprendizagem acelerada que implica em desenvolvimento pessoal e profissional. Suas metodologias têm sido testadas e validadas por diversas instituições nacionais e internacionais, e consideradas altamente eficazes por aqueles que já experimentaram o processo. O *coach* (treinador, em inglês) atua de forma a encorajar e motivar seu cliente, chamado de *coachee*, fazendo-o refletir a respeito das suas capacidades e potencialidades, visando o alcance de objetivos previamente estabelecidos. Nesse trajeto, o *coach* costuma atuar ora como facilitador, ora como provocador, se utilizando de técnicas comportamentais, psicológicas e emocionais, que permitam o *coachee* descobrir e/ou aprimorar as competências necessárias para o completo atingimento do seu propósito.

Há uma diversificada gama de serviços de *coaching*, sendo que o *coaching* vocacional e de carreira contempla um foco muito específico. Algumas abordagens consideram que vocação e carreira merecem tratamentos distintos. Outras, ao contrário, consideram que esses dois assuntos estão tão amalgamados que tratam os dois pelo nome de um – seja *coaching* vocacional ou *coaching* de carreira. Entendo que embora os temas estejam, sim, umbilicalmente conectados, preferimos explicitar nosso objeto. Tratamos, portanto, de *coaching* vocacional e de carreira: uma vocação bem definida sugere – quando não determina – uma carreira gratificante e plena de êxito.

Assim, o processo de escolha profissional ocorre em quatro etapas a seguir:

1. **Autoconhecimento:** fase inicial onde ocorre o levantamento de valores e crenças, bem como a descoberta de seus talentos, suas habilidades e competência.
   Perguntas-chave nesse processo: quem sou? O que faz/faria acordar todos dos dias para atuar com prazer?

2. **Planejamento e ação:** nesta etapa após a definição do perfil, quem sou, o que quero, há a definição dos objetivos e metas a serem alcançados, bem como o foco da minha atuação.
   Perguntas-chave: onde quero estar daqui a cinco anos? O que quero estar fazendo? O que eu preciso para chegar até lá?

3. **Pesquisa:** fase de análise do cenário, onde irá pesquisar sobre a escolha profissional definida anteriormente tanto quanto a atua-

ção nesta profissão, a sua formação e o mercado de trabalho. Perguntas chaves: Qual a rotina desta profissão? Quais os principais desafios de atuar nesta escolha? Onde e qual é o melhor curso nesta área? É formação técnica ou graduação? Como está o mercado de trabalho?

4. **Avaliação:** quarta e última fase, de suma importância, onde deverá ser feito a checagem das conquistas realizadas, ou seja, estabelecer uma rotina de acompanhamento para assim se manter no foco e objetivo traçado. **Perguntas:** como está o meu planejamento? Qual o resultado da minha Ação X? Atingi o resultado? Caso não, o que devo mudar? Caso sim, qual a próxima ação?

Esse processo, após definido, ocorre de maneira autônoma, com a capacidade de poder reiniciar o processo a qualquer momento, tornando-se assim um aprendizado constante.

Assim, concluo com o pensamento de Confúcio, que diz: "Escolha um trabalho que você ame e não terá que trabalhar um único dia em sua vida".

51

Seja você corajosamente

*No mapa da vida – o que conta
mesmo é a sua longitude de tudo
que te impede de ser feliz*

Silvanira Ferreira de Sylos

Silvanira Ferreira de Sylos

Apaixonada por pessoas, pela singularidade e comportamento, trabalha como *Coach* de Desenvolvimento Pessoal e Consultoria de Imagem e Etiqueta pessoal e profissional. Certificação Profissional em *Coaching* Comportamental Evolutivo pelo Instituto Edson de Paula; *Personal & Professional Coach* pela Sociedade Brasileira de Coach; Certificação em Consultoria de Imagem, pela Blossom Image Consulting em Lisboa, Portugal; Certificação Consultoria de Imagem pela Ana Vaz; Certificação Etiqueta Social e Profissional pelo Senac; Certificação Consultoria de Imagem pela Ilana Berenholc; Certificação *Coach* de Estilo pela Escola São Paulo; Graduada em Administração de Empresas pela Universidade FEEVALE-RS.

Contatos
www.novomodopalestras.com.br
silvanira@novomodopalestras.com.br
(19) 98204-2550

Era vinte e nove de maio de 2010, sábado, uma manhã fria na cidade de Sapucaia do Sul. Seria aquela aurora frígida a premonição da maior e mais gélida sensação que o meu coração já tivera? Eu estava em casa quando o celular tocou. Do outro lado da linha minha filha de onze anos com a voz embargada de choro falava: "mãe, deram um tiro no papai". Sinceramente, não sei como descrever aquele momento, só lembro que consegui fazer alguns telefonemas, avisei algumas pessoas que me dariam suporte naquele momento e procurei ser a mais prática e estratégica possível. Eu precisava ir ao hospital, para onde levaram meu marido.

Naquele mesmo dia, às 14 horas, sentada no corredor do hospital, o médico veio na minha direção e disse "senhora, infelizmente seu esposo não resistiu". Em seguida, começou a relatar o que acontecera. Contudo eu não consegui ouvir as últimas palavras, tamanha era dor que sentia. Chorei como uma criança pequena, abandonada no escuro. Meu choro não era de medo, muito menos de abandono, era DOR, a aflição de ter perdido a pessoa que eu amava – meu marido, amigo, companheiro.

Por quê? Esta é sempre a primeira pergunta que nos fazemos quando algo desagradável acontece.

Por que comigo? Este meu questionamento começou, exatamente, naquele momento de dor, quando me vi sem meu companheiro. Talvez você que está a ler essas linhas, também já passou por isso, já questionou: "por que comigo?". Tantas são as situações que nos levam à indagação, seja a perda do emprego, o insucesso empresarial, a queda inesperada do mercado de ações, até mesmo um incêndio, uma inundação, um divórcio, uma doença ou perder um ente querido. Independentemente de qual circunstância, tem-se um denominador comum: "o perder o chão, o norte, o rumo. É o não saber o próximo passo, é o desespero".

Mas, não estou aqui para falar de coisas negativas. Ao contrário, quero discorrer sobre como lidar com essas experiências, pois o modo como enfrentamos esses períodos difíceis vão determinar os respectivos impactos que teremos em nossas vidas.

Em síntese: eu não sou o que me aconteceu.

O momento da virada

Um dia, ao acordar e me olhar no espelho, não gostei do que vi. Meus olhos estavam sem brilho, meu rosto apático, sem vida e já não aguentava mais a tristeza. Até porque sempre falo que eu não tenho vocação para ser triste, muito menos infeliz. Eu havia engordado quinze quilos e estava com compulsão alimentar, insônia, síndrome do pânico, taxa de colesterol elevadíssima e pressão alta.

Quando se sofre a profunda dor da perda, duas coisas podem acontecer. Você se torna forte ou depressivo. Foi naquele dia que, ao me deparar com o vulto projetado na penumbra do espelho, decidi que não quero ser depressiva. "Como assim, você decidiu?", você pode pensar. Isso mesmo, eu deliberei, mas não sabia por onde começar, como buscar uma nova rota para a felicidade. Não havia mapa ou bússola que me guiasse, nem mesmo o *Google maps*, por mais facilitador que seja, me propiciava direcionamento.

Nesse envoltório me lembrei do "santo" *coach*. Após pesquisar por dias, determinei que faria formação em *coaching*. Não imaginei que essa seria a melhor e mais sábia decisão da minha vida. Meu primeiro contato com o *coaching* foi em 2003, no qual fiquei fascinada com o resultado e, quando decidi que queria ter uma vida com felicidade, o *coaching* fez toda diferença.

Mas, afinal, o que é *coaching*? Grosso modo, em suma, trata-se de um processo que visa elevar o desempenho de um indivíduo (grupo ou empresa), aumentando seus resultados positivos, por meio de metodologias, ferramentas e técnicas.

Era o meu momento de recomeço e, vamos combinar, recomeçar não é rápido, nem fácil. No entanto, certamente é possível, acredite!

Sentimentos não são alterados em horas, não se muda um caminho sem perseverança e, com certeza, não se chega ao amanhã sem viver o hoje.

RECOMEÇAR É MUDAR

Recomeçar é mudar os rumos da vida, lutando a todo instante, enfrentando os desafios diários com as ferramentas internas que cada um possui. Nesse sentido, recomeçar significa mudança, algo se alterou, não é mais como antes. Houve uma perda!

No meu caso, perdi meu marido, mas você pode ter perdido emprego, amigo, cliente, prazo no negócio, quem sabe uma oportunidade que esperava há muito tempo ou até mesmo tenha perdido o foco, a vontade, motivação, etc.

A perda é sempre um processo complexo para qualquer pessoa, mas talvez o mais difícil seja transformá-la em recomeço. Uma dica que eu te dou é:

pare um pouco agora. Isso mesmo, faça uma reflexão sobre o seu momento atual. Feche o livro, pegue papel e caneta, faça a si mesmo as seguintes perguntas: "O que está acontecendo?"; "O que preciso mudar agora?"; "Alterar no meu ambiente? Em mim?". A transformação é um processo decorrente, por vezes, de muito esforço.

Conecte-se com o seu melhor

Quando encontramos nossa rota, caminho, direção, tudo passa fazer mais sentido. Apontar culpados, responsabilizar outrem, em nada muda nossas vidas. Ao aceitarmos, encaramos nossos problemas e entendemos que somos o principal agente de transformação da nossa própria vida. Para isso acontecer é preciso nos conhecermos melhor.

Na minha busca, o processo de *coaching* foi de extrema importância, pois, a partir da minha experiência como *coachee*, desvelei minha melhor versão. E quero dispor um pouco sobre esse processo que me ajudou a superar e criar uma rota de sucesso pessoal e profissional.

O necessário já está em você! Acredito que os recursos para a mudança já estão no âmago das pessoas, bem como se manifestam de inúmeras maneiras. A possibilidade de acessar esses recursos depende da abordagem. Com uma colher pode-se escavar um poço, mas como uma retroescavadeira faz-se um açude.

Quando descobri que eu era a pessoa mais importante do meu mundo e também das minhas filhas, vislumbrei com clareza que a responsabilidade estava em minhas mãos, ou seja, o timão era meu. Eu conduziria minha nau pelas correntezas da realidade.

No meu processo de *coaching*, o ponto crucial foi a execução do *Road Map*. Ao visualizar meu futuro como uma mulher forte, feliz, autêntica e inspiradora, concluí que o poder de mudança, seja ela qual for, está em nós mesmos.

A vivência de todo esse processo serviu de base e inspiração para o trabalho que atualmente desenvolvo, sempre em busca de melhorias contínuas.

Sair do estado atual para o desejado requer esforço, disciplina e, acima de tudo determinação. Não é tão simples como se demonstra ou como alguns acham que seja. Neste estágio, há vários fatores que nos prendem no estado atual, mesmo ansiando, sobremaneira, o estado desejado.

A boa noticia é: podemos extrair o nosso potencial ao máximo e construir uma rota de sucesso.

Você não pode mudar seu destino da noite para o dia, mas pode alterar sua direção.

Assim, a pergunta crucial é "O que você pode fazer hoje para se conectar com o seu melhor?".

Como o processo de *coaching* me ajudou?

Coaching é um processo que apoia pessoas na realização dos seus objetivos!

Dificilmente eu teria encontrado minha rota com tanta rapidez sem o auxílio de um *coach*. E isso fez toda diferença na minha vida. Quando ele me perguntou "Sil, como você se vê daqui a 30 anos? Daqui a 20 anos? Daqui a 10 anos? Daqui a 5 anos? Daqui a 1 ano? Nesse momento percebi que a minha vida estava passando e eu não vivia. Algumas pessoas diriam que é totalmente compreensível, afinal você perdeu o marido e tem duas filhas para cuidar.

Quem se contrata um profissional *coach*, subentende-se que essa pessoa está decidida a investir em si mesma, porém eu não tinha ideia que mergulharia de forma tão profunda, por meio de perguntas que nunca pensei em fazer a mim mesmo.

Talvez você esteja se perguntando o que eu tenho a ver com isso? Vamos lá, permita-me explicar. Eu poderia falar de algo muito teórico e descrever uma ferramenta de *coaching*, mas intento narrar como o processo de *coaching* funcionou comigo e citar umas das ferramentas que fez sentido: o *Road Map*.

Road Map é uma linha do tempo, onde podemos visualizar graficamente todos os passos necessários, desde o ponto em que estamos até o alcance do objetivo desejado. Pode ser simples, representado apenas por uma linha, ou mais complexo, com um fluxograma detalhado de cada passo apresentado. Uma das características do *Road Map* é o fato de iniciar o planejamento a partir do fim do processo. Para tal, é necessário que antes já se tenha um objetivo definido. Desse modo, compõe-se um cenário atual, o cenário desejado, o caminho e a execução.

Cenário atual – Análise da situação. Trata-se de um espaço onde o *coachee* pode ouvir e entender sua própria história. É também o momento em que o *coach* deve ajudá-lo a ver a situação por meio de outras perspectivas, objetivando encontrar um ponto de referência para alavancar novos horizontes Existindo dificuldade para o *coachee* descrever os fatos, ou mesmo percebê-los de diferentes ângulos, o *coach* deve ajudar com reflexões empáticas e desafios, objetivando o *coachee* a revelar pontos até então não percebidos durante a avaliação da situação.

Cenário preferido – O que precisa ou quer? O que quer em vez disso? As pessoas frequentemente mudam do problema para ação ou de um problema para a solução, sem refletir sobre o que elas realmente querem ou de que maneira seus problemas podem ser oportunidades. Neste momento é que o *coach* inspira o *coachee* a expandir seus horizontes, voar "alto", usar da imaginação para o que realmente buscam e como as coisas poderiam ser melhores. Esta etapa é muito importante para geração de energia e esperança.

O caminho – Como conseguir o que quer ou precisa? Como chegar lá? Esta é a fase do "como" se mover em direção ao objetivo identificado na etapa anterior. *Coach* e *coachee* exploram possíveis estratégias e ações específicas, objetivando dar os primeiros passos, embora considerando o que/quem pode ajudar e/ou impedir de fazer a mudança.

Decorrente do *brainstorm*, para o *coachee*, o que pode ser selecionado como uma estratégia realística, dada suas circunstâncias e de acordo com seus valores? Avaliação de fatores internos e externos (indivíduos e organizações), que ora ajudam ora dificultam ações e como estes podem ser fortalecidos ou enfraquecidos, respectivamente. Identificação de recursos disponíveis e necessários.

Ao final desta etapa, sendo o ponto final um plano de ação, tem-se a partida para a fase seguinte. Caso isso não ocorra (um plano de ação), volta-se ao cenário atual, reportando uma nova história.

Execução e métricas – A partir da formulação das metas, que necessariamente devem ser específicas, mensuráveis, alcançáveis e apropriadas, realistas e ter um período de tempo definido. São as chamadas metas SMART. Metas exigentes, porém realizáveis, que são motivadoras. Mas qual é a diferença entre meta e objetivo? Objetivo é O QUE queremos, O QUE vamos fazer. Meta é QUANTO queremos, COMO e QUANDO queremos, ou seja, se mensura, se estabelece parâmetros. Objetivo sem meta é só um sonho, dificilmente se alcança.

Quando eu era criança, sonhava com uma comunidade onde todos sorriam e se cumprimentavam. Seus habitantes eram gentis, corajosos e decididos. Sempre quis ajudar as pessoas a desfrutar uma felicidade plena e viver de acordo com os seus valores.

Só que naquela época a única ideia que eu tinha para fazer tudo isso acontecer era a religião. Cresci, fui estudar teologia e me bacharelei. Adivinha? Não consegui criar a comunidade dos meus sonhos. Mas o desejo que as pessoas buscassem a felicidade autêntica pulsava dentro de mim desde criança. Afinal, todos nós queremos mais da vida, todavia não sabemos onde encontrar e como fazer.

Fiz vários cursos de autoconhecimento, incluindo duas formações em *coaching* e, de certo modo, aprendi o que precisava para ajudar ou gerir pessoas para a felicidade autêntica.

Silvanira Ferreira de Sylos | 409

Faça um compromisso com você agora. Desligue-se dos lamentos e se conecte com a energia da gratidão pelas bênçãos recebidas diariamente. Quando nos conectamos com essa energia, temos bateria suficiente para transformar nossos sonhos em um caminho concreto.

A minha missão como *coach* é ajudar as pessoas a desenvolver seu potencial ao máximo, ter uma vida com mais equilíbrio nos seis pontos que considero essenciais: Alimentação, Dormir bem, Beber água, Respirar de forma correta, atividade física, qualidade dos pensamentos. E que aprendam a celebrar a vida e cada conquista.

Aprenda a celebrar cada conquista. Não se prenda ou dispense sua energia naquilo que não lhe propicia felicidade – passar os dias evitando o desprazer é perpetuar o descontentamento. – A vida foi feita para viver e ser saboreada. Quando você encontrar essa conexão e quando houver esse despertar, perceberá que a felicidade está em saber ser grato pelo o que possui. Celebre a vida! Se você deseja estar no seu potencial máximo,

Bem-vindo ao *coaching*!

Referências

Master coaches.Técnicas e relatos de mestres do Coaching. Editora Ser Mais, 2012.

Road Map. Disponível em: http://www.sbcoaching.com.br/ocoach/argemiro_leite/por_que_coaching/segredo_do_sucesso. Acesso em 28 de abril de 2015.

ROBBINS, Anthony. *Poder sem limites: o caminho do sucesso pessoal pela programação neurolinguística.* 19 ed. Rio de Janeiro.

52

Qual o segredo para se alcançar sucesso na vida pessoal e profissional?

O presente artigo tem por objetivo mostrar a você, caro leitor, que não há grandes mistérios para alcançar sucesso na vida pessoal e profissional e, sem a pretensão de apresentar-se como uma receita de bolo, expõe a base para que possa fazer, com segurança, essa tão gratificante jornada. Ótima leitura e uma excelente viagem!

Simone Serra

Simone Serra

Personal e *professional coach, leader Coach* pela Sociedade Brasileira de Coaching. Analista Comportamental pela Solides. Gestora de Recursos Humanos, Especialista em Psicologia Organizacional e do Trabalho. Professora universitária e palestrante.

Contatos
www.sbcoaching.com.br/ocoach/simone_serra
Simoneserrapersonalcoach.blogspot.com.br
simonewas@hotmail.com
(81) 9275-0504

Não há grandes mistérios para ter uma vida de sucesso, seja no âmbito pessoal ou profissional. A base para ambos os focos é a mesma, saber quem você é, o que você quer, preparar-se para a jornada, cuidar da manutenção da embarcação, tomar nas mãos o mapa da sua vida, se posicionar diante do leme e mover-se em direção ao objetivo.

Ao refletir sobre a vida, tenho percebido o quanto ela, em alguns aspectos é semelhante a um barco ou a um avião. Esses dois meios de transporte, para se manterem na rota, dependem de um instrumento indispensável, o leme. Sem a presença desse equipamento na sua estrutura, barco e avião não terão autorização para iniciar viagem. Sem ele funcionando adequadamente, ficam a deriva e não chegam a lugar algum, visto que a função do leme é conduzir ou manter a embarcação na direção desejada.

Outra semelhança que pude identificar é que, para que a rota trilhada por essas embarcações seja considerada de sucesso, se faz necessário a presença de outros itens que lhe são essenciais, que são a definição clara do destino final, um mapa detalhado da rota a ser percorrida, um condutor preparado para conduzir a embarcação, combustível suficiente para alimentar o motor e a embarcação em condições adequadas para suportar as pressões da viagem.

Seja na vida pessoal ou profissional, se queremos iniciar uma viagem de sucesso, semelhante às embarcações, não podemos deixar de lado nenhum dos itens citados anteriormente. Não deveríamos nos permitir iniciar a jornada sem analisar se o leme esta fazendo parte de nossa estrutura de vida e se ele está funcionando adequadamente. Mas o que viria a ser o nosso leme? Nosso leme é a nossa missão/ propósito de vida, aquilo para que existimos. O propósito tem a função de nos conduzir, de nos manter na direção, independentemente das circunstâncias que nos cercam.

James Champy e Nitin Nohria em *O limite da ambição* vão dizer que "pessoas que alcançam alturas excepcionais podem diferir umas das ou-

Simone Serra | 413

tras, mas uma coisa que todas elas podem compartilhar é o claro objetivo nascido de um propósito que reúne seus talentos, aponta seus objetivos e os dirige para a direção correta". Sem um propósito, vivemos à deriva, nos lançamos nas mais diversas direções e ficamos com aquela sensação de que o sucesso não é para nós. Sem um propósito, nossos objetivos não terão razão de ser e nossos talentos serão mal-aproveitados. Toda a nossa energia será usada em vão.

John Stanko afirma que se não sabemos qual é nosso propósito, vivemos uma vida de insegurança, visto que nosso propósito nos mantêm focados em nossos objetivos, mesmo em momentos bons e ruins. Vilela da Mata vai dizer que o propósito tem o poder de atrair a pessoa para a vida. Por isso, lhe pergunto: Qual é o seu propósito como pessoa e como profissional? Você já o tem definido? Se não, sabe como construí-lo? Se não sabe, segue uma pequena dica que vai ajudá-lo a identificá-lo. Reserve alguns minutos de seu tempo, vá para um local reservado onde você possa se concentrar para refletir e responda com franqueza às perguntas a seguir, de acordo com as etapas estabelecidas.

PRIMEIRA ETAPA

- Quais são seus maiores talentos?
- Quais as principais características que melhor lhe definem?
- Quais os comportamentos que você normalmente tem e que evidenciam seus talentos e suas características?
- Quais são os principais objetivos pessoais e profissionais que você deseja atingir?
- Qual é sua meta financeira para daqui a cinco anos?

SEGUNDA ETAPA

Elabore sua Missão/propósito de vida.
Exemplo:
Minha missão/propósito é: SER..........(talentos/características), POR MEIO DE..........(Comportamentos) PARA CONQUISTAR................. (Objetivos gerais e financeiros).

Se você respondeu as questões acima, tem agora seu propósito em mãos. Mas como saber se ele funcionará adequadamente? Não sei se você percebeu, mas o propósito/leme é composto por quem você é, ou seja, ele representa a sua essência, seus comportamentos e seus sonhos, aquilo que lhe fará se sentir realizado. Logo, se você se conhece, o propósito descrito estará lhe representando na íntegra, bastando agora que suas ações estejam alinhadas com ele e que você o use para seguir na direção correta. Contudo, conforme falado anteriormente, não basta o leme para que a embarcação, que é sua vida, realize uma viagem de sucesso. Existem outros itens indispensáveis e não podemos esquecer-nos deles. Por isso, analisemo-los um a um.

Definição clara do destino final

Sem a definição clara de onde você quer chegar, sua vida será um barco à deriva, visto que o leme não terá um alvo específico para focar. Você pode estar se perguntando "mas não fiz isso quando ao descrever o propósito apontei meus objetivos?". Os objetivos descritos no propósito são objetivos gerais. Aqui você precisa definir um objetivo específico, focal. Precisa definir com clareza sua visão de futuro, de modo que ela seja SMART, acrônimo que quer dizer:

S **Específico (*Specific*):** deve ser formulado de forma específica, precisa e clara;

M **Mensurável (*Measurable*):** deve ser definido de forma a poder ser medido e analisado;

A **Atingível (*Attainable*):** o objetivo deve ser alcançável;

R **Realista (*Realistic*):** não pode está além do que lhe seja possível alcançar;

T **Temporizável (*Time-bound*):** delimitação do tempo para alcançá-lo.

É necessário que esse objetivo expresse com precisão sua concepção do que é sucesso, pois, do contrário, você chegará lá, mas o sentimento de realização não o acompanhará.

Mapa detalhado da rota a ser percorrida

Nessa jornada você estará se deslocando de um ponto A para um ponto B, tendo como fator limitador o tempo. Logo precisará saber

Simone Serra | 415

qual o caminho a ser percorrido e mapeá-lo, destacando os pontos críticos que encontrará no percurso e se preparar para enfrentá-los. Cada etapa e o tempo a ser dispendido para percorrê-la deverão ser definidos e o avanço sobre ela acompanhado de modo a ir anotando cada avanço ou retrocesso em seu diário de bordo, especificando cada fator que contribuiu para cada situação.

Condutor preparado para conduzir a embarcação

Não há como você ter sucesso, seja em sua vida pessoal ou profissional, se não estiver preparado para conduzi-la, se ficar esperando apenas bons tempos, condições que exijam de você um esforço mínimo. Sua musculatura, intelectual e emocional, precisará está bem exercitada para suportar as mudanças repentinas das condições do tempo, visto que a qualquer momento uma grande tempestade poderá assolar e sacudir sua embarcação para todos os lados. Nessas situações o que você fará? Permitir-se-á perder o controle? Fugirá da rota traçada e buscará uma mais fácil? Com certeza o condutor bem-preparado responderá com um sonoro não a essas duas últimas perguntas. Seus valores[1] o aportarão na tomada de decisão, fazendo com que cada escolha e aproxime mais de seu destino final, não permitindo que crenças limitantes[2] o impeçam de prosseguir.

O condutor preparado terá o conhecimento necessário para conduzir a embarcação, sabendo exatamente o que, como e quando fazer para que ela se mantenha na rota e na velocidade adequada.

Suas competências, ou seja, conhecimentos, habilidades e atitudes estarão alinhados com as exigências da tarefa a ser realizada. Ele sabe quem é e porque está ali. Conhece-se, se percebe, gerencia suas emoções, se mantém confiante e motivado, recompensando-se por cada etapa percorrida.

Combustível suficiente para alimentar o motor

O que nos move a ação é a motivação que temos para fazer algo. Sem a dose adequada de motivação, interrompemos nossa jornada, deixando de lado a rota outrora traçada.

Estar motivado é ter um motivo pelo qual viver, um objetivo maior que nos atraia a entrar em movimento. Por isso, se o propósito e a visão que desenhou no início de sua jornada não representarem com precisão quem você é e o que você quer, com certeza não terá combustível suficiente para ir até o final.

Estar motivado é essencial para sua permanência na rota, mas cuidado para não confundir motivação com doses de adrenalina, pois essa última não lhe dará condições para suportar o ritmo.

Embarcação em condições adequadas para suportar pressões da viagem

Tem pessoas que veem sua vida sucumbir e acham que isso aconteceu de repente. Olham sua vida pessoal desmoronar, sua carreira despencar morro abaixo e ficam se perguntando "como isso aconteceu? Como não percebi? Nossa, foi de repente, nem tive tempo de reagir". Entendamos, nada acontece de repente. Nós é que não percebemos os sinais que vão sendo dados ao longo do percurso.

Nosso corpo compõe a estrutura da embarcação da vida, por isso precisamos cuidar dele fazendo manutenções regulares, vistorias pontuais para que identifiquemos os ajustes a serem feitos, seja na parte física ou psicológica.

Perda de produtividade, impaciência com as pessoas que nos cercam, cansaço constante, falta de ânimo, má administração do tempo, vontade de ficar em casa ou de mergulhar cada vez mais no trabalho, são sinais de que a embarcação precisa de ajustes e que se eles não forem feitos a tempo ela não suportará a pressão da viagem e ruirá. E junto com ela toda a sua expectativa de sucesso, fazendo com que ele seja retardado mais do que o necessário ou até mesmo jamais venha a ser alcançado.

Como pudemos ver, não há grandes mistérios para ter uma vida de sucesso, seja no âmbito pessoal ou profissional. A base para ambos os focos é a mesma: saber quem você é, o que você quer, preparar-se para a jornada, cuidar da manutenção da embarcação, tomar nas mãos o mapa da sua vida, posicionar-se diante do leme, mover-se em direção ao objetivo e desfrutar da visão da conquista. Contudo, é importante salientar que, mesmo não havendo mistérios para uma vida de sucesso, nem todo mundo consegue definir com clareza os pontos abordados neste artigo.

Por isso, oriento você a buscar o apoio de um *coach* de confiança e credibilidade no mercado, para que, através das ferramentas certas, possa ajudá-lo nessa jornada. Com a assessoria de um *personal coach*, você poderá produzir resultados mais satisfatórios, utilizando técnicas e ferramentas comprovadas cientificamente que permitem o desenvolvimento de foco, planejamento, ação e melhoria contínua no planejamento de sua vida pessoal e profissional.

Referências

DA MATA, Villela. *Personal & professional coaching – Livro de metodologia* / Vilela da Mata, Flora Victoria. – Rio de Janeiro: 2012.

STANKO, John W. *Muitos Líderes, pouca liderança.* 1ª edição – Rio de Janeiro: 2010.

53

Desperte para sua melhor versão

Reescreva-se
Republique-se
Reinvente-se
E transforme-se...
... na melhor versão feita por você!!!

(Fernando Mello)

Tânia Regina Muller Valiati

Tânia Regina Muller Valiati

Escritora, palestrante, professora, assistente social, psicanalista e psicóloga proprietária do Espaço Terapêutico Viver Zen.

Contatos
www.espacoviverzen.com.br
tania_valiati@hotmail.com
(45) 3541-1115 / 9914-1415

ste pequeno volume teórico permaneceu por muito tempo em preparação. E mesmo agora não posso considerá-lo terminado - boa parte dele consiste de anotações sobre reflexões de um trabalho interno que fiz após meu acidente - e que, apesar disso, sinto-me tão produtiva como sempre me senti. Isso me faz sentir bem. Continuo a desfrutar plenamente da minha interligação com o mundo.

Escrever sobre nós mesmos pode ser difícil, mas não é tão duro quanto passar a vida fugindo dela. E por que decidi publicar este compêndio, apesar disto? Admitirei prontamente que primeiro foi por amor a essa linha de pensamento e posteriormente o de ajudá-lo a reforçar sua autoimagem para que você enfrente as situações de sua vida saudavelmente, sem permitir que o preconceito contra você mesmo lhe corroa a mente. É muito importante o quanto nos conhecemos e compreendemos, mas existe algo que é ainda mais essencial para uma vida integral e plena: amar a nós mesmos.

Sabemos que cada ser humano tem uma história magnífica, uma mente fantástica e um potencial intelectual grandioso, mas frequentemente represado. Talvez a maior descoberta da história da humanidade seja o do poder da nossa mente de criar praticamente qualquer aspecto de nossa vida, que, apesar de muito difundido, esse conceito de criar uma nova realidade ainda é uma verdade aceita por poucas pessoas. É na mente que reside o nosso maior potencial de criação e desenvolvimento de nossas potencialidades e, nessa história, a pessoa deve ser o ator principal e o autor do roteiro de sua vida, pois ninguém se constrói sozinho. Somos construídos e construtores da nossa personalidade e felizmente podemos ser autores da nossa história, mudar o curso das nossas vidas e, se em muitos casos ela está sem direção, é porque a pessoa ainda não determinou uma direção a ela.

A função de nossa vida é criar um sentido para ela. Ao fazer isso, a pessoa dá origem ao seu eu. Esta consciência nos dá enormes possibilidades para melhorar a qualidade de nossas vidas e nos libertarmos do medo que o próprio mundo nos passa, pois somos engolidos pelo automatismo mecanicista da vida moderna e acabamos esquecendo que o nosso maior compromisso é conosco mesmo. Às vezes estamos tão acostumados com as pequenas coisas que nos incomodam, com a correria diária ou com algo que nos está causando dor, que nem conseguimos enxergar novas possibilidades para sermos felizes. É necessário perceber o que produzimos diariamente com nossos pensamentos, palavras e atitudes e nos corrigirmos constantemente. Autocorrigir e autogerar suas próprias inovações são as propostas básicas para alcançar um equilíbrio emocional capaz de resistir ao estresse e demais distúrbios que prejudicam nossa qualidade de vida.

Talvez a maior descoberta da história da humanidade seja o poder da nossa mente de criar praticamente qualquer aspecto de nossa vida. O primeiro passo rumo a este conhecimento será o de tomar decisões por sua própria iniciativa e não baseada em valores coletivos, grupais, familiares. E aprender a fazer suas próprias escolhas, priorizar entre o importante e o urgente. Geralmente o urgente diz respeito ao interesse dos outros e não é importante a longo prazo. Já o que é importante geralmente cala no fundo da alma e não está em afinidade com os interesses do coletivo. Dessa forma, as escolhas que por si só definem nossas relações e nossa qualidade de vida terão um cunho absolutamente pessoal, propiciando uma maior identidade, segurança e confiança. E para que possamos fazer uma escolha qualquer é importante ter bem claro o que queremos. Para que isso aconteça, precisamos olhar para dentro de nós mesmos e lembrarmos que, por mais difícil que esteja sua atual situação, sempre há em você recursos disponíveis a serem despertados.

E para despertar esse potencial temos que contar com nossa força interior que, apesar de pouco conhecida, a força interior é algo inerente a todo ser humano. Assim como o pulsar do coração ou o fluir dos pensamentos, esse poder está em constante atividade dentro de cada um, e seus pensamentos, seus conceitos, suas imagens, são os seus bens mais valiosos. Você deve saber utilizar plenamente desses recursos, para que possa lançar-se construtivamente nas atividades da vida. Essa força é uma qualidade que todos nós possuímos — em diversos graus.

Está dentro de todos nós porque todos experienciamos alguns sucessos durante a vida — não importa quão pequenos, quão humildes, quão triviais sejam aos olhos dos outros. Esses sucessos são a base sobre a qual você pode construir seu poder interior e, se não houver foco, determinação e, acima de tudo, planejamento e disciplina, será difícil conquistar sonhos e alcançar realizações pessoais ou profissionais. Entenda que tudo o que acontece na sua vida é responsabilidade sua. Tudo. Portanto, assuma o papel de protagonista e não de vítima.

Diariamente a vida convida às mudanças. Se nossa vida gira em círculos e nunca conseguimos mudar nada, mesmo que tenhamos alguns avanços por conta do autoconhecimento, devemos nos perguntar: Por que não estou querendo mudar? O que não estou querendo aceitar? Do que estou com medo?

Devemos assumir a responsabilidade plena de nossa vida. Nada nem ninguém nos aprisiona. Se decidirmos descobrir o que acreditamos que nos aprisiona, porque permitimos que isso aconteça, com que tipo de personalidades interagimos e atraímos para nossos jogos psíquicos e energéticos e os motivos ocultos que nos levam a atrair essas situações, conseguiremos dar um basta a tudo o que permitimos que nos aprisione. Mas é preciso ter determinação e coragem para isso acontecer. Com isso, nos sentiremos verdadeiramente livres de toda e quaisquer amarras, pois o sucesso é uma questão de metas. Tudo mais é teoria.

Todas as pessoas de sucesso são intensamente voltadas para metas. Sabem o que querem e concentram-se exclusivamente em consegui-lo, todos os dias. Portanto, faça o melhor por si mesmo e fique apto para realizar todas as tarefas com mais qualidade, desde que isso não se transforme numa obsessão. Ser melhor depende exclusivamente de nós e ser melhor começa sempre por entendermos adequadamente o que significa SER de uma forma ecológica. A consciência ecológica começa primeiramente com você mesmo e como você se trata, pois isso será o reflexo de suas ações com o ambiente e o planeta como nossa casa. A sintonia fina de sua ação social será muito mais contundente, pois você desenvolve a competência de fazer as coisas acontecerem de forma natural, serena e produtiva, e assim aos poucos você também terá se transformado numa nova pessoa, centrada, otimista, cheia de esperança e de bem com a vida, que respeita a si mesmo, o mundo e as outras pessoas.

O caminho suave é sempre o autoconhecimento, a busca de si mesmo e a ousadia da ação. É fundamental que as pessoas ampliem seu grau de autoconhecimento, isso as fará mais competentes, mas tolerantes e compassivas capazes de respeitar a diversidade. Vivemos em tempos de grandes mudanças e incertezas, por isso se faz mister aprender a transformar tensão em solução. Isso pode ser um diferencial fantástico na conquista de nossos objetivos pessoais e profissionais, além, é claro, de poder ser a chave do sucesso em nossos resultados na vida.

Muito antes de Cristo, Buda já afirmava: "Tudo o que somos é fruto do que pensamos." Já se foram mais de 2000 anos e ainda estamos desconhecendo o valor e a veracidade dessa afirmação. É necessário que enviemos à mente sugestões positivas e que a deixemos trabalhar, mas cuidado com aquilo em que você pensa e acredita, um dia vai acontecer. Homens e mulheres de sucesso a cada dia vêm intensificando mais o uso do pensamento positivo. E ficam não só gratificados, mas surpreendidos ao constatarem que tudo a que aspiram da vida acaba se concretizando.

Sua capacidade de estabelecer metas é a chave-mestra do sucesso. As metas ativam a sua mente positiva, liberando ideias e energia para a consecução destas metas. Sem o estabelecimento de metas, você simplesmente vai sendo levado pelas correntezas da vida. Tendo metas em vista, você voa como uma flecha, veloz e focado no seu alvo. As pessoas devem aprender que, quando fixam metas objetivas e seguem o hábito diário de atingi-las, a vida delas terá maior significado. Devem compreender que a vida é mais do que uma sucessão de vácuos de vinte e quatro horas. Todas as pessoas devem compreender que a vida criativa começa agora, por isso se faz necessário simplificar a vida tornando-se autocentrado através do autoconhecimento e do otimismo, para que possamos nos tornar o indivíduo que estamos destinados a <u>ser</u>. Sei que posso e acredito em mim mesmo e isso nos torna mais autoconfiantes e positivos, vivendo no aqui e agora, atentos ao momento presente sem nunca perder o foco nas metas. São nossos sonhos e projetos de vida que nos impulsionam para frente e para o futuro, porque o futuro é fruto das escolhas do dia a dia em função da meta maior, que é o de nos tornar indivíduos plenos e realizados.

É uma ideia básica minha que, enquanto você está vivendo, você vive. Seus dias são cheios de metas e quando se tem claro aquilo que se quer, há grande empenho e nada é empecilho para alcançá-lo. Não tem cansaço, falta de tempo ou qualquer outro impedimento. Saber exatamente o que se quer faz parte do autoconhecimento e isso simplifica a vida, pois nos torna mais assertivos e não dispersamos energia. Você trabalha para fortalecer seus recursos, os instintos de sucesso dentro de você, de modo que sai para o mundo com o melhor que está dentro de si mesmo. Constrói uma imagem mental mais satisfatória de si mesmo. Vê que é o conceito de seu próprio valor como pessoa que ativa e reativa o funcionamento de seu mecanismo de sucesso, sua capacidade inerente de conseguir realização. Anseia por desenvolver suas qualidades. Continua a tentar fazer de si mesmo uma pessoa melhor. Anseia por esse mundo ensolarado dentro de si enquanto se afasta de seu outro mundo de escuridão. Torna cada dia criativo quando realiza esse anseio para alcançar o melhor que existe dentro de si. Mas, se você realizar a sua tarefa diária para fazer as pazes consigo mesmo, para aceitar-se, para mergulhar na vida consigo mesmo, poderá ter, na realidade, grandes esperanças de dias e anos felizes neste mundo — hoje.

Sabe-se que aquelas pessoas que têm os seus objetivos claramente definidos são as que têm mais sucesso naquilo que elas fazem e todos nós temos inteligência, porém nos diferenciamos pelo uso que fazemos dela. A inteligência nos dá apenas o retrato da realidade, o uso da razão é que nos leva a interpretá-la, a observar os detalhes, as diferenças, etc. O bom uso da razão aciona a nossa mente e nos faz conscientes. Este é o "caminho" a ser percorrido por aqueles que desejam deixar o querer para acionar sua vontade, criar motivação e, com entusiasmo, realizar o melhor pela sua vida. O termômetro para fazer construindo é:

- Você sabe o que realmente quer, tem possibilidade e merece esta conquista?
- Você está sendo ecológico (não prejudicando ninguém e nada no meio ambiente)?
- Você está se sentido bem?

Então continue. Persista. Refaça quantas vezes for necessário. Seja flexível. Neste estado, a vibração de energia que você transmite irá permitir atrair bons eventos, pessoas e ferramentas, necessários para ajudar a atingir seus objetivos. Portanto, desperte seu carisma e aprimore-o com desvelo, pois ele pode destrancar infinitos portões à sua frente. Não se descuide do seu visual e principalmente das qualidades que se acumulam dentro de você.

Carisma é um dom que nasce rudimentar como uma pedra preciosa em estado bruto. Vá lapidando-o com esmero. E, qual centelhas do sol nas trevas da manhã, ele vai crescendo, se ampliando, espelhando o real valor que você tem.

Seus anos não precisam ser vividos num calabouço emocional. Você pode sair para a vida objetivamente, utilmente e com orgulho de si mesmo.

Minha opinião é que você deve, na idade mais precoce possível, sentir-se bastante bem a respeito de si, de modo que não precise fugir da vida. Deve adquirir o hábito de aceitar-se no mundo, na vida, sem retirada, mesmo que não ache a perfeição, pois se você se aceitar verdadeiramente e ao mundo em que vive, estará assentando o fundamento da vida dinâmica. Esta é a única base sólida para a verdadeira vida.

Lembre-se disso: *sua melhor orientação para o sucesso é a aceitação de si mesmo, viver da melhor maneira possível*. Você, rico ou pobre, jovem ou velho, pode sentir-se vitorioso se compreender o poder de seus pensamentos e imagens. E terá, em sua mente, um sentido de sucesso. Então estará pronto para marchar para suas metas e viver cada dia plenamente.

Desejo que em cada um desses momentos você descubra que seu maior desafio não é o de conquistar o mundo exterior, mas sim sair da plateia, entrar no palco e aprender a ser, enquanto <u>ser</u> e <u>pessoa</u>.

54

Atenção concentrada: importância e treino para a real produtividade

"A viagem não começa quando se percorrem distâncias, mas quando se atravessam as nossas fronteiras interiores."

(Mia Couto)

Tatiana Berta Otero

Tatiana Berta Otero

Psicóloga Clínica (CRP 06/93349), Terapeuta Comportamental e Cognitiva, Especialista pela Universidade de São Paulo (USP) e Mestranda em Saúde Coletiva do Depto. de Medicina Preventiva da Universidade Federal de São Paulo (UNIFESP). Atende em consultório particular, localizado em São Paulo, onde também realiza supervisão e assessoria de profissionais da Psicologia. Consultora e Palestrante para assuntos relacionados à saúde, é convidada com frequência pela mídia a participar de matérias ou quadros sobre comportamento e qualidade de vida. Escreve para seu *website* pessoal e de diferentes portais, além de jornais e revistas. Com grande experiência em treinamento e formação de líderes, formou-se *Master Coach* pelo Instituto Holos, do qual integra a equipe de instrutores. Acompanha pessoas e empresas por meio dos processos de *Life* & *Professional Coaching*.

Contatos
www.tatianabertapsicologa.com.br
psicologiaberta@yahoo.com.br

Você encontra dificuldades quando tem a intenção de fazer uma tarefa de cada vez, como ler um livro ou ouvir uma palestra? Quantas vezes já decidiu iniciar a arrumação de uma gaveta ou armário e se viu teclando ou falando ao telefone, enquanto colocava as coisas em ordem? Ficou atento ao aviso sonoro de mensagem no celular, enquanto dirigia (ou, até mesmo, aproveitou para dar uma olhada no texto recebido)? Se você se identificou com algumas destas situações, é provável que esteja habituado à execução de "multitarefas", como a maioria de nós, estimulada pela necessidade (ou preocupação) de aproveitar o tempo ao máximo. A expressão "multitarefa" diz respeito à habilidade de realização de várias tarefas ao mesmo tempo. Esta dinâmica mental agitada é geralmente acompanhada por atitudes de imediatismo, facilitadas a partir do surgimento dos dispositivos móveis e internet, facilitadores de comunicação: com eles, é possível "estarmos em vários lugares" simultaneamente.

O aprendizado "multitarefa":

Aparatos eletrônicos são cada vez mais comuns na infância e, embora possam maravilhar muitos pais, que se orgulham da "precocidade" de seus pequenos, podem influenciar, nem sempre positivamente, no treino da atenção concentrada. A capacidade de alternarmos rapidamente nossa atenção entre uma tarefa e outra, nos dá a impressão de que conseguimos realizá-las simultaneamente e bem, o que pode parecer bastante sedutor. Porém, estudos indicam que a quantidade de estímulos a que somos expostos, em função de rendermos cada vez mais, pode trazer também alguns problemas, como a entrada no modo "piloto automático", que dificulta a tomada de consciência, especialmente quando há necessidade de se fazermos questionamentos e reflexões, por exemplo. Além disso, pesquisas recentes apontam perda de, aproximadamente, 40% em produtividade, associada ao desgaste progressivo de nosso organismo. Interferências sonoras ou visuais podem dificultar a organização dos pensamentos e atitudes, fazendo com que muitas vezes tenhamos dificuldades até mesmo para descrever o que acabamos de ouvir, ver ou fazer. Muitas são as condições necessárias, quando o simples ato de focar a atenção em um único ponto é requerido. Um ambiente no qual a presença dos programas de televisão é constante, por exemplo, pode não favorecer o aprendizado do desenvolvimento de atenção com foco. Estudos apontam que uma das razões para isso é o fato de os programas seguirem a exibição, independentemente da atenção dispensada pelo telespectador, ou seja: podemos continuar no modo "automático", sem que percamos o andamento do programa. Assim, uma vez que nosso aprendizado se faz também por generalização, é possível aprendermos, desde cedo, que podemos distrair a atenção e, ao mesmo tempo, continuarmos a receber algo do meio: aprendemos a comer, falar ao telefone e, até mesmo, estudar, enquanto assistimos televisão ou interagimos com outros dispositivos.

Entrando no "piloto automático":

O modo automático também é fortalecido pelos jogos eletrônicos, nos quais há também um aprendizado de atenção multifocal. A maioria deles acaba exigindo dos jogadores ações rápidas, especializadas e repetitivas e, quase sempre, automáticas: um treino que, além de promover hiperatividade mental e motora, pode também acarretar privação de outras habilidades, como as sociais. Muitas vezes, no caso das crianças, o jogo solitário (jogador e máquina) ocorre com o aceite dos responsáveis, que precisam desta ajuda, que vem de forma "disfarçada" de entretenimento. Em alguns casos, no horário das refeições familiares, a atenção, que deveria estar focada ao alimento e à socialização, fica dividida entre refeição e programa favorito, favorecendo, por consequência, o ato de alimentar-se sem consciência e até, muitas vezes, sem necessidade. Com o passar do tempo, portanto, este treino repetitivo pode levar à instalação de padrões inadequados de alimentação, acarretando problemas de saúde. Por vezes, a preocupação ou atenção dos pais está voltada para a quantidade de alimento ingerida pela criança e não no desenvolvimento de hábitos e atitudes direcionados a um padrão mais qualitativo. Outro exemplo pode ser o simples ato de dirigir que, feito de forma aprendida e "automática", envolve habilidades motoras, sensoriais e cognitivas. Para que possamos conduzir um veículo, o aprendizado sobre as regras de trânsito precisa ser acessado de forma concomitante à percepção do momento certo de acelerar ou parar e assim por diante. Neste caso, embora dirigir possa parecer algo fácil, toda a dinâmica pode ser comprometida, caso precisemos "desviar" a atenção para algum outro ponto, como responder a uma mensagem de texto no celular, ação que estaria "fora" do processo aprendido.

Diferentes prioridades X esquecimento:

O aprendizado da atenção multifocal pode acabar sendo generalizado para outros momentos em que a atenção concentrada pode ser requerida, como a realização da atividade escolar ou de alguma tarefa específica, podendo acarretar dificuldades, quando é necessária a realização de provas ou concursos, por exemplo. Esquecimento ou "falta de atenção" podem existir quando estamos divididos entre diferentes necessidades, sem que tenham sido estabelecidas prioridades. Podemos "esquecer" o dinheiro ou o cartão de crédito, mas termos lembrado de pegar a carteira ou a bolsa, assim como facilmente podemos lembrar de fechar a porta ao sair, mas esquecermos a chave do lado de dentro. No modo "automático", pode ser difícil a priorização das tarefas, uma vez que a atenção está dividida entre diferentes estímulos. Quando nos submetemos a uma avaliação, por exemplo, nos colocamos em interação com uma imensa variedade deles. A própria estimulação interna (preocupação com a aprovação ou aproveitamento da prova) pode estar atrelada aos resultados: o medo pode comprometer habilidades cognitivas, uma vez que todo nosso mecanismo básico se torna ativo, para que possamos nos defender do "perigo" da reprovação. Nosso sistema nervoso autônomo pode "acionar" reações de luta ou fuga, essenciais para sobrevivência e, embora "lutar ou fugir da avaliação", neste caso, não favoreça bons resultados, é fato comum com muitos estudantes, em situações de estresse, que acabam abandonando a prova ou respondendo, o mais rápido possível às questões.

Aprendendo a atenção concentrada:

A boa notícia é que, assim como aprendemos a desviar a atenção para diferentes estímulos, também é possível favorecermos o desenvolvimento de atenção concentrada. Estudos indicam que exercícios que trabalham a flexibilidade psicológica, ou seja: nossa habilidade de vivenciarmos as dificuldades, sem que tenhamos que desenvolver comportamentos de fuga, podem contribuir para a prevenção e tratamento de diversas doenças e condições clínicas, aumentando a qualidade de vida, promoção de saúde e reduzindo os níveis de estresse.

De acordo com definição da Organização Mundial de Saúde, saúde mental não está relacionada à ausência de algum transtorno, mas ao estado de bem-estar no qual o indivíduo, por meio de recursos próprios, é capaz de lidar com as dificuldades do cotidiano, trabalhando e contribuindo com sua comunidade.

Dentre os exercícios que podem ser aprendidos para serem utilizados como recursos próprios, encontram-se os de *Mindfulness*, denominação inglesa que abrange uma série de significados, mas que pode ser traduzida como "atenção plena", referindo-se ao estado mental ou psicológico, que ocorre por meio da regulação intencional da atenção ao momento presente. Os programas de treinamento para desenvolvimento deste estado de atenção foram inicialmente criados por Kabat-Zinn, na década de 70, em Massachusetts (EUA) e tinham por base o tratamento de dores crônicas. A partir destes, foi demonstrada eficácia do programa também para outros quadros, como os de ansiedade. Nos Programas Baseados em *Mindfulness*, a prática de meditação foi introduzida por um período de dez semanas, com a finalidade de facilitar o contato pleno com as sensações agradáveis ou desagradáveis do organismo, aceitando cada vivência tal como ela é, o que facilita o desenvolvimento da autorregulação, necessária para nossa saúde.

O modo "automático" não auxilia a flexibilização necessária: apesar de termos reações rápidas, nem sempre nos colocamos de forma produtiva. Quando estamos com nossa mente voltada para eventos passados ou futuros, acabamos nos desconectando, de certa forma, do momento presente. Nos exercícios de "atenção plena", como a meditação, há um treino intencional de trazer a mente para o momento presente, que acaba entrando em contradição com a tendência da desatenção ou da possível desorganização de pensamentos (reflexões ou julgamentos) a respeito dos eventos que nos cercam. A atividade cerebral de quem medita é modificada em função e estrutura: provoca mudanças não somente cognitivas e emocionais, mas também de aumento de volume de áreas cerebrais e possíveis conexões entre células.

Como começar?

A realização de muitas tarefas ao mesmo tempo pode ser contraprodutiva. Lembre-se de que:

1) Nosso cérebro coloca a atenção em uma atividade por vez;
2) Sempre que o interesse muda, a atenção é focada para outra atividade;
3) A alternância entre uma atividade e outra, de forma excessiva, pode gerar sobrecarga;
4) A promoção de reflexões sobre como estamos conduzindo as próprias atividades: se estamos focando em uma de cada vez ou em várias ao mesmo tempo pode ser um bom início do processo de auto-observação;
5) É positivo anotar as pendências, a fim de que não fiquem apenas no âmbito mental, acompanhadas de autocobrança;
6) Uma atitude mental gentil pode ser um grande favorecedor de mudanças: assinale cada etapa cumprida e parabenize-se pelo passo dado;
7) Meditação, exercício físico ou qualquer atividade, quando feita com atenção, tem seus benefícios potencializados pela promoção de autoconhecimento.

Prioridades devem ser estabelecidas, a fim de favorecer o autocontrole, o foco e a coerência com nossas metas, no momento da tomada de decisão. Foco inspira segurança e quando nos sentimos confiantes, frequentemente servimos como referências positivas para os demais. Para aqueles que assumem funções de responsabilidade, a tarefa básica da auto-observação, pode ser uma grande ajuda. O autogerenciamento ocorre, quando se torna possível um retorno do "modo automático", com gentileza e atenção, para o "aqui e agora": campo fértil para a tomada de decisão e ação. Nossa forma de pensar e nos colocarmos no mundo não é algo predeterminado, podendo ser construído, a partir de nossas interações com o meio e da incrível capacidade plástica de nossa poderosa máquina cerebral, com a finalidade de adaptação. Ferramentas como o *Mindfulness* podem auxiliar neste aprendizado. Apesar da simplicidade e relativa facilidade do método, é importante lembrar que a meditação não substitui outras intervenções terapêuticas e que, dependendo do caso, é importante a avaliação médica ou de outros profissionais da área da saúde, sobretudo em algumas condições clínicas específicas. Para os meditadores iniciantes, recomenda-se o início com instrutor.

De qualquer forma, faz-se necessário que cada um, a seu modo, busque possibilidades de melhorar a própria saúde e bem-estar, até mesmo nos exercícios informais, que possibilitam o treino de vivenciar, com foco, o momento presente, como ao caminhar ou realizar qualquer atividade física. E, para nossas mentes inquietas, uma citação do escritor Rubem Alves, sobre a importância de valorizarmos o momento presente, com atenção e gentileza.

> "Sentido da vida? O sentido da vida é simplesmente viver. Viver por viver! As crianças sabem disso. Viver por viver é saber que a vida é curta, que o momento está cheio de possibilidades de beleza e amor, que ele nunca se repetirá, e que a única coisa que podemos fazer é agarrá-lo e bebê-lo como se fosse o último." (ALVES, 2014, p.109)

Referências

ALVES, R. *A grande arte de ser feliz*. São Paulo, Planeta, 2014.

DEMARZO, M. M. P. *Meditação aplicada à saúde*. Revista Brasileira de Medicina de Família e Comunidade. V.6 n.18, 2011. P. 9 – 26.

KABAT-ZINN, J. *An outpatient program in behavioral medicine for chronic pain patients based on the practice of mindfulness meditation: Theoretical considerations and preliminary results*. General Hospital Psychiatry, 4:33-47, 1982.

RAMOS M.; STEIN L. M. *Desenvolvimento do comportamento alimentar infantil*. Jornal de Pediatria, Supl. 3, p. 229-237, 2000.

ROHDE, L. A. et al. *Transtorno de déficit de atenção/hiperatividade*. Rev. Bras. Psiquiatria, São Paulo, v. 22, supl. 2, p. 07-11, Dec. 2000. Acesso em 10/06/2015. Disponível em http://dx.doi.org/10.1590/S1516-44462000000600003.

SETZER, V. W. *Efeitos negativos dos meios eletrônicos em crianças, adolescentes e adultos*. Depto. de Ciência da Computação, Instituto de Matemática e Estatística da USP, São Paulo, Dezembro de 2000, versão 15.3 de 27/5/14.

55

O equilíbrio entre as competências técnicas e competências gerais: premissa para o sucesso profissional

O que é ser um profissional completo? No ambiente profissional é muito importante ter as habilidades técnicas específicas da sua área de atuação. Além delas, precisamos de outras competências que chamamos de "gerais". A maioria dos profissionais bem-sucedidos sabe equilibrar essa balança

Valtair J. Rocha

Valtair J. Rocha

É consultor em gestão de cultura organizacional e liderança, *Coach*, treinador comportamental e palestrante. Formação em Tecnologia da Informação pela FATEC, MBA em Gestão Estratégica de Treinamento e Desenvolvimento pelo INPG. Formações em *Coaching* pela Sociedade Brasileira de Coaching e Academia Brasileira de Coaching. Certificado pelo Barrett Values Centre nos Instrumentos de Transformação Cultural. Já atuou em empresas de Tecnologia, Telecomunicações, Financeiras, Bancos e Consultorias de Treinamento e Desenvolvimento de Pessoas.

Contatos
www.vjrconsultoria.com
contato@vjrconsultoria.com
@ValtairCoach
(11) 3479-7190

São muitos os fatores envolvidos no sucesso profissional de uma pessoa, mas devemos atribuir o sucesso mais à sorte ou estratégia? Eu estou no time que acredita em estratégia, em um forte planejamento + ações consistentes e focadas. Uma boa oportunidade sem a preparação necessária dificilmente terá resultados satisfatórios.

Pensar na nossa estratégia de desenvolvimento de carreira é também pensar no desenvolvimento das nossas competências profissionais. Essas competências representam nossas forças motoras que nos levam a resultados no trabalho, que podem ser satisfatórios ou não. Toda ação gera algum resultado. Até se não fizermos nada, ficarmos parados, isso também gera um resultado, que pode ser positivo ou negativo. Para a carreira, afirmo que ficar parado no desenvolvimento de competências é uma péssima ideia, que vai gerar péssimos resultados.

Então quais são as habilidades que nos levarão aos nossos objetivos? Ao sucesso, qualidade de vida, dinheiro ou qualquer que seja seu objetivo. Chegaremos lá. Por enquanto vamos identificar 2 tipos de competências:

Competências técnicas

Cada área de atuação exige habilidades específicas dos profissionais. Um médico, por exemplo, não conseguiria substituir um engenheiro em uma construção civil nem por um dia. Não conseguiria mesmo sendo um excelente profissional, isso porque toda sua trajetória e suas competências técnicas desenvolvidas não têm nada a ver com construção civil. Essa é uma forma simples de entender a importância das competências técnicas de uma profissão, é o que qualifica um indivíduo a trabalhar em determinada área e gerar resultados consistentes e compatíveis com sua posição.

Avaliando suas competências técnicas

Convido-te agora a fazer um exercício para entendermos seu momento atual. Quanto mais sincero e dedicado ao exercício você se mostrar, maiores os resultados que você poderá alcançar. Escreva tudo em um papel:

Liste as competências técnicas que você possui. São aquelas que te qualificam hoje para trabalhar na sua área de atuação. Um piloto de Fórmula Um, por exemplo, precisa ter competências como dirigir carros potentes com excelência, ter uma forte preparação física e muita coragem. Um profissional de contabilidade, por outro lado, precisa dominar balanços, fluxos de caixa e questões tributárias.

1) Levante de três a cinco principais competências técnicas que você possui. Em seguida se pergunte: das competências levantadas, existe alguma que você precisa desenvolver mais? Onde existem oportunidades de melhoria?

2) Depois de listar o que você já tem, pergunte-se: Existem competências técnicas que eu preciso adquirir? Quais outras competências técnicas poderiam melhorar meu desempenho profissional? Para facilitar, você pode se basear nas competências de um profissional sênior da sua área ou um profissional que é referência no mercado.

A partir desse levantamento, é possível entender o momento atual em relação às suas habilidades técnicas e desenvolver um plano de ação para melhorar o que você já tem e/ou adquirir o que está faltando. Palestras, cursos, pesquisas e perguntar para quem já sabe são alguns dos possíveis caminhos para iniciar esse aprendizado. Para a consolidação das habilidades é necessário treino, dedicação e tempo.

Competências gerais

As competências gerais, por outro lado, são necessárias para quase todas as áreas e para todos os profissionais. Representam uma estrutura básica que precisamos ter para realizar alguma atividade profissional. Estamos falando de habilidades como comunicação. Na maioria das profissões é necessário se expressar e receber informações de outras pessoas. Essas competências têm uma grande importância para os nossos resultados. Elas apoiam as competências técnicas e nos possibilitam melhorar nossos resultados no dia a dia, além de aumentar as chances de crescimento profissional.

O desafio é sermos capazes de realizar uma autoavaliação sincera, definindo assim o estado atual, e perceber como a excelência nessas competências pode aumentar muito os resultados que atingimos, projetando assim melhores resultados para o futuro.

Avaliando suas competências gerais

Abaixo estão as competências gerais mais exigidas em grandes e consolidadas corporações. Você deverá avaliar o seu grau de domínio utilizando uma escala de zero a dez.

Sendo zero = nenhum domínio e dez = ótimo domínio.

Iniciativa
Costuma tomar a iniciativa? Percebe sozinho(a) a necessidade de uma ação e a realiza?
Controle emocional
Lida com suas emoções de forma produtiva? Consegue avaliar uma situação antes de agir ou é reativo(a)/pavio curto?
Comunicação
Comunica-se com qualidade? Consegue entender e ser entendido?
Relacionamento
Tem facilidade para se relacionar? Sabe construir bons relacionamentos?
Resolução de Problemas
Consegue analisar e resolver problemas com rapidez e eficiência?

1) Anote agora outras competências gerais que acha importante na sua área de atuação. Pontue da mesma forma na escola de zero a dez.
2) Marque as competências que você atribuiu as menores pontuações e responda essas perguntas:

Qual a importância das competências que receberam as menores notas para a sua evolução profissional?

Qual ou quais delas deveriam ser desenvolvidas primeiro para ter resultados mais rápidos no seu desempenho profissional?

Esse exercício nos permite mapear e ter uma visão ampla das nossas competências, identificando pontos fortes e pontos a desenvolver. A partir dele, podemos montar um plano de ação para desenvolver e equilibrar essas habilidades, sendo o objetivo principal melhorar sua performance e seu crescimento profissional.

Competências cinco estrelas

As competências gerais e técnicas podem variar bastante de acordo com a sua área de atuação. Destacamos aqui duas competências gerais que fazem a diferença nos resultados da maioria dos profissionais bem-sucedidos: comunicação assertiva e *networking*. Vamos entender o que são exatamente essas competências e como você pode melhorar seus resultados através delas.

Comunicação assertiva

De acordo com o dicionário, Assertividade é "declarar algo, positivo ou negativo, do qual assume inteiramente a validade; declarativo; afirmação que é feita com muita segurança, em cujo teor o falante acredita profundamente".

Em outras palavras, representa uma estratégia, uma postura, uma forma de ser e se comunicar. Essa postura se resume em se comunicar de forma clara, objetiva, transparente e honesta, defender suas ideias com vigor sem deixar de lado o respeito pelo ouvinte. Como você se comporta em situações de pressão ou estresse? Como você reage quando sabe que sua opinião será contrária à opinião dos outros?

Ser assertivo significa manter-se em equilíbrio, navegando entre a passividade e a agressividade quando necessário. É dizer sim e não quando for preciso.

Benefícios da comunicação assertiva

Os principais benefícios da comunicação assertiva são mais qualidade de vida e mais resultados. Isso acontece através de uma melhor conduta em situações de conflito, através de uma maior liberdade para defender opiniões e sentimentos. Por meio da comunicação assertiva temos mais facilidade para construir e manter relacionamentos pessoais e profissionais saudáveis e transparentes, através de conversas mais sinceras e construtivas.

Mas, afinal, o que a comunicação assertiva tem a ver com sucesso profissional? Tudo. Comunicamos-nos o tempo todo. Precisamos passar informações adiante, nos posicionar, ouvir as outras pessoas, somar opiniões e chegar a acordos. São ações extremamente importantes no mundo corporativo.

Sua comunicação é assertiva?

Abaixo algumas perguntas para que você possa refletir e entender se você está se comunicando de maneira assertiva:

Você expressa sua opinião de forma frequente, mesmo sabendo que pode ir contra a opinião de outras pessoas?

440 | Mapa da Vida

Qual sua reação quando alguém "fura" a fila onde você está?

Em reuniões ou festas tem facilidade de se aproximar e conversar com pessoas estranhas?

Você consegue manter o "olho no olho" quando está conversando com alguém?

Você se sente à vontade em pedir favores a alguém?

Como se sentiu ao refletir sobre essas situações? Teve algum incômodo, lembrou de uma situação parecida pela qual passou? É importante ressaltar que não existem respostas certas ou erradas para as perguntas acima, já que as circunstâncias de cada situação podem variar. O importante é ter a consciência de que existem opções. A capacidade de enxergar as opções representa uma habilidade essencial para um profissional de sucesso, a capacidade de manter o equilíbrio e tomar a melhor decisão ou ação.

Networking

Hoje, no mundo corporativo, conhecer e manter contato com as pessoas faz a diferença na carreira, seja na troca de informações importantes ou em diversas oportunidades que sua rede de contatos pode te proporcionar.

Ao longo da nossa vida conhecemos e convivemos com diferentes pessoas, desde a época do colégio, faculdade, cursos e em cada empresa ou evento que passamos. Você mantém algum contato com essas pessoas ainda hoje? Você acredita que teria acesso a mais informações e oportunidades se dedicasse mais tempo para a sua rede de contatos?

Uma definição direta de *networking* é a habilidade de criar e manter uma rede de contatos ou uma conexão com algo ou com alguém. Essa rede de contatos representa um sistema de apoio onde existe o compartilhamento de serviços e informações entre indivíduos ou grupos que têm um interesse em comum. *Networking* e reciprocidade caminham juntos, onde existam benefícios para todas as partes envolvidas. Não é uma atividade egoísta, onde cada um só pensa no seu sucesso sem se preocupar com o outro. Nesse tema, qualidade é melhor que quantidade, então procure cuidar dos contatos realizados no passado.

Mas como fazer isso? Construir e manter uma boa rede de contatos depende muito da nossa aptidão social, é uma competência que podemos desenvolver.

Desafio de networking

Procure na agenda do seu telefone uma pessoa que você não fala há mais de dois meses. Quanto mais tempo, melhor.

Envie a seguinte mensagem: "Boa tarde, "Nome". Tudo bem? Estava pensando como a correria do dia a dia nos faz perder contato com as pessoas e lembrei de você. Posso ajudá-lo de alguma forma?

Aguarde a resposta e analise os resultados. Reativar um contato pode fazer a diferença para você ou para a outra pessoa, para um apoio pontual, troca de informações, uma oportunidade de carreira, parceria ou simplesmente uma conversa descontraída. O ideal é separar pelo menos uma hora por semana para reativação de contatos. Essa é uma das formas de acessar e ativar sua rede. Hoje a tecnologia nos permite fazer isso de diversas formas: e-mail, redes sociais, telefonemas, entre outras, mas nada substitui o olho no olho e uma boa conversa presencial.

Afinal o que é mais importante?
Competências técnicas ou gerais?

Quando alguém decide estudar determinado curso e seguir uma carreira, ele escolhe basicamente no que ele quer trabalhar. Com certo estudo e prática, ele terá suficiência em sua área de atuação. No entanto, no mundo corporativo outras variáveis influenciam a ascensão e consolidação do profissional. Parte delas está relacionada às competências gerais.

Respondendo à pergunta, para você conseguir entrar e atuar em alguma área, as competências técnicas são mais importantes, mas a partir da página dois, onde o profissional deseja crescimento na sua carreira, as competências gerais têm papel essencial.

Uma frase popular muito usada por departamentos de Recursos Humanos é "Contrata-se pela competência técnica e demite-se pelo comportamental". Essa colocação está intimamente ligada com a proposta desse artigo. O desafio do profissional completo é exercer além de suas competências técnicas e manter também comportamentos saudáveis e produtivos, garantindo não somente seu emprego, mas também seu plano de carreira.

56

Viver a vida que você quer ou a que deveria viver?

Assumir um papel mais responsável diante desses fatos que alicerçam nossa existência é o grande desafio de nossos dias

Valter Assis

Valter Assis

Profissional com mais de 30 anos de experiência na área de Recursos Humanos no âmbito da América Latina, adquiridos em organizações multinacionais como GlaxoSmithKline, Grupo Amanco, Lear Corporation, ADM- Archer Daniels Midland Company, Dade-Beheringer, Baxter Travenol e Eli Lilly do Brasil. Graduado em Relações Públicas, com Especialização em Recursos Humanos e Comunicação Social. Conta com vários cursos em escolas de Administração de Negócios como Michigan University, Berkeley-University of Califórnia e INCAE - Escuela de Administración y Negócios en Costa Rica e certificações em terapias alternativas de tratamento do ser humano integral. É especialista em Recursos Humanos, Diagnóstico Organizacional, Desenho Organizacional e Gestão de Talentos. É *coach*, técnico de RH, consultor adjunto da Sagitta for Training, coautor do programa de empreendedor interno, autor do livro RH Direto ao Ponto – Vencendo Preceitos e de diversos outros artigos relacionados ao desenvolvimento do potencial humano. Possui vivência internacional e como expatriado, por sete anos, na América Central.

Contatos
www.sagittadesenvolvimento.com.br
valterassis@sagittadesenvolvimento.com.br
valterassis@hotmail.com
www.facebook.com/RH-Direto-ao-Ponto-
www.twitter.com.br/LinkedIn/Valter Assis
(11) 4496-5629 / 96083-0003

Viver a vida que eu quero ou a que deveria viver? Comprovadamente o alto estresse causa efeitos nocivos à saúde física e emocional, o que justifica encontrar o equilíbrio entre o trabalho e a vida como condição essencial para se obter a tão almejada felicidade.

Toda vez que pergunto a uma pessoa triunfadora o porquê do seu sucesso, a resposta é: "porque eu amo o que faço". Então, a pergunta óbvia que devemos nos fazer, não seria: Eu estou feliz fazendo o que faço? É fato que em determinado período da vida, nem sempre nós podemos exercer o nosso poder de escolha. O fator subsistência pode falar mais alto em algum período e a esta provação todos nós estamos sujeitos. Só nos resta, nestas ocasiões, fazermos o nosso melhor e de coração. Esta situação é perfeitamente compreensível, o que não justifica é perder as possibilidades de crescimento profissional e pessoal, acomodar-se na situação e colocar-se na postura de vítima.

Não residirá então nesta resposta, a necessidade se ter um propósito de vida bem definido? Quantas pessoas têm bem claro o que esperam da vida, qual é o seu propósito? É preciso, antes de tudo, parar um momento e dedicar tempo para refletir e identificar quais são os seus valores pessoais. Definir o que é realmente importante para você, em que você acredita,quais são suas crenças e qual é a vida que você quer ou deve ter. Nela tudo é uma questão de escolhas. Eu devo optar por fazer da minha vida a vida que eu quiser. Porém é importante ter bem claro que dependendo da minha escolha eu posso colher frutos ou pagar um alto preço! Acreditar em destino ou em carma jamais, mas sim acreditar que "tudo começa pela nossa intenção e se manifesta pela força de nosso espírito"[1].

Existem várias verdades no mundo, e a nossa opção deve ser feita com base naquela que nos faz crescer enquanto seres humanos, nos faz mais inteligentes, saudáveis, realizados e mais felizes. Dentre elas, destaco três que considero particularmente importantes para se viver uma

1 Napoleon Hill.

vida como se deve e com sentido:

A primeira diz: "Se você não sabe onde quer ir, qualquer caminho serve?"[2]. Por isso as perguntas que devemos nos fazer a todo instante é: O que eu quero? Aonde quero ir? Porque se não soubermos o que queremos nem onde nos propusermos chegar, poderemos seguir por um caminho que nos leva a lugar nenhum!

A segunda verdade diz: "Se você não pensar: quero a qualquer custo! Não conseguirá nada![3] Ou seja, muitas pessoas desistem de seus planos, mesmo antes de iniciá-los! As dúvidas, os obstáculos que possam enfrentar e o medo de falhar faz com que elas desistam, sem começar. A diferença entre o fracassado e o vencedor reside exatamente nesse detalhe: O primeiro acredita ser incapaz e que vai fracassar, enquanto que o segundo, acredita piamente que vai vencer e faz desse desafio a sua paixão!

A última verdade que é particularmente importante ter sempre presente é: "Toda vez que você se encontrar num beco sem saída, saia pelo mesmo caminho que entrou"[4], e dê a volta por cima! Será quase inevitável encontrarmos obstáculos em qualquer que seja o caminho escolhido. As dificuldades são inerentes à nossa condição de seres humanos. Devemos estar convencidos de que para tudo há uma solução, que nunca devemos nos desesperar. Amanhã o sol nascerá novamente no horizonte e um novo dia brilhará.

Essas verdades nos apresentam conceitos que, se levados a sério, felizmente podem nos impulsionar na direção ao sucesso e à felicidade. O primeiro passo começa com uma atitude: a definição de nossas metas e das ações para atingi-las. O tema do nosso livro Planejamento Estratégico para a Vida é, portanto, indispensável para ajudá-lo a encontrar o seu melhor caminho, de forma estruturada, a definir o projeto para a sua vida e ajudá-lo a executá-lo sistematicamente.

O projeto de vida

---

2 Lewis Carroll
3 Napoleon Hill
4 Jorge Bucay

Num determinado momento da vida, eu e um amigo conversávamos sobre o quanto já havíamos trabalhado na vida e o pouco patrimônio que havíamos conquistado e nos perguntávamos: Qual é a vida que estamos vivendo? O que devemos fazer de diferente para viver bem e melhor, de agora em diante? Deixando de lado todas as nossas reservas iniciais sobre o que considerávamos um tanto místico e acreditando que não tínhamos nada a perder, decidimos nos preparar e atender a um curso de Prosperidade & Felicidade, ministrado pelo então *Master* Choa Kok Sui, um guru das filipinas.

Através do guru fomos desafiados a escrever o nosso Propósito – Verdade - Ação, para montar o nosso projeto de vida:

Passo 1: Descrever você e como vive atualmente; Passo 2: Sintetizar a sua história de vida até agora; Passo 3: Decidir qual será sua NOVA história de vida futura; Passo 4: Montar o Projeto de Vida com Plano de Ação para as áreas: 1 - Física, 2 - Intelectual, 3 - Familiar, 4 - Social, 5 - Profissional.

Para cada uma destas cindo áreas, fomos levados a debater, refletir e finalmente a definir o Plano de Ação (O que, Quando, Como e a colar uma imagem), do que deveríamos realizar em cada uma das áreas aqui exemplificadas:

1 - Física=Detalha-se a sua condição de saúde atual; Define o que você quer melhorar na sua saúde; Define o que você vai fazer: Alimentação, Exercícios, *Check-up* médico, Dentista, Terapias, etc.;

2 - Intelectual=Plano de estudo formal; Como adquirir conhecimentos adicionais; Cursos complementares; Leituras; Notícias do mundo, etc.;

3 - Familiar=Relação com a casa - família; Relação específica e especial com o seu cônjuge; Relação com demais parentes; Quem está merecendo a sua atenção, etc.;

4 - Social=Tempo dedicado aos amigos; Participação em atividades sociais; e de algum grupo da comunidade; filantropia; sustentabilidade do planeta, etc.;

5 - Profissional=Quais são as suas competências; O que te desperta paixão em realizar; Em que pretende trabalhar; Hábito de poupar; O que pretende estar fazendo daqui a três anos, etc.

Compromisso Total[5]

Objetivando treinar equipes de vendas e executivos para aumentar a capacidade e a energia para melhorar o desempenho, foi desenvolvido um programa corporativo numa parceria entre a Universidade de Harvard e o Institute for Human Performance, na Flórida, denominado Full Engagement / Corporate Athlete.

O Programa de Full Engagement que numa tradução livre poderíamos chamar de Compromisso Total, tem como meta estimular um alto nível de energia/disposição e aumento do desempenho diário. Os treinamentos vêm com resultados garantidos, já comprovados quando aplicados a diferentes grupos de vendedores da indústria farmacêutica e posteriormente a grupos de líderes em empresas nos Estados Unidos e na América Central.

O mesmo estimula a pessoa a uma intencionalidade estratégica, a capacitar-se para aumentar sua energia e desempenho, tanto profissional como pessoal. Para atingir o Estado de Performance Ideal, é necessário gerenciar a nossa energia pessoal em todos os níveis que compõem o nosso ser, que são: físico, emocional, mental e espiritual.

Aqui o propósito não é focar nas chamadas competências primárias, que no caso de um jogador de futebol, seria treinar um passe, bater uma falta, ou em um executivo, falar, negociar, liderar. Mas sim em competências secundárias, que seriam força, resistência, flexibilidade e resiliência.

A meta principal está em estimular o profissional a encontrar o seu próprio equilíbrio trabalho-vida, já que este varia de pessoa para pessoa, levando-o a definir o que se aplica ao seu caso, dentre os conceitos fornecidos em cada um dos níveis. Por sua vez a empresa deve fazer o mesmo relacionado à sua cultura interna.

Como no projeto de vida, exemplificaremos algumas ações para cada um desses níveis, já que o detalhamento vai depender de se atender a um curso completo.

---

5 Formatos disponíveis, sem custo, no www.sagittadesenvolvimento.com.br

Capacidade Física

Profissional – Praticar rituais para construir resistência física: Exercícios físicos / comer só a quantia de 5 palmas de mão no almoço e jantar / 5 refeições diárias, incluindo desjejum e breaks / comer cada 3 horas/ tomar água, etc.

Empresa - Gerar compromisso mútuo, capacitar os profissionais, alinhando seus desafios de trabalho ao seu propósito de vida.

Capacidade Emocional

Profissional – Desenvolver hábitos saudáveis que manejem o estado ideal de saúde / família / amigos / hobby / autoestima, etc.

Empresa – Considerar que o alinhamento ideal varia de indivíduo para indivíduo, conforme suas necessidades e os fatores das distintas gerações.

Capacidade Mental

Profissional - Concentrar a energia física e mental em estudos/leitura/bons hábitos, evitar dependências químicas, etc.

Empresa - Criar clima interno – emocional, formar e educar para o alto desempenho no trabalho.

Capacidade Espiritual

Profissional – Criar rituais para desenvolver poderosa fonte de motivação, determinação, e resistência: missão de vida/ crenças/ valores/ família/comunidade, etc.

Empresa - Quanto mais humana a organização, mais ferramentas para a eficiência e a saúde ela dará, para assim ter colaboradores motivados que entreguem os resultados exigidos.

Viver como se quer ou como se deve viver? Por que isto é importante? Por que a vida é importante. E, em geral, é no dia a dia quando devemos valorizá-la.

Neste mundo acelerado, saturado de informação e entretenimento é fácil nos distrairmos com os acontecimentos, deixando de observar as pequenas coisas que fazem a grande diferença.

É da observação do nosso cotidiano onde nasce o conhecimento, a experiência e a sabedoria. É desta pausa para reflexão que encontramos nossas contribuições mais significativas para a vida, muitas vezes, mesmo sem percebermos. É o nosso processo de desenvolvimento. Não há dúvidas de que tropeçamos, que cometemos erros, mas o segredo reside em saber viver, saber amar, perdoar e seguir esforçando-se sempre.

Por que tudo isto é importante?

Por que a vida é importante?

Cada dia é uma incógnita, uma página em branco, onde devemos escrever a nossa melhor história, antes que ela seja apenas uma página virada.

Se valorizarmos os princípios aqui abordados, buscaremos inspiração, podemos aprender de nossa própria experiência e viver em harmonia com ela, sem nunca nos darmos por vencidos, poderemos alcançar a sabedoria para saber viver uma vida de alegrias e bem-estar.

Desfrute das pequenas coisas da vida pois algum dia você perceberá que elas foram grandes para você!

Boa estratégia!

Referências

BUCAY, Jorge. Las 3 Preguntas. Buenos Aires: Editorial del Nuevo Extremo, 2011.

CORPORATE ATHLETE. *E-Course; Energy For Performance*. e-Course. Disponível em: www.hpinstitute.com. Acesso: Set. 2008, Out.2015.

COVEY, S. R. *Os 7 hábitos das pessoas altamente eficazes*. São Paulo: Best Seller, 1986.

HILL, Napoleon. *Think and Grow Rich*. USA: Sweetwater Press, 2012.

MCCARTHY, C.; SCHWARTZ, T. *Manage Your Energy Not Your Time*. Harvard Business Review, 2007.

MERRILL, A. Roger. LIFE MATTERS. *Creating a Dynamic Balance of Work*, Family, Time, and Money. USA, McGraw-Hill Co., 2003.

LOEHR, J.; SCHWARTZ, T. *Envolvimento Total: Gerenciando Energia e Não Tempo*. Campus, 2003.

PORTO, Frederico. *Qualidade de vida produtiva*. E-Book. Disponível em: www.fredericoporto.com.br. Acesso: 14 Out. 2015.

SUI, Choa Kok. *Psicoterapia Prânica*. São Paulo: Ground, 2000.

YUM, Jong Suk. *Não há Aposentadoria na Vida*. São Paulo: Convite, 1987.

57

Os quatro temperos da vida

Dificilmente consideramos o impacto dos temperamentos das pessoas nas profissões que escolhem. Levamos em conta menos ainda a repercussão desses temperamentos em quem elas atendem. Especialmente se escolhem a profissão de *coach*. Esse é um aprendizado que fará a diferença

Vânia Portela

Vânia Portela

Natural de Recife-Pe, é Psicóloga clínica e Organizacional, *Coach*, Palestrante e Escritora com ampla e reconhecida experiência em programas de crescimento pessoal e mudança comportamental nas Empresas. Especialista em Dinâmica de Grupos, Análise Transacional, Neurolinguística, Bioenergética, Gestalt Terapia, Medicina Antroposófica, Arteterapia e Pós-Graduação em Psicoterapia da Família, tem como proposta de trabalho desenvolver a Competência Emocional das pessoas utilizando uma abordagem lúdica. Transformou em instrumento de seu trabalho atividades artísticas como a dança a dois, o desenho, o canto e jogos, mesclando psicologia e arte. Foi entrevistada pelo Jô Soares em dezembro de 1996. Publicou artigos em jornais de vários estados e é autora do livro *Talento para a vida* com Jorge Matos editado em 2001, hoje na 5ª. edição.

Contatos
www.vaniaportela.com.br
vania@vaniaportela.com.br
(81) 3326-1766
(81) 91115-9019

Quando você escolheu a sua profissão e o estilo de vida que queria levar, certamente teve um bom motivo pra isso. Entretanto, possivelmente não se perguntou de que maneira seu temperamento interferiria na sua atuação no trabalho e até mesmo na família que você se dedicou a construir.

Qualquer que tenha sido a sua motivação ela reflete o seu temperamento e cada tipo de temperamento tem sua própria forma de agir que servirá ou não, para o cliente que o procurou ou para facilitar os relacionamentos com as pessoas que o rodeiam.

Que tipo de pessoa é você? Qual o seu temperamento?

1. Dominante, tipo pimenta- agita, movimenta, provoca. No exagero, queima.

Gosta de desafios, de ver resultados práticos e rápidos, de instigar, provocar o cliente ou as pessoas à sua volta, cobrar deles. Esse tipo de pessoa não tem muita paciência. Ele tem certa dificuldade para ouvir e quando o faz já está pensando na resposta que deverá dar e no que pode fazer para tirar o outro da sua zona de conforto. Tem dificuldades em aceitar as fraquezas das pessoas e tem mais facilidade de focar nos assuntos voltados para trabalho e resultados do que para focar aspectos emocionais ou se expor em conversas pessoais. Precisa se policiar muito para não ser incisivo demais e querer sempre definir os rumos da vida de todo mundo. É muito bom para manter o foco das pessoas no assunto que está trabalhando e para levá-la a resultados práticos desde que não se deixe dominar pela sua própria ansiedade e respeite os limites do outro. Pessoas dispersas e mais racionais se darão bem com este tipo de temperamento. Entretanto, ele precisa saber quando não é de sua alçada o problema, encaminhar a quem entenda do assunto. Isso pra ele é mais difícil porque gosta de desafios e não quer dar o braço a torcer reconhecendo que não pode resolver aquela situação.

Vânia Portela | 453

2. Influente – Tipo sal – relaxa, expande, descontrai. No exagero, resseca.

Gosta de estar com pessoas, de colocá-las pra cima, estimulá-las, tem facilidade de empatizar, compreender e motivar. Pode não saber o limite e sair do campo profissional para estreitar a amizade com o cliente prejudicando sua atuação porque na medida em que ele alimenta os afetos sente dificuldade de cobrar, de dizer o que o cliente precisa ouvir temendo magoá-lo. Ele sabe fazer com que as pessoas se sintam entendidas e sabe elogiar, porém, pode perder o foco e deixar de trazê-las para os resultados práticos por ser muito condescendente. Ele saberá ajudar as pessoas que não confiam em si mesmas e aquelas que precisam falar dos seus sentimentos. Ele irá ouvi-los e ajudar a compreendê-los. Entretanto, deve ficar atento para focar também o aspecto racional, caso contrário não obterá os resultados que a pessoa espera dele e sua participação promoverá apenas uma catarse sem resultados práticos. Por ser muito emocional, entusiasmará o outro e poderá passar a mão por cima de suas dificuldades em lugar de ajudar a resolvê-las. Tende a não levar muito em conta o cumprimento de rotinas porque não gosta de normas e procedimentos e pode se perder por não ter uma disciplina e organização no seu trabalho.

3. Estabilidade – Tipo açúcar – cria a liga, é meigo, doce. No exagero, enjoa.

Gosta de ter um ambiente bem estruturado para atuar com segurança. Tem tudo organizado, é metódico e tem suas coisas em casa e no trabalho tudo bem arrumadinho. Chega no horário e preocupa-se muito com as pessoas e a sua opinião sobre ele. Possui muita facilidade de escutar, o que deixa as pessoas à vontade, porém quando elas têm dificuldade em falar e precisam que ele as estimule e tome a iniciativa, sente-te preso. Por não sentir-se seguro, este tipo de temperamento às vezes espera mais do que o necessário para tomar alguma atitude do tipo: mudar de estratégia quando vê que não está funcionando, colocar limites para o outro, lidar com pessoas que sejam dominadoras ou que falem demais manipulando o tempo da conversa. Este tipo de temperamento é muito bom para lidar com pessoas muito emocionais. Ele saberá entendê-los e conduzi-los. Terá dificuldade de desafiá-los e cobrar tarefas para não se sentir incomodando. Possivelmente se sentirá inseguro diante de casos mais complexos e terá facilidade em identificar o que não é da sua alçada encaminhando para quem conheça do assunto. Pelo seu desvelo em ajudar, pode envolver-se mais do que o necessário com os problemas dos outros precisando saber colocar limites em si mesmo e não ceder demais.

4. Conformidade –Tipo limão – limpa, corta.
No exagero, fere.

Gosta de se planejar para atuar. Precisa da lógica para entender o processo e de ter o passo a passo bem definido. Tem dificuldade de improvisar e quando alguém faz alguma coisa que ele não esperava, sente-se meio perdido. Pode ser frio, focando os assuntos de forma muito racional esquecendo-se do aspecto emocional para o qual não tem muita aptidão de lidar. Se a pessoa com quem está lidando for muito emocional não se sentirá compreendido. Este tipo de temperamento sabe encontrar as soluções e fazer uma análise detalhada do problema dos outros, desde que solicitado. Pode ser prolixo quando não consegue eleger o foco da situação e perder-se em detalhes achando que precisa de mais informações do que o outro está lhe dando para configurar o problema. Isso pode irritar a pessoa com quem está se comunicando. Na maioria das vezes, é perfeccionista e evita errar a todo custo. Às vezes se dispersa e pode não saber administrar bem o seu tempo. Pessoas que têm dificuldade de lidar com o racional terão neste tipo de temperamento a oportunidade de raciocinar junto e sair mais da emoção buscando mais resultados práticos para sua vida.

Consideremos agora que cada pessoa com quem nos comunicamos tem também o seu próprio temperamento e espera do outro que ele a respeite e a compreenda. Isso nos levará a outro tipo de reflexão.

Tipos de pessoas com as quais nos relacionamos:

1. Dominante, tipo pimenta - agita, movimenta.
Em excesso, queima.

Tenta dirigir a conversa. Só faz o que quer. Dificilmente admite um erro, pois está sempre certo. Tem solução para tudo e não se submete a ouvir sugestões. Gosta de desafios e, às vezes, desafia o outro ou o testa de diversas maneiras. É racional e não gosta de expressar seus sentimentos. Não admite fraquezas, nem dele nem dos outros. Quer ver resultados rápidos e é muito ansioso. Precisa que o outro lhe mostre as consequências de suas ações para fazê-lo raciocinar e assumir as rédeas da conversa ou ele não o admirará, nem confiará nele.

**2. Influente – Tipo sal – relaxa, expande.
Em excesso resseca.**

Coloca-se imediatamente à vontade com qualquer pessoa, tem facilidade de expressar seus sentimentos e não tem nenhum medo de admitir que errou. Detesta regras, normas e possivelmente terá dificuldade em cumprir tarefas mais estruturadas e colocará leveza nos problemas mais sérios. Pode ser muito complacente consigo mesmo e com os outros, o que tira o peso da situação e a sua responsabilidade nela, dificultando o investimento em mudar de atitude. Precisa de um temperamento que o chame para a razão e mostre as consequências emocionais de suas atitudes nas pessoas que o cercam. Ele valoriza muito o sentimento dos outros e perde dinheiro, mas não perde a amizade.

**3. Estabilidade – Tipo açúcar – cria a liga, é meigo, doce.
Em excesso, enjoa.**

Este tipo de temperamento pode vitimar-se demais por conta de fantasiar muito sobre os problemas. Ele tende a ver as coisas mais complicadas do que realmente são e dar muito peso a opinião dos outros e o medo de magoá-los faz com que fique meio paralisado na hora de tomar decisões. Tende a ser mais subserviente e paciente em exagero. Guarda muita mágoa e precisa de uma pessoa ao seu lado que o conduza ao racional para equilibrar seu emocional e levá-lo a ação. Só consegue mover-se quando tem segurança e conduzi-lo passo a passo garantindo que estará seguro de seus atos e das consequências deles, ajudará profundamente na sua evolução.

4. Conformidade –Tipo limão – limpa, corta. Quando demais, fere.

Este tipo de pessoa prioriza a lógica e o passo a passo. Vai gostar muito de ter tarefas bem definidas e fundamentadas porque gosta de levantar todos os dados e fatos sobre o assunto antes de tomar qualquer decisão. Poderá perder-se em meio às reflexões e distanciar-se do foco nos resultados. Terá dificuldade em administrar o tempo para realizar as tarefas. Precisa de quem o ajude a priorizar a administração do tempo em sua vida e lhe dê foco para que entregue resultados para si mesmo. Possivelmente terá dificuldades em falar dos seus sentimentos e de quebrar normas e regras ou padrões mentais que tenha se imposto, pelo medo de errar.

Conclusão:

A medida em que nos relacionamos com pessoas de temperamentos opostos, ficará muito mais difícil a comunicação. É preciso ter muito claro que no processo de relacionamento interpessoal alguém deverá adaptar seu temperamento às necessidades do temperamento do outro ou não conseguirá chegar até ele e promover mudanças. Quem entender mais de temperamentos, fará isso com maior facilidade.

Sempre que um relacionamento não estiver dando resultados é muito importante refletir sobre estas três possibilidades:

1. Reconhecer que seu papel na vida dele chegou ao final e sugerir que discuta o assunto com um profissional para descobrir novos horizontes;
2. Olhar para dentro de si mesmo e ver se há alguma dificuldade sua semelhante a do outro que também está sem solução e conscientizar-se que, enquanto não resolver o que é seu, não poderá ajudar o outro a avançar no processo dele;
3. Finalmente, buscar uma nova ferramenta ou uma nova linguagem mais adequada ao temperamento do outro que possa possibilitar uma nova percepção da situação que venha abrir novas perspectivas de atuação para auxiliá-lo.

Na minha experiência profissional, utilizar uma ferramenta de levantamento de perfil pessoal faz toda a diferença para conhecer a aprender a lidar consigo mesmo e com o temperamento das pessoas. A identificação do temperamento através do perfil pode nos dar as dicas de como abordar melhor os que nos cercam considerando seu temperamento.

É primordial que você faça também o seu perfil para que conheça a fundo seu próprio temperamento identificando suas potencialidades e limitações. Somente conhecendo-se em profundidade poderá aprimorar-se e circular entre os quatro tipos de perfis com maestria.

Maturidade nada mais é do que aprender a circular com segurança e tranquilidade entre os diversos perfis dependendo da oportunidade, voltando ao seu perfil natural passada a situação.

Nós nos iluminamos na medida em que nos conhecemos e crescemos a cada dia através do relacionamento com os outros. Só assim poderemos mudar paradigmas e percepções mantendo os valores e o equilíbrio emocional para viver melhor a vida e atuar com excelência na profissão que escolhemos.

Como dizia Oscar Wilde, "Só se põe a vida a perder quando ela para de evoluir."

58

Com o Coaching Cristão®, você terá a chancela de Jesus Cristo como seu *coach* pessoal

Já ouviu falar de *coaching*? Mostrarei dois processos distintos em sua essência, semelhantes nos resultados. Falo do *coaching* pessoal e do *Coaching Cristão®*, a nova ferramenta cristã para fomentar o mundo gospel na gestão de resultados e capacitação de pessoas. Concomitantemente, abordaremos o *mentoring*

Wagner Dias

Wagner Dias

Personal e *Leader Coach* pela Sociedade Brasileira de Coaching. Palestrante e *Trainer* de temas como: Desenvolvimento de *Leader Coach* e *Coach* de Carreira. Atua como *Coach* Cristão em Desenvolvimento de Líderes e Gestores Cristãos. Detentor e Criador da marca registrada Coaching Cristão®, disseminando o tema: "Jesus, meu coach pessoal". Administrador em Tecnologia e Gestão Ambiental; Especialista em Gestão e Educação Ambiental; Especialista em Docência no Ensino Superior; Especialista em Educação à Distância: Gestão e Tutoria; MBA em Gestão de Pessoas com ênfase em Capital Humano; MBA em *Coaching* Executivo; Msc. em Gestão e Auditoria Ambiental. Atua em Manaus - Am.

Contatos
www.coachingcristao.netwagner.omar@gmail.com
(92) 98121-4427

oaching Cristão® é um processo que possibilita que você tenha Jesus como seu *coach* pessoal, entendendo como obter sucesso e manter o equilíbrio em um mundo que se inclina oscilante entre os extremos de nossos desejos mais recônditos. Entenderá também a diferença entre arquétipos armazenados no inconsciente coletivo e estereótipos, generalizações que as pessoas fazem sobre comportamentos ou características de outros, aprendendo que um começo árduo é melhor que não começar.

Na condição de *coach* e observador comportamental dos seres humanos, estou convencido de que os homens estão adoecendo coletivamente da alma e distanciando-se cada vez mais de Deus. Apesar da indústria do entretenimento, aliada à evolução tecnológica, a população mundial vive triste e insegura, buscando preencher o vazio que existe em seu ser, com frivolidades.

As pessoas sentem-se sós nos elevadores, nos automóveis, nos ambientes de trabalho, nas ruas, nas praças e, infelizmente, nos templos religiosos. O diálogo está morrendo e a família moderna está se tornando um grupo de estranhos que ficam ilhados em seu próprio mundo, vivendo a amizade superficial das mídias sociais. A internet se transformou em um novo tipo de adicção, dependência psicológica compulsiva, resultante do uso excessivo das redes sociais.

As crianças, órfãs de pais vivos, assumem culpas que não possuem, fantasiam abandonos e, o pior de tudo, sentem-se desprotegidas em um lar hostil, tornando-se reféns de jogos eletrônicos. Crescem e tornam-se homens e mulheres paranoicos, inseguros, acovardados diante da vida. Crianças não precisam de um *iPhone*, ir a Disney antes de sequer ser alfabetizada, de roupeiro recheado com roupas de grife, mas precisam ser amadas, viver a linda fase da infância e tornarem-se adultos saudáveis.

Os versículos bíblicos, retirados da Epístola 2, inspirada por Deus, escrita pelo Apóstolo Paulo a Timóteo, versam sobre a corrupção dos últimos tempos, dando a impressão que, apesar de proféticos e milenares, foram criados em tempos hodiernos.

> "SABE, porém, isto; que, nos últimos dias, sobrevirão tempos difíceis; Porque haverá homens amantes de si mesmos, avarentos, presunçosos, soberbos, blasfemos, desobedientes a pais e mães, ingratos, profanos, sem afeto natural, irreconciliáveis, caluniadores, incontinentes, cruéis, sem amor para com os bons, traidores, obstinados, orgulhosos, mais amigos dos deleites do que amigos de Deus, tendo aparência de piedade, mas negando a eficácia dela". (TIMÓTEO 3.1-5)

A qualidade de vida está deteriorando. As ciências da psique têm enfocado no tratamento, e não na prevenção desse mal. Os pensamentos não são pessimistas, mas realistas. A crise do ser humano ora vivenciada fez-me refletir, a luz da Bíblia, aplicando as técnicas de administração, sendo o *Coaching Cristão*®, processo utilizado para aprofundar a investigação dos exemplos de Cristo, constatando que Ele sim É o maior e melhor *coach* já conhecido. "Eu sou o caminho, e a Verdade, e a Vida." (João 14:6).

1. **O Processo de Coaching Pessoal** - *Coaching* é um processo para o desenvolvimento humano, pautado em diversas ciências. O *coaching* pessoal enfatiza o empoderamento (*empowerment*), que é a delegação de autoridade ao ser humano, o qual pode todas as coisas. Tudo o que ele quiser estará a sua disposição.

2. **O Processo de Coaching Cristão**® - Processo para o desenvolvimento humano, bem como o desenvolvimento de Organizações Cristãs, que desejam atingir seus objetivos e buscam sua evolução contínua, pautada em diversas ciências como Psicologia, Sociologia, Neurociências, Programação PNL, Teologia, Técnicas de Administração de Empresas, Gestão de Pessoas e capital humano. Também atua no universo dos esportes, a fim de apoiar pessoas e organizações no que tange ao alcance de metas; no desenvolvimento acelerado; com o diferencial de que, em toda prática, permeie o fortalecimento dos valores e da Fé Cristã do crente em Jesus, o *coach*, sempre privilegiando a visão do Reino de Deus. "Posso todas as coisas, naquele que me fortalece." (Filipenses 4:13).

Podemos ser focados, trabalhar bastante, planejar, organizar nossos recursos internos e externos a fim de alcançarmos objetivos. Não obstante, se Deus não estiver à frente dos negócios e se não estivermos de acordo com a vontade soberana de Deus, nada acontecerá. "SE o Senhor não edificar a casa, em vão trabalham os que edificam; se o Senhor não guardar a cidade, em vão vigia a sentinela". (Sl 127.1-2)

3. **A Visão do Reino de Deus** - Direciona-nos para que o resultado de nosso esforço seja para glorificar a Deus em primeiro lugar. Se escrevo esta obra, é para a glória de Deus. Se alguém canta louvores, é para a glória de Deus. Então, não importa o que fizer, tudo é para glorificação do altíssimo que o seu reino seja fortalecido e glorificado para sempre através da minha vida.

Com o *Coaching Cristão*®, você alcançará seus objetivos, pois trabalharemos os seus recursos internos e externos.

As emoções estimularão a autoestima e o autoconhecimento, para que o crente em Jesus atinja os objetivos pretendidos, não somente para o próprio sucesso, mas para que realize os propósitos de Deus em sua vida. No momento em que o cristão compreenda os desígnios de Deus, alcançará o sucesso pretendido e se sentirá realizado, recebendo o beneplácito DEle. Eis o diferencial do *Coaching Cristão*®. Portanto, basta o homem observar os ditames de Deus para atingir seus objetivos de forma abençoada, estruturada, planejada, sem deixar de lado os valores éticos Cristãos, privilegiando a vontade do Altíssimo em sua vida.

A maior característica do *Coaching Cristão*® é imitar o caráter do próprio Senhor Jesus, tendo Ele como *coach* pessoal. Isto significa que Ele é o nosso *trainer*, o melhor de todos os *coaches*, ensinando-nos diariamente por intermédio de sua palavra, sendo o maior interessado pelo nosso sucesso. Basta que estejamos atentos a sua voz.

O modelo adotado pelo *Coaching Cristão*® é o mesmo desenvolvido pela SBCoaching®, da qual sou membro. O FARM, que tem como premissa Foco, Ação, Resultado, Melhoria contínua nos leva a obter excelência e competência; cidadania e cooperação; inovação e diferenciação; seriedade e ética; crescimento e sabedoria; contribuição e respeito.

4. **Minhas considerações finais sobre coaching** - Escrever o capítulo foi um desafio, como também uma honra falar do *Coaching Cristão*®. Jesus, como meu *coach* pessoal, é um tema que fala ao coração daquele que crê. Trata-se de um relacionamento íntimo, rico, intrigante e o mais compensador que existe.

5. **Mentoring** - É a aprendizagem fortalecida por um relacionamento entre duas pessoas, um mentor e um mentorado, através de uma troca de informação e conhecimento. É um relacionamento construído nos fundamentos da confiança, da verdade e da compreensão

Podemos ver exemplos, diariamente, de mentores e mentorados nos desenhos animados e filmes. Walt Disney criou Pinóquio tendo o Grilo falante como seu mentor. Na vida real, temos Martin Luther King e seu mentor Gandhi. Temos também Alexandre o Grande e seu mentor Aristóteles. O maior exemplo de mentoria são os doze discípulos de Jesus.

Diversas pessoas confundem *mentoring* e *coaching*. Alguns até pensam que têm o mesmo propósito e finalidade. A diferença entre o *coach* e o *mentor* é que o *coach* é focado em resultados e o mentor, na pessoa. Os principais intentos do *mentoring* são partilhar, qualificar, aprender, envolver e preparar o futuro. O mentor preocupa-se com o desenvolvimento pessoal, carreira e profissional de seu mentorado.

6. **Características, similaridades e particularidades entre coaching pessoal, Coaching Cristão® e mentoring.** No *coaching* pessoal, o treinador geralmente é externo, o qual aborda questões de liderança, conhecimento do mercado de trabalho e análise de vocação. Aplica-se o aconselhamento, debate e repetição. Observam-se premissas dos trabalhos resguardando a confidencialidade através da abordagem de questões técnicas, comportamentos, habilidades, atitudes, motivação e flexibilidade elevada, obtendo a avaliação com resultados preestabelecidos, contexto do debate, questionamentos e discernimentos no contexto da aplicação em tempo real na tarefa. A absorção do treinado é muito elevada e o lema é ensinar a pescar em um período de tempo curto, médio ou longo prazo.

No *Coaching Cristão*®, o diferencial é a Visão do Reino de Deus, ou seja, a visão espiritual. É condição sine qua non o aporte de Deus nos negócios, a obediência aos desígnios de Deus na vida da pessoa, que alcançará o sucesso pretendido e encontrará a felicidade plena, sentindo-se realizada, recebendo o beneplácito de Deus. Eis o diferencial do *Coaching Cristão*®.

No *mentoring*, o treinador pode ser externo ou interno e aborda questões de liderança, conhecimento específico de atividade, visão global e integrada. Pratica-se a transferência de conhecimentos. Observam-se as premissas dos trabalhos de elevada confiança, a abordagem das questões técnicas, basicamente (como foco gerador de outras questões), a flexibilidade média e baixa e a avaliação de aprendizado de como fazer. Se o contexto da aplicação for bem formatado, a absorção do treinado é elevada e o lema é aprender como fazer em um período de tempo, médio ou longo prazo.

Se sente desanimado achando que nunca vai conseguir realizar seus intentos, que seus sonhos são impossíveis de alcançá-los, como conquistar um novo trabalho, viver um relacionamento estável, interagir de forma sociável com seus amigos, adquirir bens materiais, emagrecer, deixar de fumar, abandonar o álcool ou vencer novos desafios, você tem que eliminar os seus adversários. São as crenças limitantes, juntamente aos sabotadores do seu sucesso que o fazem parar no tempo. Comandos que, subliminarmente, absorvemos durante a nossa vida e são crenças limitadoras de sua própria criação. Contudo, podemos eliminá-las utilizando os processos *coaching* pessoal, *Coaching Cristão*® e o *mentoring*. Portanto, mãos a obra, vamos eliminar os sabotadores aplicando as técnicas descritas nesta obra. As crenças limitantes são pensamentos implantados e enraizados em nossa mente e que nos impedem de alcançar nossas metas, fazendo com que desistamos de nossos sonhos antes mesmo de começar a trilhar o caminho.

Somente para lembrá-los. Você tem a sua disposição para aplicar amplamente em sua vida os processos do *coaching* cristão® ou, se preferir, do *coaching* pessoal e ainda do *mentoring*. Aproveite.

Referências

OLIVEIRA, Djalma de Pinho Rebouças de. *Coaching, Mentoring e Counseling*. São Paulo: Atlas S.A, 2012.

BERNHOEFT, Rosa Elvira Alba de. *Mentoring: Prática & Casos*. São Paulo: Editora Évora, 2014.

WUNDERLICH, M. e Sita, M. (Coordenação Editorial). *Coaching & Mentoring,* Foco na Excelência. São Paulo: SER MAIS LTDA, 2013.

ALMEIDA, João Ferreira de. *Bíblia de Estudo Apologética com Apócrifos* (Traduzida em Português por João Ferreira de Almeida Edição revista e corrigida). São Paulo: Editora ICP - Instituto Cristão de Pesquisa, 2014.

SWAGGART, Jimmy. *Bíblia de Estudo do Expositor* (Versão textual expositora). São Paulo: Editora ICP-Instituto Cristão de Pesquisa, 2014.

GORGULHO, Gilberto da Silva, Storniolo I. e Anderson, A. F. (Coordenação Editorial). *A Bíblia de Jerusalém*. São Paulo: Editora Paulus, 1985.

59

O poder da escolha

Todos querem ser bem-sucedidos em suas ações pessoais e profissionais e ter melhores resultados. A maioria das pessoas deseja o sucesso e a realização. Porém, o que faz com que nem todos consigam "chegar lá"?

Wellington Fernandes

Wellington Fernandes

Personal e *Professional Coach* pela Sociedade Brasileira de Coaching. Palestrante Motivacional de temas como: *Acredite! Você Pode!*, *Controle seu tempo e realize mais*, *Coaching: Transforme seu Potencial em Resultados*, *O Poder da Escolha* e *Bora Decolar?* Atua em todo território nacional e exterior.

Contatos
www.wcoach.com.br
www.boradecolar.com.br
coachwfernandes@gmail.com
www.facebook.com/dicascoaching

O que separa as pessoas que realizam daquelas que procrastinam é, justamente, o fato de terem o poder de controlar e mudar a própria vida. É o poder da escolha. E de onde vem este poder? Não há dúvidas de que vivemos na era do conhecimento. Dia após dia recebemos uma avalanche de informações através da internet, redes sociais, TV, rádio, *smartphones*, etc. Todas estas informações disponíveis para todos sem distinção. Então, o que faz com que algumas pessoas consigam produzir resultados fantásticos para suas vidas e outras não, se as informações, que podem ser transformadas em conhecimento, estão disponíveis em igual tamanho para todos? Acontece que as pessoas que produzem os resultados que desejam, conseguem controlar seus estados mentais de tal maneira a entrar em ação de forma satisfatória e consistente e com isso atingir os resultados esperados. Elas possuem e trabalham os dois princípios fundamentais de um processo de *Coaching*: Foco e Ação.

1º. Princípio Fundamental: FOCO

Ter foco nada mais é do que ter um objetivo claro e definido em mente. Apesar de simples, por que a maioria das pessoas não consegue aplicar? Ocorre que a maioria das pessoas está mais preocupada em sobreviver do que em viver. Está no chamado "piloto automático", ou seja, repetem as mesmas ações, dia após dia. Acordam, tomam o café da manhã, levam as crianças para o colégio, vão para o trabalho, almoçam, retornam para o segundo período de trabalho, vão para a casa, descansam um pouco, tomam banho, se alimentam, dormem e um novo dia se inicia com as mesmas ações e é vida que segue.

E caem na rotina não por não serem inteligentes, caem na rotina pelo fato de não saberem, exatamente, o que realmente desejam para suas vidas, ou seja, não possuem objetivos de tal forma que se tornem factíveis de serem realizados e atingidos.

Quatro Regras para que os objetivos sejam possíveis de serem realizados:

1 – Declare de forma Positiva

Parece estranho, mas acredite. Seu cérebro não faz distinção do NÃO e seus derivados. É como você não desejar tomar refrigerante com limão e gelo na refeição e ficar pensando e repetindo "Não quero tomar refrigerante com limão e gelo, não quero tomar refrigerante com limão e gelo" E bingo! Chega o garçom e o que você pede? Claro, refrigerante com limão e gelo. Então, quando for definir seus objetivos, lembre-se de fazer de maneira positiva e afirmativa. Por exemplo, "Vou tomar suco de abacaxi com hortelã".

Outro exemplo é que se você deseja ter melhores resultados em seu relacionamento, você deve declarar "Quero ter uma vida conjugal mais amorosa" e não "Eu não quero mais brigar com meu parceiro(a)". Você deve declarar de forma positiva o que você deseja para sua vida.

2 – Declare de forma Desafiadora

Seus objetivos devem ser declarados de forma extremamente positiva a ponto de gerar adrenalina e propósito de viver. Segundo Timothy Gallwey, um dos precursores do *Coaching*, "Objetivos que não são desafiadores, não merecem ser conquistados".

Algumas pessoas bloqueiam sua criatividade inata de realização por pensarem a respeito do que podem ou não fazer e desta maneira delimitam o escopo de seu projeto de vida pessoal e profissional. A questão é que muitas vezes limitamos nossos sonhos pensando no que somos capazes de fazer e nos esquecemos de que grandes realizadores, que deixaram seus legados para a sociedade, talvez tivessem mais adversidades do que vantagens a seu favor e ainda assim foram capazes de realizar seus sonhos. Pessoas como Walt Disney, Samuel Klein, Bill Gates, Silvio Santos, entre tantos outros.

Não caia na armadilha de a partir de hoje planejar seus objetivos e sonhos focando em suas experiências passadas. O passado só serve para uma única coisa: aprendizado. Não permita que insucesso no passado sabote seu sucesso no futuro.

3- Seus objetivos devem ser Mensuráveis

Quando estiver declarando seus objetivos, pense:
O que é, exatamente, este objetivo?

A percepção de duas pessoas que declaram que o objetivo em relação à área da saúde é emagrecer e conseguem 1 kg a menos após dois meses de dieta e exercícios não é a mesma. Para uma, ter 1 kg a menos em dois meses é fantástico. Enquanto para a outra é um tremendo fracasso. Então, quando for declarar seus objetivos, não se esqueça de que devem ser mensuráveis. Emagrecer? Ok! Quantos quilos exatamente e em quanto tempo? O mesmo é válido para outras áreas, como, por exemplo, financeira. Se deseja ter um aumento de rendimento, esteja certo de saber, exatamente, o que isto significa. Caso contrário, receber 5% a mais ao final de um ano, apesar de ter sido aumento, será frustrante.

4 – Estabeleça Evidências

É necessário saber quais são as evidências que irão te mostrar que você conseguirá atingir os objetivos que foram definidos. Uma boa ajuda é respondendo a perguntas do tipo: Como vou estar me sentido quando tiver atingido meu objetivo? Onde vou estar? Com quem? O que estarei fazendo? O que estarei obtendo por ter atingido este objetivo? Quando irá acontecer (tempo)?

Eis alguns exemplos de como fazer:

Saúde e disposição: Estou com 78 kg em 18/11/2015. Corro 4 km, quatro vezes na semana. Tenho uma alimentação saudável e como diariamente frutas, verduras e legumes, além de evitar frituras e doces em excesso.

Finanças: Ganho R$12.000,00 por mês em 21/03/2016. Faço doação de 10% do que ganho e invisto outros 10% dos meus rendimentos.

2º. Princípio Fundamental: AÇÃO

Nada melhor do que entender este princípio, executando. Faça um exercício muito rápido e simples. Pegue uma folha de papel e uma caneta. O próximo passo é transformar seus sonhos em objetivos. Pense, neste exato momento, nas áreas de sua vida que você deseja ter melhores resultados: área de relacionamentos, equilíbrio emocional, financeiro, vida social, saúde física, desenvolvimento intelectual, maior disposição, *hobbies*, etc. Porém, não faça como a maioria das pessoas que sonha limitado, pois pensam e julgam no que podem e não podem fazer. Pense grande! Sonhe grande! Se não houvesse limites, o que você faria? Escreva no papel seus objetivos para cada área que você definiu.

Coloque seus objetivos de forma mensurável. O que você, realmente, quer e deseja? Como vai saber que está realizando isto? Coloque evidências que comprovarão que você atingiu seu objetivo. Como você vai saber que seu objetivo se transformou em realidade? Coloque data de início. Quando você vai iniciar e ir em direção a este projeto? Coloque as datas de meio. O que você vai fazer quando estiver indo em direção da realização deste objetivo? Coloque data de fim. Quando e quais resultados você estará obtendo ao alcançar este objetivo?

Algumas pessoas superestimam o que podem fazer em seis meses, mas subestimam o que pode realizar em 1 ou 2 anos.

Se você pretende ter um corpo mais saudável e em forma, não será iniciando correndo uma meia maratona, 21 km, ou levantando um supino de 150 kg no primeiro dia de academia.

Metas x Objetivo

Uma das principais razões em não se conseguir atingir os resultados esperados após a definição de objetivos é que muitas vezes acreditamos que o ponto final é tão distante que acabamos por não iniciar a jornada ou mesmo "naufragar" no meio do caminho.

Nesse sentido, é necessário entendermos que existe uma distância entre o ponto A, onde estamos, e o ponto B, onde desejamos chegar. Chamo isto de teoria da escada.

Considere que qualquer objetivo que você tenha em mente está no final da escada, em seu último degrau. Se esta escada possuir cinco metros de altura e alguns degraus é muito improvável que você alcance seu objetivo com um único passo. Mas, quando você dá o primeiro passo e sobe o primeiro degrau, isto fará com que você esteja mais próximo de seu objetivo e assim acontecerá degrau por degrau até que você chegue ao topo e tenha o resultado desejado em suas mãos. Imagine que seu objetivo seja participar de uma corrida de rua de 15 km em 1 ano e você nunca correu sequer 500 metros. O que você deve fazer é estabelecer os seus degraus até que você chegue ao resultado esperado. Talvez o primeiro degrau seja conseguir correr 1 km ao final do primeiro mês de treinamento. O segundo degrau, 3 km, ao final do quarto mês. E assim por diante.

Os degraus da escada são as metas que você precisa atingir até chegar ao topo da escada, seu objetivo. Não se esqueça nunca de celebrar cada meta alcançada. Pode ser um jantar, um mimo que você compra ou dá de presente para alguém ou qualquer outra maneira que você tenha em mente, mas que simbolize que você venceu um degrau e que ficou mais próximo de atingir seu objetivo. Lembre-se que toda grande caminhada começa com o primeiro passo. O importante é estar em movimento.

60

Exercite seu QS e conecte-se com o sentido e a realização em sua vida

Neste artigo convido-o a refletir sobre os avanços que a modernidade nos trouxe e a sua real efetividade para a nossa edificação enquanto indivíduos e coletividade. E, aponto-lhe um caminho para o encontro de uma vida com propósito e concretizações duradouras ao se desenvolver em sua inteligência espiritual (QS)

Yonnara Nascimento

Yonnara Nascimento

Sócia diretora da Athena Assessoria em Desenvolvimento de Pessoas no qual oferece treinamentos, palestras e projetos de coaching individuais e empresariais focados em liderança, relacionamento interpessoal e orientação de carreira. Possui como missão oferecer um norte a profissionais que estão em busca de sua verdadeira vocação ao repensarem valores e superarem bloqueios internos; bem como conhecer estratégias e recursos necessários afim de alcançarem crescimento e realização em suas vidas pessoal e profissional. Graduada em Psicologia pela PUC-MG, pós-graduada em Gestão Estratégica de Pessoas pela FGV. *Master Coach* pela Sociedade Brasileira de Coaching, *Pratticioner* em PNL e Hipnoterapeuta pelo Elsevier Institute; alinhados aos seu estudos em terapia cognitivo-comportamental, psicologia transpessoal, psicanálise e mais de dez anos de vivência em atendimentos empresariais e terapêuticos.

Contatos
www.athenagp.com.br
yonnara@athenagp.com.br
(31) 99923-2122 / 2512-1919

Se o convidasse a fazer uma reflexão de sua trajetória de vida até o momento, como se veria diante das seguintes questões: "Quem tem sido você para si mesmo perante os seus sonhos e aspirações? Quem tem sido você diante dos talentos e aptidões que possui e que estão à espera que os descubra e deem formas de expressão no mundo? Quem tem sido você diante dos medos, inseguranças e perdas que hora ou outra nos abatem o espírito? Quem tem sido você com os outros? Perante os que lhe estendem a mão, confiam afeto, trabalho ou até mesmo uma posição de liderar e dar direção a outros? Quem tem sido você diante das questões e dos dilemas políticos, econômicos e sociais que impactam o seu meio de convivência?"

A maneira como você tem respondido às questões propostas ao longo de sua caminhada de certo revelam como tem se sentido em relação a si mesmo e às conquistas que obtém, o modelo de sucesso que o referencia e o modo como vem considerando os outros no processo. E, consequentemente a qualidade de sua presença no mundo.

Mas, afinal, o que desejamos alcançar na vida? Freud, considerado o pai da psicanálise, há quase um século, em sua obra intitulada *"Mal Estar na Civilização"*, fez o mesmo questionamento. Em suas observações dos comportamentos e intenções humanas, concluiu que ansiamos por encontrar condições que nos permitam vivenciar sensações de prazer e evitar o sofrimento. Contudo, constatou que a infelicidade é algo muito mais fácil de ser vivenciada que o seu oposto. E destacou como principais fatores a nossa própria constituição psicológica e os diversos males que nos ameaçam, sendo o mais importante deles as relações com os nossos semelhantes.

O pai da psicanálise postulou que esse fato deve-se a nossa dificuldade em canalizarmos a nossa agressividade para fins socialmente aceitáveis e de renunciarmos as nossas satisfações meramente egoístas em prol da convivência social. Tanto que "amar ao próximo como a si mesmo" teve que ser convertido em um mandamento cristão por não ser algo natural em nossa personalidade, mas um esforço necessário ao desenvolvimento individual e coletivo, conforme observou o autor.

Contudo, Freud nutria esperanças de que os avanços da ciência contribuiriam para a melhoria das condições civilizatórias e para a minimização de nossos sofrimentos. Hoje verificamos que a humanidade obteve vários progressos importantes nos mais diversos campos do saber, notadamente no da comunicação, cujas inovações reduziram distâncias e modificaram a maneira de interagirmos uns com os outros.

Não obstante os seus benefícios, a era da informação desencadeou um mundo de velocidade e incertezas, caracterizando relações interpessoais cada vez mais fluidas e descartáveis. Tudo isso tendo por crivo uma cultura pautada por ideais de consumo e exterioridades. O apelo ao consumismo tem tornado as pessoas mais competitivas, mais distanciadas umas das outras e mais suscetíveis a assumir posturas individualistas em detrimento dos valores de convivência e cooperação.

Prega-se cada vez mais o hábito de olhar para fora na busca pela completude e autorrealização, ilusoriamente concebidos através de padrões impostos por modelos estéticos e socioeconômicos que não privilegiam nem representam a diversidade das nossas populações. Pelo contrário, gera-se um sentimento coletivo de inferioridade, inadequação e uma violência simbólica e real, de graves impactos sociais e psicológicos.

Quando penso nesse cenário, recordo-me da época em que era criança e minha mãe contava para mim e para os meus dois irmãos histórias de terror, relatando como era o inferno. Um local destinado após a morte às pessoas que foram cruéis aqui na Terra. Lá ardiam no fogo que nunca cessava como expiação do mal que fizeram em vida. Em nossa imaginação infantil, construíamos mentalmente cada personagem e os cenários, aterrorizando-nos. Mas o lado bom dessas histórias é que eram regadas a leite quentinho e biscoitos. No final, além das lições aprendidas, na grande maioria das vezes, terminávamos os três, aninhados na cama de nossos pais.

Hoje ao analisar os vínculos superficiais que muitos têm escolhido estabelecer, represento em minha mente o inferno ao contrário do que minha mãe nos contava em suas histórias. Imagino-o um lugar frio, gelado, onde os infelizes que ali habitam, estão submetidos a um deserto interior somente passível de ser suportado via entorpecimento dos sentidos por drogas lícitas, ou não, e por excessos e distrações de toda ordem que não aquecem o espírito. Um lugar onde as pessoas agem como robôs, desprovidas de qualquer senso de compaixão e solidariedade.

Um lugar onde eros, em vão, busca flechar corações que, de tão empedernidos, já não reconhecem a si mesmos nem ao outro, tornando-os incapazes de amar a ambos. E, na vida adulta, a concepção de inferno me causa ainda mais horror, uma vez que se encontra bem mais acessível, não sendo necessária a morte física para experimentá-lo. E perante o qual nos sentimos mais desamparados e fragilizados, sem a proteção de um pai e o colo de uma mãe que nos aqueça.

Frente a essas vicissitudes, soma-se a promessa de longevidade advinda da medicina moderna. Fala-se, em um futuro breve, na possibilidade de vivermos 120 anos ou mais. No entanto, em uma sociedade que cultua o ideal de juventude eterna e banaliza a experiência e sabedoria advindas da maturidade, pergunta-se: "Como conferir sentido, dignidade e plena valorização a cada etapa da vida?"

Para Benjamim Franklin, algumas pessoas morrem aos 25 anos e não são enterradas até os 75. Ensinando-nos que, de um lado, sobreviver resume-se a um papel passivo submetido pela cronologia da existência; viver, por outro lado, remete-nos ao desafio de sermos protagonistas da nossa própria história, encontrando senso de pertencimento e participação.

Estamos diante de um paradoxo, na medida em que, ainda que o potencial de inteligência humana venha possibilitando diversos avanços, ao mesmo tempo temos nos mostrado ineficazes no enfrentamento do maior fator de sofrimento apontado por Freud, qual seja, o declínio dos vínculos humanos. E infelizmente, *ainda nos vemos perdidos entre monstros da nossa própria criação.*

O que ainda não aprendemos? A resposta a esta questão aponta para necessidade de desenvolvermos um outro potencial de inteligência. Nessa linha, a física Danah Zohar apresenta-nos o consciente espiritual ou inteligência espiritual, a partir de seu livro "QS o Q que faz toda diferença".

Danah considerou a inteligência espiritual como a mais importante das inteligências uma vez que regula e fortalece as demais. O QS atende a nossa necessidade de respostas de sentido, abre-nos o caminho da criatividade e propicia construir uma ética pessoal que vai além de uma mera moralidade forçada. Quando exercitamos nossa inteligência espiritual, o que os cientistas têm denominado o "Ponto de Deus" no nosso cérebro, passamos a caminhar com maior sensibilidade e responsabilidade para com nossa vida e a dos demais. "Uma pessoa dotada de alto QS sabe que, quando faz mal a alguém, faz mal a si mesma".

A maioria das pessoas que se esmera na busca pelo sucesso, dedica-se na busca a cursos, títulos e especificações e abdica, ao segundo plano, o desenvolvimento da inteligência emocional e espiritual. Comprometendo o alcance da excelência como profissionais e como líderes, devido à inabilidade em lidar com pressões e os conflitos intra e interpessoais que o caminho para o progresso nos apresenta. Conforme observou o poeta Carlos Drummond de Andrade: é preciso humanizar o homem.

Gostaria de apresentar a você algumas características e comportamentos das pessoas que investem no desenvolvimento de sua inteligência espiritual:

Na relação consigo mesmo.

São pessoas que possuem um forte senso de identidade porque investem constantemente em autoconhecimento visando a um maior entendimento sobre si mesmas. Permitindo-lhes assim aproveitar e desenvolver seus pontos fortes, neutralizar fraquezas e obter clareza de forma a se direcionarem a carreiras e atividades que lhes confiram maiores resultados e satisfação pessoal.

Possuem senso de autenticidade, o que lhes possibilita caminhar de acordo com o seus valores, crenças e opções de vida. Mesmo que isto implique em contrariar padrões vigentes. Assumem o preço por suas escolhas e pela responsabilidade de conduzirem a própria vida.

E a consciência do que são e do que querem favorece o fortalecimento da autoestima e o alcance de maiores níveis de autorrealização e contentamento. Além de se tornarem mais resilientes, com força interior para superar obstáculos, frustrações e perdas que se interponham entre os seus sonhos e a sua concretização. Tornando-se mais persistentes e perseverantes. .

Nas relações com os outros.

A boa relação com os outros caracteriza pessoas com capacidade de estabelecer empatia, de se colocarem no lugar dos outros. E isto as tornam mais éticas, mais tolerantes às diferenças e mais conscientes do preceito budista que diz: "Não machuque os outros com aquilo que lhe causa dor". E isto amplia sua capacidade em estabelecer conexão e vínculos mais profundos com os demais, minimizando sentimentos de solidão e desamparo. Nesse mundo de velocidade em que vivemos, pessoas com alta inteligência espiritual reconhecem a necessidade da cooperação e de desenvolver relações pautadas no ganha a ganha. Por mais inteligentes e capazes que possamos nos julgar, temos pontos de fragilidade que, com o auxílio de outros, podemos nos tornar mais fortes e alcançarmos mais facilmente nossos objetivos.

Outra característica importante das pessoas com alto QS é a capacidade de liberar perdão a ofensas e injustiças que sofreram. Quando conseguimos alcançar um entendimento mais profundo sobre a vida que possibilite acolher em nós a crença de que a devida justiça em algum plano será feita, liberamos ao universo a dor e nos tornamos mais leves e com mais energia para seguir em frente.

Na relação com o mundo.

Esta relação caracteriza pessoas que possuem a consciência de que tem uma missão a cumprir no mundo. Assim como a clareza de visão do que pretendem alcançar na vida e do impacto de suas ações no meio. E buscam maneiras de desenvolver seus dons e adquirir habilidades de forma a deixar a sua marca pessoal e um legado de contribuição nas causas e trabalhos que escolheram se dedicar. Provendo-lhes de um significado mais profundo para suas existências e um senso de realização e satisfação de haver realizado algo que possa ser transferido às gerações futuras, em nossa transitória passagem pelo planeta.

Pessoas com alto QS também buscam exercitar a virtude da gratidão por tudo que já possuem independentemente das coisas que ainda lhes faltam ou anseiam conquistar. O exercício da gratidão nutre a nossa alma e fortalece os nossos sentimentos de autoeficácia e merecimento, tão necessários para que nos sintamos dignos e capazes de resolver pendências que nos angustiam e almejar novas conquistas.

Convido-o, portanto, a buscar um caminho para construir para si um sucesso sustentável, que avalie o seu nível de inteligência espiritual, a partir do preenchimento da roda QS, pontuando-se de 1 a 10 conforme o seu nível de compreensão de desenvolvimento de cada um dos seus elementos apresentados.

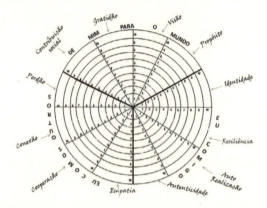

Se na avaliação de sua roda QS, identificou que se encontra com baixa pontuação em algumas ou várias áreas de sua vida e não tem certeza por onde começar inicie pela identidade e depois pela definição de um propósito inspirador que faça seu coração pulsar na motivação pela vida. E defina os passos que dará daqui em diante para alcançá-lo. Acredite, em qualquer tempo e independente das circunstâncias externas, o nosso querer e a nossa força de vontade sempre serão soberanos.

O processo de *coaching*, nesse percurso, visa proporcionar aos que buscam orientação o caminho de aperfeiçoar, expandir e aprofundar-se no conhecimento de si mesmo. De forma a ampliar a sua capacidade de estabelecer objetivos congruentes com os demais aspectos de sua vida, libertar-se de crenças limitantes e guiar-se orientado por valores internos que possibilitarão recriar a própria história, efetuando melhorias e mudanças significativas em sua vida.

Assim como ensinou Lenine: "O que a gente espera do mundo, o mundo espera de nós." O mundo espera que possamos utilizar as nossas múltiplas inteligências de forma que possamos usufruir dos ganhos que a tecnologia nos trouxe, e sejamos capazes de nos unirmos na edificação de uma sociedade orientada por valores que assegurem mais justiça, ética e alteridade entre seus membros. E, diante desse desafio, quem você escolherá ser?

61

Jornada *di maestria*

Conhecer a si mesmo e saber entregar-se às intempéries diárias são recursos vitais para seguir em direção ao sucesso, e deveriam ser os primeiros instrumentos a compor sua bagagem na jornada da vida. Neste capítulo, apresento a você uma reflexão sobre a instigante necessidade de mapas, trilhas, desenhos prontos para seguir em busca da maestria e conquistar seus objetivos

Zilma Saibro Silva

Zilma Saibro Silva

Psicóloga CRP12/00517. *Coach* de aprendizagem, carreira e profissão. Mestre em Educação e Saúde UNIFESP. Especialista em gestão e desenvolvimento humano. Grande experiência e forte atuação como educadora e executiva em Gestão Estratégica em organizações. *Coach* e consultora em comportamento e performance profissional, educacional, lideranças e equipes. Idealizadora e coordenadora dos programas "Jornada Di Maestria" e "Galera Diamante", com os quais assessora líderes, profissionais, jovens aprendizes e universitários, no desenvolvimento de suas competências socioemocionais, motivação e organização de estudos para vencer desafios de provas, exames, concursos, aquisição de novas habilidades técnicas, gerenciais, comportamentais, melhoria no desempenho e na jornada de aprendizagem e maestria.

Contatos
www.disaibro.com.br
www.coachingflorianopolis.com.br/zilma-saibro-silva
zisaibro@gmail.com
(48) 8804-1790

> *"Ninguém pode ter menor ou maior maestria que a maestria de si mesmo"*
>
> (Leonardo Da Vinci)

A proposta de desenhar uma estrutura de possibilidades e passos para que você conquiste o sucesso soa muito bem – principalmente considerando a sua intenção de encontrar aqui, entre tantos caminhos, aquele que especialmente te fará arrumar a bagagem e realizar uma jornada triunfal.

No atual mundo virtual, consumista, todo produto que procuramos já deve vir pronto para uso, pois tudo deve ser instantâneo, não é mesmo? Temos, então, a tendência a buscar coisas que nos prometem infinitudes impossíveis de serem cumpridas apenas pelo fato de tê-las. Podemos constatar as diversas propagandas de televisão ou na internet que "garantem" uma barriguinha sarada, sem "nenhum esforço", bastando apenas "colocar uma cinta" especialmente fabricada para esse fim.

Ainda neste mundo ocidental industrializado, ter sucesso significa seguir rapidamente e sempre em frente, com grandes exigências de desempenho, assumindo papéis de poder, gestão pessoal e liderança, deixando-nos emocionalmente atordoados com o ritmo e quantidade de coisas para fazer ao mesmo tempo.

Diante de tudo isso, é claro que você irá buscar ansiosamente por um mapa que foi traçado para alcançar o sucesso. Mas será isso suficiente?

O fato é que se você não olhar para dentro e não se permitir conhecer, acabará caindo na armadilha de ficar tão ocupado ou ocupada em subir que só quando chegar perto do topo é que descobrirá que a escada estava encostada no lado errado.

Por isso, antes de iniciar seus passos para qualquer direção traçada, pare! Você deve evitar que o seu movimento seja resultado de uma escolha impulsiva, executado de modo imperfeito, inacabado e tendendo ao fracasso. Definir qual a travessia correta é tão importante quanto ter ou conhecer algum método para segui-la.

Muitos autores que aqui revelaram seus estudos, estratégias e técnicas para que cada um de nós possamos seguir adiante na vida, deixaram claro que apenas uma estrutura definida não é suficiente para agirmos pela nossa realização pessoal, profissional, afetiva, escolar, entre tantas outras expectativas.

Permito-me com eles afirmar que toda estrutura objetiva, a exemplo de um mapa, é fundamental sim, pois orienta, identifica estratégias vivenciadas por outras pessoas, localizações diversas e interessantes, objetivos muitas vezes comuns. Mas somente com isso na mão não é suficiente para você cruzar os braços, fechar os olhos e deixar-se levar.

Sem algum outro instrumento para auxiliar na identificação da própria localização e presença, sem o conhecimento do ambiente para saber o que enfrentar, sem a organização da bagagem a levar para se abastecer, sem a mínima disposição por querer desbravar trilhas antes desconhecidas, sem um guia experiente que possa lhe acompanhar no trajeto mais difícil, enfim, sem a sua ação verdadeira e corajosa, você poderá nem mesmo sair de onde está, por mais bem desenhado que o mapa se apresente à sua frente. Experimente atravessar uma mata fechada apenas com um mapa nas mãos. Se você não tiver uma bússola, não saber interpretar os arredores, sem ferramentas de emergência, água, repelente, alimento, muito pouca chance de sair de lá ileso você terá. Muito menos se você não souber fazer uma leitura de suas condições físicas, mentais e do ambiente à sua volta: vegetação, animais e terrenos perigosos. Você poderá tropeçar e cair em uma areia movediça e, se estiver sozinho, adeus!

Parar não quer dizer não se movimentar. A principal razão que deve nos levar a parar é querer prosseguir. Sendo assim, o principal objetivo de parar é fazer com que, quando avançarmos, sigamos na direção que queremos e que, em vez de estarmos apenas sendo empurrados pelo ritmo das nossas vidas, estejamos colhendo, a cada momento, o que é melhor para nós. Parar nos permite tempo para ser, fazer e agir em cada caminho escolhido.

Então, é preciso que você, em cada parada, reúna forças para agir reconhecendo todo movimento, externo e principalmente interno. Mesmo a tentativa de superar seus próprios limites já exige esforços extraordinários. Só assim saberá seguir a travessia adequada ao seu momento, que será aquela que te levará aonde você quer chegar.

Robert Greene (2014) afirma que:

> "...a visão pessoal e a realidade em torno de cada um são particulares e movimentam-se enquanto avançamos pela vida: crescendo, graduando na escola, formando relacionamentos, iniciando uma família, começando uma carreira, empreendendo um novo negócio, comprando sua primeira casa, projetando uma aposentadoria".

E assim passamos toda a vida procurando encontrar nosso caminho e não nos damos conta de que ele está dentro e em torno de nós.

Muitos autores concordam que fazer escolhas com conhecimento das próprias limitações e forças é muito mais poderoso do que somente escrever um objetivo ou dizer "eu quero". Peter Senge (2000) complementa que "escolher – isto é, optar pelos resultados e ações que você transformará em destino – é um ato de coragem". Quando você faz uma escolha consciente, esta leva a novas escolhas e você fica mais afinado com as oportunidades que passam à sua frente. Você se torna mais determinado e saberá como utilizar com sucesso seus recursos internos e, com certeza, o mapa que você tem nas mãos.

Einstein ousava dizer que o mundo se tornará melhor quando olharmos mais para dentro do que para fora de nós mesmos. O que isso quer dizer na prática é que o sucesso é uma questão individual de querer vir a ser, de agir autenticamente e saber utilizar de seus maiores recursos internos em cada passo a ser dado. Ou melhor, saber escolher também movimenta o que, de acordo com a sua percepção, o mundo te convida a fazer e a se tornar.

O que é preciso, em primeiro lugar, são esforços sistemáticos na superação de seus limites. Isso não é nenhuma tarefa fácil, pois exige um certo grau de distanciamento de si mesmo para poder localizar cada um deles numa visão realista.

É parte da própria responsabilidade obtermos um quadro dos nossos reais limites, dos nossos dramas e de desenvolver estratégias para a superação destes, sendo esse um desafio singular, muitas vezes desagradável, exigindo uma certa dureza para nós mesmos. Aí é que muitas vezes desistimos ou preferimos o caminho aparentemente mais fácil, menos doloroso, mas que nunca nos levará a lugar algum. Um diamante e um pedaço de carvão diferenciam-se, na prática, em sua substância somente através do grau de pressão a que ambos foram expostos. Esse é um indicativo importante das nossas próprias possibilidades. Somente se nós, como pessoas, estivermos expostos a adquirirmos a coragem de sofrer as pressões exigidas no enfrentamento de si mesmo e da realidade a nossa volta, poderemos desenvolver o brilho necessário.

É fundamental, portanto, ir além de mapas e instrumentos e descobrir o que realmente significa ter e sentir que o autêntico sucesso na prática não está no final, mas no meio do caminho. É necessário aproveitar todos os momentos, aberto às chances que a vida nos dá a cada dia, porque talvez não se repitam.

Finalmente, o sucesso já será conquistado toda vez que você decidir aprender e saborear um novo caminho. Isto é que te diferenciará de todas as outras pessoas. Os desafios são para serem enfrentados e superados, mas não na correria, nem apenas por habilidade ou conhecimento, mas por um movimento de descoberta e autodescoberta (Jornada), de direção e diligência (Di), de coragem e realizações autênticas (Maestria).

Agora sim você já está preparado para levar consigo e interpretar o mapa que o ajudará a seguir seu caminho.

E que você siga como o mais virtuoso peregrino que cuida e admira cuidadosamente a paisagem que o cerca sem tirar a atenção dos movimentos de seu coração. E que também realize como um persistente garimpeiro que, depois de passar a vida remoendo rochas e cascalhos, descobriu em um dia comum de seu trabalho a mais bela pedra preciosa.

Referências

DROSDEK, Andreas. *Nietzsche: a coragem como fator de sucesso.* Rio de janeiro: Vozes, 2009.

GREENE, Robert. *Maestria.* Rio de Janeiro: Sextante, 2013.

SENGE, Peter. *Escolas que aprendem.* Porto Alegre: Artmed, 2005.

VADEN, Rory. *Suba a escada: 7 passos para alcançar o verdadeiro sucesso.* Rio de Janeiro: LeYa, 2013.